구봉 송익필의
도학사상

구봉 송익필의 도학사상

김창경 지음

책미래

구봉 송익필의 도학사상

발행일 | 1판 1쇄 2014년 10월 15일

지은이 | 김창경
주 간 | 정재승
교 정 | 홍영숙
디자인 | 배경태
펴낸이 | 배규호
펴낸곳 | 책미래

출판등록 | 제2010-000289호
주 소 | 서울시 마포구 공덕동 463 현대하이엘 1728호
전 화 | 02-3471-8080
팩 스 | 02-6353-2383
이메일 | liveblue@hanmail.net

ISBN 979-11-85134-18-5 93130

국립중앙도서관 출판시도서목록(CIP)

구봉 송익필의 도학사상 / 지은이: 김창경. -- 서울 : 책미래, 2014
    p. ;   cm

권말부록: 연구 동향과 목록
참고문헌과 연보수록
ISBN 979-11-85134-18-5 93130 : ₩20000

송익필(인명)[宋翼弼]
성리학[性理學]

151.52-KDC5
181.119-DDC21   CIP2014028228 5

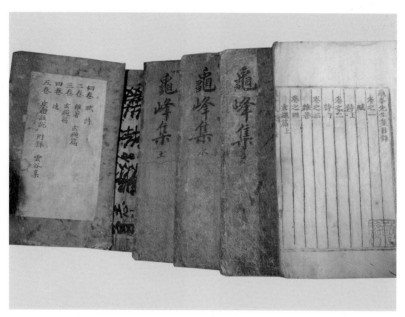

《구봉집》중간본

충남 당진시 원당리 구봉 송익필 묘 전경

당진 구봉 송익필 묘역 구(舊)비석   당진 구봉 송익필 묘역 신(新)비석

구봉 송익필 사당 입한재(立限齋) 전경

구봉 송익필 유허비
파주시 교하읍 산남리 183-3번지 소재

구봉 송익필 집안이 살던 집터 파주시 교하읍 산남리 175 유역

《구봉집》에서 따로 내어 후대에 책으로 만들어진《삼현수간》〈보물 1415호〉(호암박물관 소장)

《삼현수간(三賢手簡)》은 주로 구봉 송익필, 우계 성혼, 율곡 이이 사이에 왕래한 편지를 후대에 4첩(帖)으로 제작한 것이다. 삼현은 절친한 친구들로서 16세기 성리학의 대가(大家)들인데 이들이 주로 이기(理氣)·심성(心性)·사단(四端)·예론(禮論) 등 성리학을 둘러싸고 토론·논의한 편지를 모아 엮어 놓은 책이다. 이 책은 사상사적(思想史的), 학술사적(學術史的)으로도 귀중한 자료가 된다. 이들의 편지 내용은《구봉집》,《우계집》,《율곡전서》등에서 찾아볼 수 있으나, 문집(文集)에서 찾아볼 수 없는 것도 적지 않기에(이들 문집에 실려 있지 않은 것이 16편, 일부만 실려 있는 것이 15편) 이 책의 가치가 더욱 높이 평가된다. 이들의 친필 편지들은 그 글씨만으로도 서예사적(書藝史的)으로 중요한 자료가 되며, 특히 구봉의 초서(草書)는 한 글자도 흐트러짐 없이 정연하여 마치 초서교본(草書敎本)을 대하는 듯 느껴진다. 또한 율곡의 친필 글씨는 현전(現傳)하는 것이 희귀한데, 여기에 율곡이 구봉에게 보낸 편지가 13편이나 실려 있어 이 책의 가치를 더욱 높이고 있다

추천의 글

　구봉(龜峰) 송익필(宋翼弼)은 불우한 역경에서도 학문의 길을 포기하지 않고 묵묵히 정진하여 조선조 성리학을 빛낸 인물이다. 그는 율곡(栗谷) 이이(李珥), 우계(牛溪) 성혼(成渾)과 일찍이 도의지교(道義之交)를 맺고 평생 서로 격려하고 질책하며 학문에 매진하여 조선 유학의 대유(大儒)로 성장하였다. 구봉은 예학에 밝아 율곡이나 우계조차도 그의 학문적 경지를 높이 평가하였고, 성리학에 있어서도 〈태극문(太極問)〉에서 볼 수 있듯이 심오한 경지를 개척하였다. 그럼에도 불구하고 구봉에 관한 연구는 문학적 연구에 국한되어 왔고, 또 그의 생애를 중심으로 신비로운 옛날이야기가 오가는 수준이었다.

　이러한 즈음에 김창경 박사가 구봉의 철학 연구에 뜻을 두고 지난한 과정을 거쳐 마침내 2011년 충남대에서 나의 문하에서 〈구봉 송익필의 도학사상 연구〉라는 주제로 철학박사 학위를 취득하였다. 이 책은 김 박사의 박사학위 논문을 다듬고 보완한 것으로 구봉의 철학사상 연구의 대표적인 저술이 될 것을 확신한다. 김 박사는 구봉을 도학적 입장에서 보고 그의 학문세계를 성리학, 수양론, 예학, 경세학으로 나누어 서술하였다.

　구봉은 비록 신분상의 문제로 고단한 삶을 살았지만 그 속에서도 세도(世道)를 자임하고 도학(道學)의 끈을 결코 놓지 않았다. 김 박사는 구봉을 단순히 사변적인 성리학자로 보지 않았다. 김박사는 끊임없이 자기 성찰을 통해 진유(眞儒)의 길을 걷고, 나아가 자신은 비록 신분상의 문제로 현실 정치에 나아갈 수 없었지만, 도우(道友)인 율곡과 우계를 통해 왕도실현의 꿈을 이루고자 했던 구봉의 실천적 지성의 길을 통찰하였다.

김 박사는 본래 문학을 전공했고 늦게야 동양철학의 길에 들어선 만학도였다. 철학에 대한 기초도 부족하고 한문에 대한 소양도 미흡했지만, 그는 오랜 각고의 세월을 통해 이를 극복하는 데 노력했다. 나는 김 박사를 사랑한다. 그것은 그의 학문에 대한 열정과 성실한 삶의 모습 때문이다. 위기지학(爲己之學)의 길을 묵묵히 걷는 김 박사에게 용기와 격려의 말을 해주고 싶다. "남이 한 번 하면 나는 백 번을 하고, 남이 열 번을 하면 나는 천 번을 한다."라는 《중용(中庸)》의 말씀을 김 박사에게 다시 한 번 당부하고 싶다. 그동안 참으로 노고가 많았다. 이제 구봉을 시작으로 더욱 학문의 지평을 넓혀 훌륭한 학자가 되기를 기대한다.

모쪼록 이 책이 구봉 송익필의 철학을 이해하는 길잡이가 되고, 또 조선 성리학을 이해하는 데 훌륭한 자료가 되기를 바란다. 김창경 박사의 노고에 다시 한 번 격려의 인사를 전하고 이 책의 발간을 진심으로 축하한다.

2014년 8월

황의동(전 충남대 대학원장)

책을 펴내며

갑오년인 올해는 구봉 송익필 선생이 태어난 지 만 420년이 되는 해이다. 60갑자로 계산하면 일곱 번의 환갑이 지났다. 구봉 선생은 일생 동안 내우외환의 시대에 세찬 풍상과 거친 파도를 겪으면서도 요순(堯舜)의 고도(古道)와 고례(古禮)를 좇아 유가의 바른 도(道)와 선비정신을 지키고자, 정정당당하며 투철하게 실천하기까지 명예와 목숨을 도외시하면서 많은 노력을 하였다. 굳이 의미를 두는 것은 아니지만 필자가 구봉 선생의 생애와 학문에 대한 연구를 하면서, 그러한 선생의 노력이 시공을 건너 생생하게 가슴 깊이 전해져 온다. 아울러 나약하고 불민한 내 삶을 늘 비춰 보는 밝은 거울이 되어 준다.

기호유학의 의리사상은 공·맹·정·주로 이어져 조선에서 구봉 선생으로 이어진 직(直)사상으로부터 비롯된다 할 수 있다. 이를 사계 김장생이 전해 받고 우암 송시열이 직사상과 의리사상으로 이어 나갔다. 유학의 학문적 완성은 수기치인(修己治人) 또는 내성외왕(內聖外王)으로 요약할 수 있는데, 보편적 철학원리인 천도(天道)가 되면서도 이것을 실천으로 완성하게 하는 당위의 법칙으로서 인도(人道)가 되는 직(直)은 곧 예학(禮學)으로 귀결된다고 할 수 있다. 이 또한 조선의 예학이 구봉 선생으로부터, 최초이면서 본격적 예학서인《가례주설》과《예문답》으로부터 이끌어졌다고 평가된다. 공·맹의 심법이라 전해지는 궁리(窮理)의 직사상과, 왕도실천법으로서의 혈구지도(絜矩之道) 예학. 이 둘을 일관하여 모두 명철하게 밝히고 있는 구봉 선생의 도학(道學)은, 사실 5,000년 역사의 조선 선비 가운데 견줄 만한 이가 거의 없다고도 할 수 있다. 당대에 이름을 드높인 시와 문장과 글에서도 그 학문적 경지를 엿볼 수 있지만, 범속한 요순의 도를 좇은 높은 정신적 경지도 사표가 된다. 또한 국외에까지 널리 알려진 우계, 율곡, 송강, 사암 등과 죽어서도 변치 않을 것이라는 신교(神交)의 도의지교(道義之交)는 훈훈한 인간적인 정리와 더불어 강직한 선비정신의 표상으로서, 예나 지금이나 찾아보기 드문 귀감이 된다. 아울러 조선 예학의 종장(宗匠)으로 불리는 사계 김장생 등 역사적 인물들을 후학으로 길러 낸 인이불발(引而不發)의 교육방법 또한 백세의 사표가 되어 현대교육에 있어서도 큰 의의를 지닌다.

이렇듯 구봉 선생의 도학은 한국유학사상사에서 찾아볼 수 없을 정도로 밝고 뛰어난 철학과 실천을 겸비하였지만, 단지 부친의 허물로 인해, 다만 당쟁의 화로 인해, 400여 년이 지난 오늘날까지도 밝게 드러나지 못하고 있는 점은, 실로 한국유학의 부끄러운 현실이다. 지난 200여 년간 조선의 선비들이 입현무방(立賢無方)의 유학 본래의 정신을 밝혀서 구봉 선생과 고청(孤靑) 서기(徐起) 선생 등을 높이 평가하고 신원(伸寃)하기에 힘썼는데, 지금의 학계는 아직도 봉건적 권력지향의 위인지학(爲人之學)에서 벗어나지 못하고 있는 것 같아 애석할 따름이다.

필자가 구봉 선생에 대해 알게 된 것은 유도회(儒道會) 회장을 역임하신 봉우(鳳宇) 권태훈(權泰勳) 선생의 말씀으로부터이다. 조선시대 유학의 양대 산맥이라 일컬어지는 퇴계와 율곡이 있음에도, 항상 구봉 선생의 도학에 대해 말씀하셨다. 필자가 그 후 대학원에서 연구하게 되면서 느긴 점은, 20대 약관의 율곡을 만난 퇴계가 후생(後生)이 가외(可畏)라 하여 알아보았듯이, 만일 율곡이 불혹의 나이에 유명을 달리하지 않고 20년만 더 연명했더라면 하는 안타까움이 들었다. 그랬다면 율곡의 학문적 경지와 더불어 그를 항상 보인(輔仁)으로 교학상장(敎學相長)하며 이끌었던, 구봉 선생의 위상과 학문적 경지가 더 밝게 드러나서 현재의 한국유학사는 분명 달라졌을 것이라는 아쉬움이 진하게 남는다. 또한 이 글을 성급하고 미숙하게 마무리하는 지금도 필자의 명민하지 못함으로 인해, 구봉 선생의 고명한 학문적 위상을 제대로 밝혀내지 못했다는 죄책감이 밀려온다.

그리고 필자의 우매함과 늦은 나이의 입문으로 인하여, 은사님이신 태암 황의동 교수님의 애를 무던히 썩혀 드린 점에 그저 감사의 말로는 다할 수 없어 고개가 절로 숙여진다. 율곡학을 전공하시고 우계학까지 정립하는 데 열성을 다하신 교수님이기에, 구봉학을 연구하고자 하는 필자의 입장에서는 사실 지대한 가르침을 받았다. 또한 마치 그 당시 구봉, 우계, 율곡 삼현이 나누었던 도의지교와 훈훈한 의리정신이 전도(傳導)된 듯하여, 자못 긴장감과 사명감을 늦출 수 없다는 마음이 작용하기도 하였다. 그렇기에 필자의 총명치 못함으로 인해 구봉 선생과 세 분의 학문적 경지를 정미한 곳까지는 아직 이해하지 못함은 자명한 사실로 받아들이고, 다만 이 책이 선현들과 황 교수님께 큰 허물이 되지 않기만을 간절히 바라는 마음이다. 교수님의 학문연구 업적에 누가 됨을 잘 알지만, 정년(停年)을 앞두신 발걸음에 낮은 걸림돌이라도 되어 보고자 한다.

아울러 이 책은 필자의 박사학위 논문을 수정 보완하여 책으로 엮은 것이다. 그 과정에서 〈공자(孔子)의 자연관〉을 통해 인(仁)사상의 무사(無

私)한 본질을 일깨워 주시고 가르침을 주신 최영찬 교수님,《태극문해의》를 통해 구봉 선생의 〈태극문〉에 대한 이해를 높여 주셨고 가르침을 주신 곽신환 교수님, 아직도 미숙함을 깨우쳐 주고 계신 이종성 교수님, 김세정 교수님께 다시 한 번 감사의 마음으로 깊숙이 고개를 숙인다. 또한 구봉 선생의 문집인《구봉집》이 지금까지도 번역이 안 된 실정이라서 원전 전체를 해석하는 연구 과정에서 이향배 교수님의 도움을 많이 받았다. 깊이 고개 숙여 감사의 마음을 전하고, 원전을 함께 읽어 주시며 도움을 주신 명평자 선생님께도 깊은 감사를 드린다.

끝으로 미숙한 책이나마 엮어 낸 것에 흔쾌히 등 두드려 줄 신야(莘野)의 동지들과 신고(辛苦)를 함께하고 묵묵히 참아 내고 있는 아내 이창숙에게 이 책을 올린다. 미진한 책을 마치며 스스로 한 걸음 더 밝아지도록 노력하는 거울로 삼을 것이며, 이를 계기로 구봉 선생의 학문과 사상이 널리 밝혀지는 작은 디딤돌이 되기를 바란다. 또 하루 속히《구봉집》의 번역이 이루어져 여러 학자들의 보다 더 명확하고 폭넓은 연구가 이루어지길 바라며, 졸필에 대한 여러 석학 제현들의 꾸짖음과 가르침을 고대해 본다.

2014년 8월 8일 탈고를 마치며.

지은이 김창경

구봉 시(詩)

하늘[天][1]

군자와 소인은

오직 같은 하늘을 이고 살 건만

군자는 또 군자가 되어

만고에 똑같은 하늘로 여기네.

소인은 하늘을 천만 개로 여기고

하늘을 하나하나 사사로이 여겨서

사사롭게 하려다 끝내 얻지 못하고

돌이켜 그 하늘을 속이려 하네.

하늘을 속이려 해도 하늘 아니 속으니

하늘을 우러르다 도리어 원망하네.

사심 없음이 군자의 하늘이고

지극히 공평함도 군자의 하늘이라네.

곤궁해도 하늘을 잃지 않고

영달해도 하늘을 어기지 않는다네.

---

1) 이하 시의 해석은, 이상미의 《학이 되어 다시 오리》(도서출판 박이정, 2006)를 참조하
였다.

잠시라도 하늘을 떠나지 않으니

하늘을 잘 섬기는 까닭이라네.

듣고 또 공경하여

생사 간에 오직 그 하늘뿐이니

이미 나의 하늘을 즐길 수 있다면

남들과 더불어 하늘을 즐기리라.2)

---

2) 《구봉집(龜峯集)》, 권2, 〈시(詩)〉, 〈천(天)〉: "君子與小人 所戴惟此天 君子又君子 萬古同
一天 小人千萬天 一一私其天 欲私竟不得 反欲欺其天 欺天天不欺 仰天還怨天 無心
君子天 至公君子天 窮不失其天 達不違其天 斯須不離天 所以能事天 聽之又敬之 生
死惟其天 旣能樂我天 與人同樂天"

자연과 인간에 대한 이해

송익필의 예학사상(禮學思想)

제V장 송익필의 경세사상(經世思想)

제1장

생애와
학문교유

들어가는 글

　구봉(龜峰) 송익필(宋翼弼, 1534~1599)은 우계(牛溪) 성혼(成渾, 1535~ 1598), 율곡(栗谷) 이이(李珥, 1536~1584)와 같은 시대, 같은 지역을 연고로 한 도우(道友)로서 16세기 조선조 성리학(性理學)의 전성시대에 대표적인 유학자 가운데 한 사람이다. 그는 우계, 율곡과 더불어 학문을 익히고 닦았으며, 성리학과 예학(禮學)에 있어 상당한 경지에 이르렀고, 정치적으로는 서인(西人)의 중심인물로 우계, 율곡, 송강(松江) 정철(鄭澈, 1536~1593) 등과 평생토록 함께하였다.

　송익필은 특히 예학에 능통하여 당대 이 분야의 권위자로서 학계의 정평이 있었다. 더욱이 그의 문하에서 '동방예학(東方禮學)의 종장(宗匠)'으로 일컬어지는 사계(沙溪) 김장생(金長生, 1548~1631)이 배출되었다. 이어 그 문하에서 다시 신독재(愼獨齋) 김집(金集, 1574~1656), 동춘당(同春堂) 송준길(宋浚吉, 1606~1672), 우암(尤庵) 송시열(宋時烈, 1607~1689), 초려(草廬) 이유태(李惟泰, 1607~1684) 등 기호예학파를 배출함으로써 조선조 예학의 선구적 위상을 재평가받기에 이르렀다.

　송익필은 문장 또한 탁월해서 이산해, 최경창, 백광훈, 최립, 이순인, 윤탁연, 하응림과 함께 당대 8문장의 한 사람이었으며,1) 또 후일 김시습, 남효온과 함께 시(詩)의 산림 3걸로 일컬어지기도 하였다.2) 이처럼 성리,

---

1) 《고죽유고(孤竹遺稿)》, 孤竹詩集後叙, 紋, 〈孤竹詩集後叙 朴世采〉: "少與玉峯白光勳 游學 松川梁公,靑蓮李公之門 未弱冠 同栗谷李先生,龜峯宋翼弼,東皐崔岦 諸才子 唱酬于武夷洞 世號八文章稧"

2) 《호곡시화(壺谷詩話)》: "金梅月 南秋江 宋龜峰 山林三傑"

예학, 경세, 문장에서도 뛰어나고, 우계와 율곡과 도의지교(道義之交)를 맺어 유가의 의리를 투철하게 실천했던 송익필은, 성리학의 근본이 되는 태극론을 비롯해 자신의 학문적 견해를 요약 정리한 〈태극문(太極問)〉을 썼다. 예학에 관한 저술로는 조선 최초로 관례(冠禮), 혼례(婚禮), 상례(喪禮), 제례(祭禮)의 네 가지 예를 모두 갖춘 4례서인 〈가례주설(家禮註說)〉과 〈예문답(禮問答)〉을 완성하였다. 또한 그의 아들 취대(就大)를 통해 자신과 우계와 율곡 세 사람이 주고받은 왕복 편지의 일부를 모아 《삼현수간(三賢手簡)》을 편찬하였다.

이와 같이 송익필은 학문적 위상으로 보나, 학문의 내용으로 보나, 마땅히 깊이 있는 연구가 이루어져야 했음에도 불구하고, 그동안 일반대중의 인식은 물론 역사와 학계에서조차 소외되어 왔다. 여기에는 그가 천민이라는 신분적 제약이 크게 작용한 측면이 있으며, 김장생과 중봉(重峯) 조헌(趙憲, 1544~1592)을 비롯한 그의 문인들이 우계와 율곡과 송익필의 세 문하를 자유롭게 드나들었음에도 우계나 율곡에게 줄을 대어서 송익필은 사승(師承)계열에서 소외되어 온 감이 없지 않다. 또한 송익필의 문집인 《구봉집》은 김장생-김집-송시열-권상하-김장생 후손들 등 여러 사람들의 손을 거치는 과정에서 자료들이 없어지거나 깎이고 삭제되는 등 산삭(刪削)되었고,[3] 그가 죽은 뒤 163년이 지난 뒤에야 이루어졌

---

3) 《송자대전(宋子大全)》, 권130, 〈잡저(雜著)〉, 〈율곡별집정오(栗谷別集訂誤)〉
《구봉집》, 〈구봉집지(龜峯集識)〉(金相聖): "玄繩編之栗牛二先生書 其非往復者殆將半焉 若幷編入則便三賢簡牘而非龜峯集 尤翁之刪定者 蓋以此也" [《구봉집》을 간행한 김상성(金相聖)도 발간후기인 〈구봉집지(龜峯集識)〉에서 말하기를, 우암 송시열이 현승편에 대한 내용을 깎아 내고 없애는 산삭(刪削)을 정하여 그의 제자들인 권상하와 이희조가 결정하지 못하였고, 자신이 두 사람의 견해를 절충하여 우계와 율곡의 편지 중 왕복서가 아닌 것은 우암의 원칙대로 산절(刪節)하고, 문답 편지만을 뽑아 본래의 체제를 살려 편

다. 이러한 관점에서 송익필에 대한 깊이 있는 재조명과 연구의 필요성이 제기된다.

송익필은 그의 불우한 신분과 함께 처사(處土)로서의 생애로 인해 조선조 도학(道學)의 반열에서 소외되어 온 감이 없지 않다. 그렇지만 필자는 송익필의 생애와 학문이 결코 도학에서 벗어나지 않는다고 판단하여, 그의 도학사상을 중심으로 연구하여 밝히고자 한다. 이에 송익필의 성리학과 예학을 도학적 측면에서 연계함으로써, 지금까지 송익필의 학문을 예학적 측면에서만 평가하거나 성리학만으로 이해하여 각기 단절적으로 보았던 문제점을 바로잡고자 한다. 다시 말하면 기존의 송익필 연구가 성리학 내지 예학적 측면에서 각기 분리시켜 본 데 대해서 그의 학문적 본령이 실천적 '도학(道學)'에 있다고 보고, '성리학(性理學)을 체(體)로 하고 예학(禮學)을 용(用)으로 하는 도학의 체계'임을 밝히고자 한다. 이는 송익필에 대한 그릇된 학문적 시각을 교정하고, 송익필의 철학적 지평과 학문적 위상을 새롭게 재인식한다는 의미가 있다.

그리고 앞에서 살펴보았듯이 송익필이 당대의 8문장가이며, 시의 산림 3걸로 일컬어졌듯이, 문학적 측면에서의 위상은 현재 일반인들과 학술계에서도 널리 알려져서 그 분야에 관련한 연구와 저술활동들은 비교적 활발한 편이라고 할 수 있다. 이에 이 책에서는 송익필의 학문과 사상에 대하여 철학적인 측면에서 논구하고자 함을 앞서 밝혀 둔다.

유학사상에서 도학이라 함은 공자와 맹자로부터 연원하여 인간의 도리를 중심으로 하는 인본주의에 입각한 윤리도덕 사상을 의미한다. 공자

차하였다고 밝히고 있다.]

와 맹자의 도를 계승한 유가사상은 중국 송나라 대에 와서 인간의 존재와 본질을 철학적으로 규명하여, 인간의 구체적 현실에서 올바르고 마땅한 삶을 추구하는 의리사상, 그리고 정의와 진리를 위하여 생명까지 버릴 수 있는 종교성이 포함된 성리학으로 정립되었다. 이는 또 철학적·윤리적·종교적 영역을 포괄하고 있는 유가의 실천철학인 도학사상을 의미하기도 한다.[4] 성리학이 천리(天理), 인성(人性), 의리(義理) 등 객관지(客觀知)의 추구정신이 두드러진 학문이라면, 도학의 경우는 주체적 실천지(實踐知), 즉 의리의 추구정신이 두드러진 실천학문인 것이다. 이처럼 도학은 강한 실천성과 도덕성을 특징으로 하고 유학 본래의 수기안인(修己安人)을 그 내용으로 하지만, 수기와 안인에 있어서도 강한 실천성과 도덕성을 강조하는 것이다.[5] 다시 말하면 의리(義理)·대의(大義)의 실현에 의해 유학 전래의 도통(道統)을 계승 발전시키려는 성리학적 실천유학이 곧 도학이라 할 수 있다.[6]

그런데 중국의 도학사상과 한국의 도학사상은 조금 다른 차이가 있다. 중국의 유학사상은 포괄적·원심적인 대규모의 체계를 갖고 인도(人道)의 정신이 중심을 이루고 있으나, 한국의 유학사상은 내재적·구심적·인간적 입장에서 의리의 저항정신이 주류를 이루고 있다. 이것이 한국도학사상의 특징이다.[7] 이처럼 한국 전통의 성리학에 있어서는 단순히 학

---

4) 오석원, 〈우암 송시열의 의리사상 연구〉, 《유교사상연구》 제33집, 한국유교학회, 2008, 225쪽.

5) 황의동, 《한국의 유학사상》, 서광사, 1995, 91쪽.

6) 윤사순, 〈조선 초기 성리학의 전개〉, 한국철학회 엮음, 《한국철학사》(中), 동명사, 1987, 144쪽.

7) 유승국, 《동양철학연구》, 근역서재, 1983, 356쪽.

문 교수(授受)의 사실여부나, 학문업적으로 사림의 정맥(正脈)을 평가하는 것이 아니라, 의리정신을 기준으로 설정하고 있음을 주지해야 한다.[8]

한국도학사상사(韓國道學思想史)에서 정암(靜庵) 조광조(趙光祖, 1482~1519)를 한국도학의 시조[9]라고 말한 율곡은 도학을 하는 선비를 '진유(眞儒)'라고 말하면서,[10] 진유의 역할은 '행도(行道)'와 '수교(垂敎)'[11]라고 요약 제시하였다. 또 도학의 내용에 대해서 "무릇 도학이란 격물과 치지로 선(善)을 밝히고 성의와 정심으로 몸을 수양하여 자신의 몸에 온축하여서는 천덕(天德)이 되고, 정치에 구현하여서는 왕도(王道)가 되는 것"[12]이라고 말하여 유가 본래의 내성외왕지도(內聖外王之道), 곧 수기치인지도(修己治人之道)가 도학의 내용이 됨을 밝히고 있다.

이에 필자가 송익필을 도학적 관점에서 보고자 하는 이유는 다음과 같다.

첫째, 송익필은 당쟁의 격화와 율곡이 죽은 뒤에 신분상의 제약과 함께 도피생활을 하는 극한 현실상황에서도 유학자로서의 삶으로 일관했다. 천민으로의 신분 박탈, 온 가족의 유리방황과 궁핍, 정치적 속박 등에도 불구하고, 정치권력에 유혹되지 않고 평생 진유로서의 삶을 지켜

---

8) 윤사순, 〈조선 초기 성리학의 전개〉, 한국철학회 엮음, 《한국철학사》(中), 동명사, 1987, 150쪽.

9) 《율곡전서(栗谷全書)》, 권31, 〈어록(語錄)〉上: "然權近入學圖 似齟齬 鄭圃隱號爲理學之祖 而以余觀之 乃安社稷之臣 非儒者也 然則道學 自趙靜菴始起"

10) 《율곡전서》, 권15, 잡저(雜著)2, 〈동호문답(東湖問答)〉: "道學之士 謂之眞儒"

11) 위의 글: "夫所謂眞儒者 進則行道於一時 使斯民有熙皞之樂 退則垂敎於萬世 使學者 得大寐之醒 進而無道可行 退而無敎可垂 則雖謂之眞儒 吾不信也"

12) 《율곡전서》, 권15, 잡저(雜著)2, 〈동호문답(東湖問答)〉, 〈右論君臣相得之難〉: "夫道學 者 格致以明乎善 誠正以修其身 蘊著躬則爲天德 施之政則爲王道"

왔다는 점에서 도학적 평가를 해도 마땅하다고 생각한다.

둘째, 송익필은 비록 재야의 처사로서 일생을 마쳤지만, 그의 문집을 통해서 나라와 민생을 걱정하고, 유학의 바른 도리가 펼쳐지기를 걱정하는 우환의식(憂患意識)이 깊이 자리하고 있음을 볼 수 있다. 율곡과 같은 체계적인 경세론이나 개혁책 등이 있는 것은 아니지만, 그의 문집에는 다양하고 독특한 경세론이 드러나고 있다. 특히 그는 자신이 직접 정치현실에 참여하지는 못했지만, 도우(道友)인 우계와 율곡을 통해 왕도의 실현과 세도(世道)의 구현을 위해 많은 노력을 하였다. 또한 후일 기호예학의 종장인 김장생과 김집 등 많은 문인들을 길러 냈는데, 후학을 바르게 이끌어 계도(啓導)한 공이 지극히 크다고 할 수 있다. 이와 같은 점에서 율곡의 말대로 도학이란 수기와 치인, 천덕과 왕도, 행도와 수교를 겸한다고 할 때, 송익필도 이러한 범주에서 결코 배제될 수 없다고 생각된다.

셋째, 송익필은 예학의 정립과 실천에 주력했다는 점에서 의리적 평가를 할 수 있다. 공자와 맹자를 거쳐 주자에게 전승된 직사상(直思想)은 마침내 송익필에 의해 크게 드러나서 김장생에게 이어지고, 이는 다시 송시열에게 전승되어 송시열 의리사상의 철학적 기초가 되었다. 직은 의리의 원천으로 예(禮)를 통해 현실사회에 구체화된다. 또 도학이란 의리를 포함한다고 볼 때, 송익필의 직에 기초한 예학적 실천은 도학적 관점에서 이해 가능하다고 볼 수 있다.

성리학은 인간의 근원적인 본성을 철학적으로 밝히는 학문이며, 이를 통해 천리에 맞는 삶을 이상으로 삼는다. 인간 본성의 근원을 천에서 찾고, 그 천에 대한 이해를 통해 나와 천이 하나가 되는 천인합일(天人合一)의 경지를 추구한다. 그리고 인간 심성에 대한 이기론적(理氣論的) 해명과, 또 선악에 대한 가치적 이해를 통해 윤리적 실천을 해 나가는 데 있다. 따라서 성리에 대한 올바른 이해와 인식은 학문의 기초가 된다. 그리고 성리는 반드시 외면으로 실현되어야 하는데, 그것이 바로 예라고 할 수 있다. 천리에 근본한 선한 인성(人性)은 현실로 구현되어야 하고 외행으로 나타나야 한다. 이러한 측면에서 성리는 체(體)가 되고, 예는 용(用)이 된다. 성리는 예를 통해 구현되고, 예를 통해 온전히 드러난다고 할 수 있다. 인간의 마음이나 감정은 실제 생활 속에 드러나는 것인데, 그것이 천리 내지 성리에 어긋나지 말아야 한다. 이런 점에서 성리는 예의 근거가 되고, 예는 성리의 실천적 방법이 된다.

이상의 철학적 논리를 토대로 살펴보았을 때, 송익필의 학문이 내면적인 성리의 탐구를 근본으로 하고, 이를 밖으로 실천하는 예학을 함께하고 있는데, 이는 곧 성리학을 체로 하고, 예학을 용으로 하는 도학의 학문적 성격에 부합한다. 또한 송익필의 경우는 성리의 사변적인 논구보다는 수양과 실천에 더욱 관심이 컸다고 할 수 있는데, 이는 그의 문집 전반에 걸쳐 드러나고 있음을 볼 수 있다.

1. 시대 배경과 생애

1) 16세기의 역사인식

구봉 송익필이 살았던 16~17세기 조선의 역사적 배경을 살펴보면, 15세기 왕권주도의 사회구조를 향촌재야 세력인 사림이 새로운 정치세력으로 성장해 나간 시기였다.[13] 조선 성종시대의 중반 이후에 접어들어서는 기존의 조선왕조 건국에 공을 세운 훈신세력과 신진사류들 사이에 정치, 경제 등 여러 면에서 국가경영의 방식을 두고 대립하기 시작한다. 유교의례(儒敎儀禮)인 예제(禮制)의 시행과정에 있어서도 왕권강화를 위한 훈신들의《국조오례의(國朝五禮儀)》시행 주장과,《주자가례》와 '고례(古禮)'를 통한 유교적 교화를 주장하는 신진사류들의 대립이 심화되었던 때이다.[14] 이러한 역사적 과정에서 두 차례의 반정[15]과 네 차례의

---

13) 고영진,《조선 중기 예학사상사》, 한길사, 1995, 15쪽 참조.

14) 위의 책, 45~46쪽.

15) 중종반정(中宗反正, 1506년, 연산군 12): 연산군은 당시 특권권력층인 훈구세력과 성종 때부터 정계에 진출하기 시작한 신진 사림세력이 정치적으로 대립하는 가운데 왕위에 올라, 1498년 훈구세력과 결탁해 성리학적인 입장에서 왕도정치를 추구하는 사림파를 무오사화로 한 차례 거세하였다. 정치적 우세를 더욱 확고히 한 훈구세력의 횡포가 더욱 심해지자, 이번에는 훈구세력의 경제 기반을 탈취하고자 1504년 갑자사화를 일으켰다. 두 차례의 사화가 거듭되는 동안 연산군의 학정은 더욱 심해졌다. 이에 1506년(연산군 12) 성희안(成希顔), 박원종(朴元宗) 등 이른바 훈구세력이 임사홍(任士洪), 신수근(愼守勤) 등의 궁금세력(宮禁勢力)과 결탁해 학정을 거듭하던 연산군을 폐위시킨 사건이다.
인조반정(仁祖反正, 1623년 광해군 15): 이귀(李貴) 등 서인 일파가 광해군 및 집권당인 이이첨(李爾瞻) 등의 대북파를 몰아내고, 능양군 종(綾陽君 倧: 인조)을 왕으로 옹립한 정변.

사화16)가 일어났다. 또 대외적으로는 임진왜란과 병자·정묘호란 등 커다란 역사적 변혁이 일어나서 국론의 분열과 기강의 해이, 신분 질서의 파괴 등으로 인해 정치체제 정립과 새로운 윤리관의 수립이 요망되던 시기였다.

한편으로는 변혁의 역사 속에서 16세기 중후반의 조선은 사상과 문학적인 융성의 시대를 맞이하게 되어 '목릉성제'17)라 이르는 시기이기도 하였다. 학문적으로 고려시대의 불교 중심에서 조선 초기 왕권을 강화시키기 위해 정치적으로 유교를 도입하면서, 신유학인 성리학에 대한 이해가 심화되어 사림 중심의 학파가 형성되었고, 율곡과 퇴계를 대표로 하는 독창적인 조선성리학이 뿌리내린 시기이다. 이처럼 율곡과 퇴계의 성리학이 양대 산맥을 이루게 되지만, 시간이 지나면서 점차 사변(思辨) 중심의 공허한 한국적인 성리학이 정착되어 영남·기호 양파로 학계가 나뉘어 갔다. 이 같은 제반 상황을 극복하고 새로운 질서 정립을 위해서 그 이론적 기반을 제공할 수 있는 새로운 사상 체제의 정립을 요구하게 된다. 이는 곧 사회 변화와 국가적 위기상황에서 왕권을 유지하며 민심을 순화시키고 윤리강상을 재건하고자 하는 시대적 요구와 일치되어 조선예학(朝鮮禮學)이 뿌리를 내리게 된 계기가 되었다.18)

---

16) 사화(士禍): 조선 중기 신진사류(新進士類)들이 훈신·척신들로부터 받은 정치적인 탄압, 사림(士林)의 화(禍)의 준말로서, 1498년(연산군 4)의 무오사화, 1504년(연산군 10)의 갑자사화, 1519년(중종 14)의 기묘사화, 1545년(명종 즉위년)의 을사사화의 네 번의 사화가 일어났다.

17) 목릉성제(穆陵盛際): 목릉은 선조의 능 이름(陵號)이며, 문학적 융성기인 임진란 전후의 선조시대를 말함.

18) 배상현, 〈조선조 기호학파의 예학사상에 관한 연구 – 송익필, 김장생, 송시열을 중심으로〉, 고려대학교, 박사학위논문, 1991, 143쪽.

송익필은 이와 같은 역사적 시대 배경 속에서 율곡과 우계와 더불어 서로 학문을 닦고 이끌어 주는 강마지교(講磨之交)를 맺은 도학자이며, 율곡성리학이 체계를 잡는 데 우계와 더불어 보인(輔仁)한 성리학자이다. 아울러 기호예학의 종장이라 일컬어지는 김장생과 김집을 가르쳐서 명실공히 조선예학의 뿌리를 내리게 한 교육가이며 예학자이다. 이처럼 송익필은 천품의 자질이 뛰어나고 학문에 투철하게 힘써서 경서(經書)에 밝고 조선유학사에 지대한 공을 남긴 일세(一世)의 유종(儒宗)이라 불린[19] 유학자이다.

2) 불우한 환경과 유학자의 길

구봉 송익필은 중종 29년(1534)에서 선조 32년(1599) 사이에 살았던 도학가요 성리학자이며, 16세기인 조선전기 기호예학(畿湖禮學)의 근저를 마련한 유학자이다.

송익필의 자(字)는 운장(雲長), 호(號)는 구봉(龜峰), 시호(諡號)는 문경(文敬)이며, 본관은 여산(礪山)으로, 부친 송사련과 모친 연일 정씨 사이에서 조선 중종 29년(갑오, 1534) 2월 10일에 4남 1녀 가운데 3남으로 출생하였다.[20]

---

19) 《구봉집》, 권10, 〈부록〉, 〈청포증장(請褒贈狀) – 庚午六月十五日, 忠淸監司 洪啓禧〉: "龜峯 宋翼弼之號 …… 以其朋友師弟之盛 稱道論述之辭 參互以觀 則翼弼邃學高才 實是一代之儒宗"

20) 《구봉집》, 권10, 〈부록〉, 〈행장(行狀)〉: "先生姓宋 諱翼弼 字雲長 礪山人 …… 是爲先生之考 娶延日鄭氏 生四子一女 長諱仁弼 次諱富弼 次卽先生 而雲谷居士翰弼季鷹 其季也 先生以嘉靖甲午二月初十日卯時生"

그의 가계를 살펴보면, 송익필의 10대조인 송송례는 고려 원종 때 상장군, 추밀원부사, 첨의중찬을 지낸 명문화벌로서, 원나라의 고려 침공당시에 무신집권 세력인 임유무를 제거하고, 고려 왕권을 안정시킨 공을세워서 정렬공의 시호를 받았다. 그를 도왔던 두 아들 담과 분이 사료에나타나고 있다.[21] 이러한 송익필의 가계는 이후로 크게 현달하지 못하다가 고조부인 송근, 증조부인 송소철을 지나서 조부인 송린이 잡직인 직장 벼슬을 지내게 된다. 송린은 황해도 배천에서 살았으며, 송익필의 부친인 송사련 때에 와서 고양(高陽)으로 이주하여 세거지(世居地)가 비로소 고양의 구봉산으로 자리하게 된다. 송사련은 관상감판관의 직에 올랐고, '신사무옥(辛巳誣獄, 1521)' 이후에는 당상관(堂上官, 정3품)인 첨지중추부사 절충장군의 벼슬을 지냈다.[22] 이렇듯 송익필의 부친인 송사련에 와서 가업이 융성하고 현달하게 되었지만, 그로 인해 송익필에게는 신분 문제가 발생하게 되는데 살펴보면 다음과 같다.

먼저 송익필의 조부인 송린은 황해도 배천(白川)으로 이주하여 배천사람이 되었고, 중종 때 좌의정을 지낸 정민공(貞愍公) 안당(安瑭, 1461~1521)의 서매(庶妹)인 순흥 안씨 감정(甘丁)과 결혼하여 송사련을 낳

---

21)《고려사절요(高麗史節要)》, 권18,〈元宗順孝大王(一)〉,〈庚午十一年(1270) 宋 咸淳六年, 蒙古 至元七年〉: "癸丑 誅林惟茂 惟茂以童稚 繼執父權 每事決於妻父李應烈 與樞副致仕宋君斐等 姉夫御史中丞洪文系 及直門下宋松禮 外雖面從 心常憤惋 惟茂將拒命 中外洶洶 是日夜 王 遣李汾成 密諭文系曰 卿累葉衣冠之後 當揆義度勢 以利社稷無忝祖父 文系再拜謂汾成曰 明日 待我府門外 卽謀於松禮 松禮二子琰 及玢 俱爲衛士長 松禮文系集三別抄 諭以衛社大義 謀執惟茂"

22)《구봉집》, 권10,〈부록〉,〈행장(行狀)〉: "先生姓宋 諱翼弼 字雲長 礪山人 高麗貞烈公松禮之後 高祖根 曾祖小鐵 祖璘 直長 娶順興安氏某官某之女 生斂樞君 是爲先生之考 娶延日鄭氏 生四子一女 長諱仁弼 次諱富弼 次卽先生 而雲谷居士翰弼季鷹 其季也 先生以嘉靖甲午二月初十日卯時生"

왔다.23) 이후 송린은 잡직인 직장을 지내고 관상감판관에 올랐으며, 후일 그의 아들인 송사련도 외가인 안씨 집안의 도움으로 관상감판관을 지내게 되며, 안씨 문중의 크고 작은 일을 맡아 보게 된다. 이처럼 안씨 가문과 밀접한 관계를 지내 온 송사련은 뒷날 '신사무옥'을 일으키게 하는 고변(告變)을 하게 된다. 율곡이 지은 정민공 안당의 '신도비명'에도 나와 있듯이 기묘사화(己卯士禍, 1519)가 일어나자 청류(淸流)의 우두머리로 몰려 벼슬에서 면직되고 관직을 삭탈당하였던 안당의 아들을 고변한 송사련은,24) 그 상으로 당상관인 절충장군의 직위에 오르게 되어 여생을 마칠 때까지 풍족하게 살아갈 수 있었다. 하지만 후일 훈구세력이 축출되고 사림세력으로 권세가 바뀌는 전환기가 왔을 때 그는 죽어서 없어지고, 그의 사림에 대한 죄과는 고스란히 식솔들에게 남겨졌다.

이와 같은 당시의 정치적 배경에는 조선왕조가 건국된 지 200여 년이 지나는 동안 왕조의 건국에 참여하고 초창기 문물전장제도(文物典章制度)를 마련하는 데 공훈을 세운 훈구세력과, 고려에 대한 절의를 지키던 지방의 사림들이 중앙에 진출하면서 갈등과 대립을 일으키게 되어 사화가 거듭되던 시기였다.25) 이때 중종 초기 사림의 대표적 인물로서 당시 재상이었던 안당26)은 조선조 도학의 시조라 일컬어지는 조광조를 천거

---

23) 위의 글: "祖璘 直長 娶順興安氏某官某之女 生僉樞君 是爲先生之考"

24) 《율곡전서》, 권17, 〈신도비명〉, 〈좌의정정민안공신도비명(左議政貞愍安公神道碑銘)〉: "己卯士禍之作 公與首相鄭公光弼 協力申救 而公坐爲淸流所宗 免官 明年奪爵 公之子 處謙 愼南袞·沈貞茓刈搢紳 潛謀除君側之惡 時辛巳歲也 其弟處誠 與其庶姑子宋祀 連告公"

25) 배상현, 〈구봉 송익필과 그 사상에 대한 연구〉, 《논문집》 제1집, 동국대학교 경주대학, 1982, 77쪽.

26) 《율곡전서》, 권17, 〈신도비명〉, 〈좌의정정민안공신도비명(左議政貞愍安公神道碑銘)〉:

하고 현량과를 실시하였다. 안당은 기묘사화 때는 조광조를 비롯한 사림들을 구출하고자 하는 등, 사림의 보호자 역할을 하여 사림의 기대가 크던 인물이었다. 이러한 안당을 제거하고자 신사년(辛巳年, 1521) 9월에 사림들을 미워하던 훈구세력인 심정(沈貞)이 윤지형(尹止衡)을 사주하여, 안당은 국사를 그르친 간신의 괴수라 하여 관직을 삭탈시켰다. 이어서 안당의 아들인 안처겸 등을 소급 탄핵하여 각각 죄를 얽어 관직을 삭탈하였다. 그해 10월에 안처겸은 모친상을 당하여 막 상복을 벗었는데, 시산부정 정숙과 권전과 더불어 "심정과 남곤의 무리를 제거한다면 나라의 형세도 부지하고 사림도 보전할 것이다." 하였다. 이에 송사련이 그의 처형 정상과 더불어 그 말을 빙자하게 된다. 안당의 부인 초상 때의 조객록 및 발인 때의 역군부(役軍簿)를 가지고 고변하기를, "안처겸이 아무아무들과 함께 대신을 해치기로 모의하는 것을 안당이 말리다 못해 고향 집으로 데리고 내려갔다."라고 하여서 '신사무옥'이 일어나게 되었다.27)

여기에서 어찌하여 송사련이 자식처럼 온정을 베풀어 주고, 벼슬도 마련해 주고, 집안 대소사까지 맡겼던 외가의 집안을 고변하여 몰락의 길로 들어서게 만들었는가 하는 의문이 남는다. 이는 안당의 부친인 성균관 사예 안돈후가 부인이 죽자, 그 형의 시녀였던 중금(重今)과 결혼하여 얻은 딸 감정(甘丁)과 송린이 결혼한 것에서부터 시작된다. 송사련의 외할머니인 중금이 천민이었고, 모친인 감정 또한 그 당시 모계법(母系法)에

"公生于天順辛巳 至是甲子僅一周矣 公身貌不踰中人 而莊重寡言笑 淸儉自律 俸祿之外無他營 守正奉公 果於爲義 立朝多建明 如復昭陵 從祀鄭文忠 追贈金文敬·鄭文獻 設薦擧科等事"

27) 《연려실기술》, 권8, 〈중종조 고사본말(中宗朝故事本末)〉, 〈신사년 안처겸(安處謙)의 옥사〉 참조.

의하여 천민의 신분에서 벗어나지 못하여서[28] 송사련 또한 천민의 신분이었다고 할 수 있다. 그래서 총명하고 사리에 밝으며 사람들의 뜻을 잘 헤아렸던[29] 송사련은 출세욕과 더불어 신분제약을 벗어나고자 무고(誣告)를 꾀하였다[30]고 추측된다.

이러한 신분에 관한 문제는 후일 송익필 일가에게 서얼이라는 굴레로써 다시 천민으로 돌아가게 하는 단서가 되는데[31], 그 결정적 원인은 송익필의 외증조모인 중금과 조모인 감정의 속량(贖良) 여부의 사실에 있다.[32] 중요한 점은 송익필의 조부인 송린이 잡직이지만 양민이 종사할 수

---

28) 최영성,《구봉송익필의 사상연구》, 성균관대학교유학대학원 석사학위논문, 1992, 5쪽 참조. 여기서 최영성은《경국대전》에 나온 "2품 이상인 자의 첩으로서 자녀가 있는 공천(公賤)·사천(私賤)인 자의 비(婢)를 장예원(掌隷院)에 신고하여 대신 입역(立役)시키고 속량하는 것을 허락한다《경국대전(經國大典)》, 권5,〈형전(刑典)〉,〈천첩조(賤妾條)〉)"는 당시의 법을 예시하면서 중금과 감정이 모두 속량(贖良)하지 못했다고 보았으며, 송사련 역시 "천자수모법(賤者隨母法)"에 따라 천인(賤人)의 신분에서 벗어나지 못하였다고 보았다.

29)《기묘록속집(己卯錄續集)》,〈화매(禍媒)〉,〈송사련전(宋祀連傳)〉: "家門之視祀連 如親子弟 而性又巧慧 善解人意"

30) 배상현,〈구봉 송익필과 그 사상에 대한 연구〉,《논문집》제1집, 동국대학교 경주대학, 1982, 79쪽.

31) 강구율,《구봉 송익필의 시세계와 시풍(詩風)연구》, 경북대학교 대학원, 박사학위논문, 2002. 7쪽.

32) 감정(甘丁)이 안당의 서매(庶妹)라는 내용의 진위 여부에 대해서는, 이선(李選)의〈구봉행장〉에는 "사련은 안당의 서손(庶孫)이라《구봉집》, 권10〈부록〉,〈행장(行狀)〉: "祀連以安瑭孼屬") 하였고,
율곡의 안당의 신도비명에는 "그 아우 처성(處諴)과 더불어 그들의 서고모(庶姑) 아들 송사련이라《율곡전서》, 권17,〈신도비명(神道碑銘)〉,〈좌의정정민안공신도비명(左議政貞愍安公神道碑銘)〉: "公之子處謙 憤南袞·沈貞芟刈搢紳 潛謀除君側之惡 時辛巳歲也 其弟處誠,與其庶姑子宋祀連)" 하였으며,
송시열의〈구봉묘갈문〉에 "사련은 안당의 서손이라《송자대전》, 권172,〈묘갈명(墓碣銘)〉,〈구봉선생송공묘갈(龜峯先生宋公墓碣)〉: "祀連以安瑭孼屬")하고 있다.
그런데《대동야승(大東野乘)》의〈기묘록속집(己卯錄續集)〉에서는 중금에게는 딸자

있는 직장(直長)과 관상감판관을 지냈으니 양민에 속하며, 송사련은 정3품 첨지중추부사 절충장군에 올라서 양역(良役)을 지냈으니 속량이 되었다고 할 수 있는 것이다. 그리고 모계법에 의하여 천인으로 취급되던 실정이지만, 2대에 걸쳐 양역을 지내고 60여 년의 기한이 지난 사람들은 그 당시 법에 의거해서도 결함이 없는, 천민에서 벗어나 양민이 된 신분[33]인 것이다. 또한 자손들인 송익필과 그 형제들은 분명 태어나면서부터 천민이 아닌 것이 확실하다.[34] 그 실제 예로서 김장생과 서성, 정엽, 유순익, 심종직이 이름을 합하여 스승의 억울함을 풀고자 올린 을축년(乙丑年, 1625) 상소에서 "송사련의 모친은 이미 양민(良民)이 되었다."[35]라고 말하고 있는 점으로 미루어 속량이 되었음을 알 수 있다. 그리고 그 이전의 기록에서 보이듯 송익필과 그의 아우인 운곡(雲谷) 송한필(宋翰弼)이 선비

식이 있으니, 곧 데리고 들어온 감정인데, 돈후가 데려오기 전에 낳은 딸(《기묘록속집(己卯錄續集)》,〈화매(禍媒)〉,〈송사련전(宋祀連傳)〉: "宋祀連賤口重今之孫 堪丁之子也 安司藝敦厚成化乙未喪耦 年老有病 以同生兄監司寬厚之婢重今嘗侍寢 有女息 乃率屋堪丁 家畜前所生也") 이라고 하여 다른 문헌과는 일관성이 없다.

그리고 김장생은 상소문에서 송익필의 부친 송사련은 고인이 된 재상 안당의 서얼 누이동생의 아들이고, 송사련의 모친은 이미 양민(良民)이 되었다고(《사계유고(沙溪遺稿)》, 권2,〈소(疏)〉,〈신변사원소(伸辨師冤疏)〉, 乙丑二月, 兵判徐渚, 都憲鄭曄, 菁川君柳舜翼, 濟用正沈宗直聯名: "翼弼之父祀連 乃故相安瑭孽妹之子也 祀連之母 既已從良") 밝히고 있다.

33) 《속대전(續大典)》,〈형전(刑典)〉,〈청리(聽理)〉: "或稱祖上逃奴婢 或稱奴良所生 爭訟而非 當身現存者 用大限 事在六十年以前則勿聽 事在六十年以前 連二代良役雖自己奴婢 亦勿聽一"

34) 배상현,〈구봉 송익필과 그 思想에 대한 硏究〉,《논문집》제1집, 동국대학교 경주대학, 1982, 82쪽.

35) 《사계유고(沙溪遺稿)》, 권2,〈소(疏)〉,〈신변사원소(伸辨師冤疏)〉, 乙丑二月, 兵判徐渚, 都憲鄭曄, 菁川君柳舜翼, 濟用正沈宗直聯名: "翼弼之父祀連 乃故相安瑭孽妹之子也 祀連之母 既已從良 祀連又至於雜科出身 則連二代良役 且過六十年大限者 不得還賤 昭在法典"

의 신분으로 향시(鄕試)에서 고등으로 합격했다는[36] 대목에서도 알 수 있다. 그럼에도 불구하고 속량의 유무에 대한 불확실성의 빌미는 시간이 지나면서 부친의 무고에 대한 허물이 더해져 갔다. 이후 송익필과 그 식솔들에게 신분적으로 천민의 굴레를 씌우는 명분이 되었고, 생을 마칠 때까지 평생을 얽매게 한 것이라 하겠다.

앞서 살펴보았듯이 송익필 생애의 전반기에는 신분 문제로 제약을 받지 않았고, 사회·경제적으로 구속을 받지 않았다. 사대부들과 교류하여서 4남 1녀 가운데의 딸은 종실(宗室) 한산수(漢山守)와 혼인하였다. 송익필 또한 명문가인 창녕 성씨와 혼인하여 큰아들인 취방(就方)을 낳았으며, 후일 측실(側室)인 수원 최씨에게서 취대(就大)와 취실(就實)을 낳게 된다.[37] 송익필의 형제들은 모두 재주가 출중하였는데, 그 가운데서도 송익필과 그의 아우 한필은 학식과 문장이 더욱 뛰어났다. 송익필은 7~8세부터 한시를 지어 이름이 나기 시작하였고,[38] 후일에는 그 당시 이이, 최립, 백광훈, 윤탁연, 이산해, 이순인 등과 함께 8문장가로 명성이 드높았다.[39]

이처럼 송익필의 문장과 학식은 한 시대에 뛰어나서 우계 성혼·율곡 이이·송강 정철·사암 박순과 더불어 도의지교(道義之交)를 맺어 학문을 강마(講磨)하였는데, 식견이 투철하고 논의가 뛰어나게 영매(英邁)하였다

---

36) 《구봉집》, 권10, 〈부록〉, 〈행장(行狀)〉: "其諸子皆有才藝 …… 與弟翰弼 俱發解高等"

37) 위의 글: "先生有一子 曰就方 側室有二子 曰就大 曰就實 一女適某"

38) 《구봉집》, 권10, 〈부록〉, 〈묘갈문(墓碣文), 송시열찬(宋時烈撰)〉: "산가모옥월참차(山家茅屋月參差)"라는 시를 지었다고 한다.

39) 《고죽유고(孤竹遺稿)》, 〈고죽시집후서(孤竹詩集後叙)〉〈고죽시집후서(孤竹詩集後叙), 박세채(朴世采)〉: "少與玉峯白光勳 游學松川梁公 靑蓮李公之門 未弱冠 同栗谷李先生 龜峯宋翼弼東皐崔岦諸才子 唱酬于武夷洞 世號八文章稧"

고 한다.

약관(弱冠)을 지나 25세(1558년, 무오, 명종13년) 때에는 율곡과 함께 대과(大科)인 별시(別試)에 응시하였다. 과거시험 문제였던 〈천도책〉에 대하여 율곡이 칭송하기를 "송익필의 학식이 고명박흡(高明博洽)하니 송익필에게 자세히 물으라."고 하여, 과거시험에 응시한 선비[40]들을 교회(敎誨)하면서부터 학식이 알려지게 되었다.[41] 하지만 이때에 사관이었던 이해수에 의해 서얼은 과거를 응시할 수 없다는 이유로 과거응시 금지를 당하게 된다.[42] 이는 아비 송사련의 허물에 대한 미움도 미움이지만, 율곡과 송익필과 같이 두각을 나타내는 신흥 인재들에 대한 기득권의 훈구세력들이 견제하려는 사사(私邪)로움에서 비롯한 것이라고 할 수 있다. 율곡을 '9도장원공'[43]이라고 하는 사실에서 짐작해 볼 수 있다. 아홉 번 과거시험을 보았다는 것은 율곡의 총명함을 나타내는 사실이기도 하지만, 본가가 강릉인 한미한 집안의 선비가 한양의 기득권세력인 권문세가들 사이에서 관직에 올라 정사를 담당한다는 것이 얼마나 어려운 것인지를 짐작할 수 있다. 또 율곡이 정당하지 못한 이유로 여러 번 탄핵을 받은 역사적 사실에서도 쉽게 찾아볼 수 있는 일이다.

---

40) 거자(擧子): 지방에서 치르는 향시(鄕試)에 급제하고 다시 중앙에서 치르는 회시(會試)에 응시한 선비들을 말하며, 과거 볼 자격이 있는 자를 말한다.

41) 《구봉집》, 권10, 〈부록〉, 〈묘갈문(墓碣文), 송시열찬(宋時烈撰)〉: "李先生嘗入場屋 對天道策 謂擧子來問者曰 宋雲長高明博洽 宜就而問之 於是擧場奔波 先生左酬右應 愈扣而愈無窮 擧子轉相傳錄 不但爲取應之具也"

42) 《구봉집》, 권10, 〈부록〉, 〈행장(行狀)〉: "史官李海壽等 以爲祀連旣爲罪人 祧其賞職 其子乃孼孫也 不當冒法赴擧 與同僚議停擧以錮之"

43) 구도장원공(九度壯元公): 율곡은 생원(生員) 진사시(進士試)에 모두 장원하고, 문과(文科) 복시(覆試)와 전시(殿試) 등 전후 모두 아홉 차례나 장원하여 구도장원공이라 불렸다.(《율곡전서》, 권33, 〈부록〉1, 〈연보〉)

이때를 전후로 송익필의 나이 27세(1560)에 이미 학식과 인품의 고절함이 세상에 널리 알려졌고, 고양 구봉산(龜峰山) 아래에서 문을 열어 문도들을 가르치니 배움을 청하는 자가 날로 많아져서 '구봉 선생(龜峯先生)'이라 불리게 되었다.44) 황강(黃岡) 김계휘(金繼輝, 1526~1582)에 의해 아들인 김장생(1548~1631)이 찾아와서 수학하기 시작한 때이기도 하다. 이때 김장생의 나이는 13세 무렵이었는데, 송익필에게 나아가 사서(四書)와 《근사록(近思錄)》을 배우게 된다. 송익필은 자질이 뛰어나서 책을 봄에 막힘이 없었고 한 번 읽은 후에 전혀 해설을 하지 않았다. 김장생은 정좌하여 책을 보고 또 보아 전심 탐구하고 사색하여 점차 꿰뚫어 알게 되었다. 천백 번 생각하여 보아도 통하지 못한 이후에 비로소 질문하였다고 한다. 송익필의 교육법은 독서와 사색을 병진하게 하여서 김장생을 학자로서 크게 성공시킨 바탕이 되었다.45) 송익필은 배우는 이들의 자질에 따라 각자에 잘 맞도록 이끌어서 스스로 깨우치고 발전해 나가도록 선도하는 뛰어난 교육방법으로 가르쳤다고 한다. 이 같은 구봉의 교육방법의 특성은 후일 김장생과 김집 부자에서 송시열로 이어지고, 송이창에서 송준길로 이어지는 조선조 예학의 기틀을 다지게 되는 제자들을 길러 내는 공(功)이 된다. 아울러 후학을 개도(開道)한 공으로 인하여 송익필은

---

44) 《선조수정실록》, 권23 22년(1589, 己丑 / 명 만력(萬曆) 17년) 12월 1일(甲戌) 11번째 기사, 〈송익필 형제의 추문을 형조에 전교하다.〉: "翼弼復從李珥 成渾, 講論道學 識見通透 論議英發 開門授徒 從學者日盛 號稱龜峯"

45) 《송자대전》, 권212, 〈어록(語錄)〉, 〈사계선생어록(沙溪先生語錄)〉: "先生云 嘗受近思錄於龜峯 龜峯極其英邁 看書無礙 謂人如己 故一番讀過而專不解說 余初蓋茫然如未學也 退而靜坐 看來看去 十分辛苦 讀而思思而讀 晝夜不已 然後漸漸通曉 千思百慮 終未透然後請問焉 讀書勤勞 未見如我者也 今爾看得容易 看得容易者 知未必精 知未精則守之不固 此不可不知也"

후일 문경공(文敬公)의 시호(諡號)를 추증 받게 된다.

이렇듯 넉넉한 가세 속에 곤란 없이 우계, 율곡과 강마하며 후학을 가르치는 등 학문에 정진하던 33세(1566, 명종 21) 무렵, 조선의 사회와 송익필의 신상에 커다란 변화가 생겨나기 시작한다. 그것은 문정왕후[46]가 죽으면서 훈구세력들이 쇠락하고, 사림의 세력들이 정권을 잡기 시작하는 전환기가 찾아온 것이다. 그로 인해 송사련의 신사무옥 고변으로 삭탈되었던 안당이 복권되어 직첩이 환급되었으며, 이어서 송익필이 42세 되던 1575년(선조 8)에는 안당에게 '정민(貞愍)'의 시호가 내려졌고, 송익필의 가문에는 어두운 구름이 드리워지기 시작하였다. 이 해에 송사련은 죽었지만, 다시 11년 뒤인 1586년(선조 19)에는 안당의 아들인 안처겸 등이 무죄로 밝혀져서 신원이 되어 복권되고 송사련의 관작이 삭탈되었다.

정치적 전환의 시대를 맞이하게 된 송익필은 사관들의 과거응시 금지와 부친의 허물에 대한 사림들의 미움을 뒤로 하고, 고도(古道)를 자처하며[47] 고양의 구봉산(현재의 파주시 심학산) 아래에서 후학을 가르치게 된다. 후학을 가르치는 한편 우계와 율곡과 송강 정철 등과 더불어 외우(畏友)로서 변치 않고 강마지교를 계속 맺어 왔는데, 1583년(선조 16) 50세 때에 동서(東西)의 당쟁이 심하여져서 박근원, 송응개, 허봉 등 동인(東人)의 중진학자가 당시의 병조판서이던 율곡을 탄핵하는 일이 생겨나게

---

46) 문정왕후(文定王后): 조선 제11대 임금 중종의 계비. 중종의 첫째왕후는 단경왕후 신씨로 자식이 없고, 제1 계비 장경왕후 윤씨의 소생이 제12대 임금 인종이며, 제2계비인 문정왕후 윤씨 소생이 명종 임금이 된다. 인종이 즉위 8개월 만에 승하하자 12세 나이로 명종이 즉위하게 되었고, 정권은 명종의 어머니 문정왕후가 8년 동안 수렴청정하게 된다. 문정왕후 오빠인 윤원형, 윤원로를 포함한 소윤 일파는 대윤 일파를 제거하기 위해 을사사화를 일으켜 많은 사람들을 희생시켰다.

47)《구봉집》, 권10, 〈부록〉, 〈묘갈문(墓碣文) 송시열찬(宋時烈撰)〉: "先生以古道自處"

된다. 이때 송익필이 우계를 권하여 율곡을 구원하게 함으로써 동인들이 귀양을 가게 된 '계미삼찬'[48] 사건이 일어나게 되자, 동인들이 율곡, 우계의 배후조종자가 송익필이라 지목하여 미움을 받는 계기가 되었다.

이어서 다음 해(1584)에 율곡이 죽자 동인들은 대사간 이발과 대사헌 이식을 움직여서 심의겸을 논죄할 때, '율곡과 우계는 심의겸의 사생지우(死生之友)로서 조정을 어지럽힌 장본인'이라고 탄핵하게 된다. 이때 율곡의 제자 이귀가 스승의 억울함을 상소하였는데,[49] 그 상소문이 문장과 논리가 정연해서 이귀가 지은 것으로 보기 어렵다고 보고, 송익필이 기초한 것이라 간주하여 동인들이 송익필을 '서인(西人)의 모주(謀主)'라 공격하기 시작하였다. 그리고 동인들은 안당의 집안 후손을 부추겨 송씨 일족들이 안씨 집안의 노예라는 구실을 붙여서 송익필의 일가를 천민으로 환원시키는 소송을 내게 하였다. 마침내는 법을 능멸하고 판관을 두

---

48) 계미년이던 선조 16년(1583) 북방에 니탕개(尼湯介)의 사변이 일어났을 때, 병조판서인 율곡이 사세가 급박하여 임금에게 아뢰지도 않은 채 말을 바치게 하고 신역을 면제시켰으며, 임금의 부름을 받고 대궐에 나가다가 갑자기 현기증이 생겨 내병조(內兵曹)에서 지체한 적이 있었다. 이때 동인·서인 양당이 서로 공격하였는데, 특히 박근원(朴謹元)·송응개(宋應漑)·허봉(許篈) 등 동인 세 사람이 이 일을 가지고 "일을 제 멋대로 하고 주상을 무시하였다."고 하여 율곡을 탄핵하다가 각각 북도(北道)인 회령, 갑산, 강계로 유배된 사건을 가리킨다. 이 사건을 '계미변란(癸未變亂)', 또는 '계미당사(癸未黨事)'라 하고, 이 세 사람을 '계미삼찬(癸未三竄)'이라고 한다.(《선조수정실록》, 권17, 〈20년(1587, 丁亥 / 명 만력(萬曆) 15), 3월 1일(庚寅)〉, 〈성균 진사 조광현·이귀 등이 스승 이이가 무함당한 정상을 논한 상소문①〉)

49) 《선조수정실록》, 권18, 〈17년(1584, 甲申 / 명 만력(萬曆) 12) 8월 18일(辛酉) 2번째 기사〉, 〈생원 이귀가 이이·성혼이 심의겸과 결탁하였다는 비판은 억울하다는 상소를 올리다〉: "生員李貴上疏 論臺諫等以李珥·成渾爲交結沈義謙 欺罔啓達 冤枉事入啓 答曰 觀爾上疏 汝言亦是 而臺諫之幷擧珥·渾者 或出於偶然也 夫以義謙爲是者邪論 而以珥·渾爲非者 亦非正論 故予曾爲言曰 '若以爲是也 與其非者而是之;若以爲非也 與其是者而非之' 此乃偏黨險被者之所爲 予意盡於此矣"

번 세 번씩 바꿔가며 노비로 환천을 시키고 만다.[50] 이는 동인들이 율곡과 우계를 공격하다가 율곡이 죽자 서인의 모주는 송익필이라 하여, 그 화를 송익필에게 전가(轉嫁)시키고 당쟁의 희생물로 삼고자한 데서 일어난 불행이라고 할 수 있다.

그리하여 53세가 되던 1586년(선조 19)에는 안처겸 등의 신사무옥 혐의가 무죄 판결이 내려지고, 송사련은 삭탈관작이 되었다. 마침내 송사련의 일족 70여 인은 뿔뿔이 흩어져서 방랑하게 되는 지경에 이르고, 송익필은 정철, 김장생 등의 도움으로 도피생활을 하여 목숨을 연명한다. 이때 조헌이 병술년(1586)과 정해년(1587)에[51] 계속하여 스승 송익필에 대한 신원소를 올렸으나 무위로 그쳤으며, 무자년(1588)에는 조헌이 송익필과 고청(孤靑) 서기(徐起, 1522~1591)를 군사(軍事)에 추천하였다.[52]

여기서 조헌이 송익필을 국가의 군기(軍機)에 대하여 참찬(參贊)하도록 추천한 것에 대해 살펴보면 충분한 이유가 있다. 그것은 그 당시 조선의 시국은 북쪽으로 니탕개의 난[53]과 여진족의 준동이 있었고, 동쪽으로는

---

50)《사계유고》, 권2,〈소(疏)〉,〈신변사원소(伸辨師冤疏) 乙丑二月, 兵判徐渻, 都憲鄭曄, 菁川君柳舜翼, 濟用正沈宗直聯名〉: "不得還賤 昭在法典 而潑等以祀連上變 爲安家子孫不共天之讐 故乘機指嗾 蔑法還賤 其時訟官 或有執法之意則潑等駁遞之 至再三而後始得行其志"

51)《선조수정실록》, 권20,〈선조 19년(1586, 丙戌 / 명 만력(萬曆) 14년) 10월 1일(壬戌)〉,〈주학 제독관으로 제수된 조헌이 붕당의 시비와 학정의 폐단을 논한 상소문〉

52)《조선왕조실록》, 권22,〈선조 21년(1588, 戊子 / 명 만력(萬曆) 16년) 1월 5일(己丑) 1번째 기사〉,〈조헌의 상소를 소각하고 내리지 않았는데 거기에 실린 동·서 각인들의 관계와 행실〉: "軍國重事 無人可堪 請以徐起·宋翼弼 置于軍中 參贊軍機 又以朴麟迹 爲屯田官 可以責效"

53) 니탕개(泥湯介)의 난 : 선조 16년(1583, 癸未)에 경원부(慶源府)의 번호(藩胡)가 난을 일으켜 부성(府城)을 함락시킨 일. 즉 계미년의 변고

왜구들의 침략이 빈번하던 때였다.[54] 또한 조헌이 '무자소'를 올린 다음 해에는 '정여립의 난'이 일어나는 등 내우외환으로 국가적 위기에 직면하고 있던 때이다. 율곡이 '십만양병설(十萬養兵說)'을 주장[55]하는 혜안이 있었듯이, 율곡이 죽은 뒤 국가적 위기를 극복할 수 있는 인물로서 송익필이나 서기만한 이가 없었음을 미루어 볼 수 있다. 사실 율곡이 십만양병설을 주장했듯이 송익필 또한 율곡에게 보낸 편지에서 "천지를 살펴서 외적의 침입을 예견하고 국가의 안위를 걱정하여 시예(詩禮)나 논할 수만은 없다."[56]라고 말하고 있다. 그저 시와 문장에 탁월하고 경서와 예학에 밝기만한 선비가 아님이 드러나는 대목이다. 시국에 대한 문제점을 정확하게 파악하는 예리한 혜안과 문제해결의 대책을 제시할 줄 아는[57] 실질적인 장수의 재질을 갖추기도 한 것이다. 이 같은 정황을 살펴 조헌 또한 정여립의 난과 왜의 침입을, 지략이 제갈량보다 뛰어나다고 평가받던 송익필에게서[58] 계시 받아 방책설(防策說)을 역설한 것[59]이라 하겠다.

56세 되던 1589년(기축, 선조 22)에는 '정여립의 난'[60]이 일어났는데, 그

---

54) 배상현, 〈구봉 송익필과 그 사상에 대한 연구〉, 《논문집》 제1집, 동국대학교 경주대학 1982, 81쪽.

55) 《율곡전서》, 권5, 〈소(疏)〉, 〈만언봉사(萬言封事), 갑술년(1574, 선조 7)〉

56) 《구봉집》, 권4, 〈현승편上〉, 〈답숙헌서(答叔獻書)〉: "鄙人身雖山野 仰觀俯察 憂已深矣 如或外冠乘時 終歲饑饉之民 其能爲上死敵耶 雖欲安居林下 與二三道友 從容詩禮 亦何得也 持危於未甚 是亦不果忘國 愛物之盛心也"

57) 강구율, 《구봉 송익필의 시세계와 시풍(詩風) 연구》, 경북대학교, 박사학위논문, 2002, 11쪽.

58) 《송자대전》, 권172, 〈묘갈(墓碣)〉, 〈구봉선생송공묘갈(龜峯先生宋公墓碣)〉: "徐孤靑起 謂其學者曰 爾輩欲知諸葛孔明乎 惟見宋龜峯可也 仍曰 吾以爲諸葛似龜峯也"

59) 배상현, 〈구봉 송익필과 그 사상에 대한 연구〉, 《논문집》 제1집, 동국대학교 경주대학 1982, 84쪽.

60) 《선조수정실록》, 권23, 〈22년(1589, 己丑 / 명 만력(萬曆) 17년) 10월 1일(乙亥) 7번

처리 과정에서 송익필과 그의 아우 송한필 형제에 의한 조작 사건이라고 모함을 받게 된다. 이는 정여립의 난으로 발생한 '기축옥사(己丑獄死)'로 인해 권력을 잃게 된 동인들이 서인에 대한 적대감정에서 그 화의 대상으로, 송익필 형제가 천민으로 전락시킨 것에 대한 조정에의 불만과 원한이 쌓여서 정여립과 연계하여 조작한 사건이라고 주장한 모함인 것이라[61] 하겠다. 이에 연관하여 조헌이 또 다시 송익필 형제의 무죄와 동인들과 송익필을 회유하려던 이산해에 대한 상소를 하자 동인들의 화를 더욱 사게 되었으며, 선조 임금은 격노하여 1589년(기축, 선조 22)에 체포령을 내린다.[62] 정철의 도움으로 전라도 광주에서 피신하고 있다가 한양으로 올라온 송익필은 왕명으로 아우 송한필과 구속되었다. 57세 되던 1590년(경인, 선조 23)에 구속에서 풀려났다.

58세가 되던 1591년(신묘, 선조 24)에는 정철이 왕세자 책봉 문제에 연루하여 좌의정에서 실각하고 유배를 당하게 되었다. 이와 연루하여 10월에 북인(北人) 일파인 정인홍 등이 사헌부간관을 사주하여 구봉 형제의

<hr />

째 기사)): 정여립(鄭汝立)은 율곡과 우계의 양 문하를 왕래하다가, 율곡이 죽은 후에 정권이 동인들 손으로 넘어가자 태도를 표변하여 우계와 율곡을 배반하고 공격하기 시작하였다. 동인인 이발, 백유양 등이 거듭 추천했으나 선조(宣祖)가 정여립의 배사(背師)행위를 알고 내치자 전주로 귀향하게 된다. 그 후 출세욕이 강한 정여립은 선조의 정치에 불만을 품고 "천하공물기유정주(天下公物豈有定主)"라 하여 천하가 일개 왕가의 세습물이 아니라고 주장하였다. 이는 당시 지배하던 성리학의 대의명분과 정통사상을 정면으로 부정하는 것으로, 조구(趙球)의 고발로 인해 도망치다가 자결하게 된 사건. 이로 인해 '기축옥사(己丑獄死)' 사건이 일어났다.

61) 배상현, 〈구봉 송익필과 그 사상에 대한 연구〉, 《논문집》 제1집, 동국대학교 경주대학 1982, 88쪽.

62) 《선조수정실록》, 권23, 〈22년(1589, 己丑 / 명 만력(萬曆) 17년) 12월 1일(甲戌) 11번째 기사〉, 〈송익필 형제의 추문을 형조에 전교하다.〉: "上傳于刑曹曰 私奴宋翼弼弟兄 蓄怨朝廷 期必生事 趙憲陳疏 無非此人指嗾云 此極痛惋 況以奴叛主 逃躱不現 尤爲駭愕 捉囚窮推"

논죄를 주청하여서 송익필은 스스로 홍산현(지금의 홍성군)에 나타나 자수를 하였고, 형조로 압송되어 조사를 받았다.[63] 12월에 송익필은 평안도 희천(熙川)으로, 송한필은 전라도 이성(利城)으로 유배를 당했다.[64]

다음 해인 1592년(임진, 선조 25)에는 귀양지인 희천에서 임진왜란이 발발하자 나라의 방침으로 인근의 명문산(明文山)으로 피신하였다가, 60세 되던 1593년(계사, 선조 26) 9월에 유배에서 풀려났다.

유배지에서 풀려나자 송익필은 조선조 도학의 태두(泰斗)라 일컬어지는 한훤당(寒暄堂) 김굉필(金宏弼, 1454~1504)과 정암 조광조를 모신 희천에 있는 상현서원(象賢書院)을 참배하였다. 그 제문에서 공자의 '벌수의 화'[65]와 정이천의 '부주강학'[66]과 같이 환란과 궁핍 속에서도 국가와 유가의 도가 위태로움을 근심하는 도학자로서의 심회를 남겨 놓으며,[67] 한

---

63) 《조선왕조실록》, 권25, 〈선조 24년(1591, 辛卯 / 명 만력(萬曆) 19년) 12월 1일(癸巳) 2번째 기사〉, 〈다시 송한필을 국문하다가 이성에 유배하고 송익필은 희천에 유배하다.〉: "兩司論翰弼等不可放釋之矣 三日啓之 命更鞫 翼弼亦自現於鴻山縣 械送于刑曹納招"

64) 《조선왕조실록》, 권25, 〈선조 24년(1591, 辛卯 / 명 만력(萬曆) 19년) 12월 1일(癸巳) 2번째 기사〉, 〈다시 송한필을 국문하다가 이성에 유배하고 송익필은 희천에 유배하다.〉: "上敎曰 倭賊出沒之時 此人等配于絶島 似非遠慮 改配爲可 於是翰弼配利城 翼弼配熙川"

65) 벌수(伐樹)의 화(禍): 공자가 조(曹)나라를 떠나서 송(宋)나라로 갔는데, 큰 나무 아래에서 예를 익히다가 송 나라의 사마환퇴(司馬桓魋)가 죽이려고 그 나무를 자르자 떠나갔다는 일화.(《사기(史記)》, 권47, 〈공자세가(孔子世家)〉)

66) 부릉(涪陵)의 기모(氣貌)와 수발(鬚髮) : 부릉은 정이천(程伊川)이 귀양 갔던 부주(涪州)를 말한다. 그가 부주에서 돌아왔을 때 얼굴과 모습이 평소보다 좋은 것을 보고서 문인(門人)이 그 까닭을 묻자, 이천이 대답하기를, "그것은 학문의 힘이다. 대체로 학문이란 환난(患難)과 빈천(貧賤)에 대처하는 방법을 배우는 것이다. 만약 부귀(富貴)와 영달(榮達)이라면 배우지 않아도 된다."라고 하였다.(《이정전서(二程全書)》, 권37, 〈전문기(傳聞記)〉)

67) 《구봉집》, 권3, 〈잡저〉, 〈제한훤정암양선생문(祭寒暄靜庵兩先生文)〉: "惟萬曆二十一年

훤당과 정암과 더불어 조선조의 도맥(道脈)을 같이하고 있음을 알 수 있게 한다.

그해 12월에 도우인 정철이 죽었으며, 1594년에는 둘째형 송부필과 아우 송한필이 잇달아 죽게 된다. 그리고 63세 되던 1596년(병신, 선조 29)부터 송익필은 만년을 충청도 당진 면천(沔川) 마양촌(馬羊村)의 첨추 김진려의 집에서 우거하게 된다. 1598년에는 율곡과 정철에 이어 도의지교를 나눈 우계가 죽게 되고 아내 성씨마저 잃게 되었다.

마지막으로 66세 되던 1599년(기해, 선조 32)에 아들 취대에게 우계와 율곡을 비롯한 여러 교우들과 주고받은 편지글들을 정리하게 하여 〈현승편〉을 엮었고, 8월에 면천의 집에서 세상을 떠나니 제자들이 당진군 현북면 원당동에 장사 지냈다.

송익필이 죽은 뒤, 1622년(임술, 광해 14)에는 문인 심종직이 《비선구봉선생시집(批選龜峰先生詩集)》을 간행하였다. 1624년(갑자, 인조 2)에는 스승에 대한 학문의 고절함과 강직한 인품을 그리워하고 죽어서도 억울함을 풀고자 제자 김장생, 김집이 갑자소(甲子疏)를 올렸다. 1625년에는 정엽, 서성, 유순익, 김장생 등이 스승에 대한 신원소(伸冤疏)를 올렸다.[68] 이후로도 "한낱 명분 때문에 적서(嫡庶)의 차별과 서얼의 과거응시를 금지시

세차계사九月壬子朔七日戊午 宋翼弼謹以酒果之奠 敬獻于寒暄先生文敬公 靜庵先生文正公兩賢祠下 …… 此道誰弘 九萬迢迢 羽折初飛 涪州講學 鬚眉增輝 調高和絶 羣怪齎怒 駭機踵武 不但伐樹 達不兼濟 窮未立言 將明復晦 天喪斯文"

68) 《인조실록》, 권8, 〈3년(1625 乙丑 / 명 천계(天啓) 5년) 2월 20일(己亥) 4번째 기사〉, 〈병조 판서 서성, 부호군 정엽 등이 망사 송익필의 신원을 청하다〉: "兵曹判書徐渻 副護軍鄭曄 菁川君柳舜翼 同知中樞府事金長生等上疏 請伸亡師宋翼弼之冤 上不許"

키는 것은 고금 천하에 있지 않던 법으로 천리에도 어긋나고, 조종법(祖宗法)에도 없는 것으로서 유학의 '입현무방(立賢無方)의 도리'69)에도 어긋나는 것"임을 주장하여, 숙종 때 이종신 등 200여 인의 성균관 유생들이 상소를 올렸다. 또 영조 때의 이주진, 정조 때의 삼남유생(三南儒生) 황경헌 외 3,272인이 상소하는 등, "경학(經學)이 일세의 표준이 되고 도학과 실제의 덕행이 모두 배향(配享)할 만한데, 문벌이 미천한 연유로 해서 아직까지 포증(襃贈)의 은전(恩典)이 없는 것은 실로 만고에 부끄러운 일이라" 하며 상소를 올리게 된다.70) 또한 1750년(경오, 영조 26)에 충청도 관찰사 홍계희가 조정에 〈청포증장(請襃贈狀)〉을 올려서,71) 1752년(임신, 영조 28)에 면천(免賤)이 되어 신원을 회복하게 되었고, '통덕랑행사헌부지평'에 추증(사후 153년)을 받았다.

1762년(임오, 영조 38)에는 송익필 사후 163년 만에 김장생의 현손인 현감 김상성이 《구봉 선생집》을 간행하여 송익필의 고절한 문재(文才)와 학

---

69) 입현무방(立賢無方): "탕왕은 중도를 잡고 행하였으며, 유능한 인재는 출신 성분을 따지지 않고 등용하였다."라는 말이 나온다.(《맹자》, 〈이루장구(離婁章句)〉: "湯 執中 立賢無方")

70) 《조선왕조실록》, 권59, 〈숙종 43년(1717, 丁酉 / 청 강희(康熙) 56년) 4월 23일(丁未) 2번째 기사〉, 〈관학 유생 이종신 등 200여 인이 이상채 등의 상소를 변명하다〉
《조선왕조실록》, 권2, 〈영조 즉위년(1724, 甲辰 / 청 옹정(雍正) 2년) 12월 17일(丙戌) 3번째 기사〉, 〈정진교 등의 상소로 친행한 뒤 내시가 혼백을 받들어 내어 혼전의 정결한 땅에다 매안하다〉
《조선왕조실록》, 권62, 〈영조 21년(1745, 乙丑 / 청 건륭(乾隆) 10년) 7월 4일(甲戌) 2번째 기사〉, 〈관리의 적체와 인재 등용 문제에 대한 이조 판서 이주진의 상소〉
《조선왕조실록》, 권6, 〈영조 2년(1778, 戊戌 / 청 건륭(乾隆) 43년) 8월 1일(戊午) 2번째 기사〉, 〈서얼의 상서 치록을 요구하는 삼남 유생 황경헌 등 3,272인의 상소〉

71) 《조선왕조실록》, 권74, 〈영조 27년(1751, 辛未 / 청 건륭(乾隆) 16년) 12월 11일(癸卯) 3번째 기사〉, 〈고 봉조하 김유경에게의 추증·정려와 서기·송익필에의 추증 등을 논의하다.〉

문의 통투(通透)함이 비로소 널리 알려지게 되었다.

그리고 다시 유생들의 서얼허통(庶孼許通)을 주장하는 상소를 거쳐서,[72] 마침내 1910년(순종 4)에 '문경(文敬)'의 시호를 받고 '홍문관 제학'에 추증되었다.

근래 들어 1991년 구봉 선생 세거지로 전해지는 파주시 교하읍 산남리 183-3번지 유역의 심학산 자락에 봉우(鳳宇) 권태훈(權泰勳)에 의해 구봉 선생의 유허비(遺墟碑)가 세워졌다.

3) 문인(門人)과 교우(交友)관계

송익필의 문인 제자들을 살펴보면, 사계(沙溪) 김장생(金長生, 1548~1631), 신독재(愼獨齋) 김집(金集, 1574~1656), 수몽(守夢) 정엽(鄭曄, 1563~1625), 약봉(藥峰) 서성(徐渻, 1558~1631), 청좌와(淸坐窩) 송이창(宋爾昌, 1561~1627), 허주(虛舟) 김반(金槃, 1580~1640), 북저(北渚) 김류(金瑬, 1571~1648), 동곽(東郭) 강찬(姜燦, 1557~1603), 지강(芝岡) 유순익(柳舜翼, 1559~1632), 죽서(竹西) 심종직(沈宗直), 처사(處士) 허우(許雨), 기옹(畸翁)

---

72) 《국역 승정원일기》, 〈고종 11년 갑술(1874, 동치 13), 2월 15일(무자)〉, 〈서얼들에게도 벼슬길을 소통시켜 주기를 청하는 전 지평 홍찬섭 등의 상소〉
《국역 승정원일기》, 권25, 〈고종 38년 신축(1901, 광무 5) 12월 27일(기미, 양력 2월 5일)〉, 〈공자(孔子)를 대성선사로 고쳐 쓸 것 등의 의견을 진달하는 봉상사 제조 김태제의 상소.〉

정홍명(鄭弘溟, 1592~1650), 윤담(尹聃) 73) 홍백순(洪百順, 1557~1639) 74) 등이 있으며, 더러는 예학(禮學)과 도학(道學)으로, 더러는 관직의 벼슬로 성취를 이루었고, 75) 중봉(重峯) 조헌(趙憲, 1544~1592) 또한 사우(師友)로서 그 가르침을 받았다. 76)

또 그의 교우관계를 보면 이이, 성혼, 정철, 박순을 비롯하여 토정(土亭) 이지함(李之菡, 1517~1578), 고청(孤靑) 서기(徐起, 1523~1591), 황강(黃岡) 김계휘(金繼輝, 1526~1582), 명곡(明谷) 이산보(李山甫, 1539~1594), 만전당(晩全堂) 홍가신(洪可臣, 1541~1615), 풍애(楓崖) 안민학(安敏學, 1542~1601) 등과 교유하였다.

이상에서 살펴본바 구봉 송익필의 생애를 함축하여 보면, 선조(先祖)로부터 이어진 신분적 제약을 타고난 그는 부친의 사림에 대한 허물과, 우계·율곡에 대한 미움을 전가시키고자 했던 동인(東人)들의 집요할 정

---

73) 《율곡전서》, 권11, 〈서(書)3〉, 〈여송운장(與宋雲長)〉: "近日霾熱甚劇 未知道況卽今何如 曾承六月念七日下書 厥後更無音問 向念悠悠 承珊拇侍學 有可敎之勢云 幸甚 珥僅保 …… 有何所得而稱先生乎 不如從俗稱叔姪之爲愈也"

74) 《조선왕조실록(顯宗改修實錄)》, 20권, 9년(1668, 戊申 / 청 강희(康熙) 7년) 12월 5일(己巳) 4번째 기사: 〈현감 홍백순의 마을에 정표하고 당상직을 추증하다.〉: "命旌表 故縣監洪百順閭 仍贈堂上職 百順自少師處士宋翼弼 而敬事文元公金長生 性逗疎 志學且有孝行 仁祖朝 特出六品 拜宜寧縣監"

75) 《구봉집》, 권10, 〈부록(附錄)〉, 〈묘갈문(墓碣文) 송시열찬(宋時烈撰)〉: "今金先生之學 爲世所宗 則先生之於斯文 亦可謂與有功焉 其餘開導成就者 如金文敬公集 守夢鄭公曄,藥峯徐公渻 畸翁鄭公弘溟 監司姜公燦 許處士雨 參判金公槃.或以道學,或以宦業 傳道後生 輔毗王家 同春之先考郡守爾昌亦受學於先生"

76) 배상현, 〈구봉 송익필과 그 사상에 대한 연구〉, 동국대 경주대학, 《논문집 제1집》, 1982, 84쪽에서 조헌은 토정 이지함으로부터 송익필과 사우(師友)하면 성현(聖賢)의 경지에 도달하게 되리라는 권면을 받고 송익필을 시구(蓍龜)처럼 모셨다고 밝히고 있다.

제 I 장 생애와 학문교유 |51

도로 끊임없이 사지로 몰아가던 당쟁의 화(禍)와, 더불어 사대부 지식인
들의 질시가 가중되었다. 또한 정여립의 난과 임진왜란 등 내우외환의 혼
란한 역사적 배경 속에서 불우한 삶을 살았다. 이러한 역경 속에서도 천
품의 자질이 뛰어나고, 학문의 깊이가 심오하여 경학에 밝으며, 고절한
문재(文才)와 행방언직(行方言直)한 삶의 모습들은, 당시 송익필을 폄하하
던 사대부들마저도 경탄할 정도였다. 또 유학자 본연의 도리를 올곧게 실
천하여 어떠한 위난에서도 의리와 절조를 굽히거나 물러서지 않는 불굴
의 선비정신으로 살았음을 알 수 있다.

　　혹자들은 송익필의 뛰어난 자질과, 학문의 성취와, 후학을 이끌어 깨
우치게 한 탁월한 교육법과, 유가 본연의 실천적 강상인 충효와 우국정신
들은 외면하고, 더러는 강직하며 뛰어나서 굽힐 줄 모른다는 이유 하나
만으로 문제 삼아서 그의 모든 것을 왜곡하기도 한다. 그렇지만 이는 송
익필이 맞닥뜨린 내우외환의 국가적 위기 속에서 신분적 제약·부친의
허물·당쟁의 화·권력자와 지식인들의 질시 등의 역경 속에서도 굴하지
않고, 불협지교(不挾之交)의 의리(道理)[77]를 올곧게 실천한 송익필의 일
관된 직사상(直思想)에서 기인하는 호연지기(浩然之氣)의 기상이라 할 수
있는 것이다.

　　이러한 송익필의 생애는 위로는 요순·공자와 같은 유가 성인(聖人)의
고도(古道)를 충실히 따르고자 하였고,[78] 중국 송명시대 유학자인 정명

---

77) 《맹자》, 〈만장(萬章)下〉: "萬章問曰敢問友 孟子曰 不挾長 不挾貴 不挾兄弟而友"(만장
　　이 물었다. "감히 벗에 대해 묻겠습니다." 맹자가 말하기를 "나이가 많은 것을 내세우
　　지 않고, 신분이 귀한 것을 내세우지 않고, 형이나 아우를 내세우지 않고서 벗하는
　　것이다.")
78) 《구봉집》, 권3, 〈잡저(雜著)〉, 〈답인설(答人說)〉: "或曰 瞽瞍當死 舜可以竊負而逃 子負

도와 주자에 이어 김굉필·조광조의 조선 도학의 맥을 잇고 있음을 알 수 있다. 그리고 우계·율곡·박순·정철 등과 강마하여 도의지교를 변치 않고 실천했으며, 송시열·송준길로 이어지는 조선예학의 종장(宗匠)인 김장생과 김집을 길러낸 실로 지대한 개도(開道)의 공(功)이 있음을 알 수 있다. 또 천지를 살펴 기미(幾微)를 알고, 국가와 백성의 위급을 걱정하는 우환의식(憂患意識)을 지닌 도학자로서, 자신이 처한 역경과 환란의 위기에 빠진 국가와, 당쟁 등으로 쇠미해져 가는 유가 학문의 도를 민멸(泯滅)시키지 않고자, 초지일관 투철하게 실천하였음을 알 수 있다. 이런 점에서 이 시대에서도 훌륭한 의표가 되기에 마땅히 일대(一代)의 유종(儒宗)79)이며 백세(百世)의 사표(師表)가 되는 생애라 하겠다.

　　父弟負兄 逃其可乎 答曰 不然 在舜則可 在瞽瞍則不可 當死則死 何可逃也"

79)《구봉집》, 권10,〈부록(附錄)〉,〈청포증장(請襃贈狀)〉- 庚午六月十五日, 忠淸監司 洪啓禧:"龜峯 宋翼弼之號 而雲長其字也 浩原 叔獻 兩先正之字也 至其敎誨後進 則尤善感發 …… 開導後生 毗補王家爲白如乎 以其朋友師弟之盛 稱道論述之辭 參互以觀 則翼弼邃學高才 實是一代之儒宗 間世之偉人分叱不喩"

2.《삼현수간》을 통해 본 학문 교유(交遊)

1)《삼현수간》과 도의지교의 학문적 의의

《삼현수간(三賢手簡)》은 16세기 조선조 기호유학을 대표하는 율곡 이이, 우계 성혼, 구봉 송익필 삼현(三賢)의 편지글을 모아 엮은 책이다. 이 책에는 삼현의 도의지교(道義之交)와 학문적 교유가 잘 나타나 있다. 이들 삼현의 교유는 16세기 조선의 성리학 기반을 완성하는 과정에 있어서 중요한 역할을 하고 있다고 볼 수 있다. 16세기 조선성리학이 융성하게 발전하여 17세기 예학사상으로 이어지고, 나아가 실학(實學)으로 대두된 것은 한국유학의 한 특색이라고 할 수 있다. 이는 예학을 바탕으로 하는 엄격한 실천을 강조하였던 당시의 유학자들이, 성리학을 실천의 학문으로 승화시켜서 본래 실천유학으로서의 진면목을 발휘하게 한 큰 의미를 지닌다. 이처럼 성리학을 기반으로 이어진 조선후기 예학의 대두는 유교사회인 조선 사대부들의 사상적 기반인 도학정신에서 비롯하였고, 예제(禮制)를 정립하고자 하였던 국가적 시대상황의 요청에 따른 자연스런 전개라고 할 수 있다.[80]

《삼현수간》의 본래 출처는 송익필의 문집인《구봉집》가운데 실려 있는 〈현승편(玄繩編)〉[81] 이다. 이들 세 사람은 나이도 비슷하고 본향(本鄉)도 같은 파산현(坡山峴, 현재의 파주) 지역일 뿐 아니라, 도학을 함께한 도

---

80) 한국철학사연구회,《한국철학사상사》, 심산출판사, 2010, 254쪽.
81)《구봉집》, 권4, 권5에 실려 있다.

우(道友)로서 평생 돈독한 우정을 지니며 살았다. 나이로 보면 송익필이 우계보다 한 살 더 많고 율곡보다는 두 살 더 많았다. 세상을 떠난 햇수로 보면 율곡이 49세로 가장 먼저 타계했고, 우계는 65세, 송익필은 66세로 1년차로 세상을 떠났다.

송익필은 경기도 고양 구봉산(龜峰山, 당시의 파산현, 지금의 파주시 심학산) 아래에서 성장했고, 율곡은 강원도 강릉 외가에서 태어났으나 본가가 경기도 파주 율곡촌(栗谷村)이었으며, 우계 또한 경기도 파주 우계(牛溪)에서 생장했으므로 지역적 연고가 거의 같았다. 무엇보다 나이가 비슷하고 어려서부터 학문을 좋아하고 도학에 뜻을 두고 생장했다는 점에서 세 사람의 우정은 평생 변함이 없었으며, 상호 격려하고 충고하면서 조선의 큰 유학자로 대성하였다.

특히 송익필은 우계와 율곡과는 달리 중년 이후 환천(還賤)되어 천민의 신분으로 돌아갔음에도 불구하고 세 사람의 돈독한 우의가 지속되었으며, 각기 다른 개성과 기질 그리고 학문적 차이에도 평생토록 변함없는 우정을 유지한 것은 매우 이채로운 일이다.

먼저 세 사람의 왕복 서한을 묶어 하나의 책으로 편찬한《삼현수간》은 이들의 교유관계를 알 수 있는 소중한 자료이다. 그리고 세 사람이 주고받은 서신의 분량은 근 100여 통에 달하여 많은 편에 속한다. 또《삼현수간》에는 이기(理氣)와 인심(人心)·도심(道心) 등 성리학을 논한 편지글과 수양에 대한 견해, 예제시행에 대한 서로의 입장을 주장하고 있는 예에 관한 글, 그리고 율곡이 저작한《소학집주(小學集註)》·《격몽요결(擊蒙要訣)》·《순언(諄言)》에 대한 삼현의 학문적 견해의 글 등이 편지글을 통해 실려 있다. 이러한 삼현의 편지글들은 단지 삼현이 교유하면서 주고

받은 안부의 편지글을 넘어서서 16세기 조선성리학사에 끼치는 학술적 가치도 크지만, 조선의 국가적·시대적 요청으로 인한 성리학 발전에 따른 17세기 초 조선예학의 정립과정 연구부분에서도 그 학술적 의의가 결코 작지 않다. 또한 도의지교를 맺은 동시대의 세 사람이 유학자로서 지리적·학문적·정치적으로 평생 동안 밀접한 영향관계를 맺고 있어서 이들의 철학사상을 연구함에 따로 분리하여 연구될 수 없다고 보인다.

그러나 그동안 대부분의 연구들이 각각 우계나 율곡, 또는 우계와 율곡 중심으로 치우쳐 있고, 송익필에 관한 연구는 소외되어 있으며, 삼현과 관련한 연구 또한 한정되어 있다고 할 수 있다. 우계와 율곡에 대한 보다 심도 있는 연구를 위해서도, 송익필과 관련한 균형 있는 연구가 요청된다.[82]

2) 《삼현수간》의 구성

구봉 송익필, 우계 성혼, 율곡 이이 세 사람의 교유는 막역하기로 널리 알려져, 일본에서까지도 중국 송나라 때 주자, 장남헌, 여동래의 사이에 비유될 정도였다.[83] 이런 연유로 세 사람의 친필 서한을 묶어 《삼현수간》이라는 제목으로 펴내기도 했다. 《구봉집》 권4, 권5의 〈현승편〉에 본

---

82) 김창경, 《삼현수간》을 통해 본 구봉·우계·율곡의 도의지교와 학문교유〉, 《유학연구》, 제27집, 충남대학교 유학연구소, 2012, 41쪽.

83) 안병주, 〈퇴계의 일본관과 그 전개〉, 《퇴계학보》, 제36집, 퇴계학연구원, 1982, 27쪽 참조. 조선 숙종 45년(1719, 己亥) 조선통신사 일행이 일본에 사행으로 갔을 때 일본 학자들과 주고받은 필담을 모아 편집한 《상한창화훈지집(桑韓唱和塤篪集)》에 "우계, 구봉, 율곡의 벗함은 장남헌, 여동래, 주자의 벗함과 같다.(牛溪龜峰於李子 如南軒東萊之於朱子)라고 실려 있다.

편지의 일부가 실려 있는 것으로 보아 원 제목이 〈현승편〉임을 알 수 있으며,《삼현수간》이라는 명칭은 후대에 붙인 것으로 보인다.[84] 〈현승편〉에 나타난 총 98편의 편지[1편은 시(詩)] 가운데 세 사람의 문집에는 실려 있지 않은 것이 16편, 일부만 실려 있는 것이 15편이다. 편지를 교환한 시기는 1560년부터 시작하여 이후 죽기 전인 1593년까지 계속된다. 즉 세 사람이 20대 중반부터 서신 왕래를 하여 개인적인 일, 학문과 관련된 사항, 율곡이 먼저 세상을 떠나 안타까워 한 일 등, 35년이란 세월을 두고 교유를 한 것이다.[85]

《삼현수간》은 1599년 송익필이 죽기 직전에 그의 아들 취대가 부친이 보관하고 있던 서간문을 수습하고, 송익필이 서문을 붙여 4권의 책으로 만든 것이다. 그 후 이것을 김장생에게 주어 지금까지 광산 김씨 종가에서 보관해 오던 중 1989년 처음 공개되었고, 2001년 임재완이《세 분 선생님의 편지글》이란 제목으로 번역 출간한 것이다.[86] 〈서문〉에 의하면, 송익필의 아들인 취대가 정리하여 대대로 보관한다고 했는데, 각 면마다 '황강(黃岡), 사계(沙溪), 창주고가(滄洲古家)'의 도장이 찍혀 있다. 즉 어떤 이유인지는 자세히 나와 있지 않지만 송익필과 율곡의 제자인 김장생의 집안으로 이 서첩의 소유자가 바뀌었으며, 그 이후로 김장생 집안에서 대대로 내려온 것임을 알 수 있다.[87] 송익필은 이 책의 서문에서 이렇게 적

---

84) 이이, 성혼, 송익필 지음, 임재완 옮김,《세 분 선생님의 편지글》, 호암미술관, 2001, 13쪽.

85) 위의 글,

86) 최영성,《한국유학통사》中, 심산, 2006, 117쪽.

87) 이이, 성혼, 송익필 지음, 임재완 옮김,《세 분 선생님의 편지글》, 호암미술관, 2001, 13쪽.

고 있다.

> 나는 우계 성혼, 율곡 이이와 가장 친하게 지냈다. 지금 둘 다 세상을 떠
> 나고 나만 살아 있다. 몇 날 더 살다가 죽을 것인가? 아들 취대(就大)가
> 지난 전쟁으로 두 친구의 글이 흩어지고 없어졌지만 남아 있는 나머지
> 의 두 친구 편지와 내가 답장한 글, 그리고 잡다한 기록을 약간 모아서
> 나에게 보여 주었다. 모두 모아서 질로 만들고 죽기 이전에 보고 느끼는
> 자료로 삼기로 하였다. 또 우리 집안에 전하기로 하고자 한다. 만력 기해
> 년(1599) 봄 송익필 씀 **88)**

《삼현수간》의 내용을 분석해 볼 때, 송익필이 우계에게 보낸 것이 20
회, 송익필이 율곡에게 보낸 것이 7회, 송익필이 우계와 율곡에게 보낸 것
이 1회, 우계가 송익필에게 보낸 것이 48회, 우계가 송익필과 그의 동생인
송한필에게 함께 보낸 것이 1회, 율곡이 송익필에게 보낸 것이 14회, 기타
가 7회로 되어 있다. 이렇게 볼 때, 우계가 송익필에게 보낸 편지가 48회
이고, 송익필이 우계에게 보낸 편지가 20회로 송익필과 우계 양자의 왕복
서신이 많은 편이다. **89)** 이에 비해 율곡과의 편지가 적은 편인데, 이는 아

---

88) 위의 글, 17쪽.

89) 홍학희는 각각의 문집에는 송익필이 이이에게 22통 성혼에게 30통을 보냈으며, 성혼
이 이이에게 13통 송익필에게 46통 보냈으며, 이이가 성혼에게 31통, 송익필에게 38
통을 보냈다고 보았다. 한편 《삼현수간》에는 송익필을 중심으로 엮은 책이라 성혼과
이이 사이에 주고받은 편지글은 실려 있지 않다고 밝히면서, 송익필이 이이에게 8통
성혼에게 21통을 보냈고, 성혼이 송익필에게 50통을 보냈으며, 이이가 송익필에게 13
통 보냈다고 보았다. 또 성혼이 송익필에게 보낸 편지가 《우계집》에는 없고 《삼현수
간》에만 실려 있는 것이 12통으로서 현재 남아 있는 편지는 모두 58통이라고 하여서
차이가 있다.(홍학희, 〈삼현수간을 통해 본 이이와 성혼의 교유〉, 동양고전학회, 《동양

마도 율곡의 바쁜 관직생활과 함께 송익필, 우계보다 10여 년 이상이나 먼저 세상을 떠난 것이 그 원인이 아닌가 짐작된다.

그런데 참고적으로《율곡전서》에 나타난 세 사람의 서신을 분석해 보면, 율곡이 우계에게 보낸 것이 25회, 율곡이 송익필에게 보낸 것이 25회로 나타났고,《우계집》에서는 우계가 율곡에게 보낸 것이 12회(3편은 없어짐), 우계가 송익필에게 보낸 것이 41회이다. 또《구봉집》의 경우는 송익필이 율곡에게 보낸 것이 19회, 송익필이 우계에게 보낸 것이 26회로 분석되었다. 앞에서 언급했듯이 세 사람의 문집에 있는 왕복 편지와《삼현수간》의 편지는 중복되기도 하지만, 또 전체가《삼현수간》에 수록되어 있지 않다. 특히 율곡과 우계 사이의 성리 논변에 대한 서신은 모두 빠져 있다. 그리고 송익필과 우계와 율곡이 주고받은 편지글 이외에도 송익필이 각각 김장생에게 보낸 편지 2편, 허우(許雨)90)에게 보낸 편지 2편, 조헌에게 보낸 편지 1편, 이산보(李山甫, 1539~1594)에게 보낸 편지 1편, 정철에게 보내는 편지 1편 등이 실려 있다.

이상에서《삼현수간》의 유래와 구성을 살펴보았는데, 그 내용면에 있어서도 성리와 예학에 관한 글, 수양방법에 대한 입장과 경세(經世)에 관한 시책 등 수기치인에 대한 내용으로 서로를 권면하는 글들이 대부분을 차지하고 있다. 이들이 주고받은 편지글들을 통해 정립되어 간 삼현의 학설들은 16세기 말 조선성리학을 발전시키는 밑거름이 되었고, 삼현의 문하를 자유롭게 드나들었던 후학들에게 이어져 17세기 조선의 예학

고전연구》, 제27집, 2007, 75쪽)

90) 허공택에 대한 행적은 미상이나 송익필의 제자로 추정된다.(율곡·우계·구봉 지음, 임재완 옮김, 《세 분 선생님의 편지글》, 호암미술관, 2001, 50쪽)

을 성립하게 하는 밑거름이 되었다고 할 수 있다. 이러한 점에서 삼현의 교유가 잘 나타나는 《삼현수간》의 학술적 가치와 의의를 찾을 수 있다. 또 학문적인 교유뿐만 아니라 현실에서의 인간적인 따뜻한 정 또한 나누고 있는 모습에서 한 시대를 대변하는 유학자들의 진정한 삶의 가치를 찾아볼 수 있다. 아울러 유학이 본래 실천 학문임을 일깨우게 하여 21세기 현대의 귀감으로도 돌아보게 하는 의의를 갖는다.

3) 《삼현수간》의 내용

구봉, 우계, 율곡의 삼현이 나누었던 도의지교(道義之交)의 학문적 의의와 관련하여 《삼현수간》의 내용에 대해 검토해 보기로 하자.

먼저 유학자로서 상호 존경하고 신뢰하면서도 학문적 비판과 인간적 충고를 서슴지 않았던 참된 우정을 나누었던 세 사람의 교우관계를 보다 잘 이해하기 위해서 사상적 바탕을 살펴볼 필요가 있다. 송익필과 우계 그리고 율곡은 서로 인접한 지역에 살면서 교우관계를 형성할 수 있었지만, 세 사람의 사상과 학문적 편력은 같으면서도 서로 다른 바탕을 갖고 있다.

우계는 부친인 성수침(成守琛, 1493~1564)이 조선도학의 대표적 인물이었던 조광조의 문인이다. 이와 같은 도학적 학맥과 부친에게 학업을 받은 가학의 전승 속에 유학의 테두리, 성리학의 울타리 안에서 향방이 순정하고 이론과 실천이 엄밀한 학문적 규범을 익혔다. 또한 잦은 질병으로 인해 대과를 포기하고 위기지학(爲己之學)에 종사할 수 있었다.[91] 그리고 퇴계를 만나서 출처의 의리를 배우고 스승으로 삼았다.

우계와 달리 율곡은 일정한 사승관계가 없으며, 가학(家學)의 뚜렷한 전승도 찾아보기 어렵다. 곽신환은 우계와 율곡의 사승과 사상적 바탕에 대해서 비교하기를 우계는, 부친과 휴암 백인걸, 퇴계 이황을 스승으로 섬겼고, 의양(依樣: 모방)의 맛이 있어서 주자학적인 학문규범을 준수하며, 예법에 공력을 기울이고 경(敬)을 학문의 기조로 삼았다. 율곡은 뚜렷한 스승 없이 자유롭게 학문적 편력을 하여서 자득(自得)을 중시하고, 경전의 맥락보다는 상황적 변통을 강조하였으며, 수양론에서 방법적 경(敬)보다는 목적성을 지니는 성(誠)을 더 강조한 것에서 서로 좋은 대비를 이룬다고 평가하고 있다.[92]

송익필도 율곡과 마찬가지로 가학적 연원과 사승의 관계를 찾아보기 어렵다. 이에 최영성은 세 사람의 개성과 학문 성향에 대해서, 송익필의 경세에 대한 관점은 율곡과 가까우나 출세 길이 막혀서 우계처럼 산림(山林) 속에서 심성 공부에 힘쓸 수밖에 없었다고 보았다. 또 우계와 송익필이 원칙주의를 취하여 보수적 성향을 지니고 있는 데 비해 율곡은 진보적이며 개방적이고 자율적이라고 평가하고 있다.[93]

송익필의 학문과 사상적 실천 방향에 결정적 영향을 주게 된 배경에

---

91) 곽신환, 〈우계와 율곡 이이 - 서로 다른 트랙과 스펙 -〉, 《우계학보》 제30호, 우계문화재단, 2010, 73쪽.

92) 위의 글, 76쪽.

93) 최영성, 〈우계와 구봉 송익필 - 인간관계를 중심으로 -〉, 《우계학보》 제30호, 우계문화재단, 2010, 116쪽.

는 부친인 송사련이 일으킨 사림에 대한 허물인 '신사무옥(辛巳誣獄)'[94]을 꼽을 수 있다. 이로 인해 후일 천민이라는 굴레를 쓰게 된 송익필은 사관들에 의해 과거시험이 금지되어[95] 현실적 정치참여의 길이 막히게 되자, 고양 구봉산 아래에서 궁리와 함양 공부에 노력하며 후학을 기르는 데 힘을 쏟게 된다.[96] 그러면서 우계의 의양과 율곡의 자득적인 학문관과 출처론에 비교해서 중도적인 입장을 견지하였다고 할 수 있다. 이처럼 송익필이 신분적 제약이 있음에도 불구하고 세 사람은 어려서 도의지교를 맺었던 도우로써 학문과 의리에 대한 실천을 죽을 때까지 변치 않고 있다.[97]

《삼현수간》의 내용에는 이러한 세 사람의 교유관계에서 상호 존경하고 신뢰하면서도 학문적 비판과 인간적 충고를 서슴지 않았던 참된 우정이 진하게 드러난다. 먼저 송익필이 율곡의 죽음을 맞아 올린 제문을 통해 율곡에 대한 품성과 자질, 도학에 대한 기대와 존경이 어떠하였는가를 알 수 있다.[98] 그러나 송익필이 율곡에게 칭찬만 한 것은 결코 아니었다. 송익필은 율곡이 노자(老子)의 말을 유가적 입장에서 주석을 해석한 《순언(醇言)》의 저작에 대해서도 불만스럽게 생각하고 혹평하기도 하였

---

94) 《연려실기술》, 권8, 〈중종조 고사본말(中宗朝故事本末)〉, 〈신사년 안처겸(安處謙)의 옥사〉 참조.

95) 《구봉집》, 권10, 〈부록〉, 〈행장(行狀)〉: "史官李海壽等, 以爲祀連旣爲罪人, 祗其賞職, 其子乃孼孫也, 不當冒法赴擧, 與同僚議停擧以錮之"

96) 《선조수정실록》, 권23, 〈22년(1589, 己丑 / 명 만력(萬曆) 17년) 12월 1일(甲戌) 11번째 기사, 〈송익필 형제의 추문을 형조에 전교하다.〉: "翼弼復從李珥'成渾, 講論道學, 識見通透, 論議英發, 開門授徒, 從學者日盛, 號稱龜峯"

97) 김창경, 《《삼현수간》을 통해 본 구봉·우계·율곡의 도의지교와 학문교유》, 《유학연구》, 제27집, 충남대학교 유학연구소, 2012, 41쪽.

98) 《율곡전서》, 권37, 〈부록(附錄)5〉, 〈제문(祭文)2〉

다.99) 이는 당시 노장사상에 대한 유학의 학문적 의리를 지키고자 하는 도학자의 관점에서 비판을 하고 있음을 알 수 있다.

또한 율곡이 《소학집주》를 간행한 데 대해서도 그 미진함을 지적하고 있으며,100) 《격몽요결》에 대해서도 속례(俗禮) 부문은 문제가 있다고 보아서 한 집안의 자제들이 참고하는 의미는 있을지 몰라도 한 나라의 준거(準據)가 되는 예로서는 부족하다고 평가하여 신중한 간행을 요청하였다.101) 율곡은 이에 대하여 "《격몽요결》의 결함을 지적해 준 것은 매우 수긍이 가는 곳이 있으니, 서서히 다시 생각해서 말씀드리겠습니다.《소학집주》도 또한 마땅히 형의 지시에 따르겠습니다."102) 하고 송익필의 의론을 겸허히 받아들이며 서로 권면하고 강마하고 있음을 볼 수 있다.

또한 당시 송익필과 우계가 문제 삼아 논란이 벌어졌던 율곡의 서모(庶母)에 대한 예법에 대한 문답 과정에서, 송익필은 우계에게 율곡이 지나치게 감정에 치우쳐 친우 간의 예를 잃은 것 같다고 우려하고 있다.103) 그리고 송익필은 율곡이 대제학에 오르고 장차 재상이 될 때에 율곡에게 선비가 지켜야 할 행동거지 하나하나를 반드시 도(道)로써 하고, 삼대

99) 《구봉집》, 권4, 〈현승편上〉, 〈여숙헌서(與叔獻書)〉

100) 위의 글

101) 위의 글: "聞兄許印擊蒙要訣 要訣中俗禮處 某常多不滿之意 未知兄其加刪正耶 不然則只可爲一家子弟之覽 恐不可爲通行之定禮也 小學之印 更須十分商議 無如擊蒙之易 千萬幸甚"

102) 《율곡전서습유(栗谷全書拾遺)》, 권2, 〈서(書)上〉, 〈여송운장(與宋雲長)〉: "下示要訣疵累 頗有領會處 徐當更思仰稟《小學》亦當依示"

103) 《구봉집》, 권4, 〈현승편上〉, 〈답호원서(答浩原書)〉: "叔獻奉庶母禮 前後往復 連作一通以上 叔獻情勝禮失. 奈何奈何"

(三代)104)의 업적을 자임(自任)해야 하고, 도의(道義)를 지키라고 권면하고 있음을 볼 수 있다.105)

송익필과 율곡이 주고받은 편지글 가운데는 사단칠정에 관한 논변의 글과,106) 기질지성·본연지성에 대해 논변한 성리학의 글107)도 여러 편 보이고 있다. 또한 여진족에 의해 변방이 잦은 침략을 당했을 때 율곡은 송익필에게 국가기강을 바로잡을 수 있는 대책에 대해 자문을 구하기도 하였다.108) 한편으로 율곡이 서얼에 대한 벼슬길의 허용과 노비의 속량(屬良, 양민으로 귀속)을 건의한 것도 친우 송익필에 대한 연민의 정이 크게 작용했다고 볼 수 있다.109) 그렇지만 학문에 있어서는 신분을 뛰어넘어 율곡도 송익필에 대해 존경과 신뢰를 하고 있어서 "오직 송익필 형제만은 성리학에 대해 말할 수 있으니, 이것이 내가 깊이 사귀게 된 이유이

---

104) 삼대(三代): 요(堯) 순(舜)임금의 하(夏), 탕(湯)임금의 은(殷), 문왕 무왕 주공(文, 武, 周公)의 주(周)나라 삼대 성인들의 이상적 정치시대.

105) 《구봉집》, 권5, 〈현승편下〉, 〈답숙헌서(答叔獻書)〉: "聞吾兄旣典文衡 又將卜相 文衡之任 重在扶植斯文 豈但尙詞華應世求而已 且三代以下 未見以儒作相者 三代以下 更無三代之治故也 儒若作相 則豈無三代之治 所貴乎儒者 一行一止 必以其道 無一毫謀利計功之念 不以三代事業爲己任 則不敢在其位 苟或不然 是王良之詭遇 而大匠之改規矩 能不寒心 每看後世之儒 靜則談道守義 一動便失初志 敢陳鄙抱. 謹拜"

106) 《구봉집》, 권4, 〈현승편上〉, 〈답숙헌서별지〉

107) 《율곡전서》, 권11, 〈서(書)上〉, 〈여송운장(與宋雲長)〉(一作己卯): "習與性成之說 更檢看《商書》則曰伊尹之言曰 玆乃不義 習與性成 旣云不義性成 則其爲氣質之性明矣 成性之論 則朱子以爲如踐形云 然則性成之性 氣質之性也 成性之性 本然之性也 如此看何如 更思回示"

108) 《율곡전서》, 권11, 〈서(書)上〉, 〈여송운장(與宋雲長)〉癸未(1583): "邊城被陷 國恥大矣 文恬武嬉 百有餘年 無兵無食 百計無策 眞所謂善者無如之何矣 …… 此時有策 則可以進言 願兄罄示所懷也 天下事得成爲幸 出於己出於人 何異哉"

109) 최영성, 〈구봉 송익필의 학문과 기호학파에서의 위상〉, 《우계학보》 제23호, 우계문화재단, 2004, 161쪽.

니 형도 역시 이 사람들을 가볍게 여기지 마십시오."110)라고 우계에게 보내는 편지글에서 말하고 있다.

이처럼 송익필은 율곡이 일찍 죽기까지 근 30년 동안 그 의리를 지키면서 서로 비판할 것은 엄정히 비판하면서도, 격려하고 권면하여 성리학과 예학과 경세학 등 학문 전반에 대해 강론하고 닦아 나갔음을 알 수 있다. 그리고 출처의리 및 수기와 경세에 관해 '교학상장(教學相長)'111)하면서 도의지교를 맺어 온 것이 잘 드러나고 있다.

송익필과 우계의 교우관계에 대해서 살펴보면, 세 사람의 왕복 편지는 사실 송익필과 우계가 주고받은 편지가 가장 많다. 그 편지글 가운데 우계가 송익필에게 보내온 내용을 살펴보면, 건강이 좋지 않았던 우계가 건강에 대한 안부 물음의 글과 출처(出處)의 의리를 송익필에게 묻는 글이 많다.112) 이에 대하여 송익필은 머뭇거리는 우계에게 "병든 몸을 이끌고 험난한 길을 헤치면서 대궐로 나아가서 이러한 기회에 정의(正義)를 펼치고 국가의 세도(世道)를 바로잡아야 한다."113)라고 출처의 의리를 권면하고 있다. 그리고 우계는 송익필과 '태극도설',114) '사단지설',115) '음양동정

---

110) 《율곡전서》, 권10, 〈서(書)2〉, 〈답성호원(答成浩原)〉: "惟宋雲長兄弟 可以語此 此珥所以深取者也 兄亦不可輕此人也"

111) 《예기(禮記)》, 〈학기(學記)〉: "故曰 教學相長也 說命曰斅學半 其此之謂乎" 교학상장은 서로 가르치고 배우면서 성장해 간다는 뜻.

112) 《우계집(牛溪集)》, 속집(續集) 권3, 〈간독(簡牘)〉, 〈여송운장(與宋雲長)〉

113) 《구봉집》, 권5, 〈현승편下〉, 〈답호원서(答浩原書)〉

114) 이이·성혼·송익필 지음, 임재완 옮김, 《세 분 선생님의 편지글》, 호암미술관, 2001, 60쪽. 이 글은 우계의 문집과 구봉의 문집에서 모두 보이지 않는다.

115) 《우계집》 속집, 권3, 〈간독(簡牘)〉, 〈여송운장(與宋雲長)〉

설'116) '악기동정설' 등의 성리학에 대한 논변을 주고받았다.117)

다음으로 우계와 송익필이 주고받은 글 가운데 예법에 대해서 우계가 질정하는 글이 많은데, 국상(國喪)이 났을 때 국상의 졸곡(卒哭) 이전에는 모든 개인의 제사를 폐지하는 상제례(喪祭禮)의 시행 문제,118) 율곡의 서모(庶母)에 대한 위차(位次)의 예법 문제,119) 복식예법의 문제,120) 자부와 매부의 서열 문제,121) 《가례제찬도(家禮祭饌圖)》의 관습을 따르는 예법과 사당제사에서 소(昭)와 목(穆)의 자리배열에 대한 예법 문제122) 등에 관한 의문사항들을 우계는 간곡하면서도 상세히 묻고 있으며, 송익필은 이에 대해 《주자가례》와 고례 등을 예로 들면서 자세히 설명하고 있다.

그리고 송익필은 당시 파주 교하촌의 은아리에 사는 은아(銀娥)라는 여인의 행적에 대해 우계가 들은 바를 초(抄)한 것을 송익필이 위촉을 받아서 〈은아전(銀娥傳)〉123)을 지었다(우계와 각각 지었음). 이는 은아의 절개와 의리의 덕행을 표창해서 세상의 윤리강상을 바로 세우고 미풍양속의 도의(道義)를 진작하고자 한 것이라고 할 수 있다. 이러한 사실은 임금께 표문을 올려 정려문(旌閭門)이 내려지기도 해서 두 사람의 도의지교가

---

116) 《구봉집》, 권5, 〈현승편下〉, 〈여호원서(與浩原書)〉

117) 《구봉집》, 권4, 〈현승편上〉, 〈답호원서(答浩原書)〉

118) 《우계집》, 권4, 〈간독(簡牘)一〉, 〈여송운장서(與宋雲長書) 丁丑十二月. 時有仁聖王后喪〉

119) 《우계집》, 권4, 〈간독(簡牘)一〉, 〈답송운장서(答宋雲長書)宋雲長書, 己卯正月〉

120) 《우계집》, 속집 권3, 〈간독(簡牘)〉, 〈여송운장(與宋雲長), 壬午九月〉

121) 《구봉집》, 권6, 〈예문답〉, 〈답호원서〉와 《우계집》, 권4, 〈간독(簡牘)一〉, 〈與宋雲長書 丁丑十二月〉

122) 《구봉집》, 권6, 〈예문답〉, 〈답호원서〉와 《구봉집》, 권4, 〈현승편上〉, 〈답호원서〉

123) 《구봉집》, 권3, 〈잡저(雜著)〉, 〈은아전(銀娥傳)〉과 《우계집》, 권6, 〈잡저(雜著)〉, 〈은아전(銀娥傳)〉에 각각 실려 있다.

실천되어 현실에 드러난 결실이라고 할 수 있다.

수기(修己)와 수양방법에 대해 서로 강마한 글들도 많은데, 평소의 신병(身病)과 정계에서의 비방에 지친 우계에게 송익필은, 인간의 삶과 죽음을 천명(天命)에 맡기고 순리에 따르고 있는[124] 유학 본래의 현실적이면서도 강한 실천성을 지닌 도학적 수양방법을 권면하고 있다.

이처럼 《삼현수간》에 나타나는 송익필과 우계의 교유관계는 대부분 우계가 묻고 송익필이 대답하는 모습들이 많이 보이고 있다. 그러나 우계는 송익필이 포부가 크고 성격이 소탈하여 세세한 것에 소홀한 점이라든지, 사대부들에게 강직하게 직도(直道)로써 교제한 나머지 형식을 무시하는 등 편벽된 것에 대해서, 옛사람들을 살펴보면 비록 대현의 자질이 있더라도 사우(師友)들의 도움이 없을 수 없다고 말하며[125] 교학상장의 도리를 권면하기도 하였다.

이상에서 송익필과 우계, 율곡과의 우정과 교유에 대한 내용을 검토해 보았는데, 세 사람은 기질이 다르고 학문적 기풍이 다른 데서 역시 인간적인 갈등이 전혀 없지는 않았다. 그러면서도 이들은 도우를 위한 진정한 비판과 충고를 아끼지 않았고, 또 피차 이를 용납하여 스스로 자기를 고치고 키우는 데 부지런하여 유학자로서 대성했던 것이다.

이러한 세 사람의 도의지교에 대해 계곡(谿谷) 장유(張維, 1587~1638)는 그가 쓴 《계곡만필(谿谷漫筆)》의 글을 통해서 말하기를 "《현승편》에 실려 있는 여러 노선생들이 주고받은 언론을 보니, 강론하고 문답한 부지

---

124) 《논어》, 〈안연〉: "死生有命 富貴在天"에서 주자의 주석 "命 稟於有生之初 非今所能移 天 莫之爲而爲 非我所能必 但當順受而已"

125) 《우계집》, 속집(續集) 권3, 〈간독(簡牘)〉, 〈여송운장(與宋雲長)〉

런함과 우의(友誼)의 돈독함을 모두 상상해 볼 수 있는바, 지금 세상에는 어찌 이러한 일이 있겠는가. 율곡의 말씀은 솔직하고 평탄하며, 우계의 말씀은 온화하고 공손하며 간곡하였다. 그리고 구봉은 뜻과 기상이 준엄하고 깨끗하며 몸가짐이 매우 신중하고 언론이 논리적이었으나 왕왕 온당치 못한 부분도 있었다."[126]라고 평가하고 있다.

서로의 비판과 충고 그리고 격려와 존경을 통해 한 시대를 대표하는 유학자로 대성한 송익필, 성혼, 이이의 우정은 후대의 귀감이 되는데, 이들의 도우관계는 맹자가 말한 '불협장(不挾長)·불협귀(不挾貴)'[127]의 교우관계로서 유가 군자들의 벗함이라고 오늘날에도 칭송할 만하다고 하겠다. 또 율곡이 죽게 되는 전후로의 당시 정치사회적 상황을 살펴보면, 당쟁의 심화와 정여립의 난과 임진왜란 등, 내우외환에 의해 사지로 몰리는 극한 위협 속에서도 송익필은 도의지교를 변치 않고 지켜서 도학적 의리를 투철하게 실천한 삶이었음을 알 수 있다. 송익필은 이와 같은 교우관계를 죽어서도 변함이 없는 '신교(神交)'[128]라고 말하였다. 이러한 이들의 돈독한 도의지교가 있었기에 김장생, 김집, 조헌 등 수많은 유학자가 삼현의 문하를 자유롭게 드나들며 학문을 성취하게 되었다. 이는 후

---

126)《구봉집》, 권10, 〈부록(附錄)〉, 〈서송구봉현승편후계곡장유(書宋龜峯玄繩編後谿谷張維)〉: "玄繩一編 得見諸老先生往復言論 其講問之勤 友誼之篤 皆可以想見 今世那有此事耶 栗谷之言 眞率坦夷 牛溪之言 溫恭懇到 龜峯則意象峻潔 自待甚重 其言辨矣 其學博矣 然往往亦有未妥處 略記鄙見于左"

127) 나이 많고 적음과, 지위의 귀하고 낮음과, 형제 많고 적음 등을 내세워 친구를 사귀지 않는다는 뜻(《맹자》, 〈만장장구〉: "萬章問曰 敢問友. 孟子曰 不挾長 不挾貴 不協兄弟而友 友也者 友其德也. 不可以有挾也")

128)《구봉집》, 권2, 〈칠언율시(七言律詩)〉, 〈억우계(憶牛溪)〉

일 기호유학의 큰 산맥을 형성하는 공(功)이 되었으며, 한국유학사상사에서도 큰 업적을 남겨서 이들이 행한 도학적 의리실천의 도의지교(道義之交)는 더욱 의미가 크다고 하겠다.

3. 구봉·우계·율곡 삼현(三賢)의 도의지교(道義之交)

1) 구봉 송익필과 율곡 이이의 직교(直交)

이제 이들 세 사람의 교유를 통해 송익필의 인간미와 도학자로서의 면모에 대해 살펴보고자 한다. 송익필과 율곡의 교우관계가 어느 정도였는가를 살펴볼 수 있는 편지글을 보자.

형은 젊은 날에 분연히 개탄하여, 나를 뜻이 같다 해서 노둔함을 채찍질하여 주었소. 그래서 혹 면대하여 강론하였으나 흡족하지 못하면 또 편지를 주고받으면서 깊이 연마하였지요. 형이 옳게 여기는 것을 내가 혹 그르게 여기기도 하고, 내가 옳게 여기지 않는 것을 형이 혹 옳게 여기기도 하며, 서로 부산하게 왕복한 것이 지금 30년이나 되었소. 크게는 천지산천과 작게는 초목곤충이며, 음양 귀신의 변화와 성기(誠幾)·동정의 미묘함이며, 가까이는 쇄소응대(灑掃應對)의 인사(人事)에서 멀리는 진성지명(盡性至命)의 천리(天理)에 이르기까지, 분석할 적에는 그 정미(精微)함을 극진히 하고, 종합할 적에는 그 큼을 다하였으며, 성현들도 궁구하지 못한 것과 한 지아비와 한 지어미로서도 알 수 있는 것과, 나아가고 물러나는 의리와, 덕을 기르고 학문을 닦는 방법에 이르기까지 형이 이미 다 탐색하였고, 나도 또한 그중에 한두 가지는 대충 알았던 것이오.**129)**

송익필은 율곡이 죽자 그를 기리는 제문에서 도의지교를 맺고, 30년 동안 서로를 권면하면서 학문과 의리를 강마하여 진덕수업(進德修業)을 닦아 나간 심정을 절절하게 드러내고 있다. 학문과 의리를 실천해 나가는 길에 있어서 서로의 장단점과 마음을 잘 알아주고, 서로에게 배울 점을 인정하여 존경하며, 항상 변치 않는 믿음을 나누어 줄 수 있는 즐거운 친구가 있다는 것은 유가의 선비뿐만 아니라 현대를 살아가는 우리에게도 참으로 필요하다고 생각한다. 송익필과 율곡이 천리(天理)와 인사(人事)에 이르기까지 모든 것을 함께 궁구하여 교감하며 앞서거니 뒤서거니 절차탁마의 우의(友誼)를 나눈 모습들이 귀감으로 드러난다.

또 송익필의 율곡에 대한 기대와 존경이 어떠하였는가를 다음에서도 알 수 있다.

아! 슬프도다. 형이 평일에 내가 도체(道體)에 본 바가 있다고 허여하였고 만년에는 자주 논변하여 점차 견해가 다름이 없게 되었소. 내가 학문에 있어서 혹 새로운 견해가 있으면 여러 사람들은 모두 의심하였으나 오직 형만은 나를 믿어 주었소. …… 내가 말할 적에 화답할 이가 누구이겠으며, 내가 행할 적에 수작할 이가 누구이겠소. 이는 주자(朱子)가 이른바 "왼쪽 팔에만 맡기다가 오른쪽 팔을 잃어버렸다."는 격이오. 이것

129) 《율곡전서》, 권37, 〈부록(附錄)5〉, 〈제문(祭文)2〉: "兄於少日 舊然興歎 謂余志同 共策
駑鈍 或對講而未洽 又交書而研窮 兄之所是 我或非之 我之不然 兄或然之 糾紛往復
三十年于玆 大之爲天地山川 小之爲草木昆蟲 陰陽鬼神之變 誠幾動靜之妙 近以灑掃
應對 遠以盡性至命 析之極其精 合之盡其大 聖賢之所未窮 夫婦之所可知 行藏之義
進修之方 兄旣探賾不舍 而我亦粗識其一二"

이 슬피 부르짖고 몹시 애통함이 홀로 여러 사람과 다른 까닭이오.[130]

송익필은 율곡이 죽자 주자의 비유를 들어 오른팔을 잃어버렸다고 말하고 있다. 학문과 도체(道體)에 대한 완성의 길을 함께 닦아 나가길 30년. 서로 변치 않으면서 자기를 가장 잘 알아준 지기지음(知己知音)의 도우가 죽었으니, 이제 화답해 주고 수작을 받아 줄 사람이 없으니 마치 오른팔을 잃어버린 것과 같다고 하며 슬픔을 토로하고 있다.

또 송익필은 도우인 율곡이 학문과 덕망, 그리고 능력과 실천을 두루 갖춘 진정한 진유(眞儒)로서 나라와 백성을 위해 큰일을 해 주기를 바라는 기대가 유학자로서 재상이 되었으니 '삼대지치(三代至治)'를 펼쳐야 된다고 다음과 같이 말하였다.

> 삼대(三代) 아래는 유자(儒者)로 재상이 된 사람을 보지 못했습니다. 삼대 아래는 삼대의 정치가 없기 때문입니다. 유자가 만약 재상이 된다면 어찌 삼대의 다스림이 없겠습니까? 고귀한 것은 유자이니 행동거지 하나 하나에 반드시 도(道)로써 하고 아주 사소한 것이라도 이익을 도모하거나 공을 세우겠다는 생각을 말아야 합니다. 삼대의 업적을 자기 임무로 하지 않는다면 그런 지위에 감히 있지 못합니다.[131]

---

130) 《율곡전서》, 권37, 〈부록(附錄)5〉, 〈제문(祭文)2〉: "嗚呼哀哉 兄於平日 許我以於道體 有所見 晚來數論 漸無異同 我於學問上 或有新見 衆人皆以爲疑 而惟兄獨信之…… 吾言之而和者誰歟 吾行之而酬者誰歟 此朱子所謂任左肱而失右臂者也 此所以哀號 痛惜 獨異於衆人者也"

131) 《구봉집》, 권5, 〈현승편下〉, 〈답숙헌서(答叔獻書)〉: "聞吾兄旣典文衡 又將卜相 文衡之 任 重在扶植斯文 豈但尙詞華應世求而已 且三代以下 未見以儒作相者 三代以下 更 無三代之治故也 儒若作相 則豈無三代之治 所貴乎儒者 一行一止 必以其道 無一毫"

송익필은 율곡에게 유학자가 지켜야 할 행동거지 하나하나를 반드시 도로써 하고, 아주 사소한 것이라도 이익을 도모하거나 공을 세우겠다는 생각을 말며, 삼대의 업적을 스스로 임무 삼아 자임(自任)하고, 도의(道義)를 지키라고 도학자로서의 길을 권면하고 있다. 이에 대한 율곡의 답장을 살펴보자.

삼가 주신 서찰을 받았습니다. 감사하고 위로됩니다. 근래 주신 글을 받고, 답장을 써서 보내었고 아울러 말린 물고기도 보내었는데 받아보셨는지 모르겠습니다. 저는 축대(逐隊, 군대를 따라감)에 골몰하느라 달리 할 말이 없습니다. 가르침을 주신 유자(儒者)사업은 참으로 이와 같으니 감히 마음에 깊이 새겨 두지 않을 수 있겠습니까? …… 대체로 수많은 백성들은 물새는 배에 있는 것과 같습니다. 그러니 구제할 책임은 참으로 우리들에게 있습니다. 이것이 마음에 절실하여 차마 떠나지 못하는 것입니다.[132]

두 사람이 유학자로서 지켜야 할 도리와 출사하여 세도(世道)에 임하는 포부에 대하여 '삼대지치'를 논하고 있는 점과, 의리실천에 대해 서로를 권면하고 있는 점에서 도학자로서의 면모를 살필 수 있다.

그리고 송익필은 백성들의 편안함과 근심이 모두 율곡에 달려 있다고

謀利計功之念 不以三代事業爲己任 則不敢在其位"

132)《구봉집》, 권5, 〈현승편下〉, 〈여숙헌서(與叔獻書)〉: "謹承垂翰 感慰 頃承手字 還上復書 且寄乾魚 未知尙未達否 珥役役逐隊 他無可言 示諭儒者事業 固是如此 敢不佩服 …… 大抵億萬蒼生 在漏船上 而匡救之責 實在吾輩 此所以惓惓不忍去者也"

보고 '수시재상'133)이 될까 걱정하여서, "일을 할 때는 평이하면서 딱 들어맞게 하고, 엄숙하고 굳센 모습은 줄이고, 신중하고 늠름한 기상을 갖으라."고 하며, 또 "공무를 마치고 퇴근한 여가에도 날마다 경서를 읽고, 초지를 잃지 말며, 청탁은 모두 받아들이지 말라."134)고 조언하고 있다. 송익필이 율곡에게 거는 기대와 아끼는 마음이 '삼대지치'의 이상을 현실 세계에 실천하기 위해 도학자가 지켜야 할 자세와 마음가짐과 행동지침들을 권면하는 글 속에서 드러나는데, 바르고 곧은 마음자세와 사사로움이 없는 일처리를 강조하고 있다. 이에서 도우를 권면하는 송익필의 정신 깊은 곳에 자리한 직사상(直思想)을 찾을 수 있다.135)

이러한 송익필을 대하는 율곡의 마음을 들여다볼 수 있는 편지를 살펴보자.

작별한 후로 소식이 아득하니 그리운 생각 어찌 다 말하겠습니까. 도체(道體)의 근황이 요즘 어떠십니까? 염려되는 바입니다. …… 다만 곁에 좋은 벗이 없어 일깨워 주는 유익함이 없으니 이것이 걱정스러울 뿐입니

---

133) 수시재상(隨時宰相): 자신의 주관 없이 남이 시키는 것을 그저 따라만 하는 재상을 말함.(율곡·우계·구봉 지음, 임재완 옮김, 《세 분 선생님의 편지글》, 호암미술관. 2001, 78쪽, 각주186 참조)

134) 《구봉집》, 권5, 〈현승편下〉, 〈답숙헌서(答叔獻書)〉: "謹承外事勞擾 致疾非輕 遙慮遙慮 今日陰陽進退 生民休戚 咸繫吾兄一身 屬望甚重 十分愼攝 惠墨 多荷深眷 用記身過 以爲規戒 今見浩原寄僕書 慮兄之作隨時宰相 屬僕相警 隨時宰相 乃隨時俯仰者也 兄豈容有是模樣 但僕處荒野 與兄日遠 浩原共踞朝端宜 相知近間事而乃云云 無乃吾兄作事 欲平易得中 而反少嚴毅愼重凜然不可犯之氣像耶 達不離道 古人所難 更仰公退之暇 日讀經籍 毋負初志 幸甚幸甚 大小淸濁 竝得容接 焉有是理 更須商量 謹復"

135) '직(直)'의 의미는 이 책의 제Ⅲ장 2절에서 설명하였다.

다. 생각하건대 한가한 중에 몸 건강하고, 의리(義理)에 침잠(沈潛)하여 날로 새로운 얻음이 있을 것이니, 멀리서 바라보며 공경합니다. 가끔 일깨움과 가르침을 주시어 어둡고 게으름을 분발시켜 주시기를 간절히 바랍니다.136)

송익필을 대하는 율곡의 공경하는 마음과 도우로써 강마하는 겸손함이 드러나며, 가르침과 배움을 서로 권장하는 교학상장의 의리가 묻어나는 글 속에서 깊은 신뢰가 느껴진다.

또 율곡은 송익필에게 보내는 다음의 글 속에서 또 다른 도우인 우계가 병환으로 인하여 출사를 머뭇거리는 것에 대하여 걱정하고 있음을 볼 수 있다.

호원[浩原, 우계의 자(字)]이 감기를 얻어 누워서 신음하느라 아직도 사은(謝恩)을 못 했는데, 날짜가 지났다고 드디어 사면을 청하니 가탄스럽습니다. …… 봉록으로 받은 쌀과 콩 각각 두 말을 부끄럽지만 보내드립니다.137)

우계와 율곡은 가학(家學)의 연원과 개인적 성품에서 연원하여 출처의 의리에 있어서 견해가 다른 점이 있지만, 출처에 대한 문제까지도 세 사

---

136) 《율곡전서습유》, 권2, 〈서(書)上〉, 〈여송운장(與宋雲長)(戊寅)〉: "別後消息杳茫 戀想何可勝言 未諳道況 卽今何如 …… 只是旁無畏友 無警發之益 是可憂耳 想惟閒候沖裕 沈潛義理 日有新得 向風竦厲. 時垂警誨 以發昏惰 切仰切仰"

137) 《율곡전서습유》, 권2, 〈서(書)上〉, 〈답송운장(答宋雲長)(辛巳)〉: "浩原得寒疾臥吟 尙未謝恩 以日子過限 遂呈辭 可歎 …… 祿米菽各二斗汗呈"

람은 서로 허심탄회 토론하고 도학자의 길로 권면하고 있는 점에서 도의지교의 참모습을 찾을 수 있다.

그러면서도 위 글에서 보이듯이 율곡은 봉록으로 받은 쌀과 콩 두 말[斗]을 구봉에게 보내며 따뜻한 우정을 돈독히 하고 있다. 이러한 점은 세 사람이 각각 주고받은 편지글 여러 곳에서 보이는데, 우계는 한약재를 직접 수확하였다고 보내기도 하고,[138] 물고기를 서로 주고받으며 소고기를 보내기도 한다.[139] 이를 받은 송익필도 약재나 말린 노루고기를 우계에게 보내기도 한다.[140] 이처럼 세 사람은 서로를 존경하고 신뢰하면서 학문을 강마하는 것뿐만 아니라, 여러 차례 양식과 반찬이나 약재들을 주고받으며 사소하지만 따뜻한 일상의 인간적인 정을 나누고 있다. 간절한 정성으로 주고 감사하는 마음으로 기쁘게 받는다고 말하고 있는 이들의 참된 우정의 모습들에서,[141] 유학 본연의 학문이 사람의 땀 냄새가 스며 있고, 따뜻한 온기가 느껴지는 인간학(人間學)임을 새삼 일깨워주고 있다.

그러나 송익필이 율곡에게 칭찬만 한 것은 결코 아니었다. 송익필은 율곡이 노자(老子)의 말을 유가적 입장에서 주석을 달고 해설한《순언(醇言)》의 저작에 대해서 불만스럽게 생각하고 이를 다음과 같이 비평하고

---

138)《구봉집》, 권4,〈현승편上〉,〈기우계율곡서후(記牛溪栗谷書後)〉: "兔絲子三升送上 一升半 爲新採 其餘入小帒者 爲前歲之收 收藏謹密 無所損也 試服之爲祝"

139)《구봉집》, 권4,〈현승편上〉,〈답호원서(答浩原書)〉: "前來盛魚物三器 今始回納 牛脯七乾魚片一 在柳筒中矣 伏惟笑察何如"

140) 율곡·우계·구봉 지음, 임재완 옮김,《세 분 선생님의 편지글》, 호암미술관. 2001, 43쪽.

141)《구봉집》, 권4,〈현승편上〉,〈답호원서(答浩原書)〉: "寄來前後魚肉 懃懇至此 仰荷盛念"

있다.

> 형이 직접 편찬한 《순언》을 보았는데 재주를 부린 듯합니다. 형을 위해
> 서도 의아스럽게 여깁니다. 《참동계(參同契)》를 이어 저술한 주자의 뜻이
> 있는 것인가요? 거듭 세도(世道)를 위해서도 안타깝습니다. …… 그리고
> 오도(吾道)에 있어서도 구차하게 같이 된다는 혐의가 있습니다. 주석은
> 또 견강부회(牽强附會)하였습니다.[142]

도우인 율곡이 《순언》을 저술한 것은 세상을 위하는 도리의 입장과 우리 유가의 도를 위하는 입장에서도 잘못된 것이라고 송익필은 비판하고 있다. 또 그 주석에 대해서도 혹평을 서슴지 않는다. 여기서 도우 율곡에 대한 송익필의 냉철한 비판적 태도를 볼 수 있다. 이는 송익필이 노장사상에 대한 유가의 학문적 의리를 지키고자 하는 관점이라 할 수 있는데, 도우를 비판하면서도 올바르게 권면하는 근본에는 송익필의 직(直)의 정신이 자리하고 있다.

또 송익필은 율곡이 《소학집주(小學輯註)》를 간행한 데 대해서도 미진한 곳이 많으니 서로 만나 토론하고 연구한 뒤에 간행하는 것이 좋겠다고 권면하고 있다.[143] 송익필이 율곡을 엄정하게 비판하고 충고한 것은

---

142) 《구봉집》, 권4, 〈현승편上〉, 〈여숙헌서(與叔獻書)〉: "見兄新編醇言一帙 似爲才氣所使 爲兄致疑焉 抑無乃朱晦庵參同契遺意耶 重爲世道興歎 …… 而於吾道 亦有苟同之 嫌 註又牽合"

143) 《구봉집》, 권4, 〈현승편上〉, 〈여숙헌서(與叔獻書)〉: "又兄所輯註小學 亦多未盡處 如子 之事親 三諫不聽則號泣而隨之 兄註以隨行 某以微言 斷其不然 稽古微子曰 子三 諫不聽則隨而號之 人臣三諫不聽其義可以去矣 隨之只不去之云也 行字恐非本義 又曲禮全文云 爲人臣之禮 三諫而不聽則逃之 子之事親也 三諫而不聽則號泣而隨之

결코 비난하기 위한 것이 아니라, 도학지사로서 나가야 하는 진덕수업(進德修業)의 길에 자칫 누가 되고 장애가 될까 걱정하여 권면하고 있는 것이다.

이처럼 도우인 율곡을 걱정하고 권면하였던 송익필은 율곡이 《격몽요결》을 지은 점에 대해서도 그 내용 가운데 속례(俗禮) 부분을 불만스럽게 생각하고 스스로 이를 바로 잡아 주기를 간청하였다. [144] 이러한 송익필의 비평에 대해 율곡의 답 글을 살펴보자.

> 《격몽요결》의 결함을 지적해 준 것은 매우 수긍이 가는 곳이 있으니, 서
> 서히 다시 생각해서 말씀드리겠습니다. 《소학집주》도 또한 마땅히 형의
> 지시에 따르겠습니다. [145]

율곡은 송익필의 의론을 따라 《격몽요결》과 《소학집주》에 대해 송익필이 지적한 대로 수정하겠다고 겸허히 받아들여서 서로 권면하고 강마하고 있음을 볼 수 있다.

이 밖에도 율곡과 송익필은 여진족의 외침으로 변방이 잦은 침략을 당했을 때, 국가기강을 바로잡을 수 있는 대책에 대해 논의하고 있음을 다음 글에서 살펴볼 수 있다.

本文之意又如是 如此處多 俟相見講磨 然後印行爲妙"

144) 위의 글 "聞兄許印擊蒙要訣 要訣中俗禮處 某常多不滿之意 未知兄其加刪正耶 不然
則只可爲一家子弟之覽 恐不可爲通行之定禮也 小學之印 更須十分商議 無如擊蒙之
易 千萬幸甚"

145) 《율곡전서습유》, 권2, 〈서(書)上〉, 〈여송운장(與宋雲長)〉: "下示要訣疵累 頗有領會處
徐當更思仰稟 《小學》亦當依示"

변방의 성(城)이 함락을 당했으니 나라의 수치가 큽니다. 문무의 관원이 안일과 유희에 젖어온 지가 100년이 넘는 탓으로 군사도 없고 먹을 것도 없어 백 가지로 꾀해 보아도 계책이 나오지를 않으니, 참으로 이른바 "잘하는 이가 있더라도 어찌 할 수 없다."는 격입니다. …… 이런 때에 계책이 있으면 진언할 수 있으니 형은 갖고 있는 생각을 모두 말해 주기 바랍니다.[146]

한편으로 율곡은 송익필의 가문에 대한 내력을 잘 알고 있었기 때문에 그를 깊이 이해하고 있었다고 보인다. 율곡은 조광조의 신원(伸冤)을 위해 힘썼던 안당을 위하여 신도비문을 지었으며, 신사무옥 당시 화를 입었던 안처성의 장손 안수기의 딸이 자기의 종자부(從子婦, 조카며느리) 였으므로 안씨 집안의 일에 대해 잘 알았던 것이다.[147] 율곡이 서얼에 대한 벼슬길의 허락과 노비를 양민으로 귀속시키자는 사안을 건의한 것도 친우 송익필에 대한 연민의 정이 크게 작용했다고 볼 수 있다.[148]

그렇지만 학문에 있어서는 신분을 뛰어넘어 율곡도 송익필에 대해 존경과 신뢰를 하고 있어서 "오직 송운장 형제만은 성리(性理)에 대해 말할 수 있으니, 이것이 내가 깊이 사귀게 된 이유이니 형도 역시 이 사람들을

---

146) 《율곡전서》, 권11, 〈서(書)3〉, 〈여송운장(與宋雲長) 癸未(1583)〉: "邊城被陷 國恥大矣 文恬武嬉 百有餘年 無兵無食 百計無策 眞所謂善者無如之何矣……此時有策 則可以 進言 願兄罄示所懷也"
147) 《율곡전서》, 권17, 〈좌의정정민안공신도비명(左議政貞愍安公神道碑銘)〉: "珥兄子·景震 娶守基之女 故能知安氏一家事"
148) 최영성, 〈구봉 구봉의 학문과 기호학파에서의 위상〉, 《우계학보》, 제23호, 우계문화재단, 2004, 161쪽.

가볍게 여기지 마십시오."149)라고 우계에게 보내는 편지글에서 말하고 있다.

　이로 볼 때 송익필의 신분이 천민이라는 굴레가 씌워졌는데도 불구하고, 율곡이(우계도 또한) 송익필을 도우로서 변치 않는 존경과 신뢰로 서로를 강마해 온 점들은, 바로 맹자가 말한 나이 많음과 신분 지위의 고하를 내세워 벗하지 않는다고 밝히고 있는 '불협장·불협귀'150)의 유가 본연의 참된 도의지교(道義之交)라 하겠다. 또한 송익필이 신분적 제약에도 율곡(우계에게도)에게 도우로서 존경과 신뢰를 받으면서 당당히 교우 관계를 지속할 수 있었던 것은, 학문적으로 고명(高明)했던 송익필의 명성에 의해 유지된 것이 아니라고 본다. 편지글 속에서 나타나듯이 16세기 조선유학자의 한 사람으로서 천리에 입각한 유가의 바른 도리인 직(直)의 정신을, 도의지교를 통해 올곧게 드러내고자 하는 '직상직하(直上直下)에 정정당당(亭亭堂堂)'한151) 의리의 실천에서 찾을 수 있다.

2) 구봉 송익필과 우계 성혼의 신교(神交)

　세 사람의 왕복 편지는 사실 송익필과 우계가 주고받은 편지가 가장

---

149) 《율곡전서》, 권10, 〈서(書)2〉, 〈답성호원(答成浩原)〉: "惟宋雲長兄弟 可以語此 此珥所以深取者也 兄亦不可輕此人也"

150) 《맹자》, 〈만장장구〉: "萬章問曰 敢問友 孟子曰 不挾長 不挾貴 不協兄弟而友,友也者 友其德也 不可以有挾也"

151) 정명도(程明道)에게서 "직상직하 정정당당"의 말이 보이며, 송익필이 김장생에게 준 글에서 보인다.(《근사록(近思錄)》, 권1, 〈도체류(道體類)〉: "中者 天下之大本 天地之間 亭亭堂堂 直上直下之正理"/《구봉집》, 권3, 〈김은자직백설(金檃字直伯說)〉: "民之生也直 直者 天所賦 物所受者也 此所謂天地之間 亭亭堂堂直上直下之正理也")

많다. 그 편지글 가운데 우계가 송익필에게 보내온 내용들을 살펴보면, 건강이 좋지 않았던 우계는 그에 관련해 출처(出處)의 의리(義理)를 송익 필에게 묻는 글이 많고, 송익필은 수양방법에 대해 권면하는 글들이 많은데 다음과 같다.

저는 21일에 향양리(向陽里)를 출발하여 대자사(大慈寺)에 도착하였는데 두통과 치통과 이질이 한꺼번에 발작하였습니다. 관직을 제수 받은 지 이미 여러 날이 되었으므로 부득이 고양군에 소지(所志)를 올려 체직(遞 職)해 주기를 청원하였습니다. 또 삼가 생각해 보니, 두 번이나 지극히 온후하신 말씀으로 부름을 받았는데, 이것이 비록 구중궁궐에서 직접 나온 것은 아니나 군명(君命)이 이와 같은데도 소지만 올리고 떠나는 것 은 미천한 신하의 마음에 몹시 편치 못한 점이 있습니다. 이에 상소를 올려 물러날 것을 아뢰고자 하는데, 이 의리가 어떠한지 모르겠습니 다.152)

송익필은 율곡만큼이나 우계에게 거는 기대와 존경이 컸다. 두 번 세 번 관직을 제수 받았음에도 신병을 이유로 자꾸만 머뭇거리는 우계에게 보낸 편지에서 세도(世道)의 중요성을 강조하고 의리실천을 다음과 같이 권면하고 있다.

---

152) 《우계집》, 속집(續集) 권3, 〈간독(簡牘)〉, 〈여송운장(與宋雲長)〉: "渾 念一日 發向陽到 大慈寺 頭痛齒痛 痢疾俱發 以除官日子已多 不得已呈所志高陽 以乞褫免矣 且竊惟 念 再被召旨 辭極溫厚 雖非出於九重 而君命如此 只得呈所志而去 於賤臣之心 有戚 戚不寧者 欲拜章陳乞 未知此義爲何如 上疏每不得請 且恐別有難處之患 然事若可 爲 (庚辰八月)"

임금님의 명령을 두 번이나 받았다는 사실을 알았습니다. 험난한 길을 헤치면서 병든 몸을 이끌고 대궐로 가리라고 생각합니다. 의리를 중요시 하고 생명을 가벼이 하니 한편으로는 기쁘기도 하고 한편으로는 걱정도 됩니다. …… 형께서는 이러한 기회를 타서 정의(正義)를 펼치고 세도(世道)를 바로잡아야 합니다.[153]

송익필은 항상 현실참여에 소극적이었던 우계에게 경세(經世)의 책임을 회피해서는 안 된다 하고, '진정의(陳正義) 광세도(匡世道)'의 책무를 실현하기 위해 결단을 촉구하였다. 이는 앞서 율곡에게 삼대지치의 정치를 펼치길 기대했던 것과 마찬가지로서 우계에게 도학지사로서 나아가야 할 올바른 출처의 의리실천을 권면하고 있는 것이라 하겠다.

또 이와 관련해서 송익필이 우계에게 "일정한 법칙을 얻지 못함을 변(變)이라고 합니다. 변에 대처하는 것을 권(權)이라 합니다. 성인(聖人)은 변화에 대처하는 권도(權道)가 있습니다마는 천(天)은 없습니다. 천은 모든 만물에 공평하고 사심(私心)이 없기 때문입니다."[154]라는 말을 하고 있다. 우계의 이에 답하는 다음 글에서 송익필을 존경으로 대하는 겸손한 모습과, 율곡을 진심으로 걱정하는 참된 우정의 모습을 볼 수 있다. 송익필에게 보내는 율곡의 글이나 우계의 글에는 이처럼 서로를 존경하고 신뢰하며, 진심으로 걱정하면서 교학상장하고 있는 내용들이 거의 빠지지 않고 보인다.

---

153) 《구봉집》, 권5, 〈현승편下〉, 〈답호원서(答浩原書)〉: "謹審再承安車之命 鑿氷開道 昇疾赴闕 重義輕生 一喜一憂 …… 兄乘此幾 陳正義匡世道"

154) 《구봉집》, 권5, 〈현승편下〉, 〈답호원별지(答浩原別紙)〉: "不得其常爲變 處變爲權 在聖人 有處變之權 而天則無是 天普萬物而無心故也"

전일에 보내 주신 '처변위권(處變爲權)'의 네 글자는 정밀하고도 간단하여 탄복을 금하지 못합니다. 저는 형께 절이라도 한 번 올려야 되겠습니다. 이런 뜻을 형께서 얻을 수 있도록 해주셨습니다. ……숙 헌은 저와 함께 건강이 좋지 않을 때부터 국가를 위해서 마음을 다 바쳤으니 이 시대의 청류(淸流)입니다. …… 바라건대 형께서는 숙헌을 도와주시기를 바라고 바랍니다.[155]

여기서 송익필은 우계에게 쓴 편지에서, 하늘의 본성은 만물에 공평하여 사사로운 마음이 없다고 말하고 있다. 사심이 없는 천의 본성이기에 권도가 없으며, 변화함에 대처하는 성인을 말하고 있는 데서 직(直)사상의 의미를 찾을 수 있다. 이처럼 송익필은 도우인 우계에게 직으로서 벗과 함께 강마하고 있음을 알 수 있다. 이와 같이 직으로써 벗을 대하는 송익필의 정신적 바탕은 김장생에게 준 다음의 글에서 찾아볼 수 있다.

직(直)하지 아니하면 도(道)가 드러나지 않는다. …… 부모를 모심에 직(直)으로써 하고, 임금을 섬김에 직(直)으로써 하고, 붕우를 접함에 직(直)으로써 하고, 처자를 대함에 직(直)으로써 하여서, 직(直)으로 살고 직(直)으로 죽는다.[156]

---

155) 위의 글: "前書處變爲權四字 精深簡當 不勝服義 渾當納一拜於老兄矣 獲聞斯義 諸兄之賜也 …… 自與鄙夫患失氣象不類 而盡心王室 爲時淸流 補益不小 …… 願兄力扶護之 至祝至祝"

156) 《구봉집》, 권3, 〈김은자직백설(金檃字直伯說)〉: "不直則道不見 苟欲直之 直之之道 …… 事親以直 事君以直 接朋友以直 待妻子以直 以直而生 以直而死"

도(道)를 현실에 드러나게 하는 것이 직이므로, 충효의 도리도 직으로 써 행하고 벗을 사귐에도 직으로써 하여, 직으로 살고 직으로 죽는다고 하는 것이 송익필의 정신적 근저에 자리하고 있음을 볼 수 있다. 이에서 송익필이 우계를(율곡에게도) 벗으로 임하는 마음자세에는 직이 자리하고 있음을 알 수 있다.

이처럼 《삼현수간》에 나타나는 송익필과 우계의 교우관계는 대부분 우계가 묻고 송익필이 대답하는 모습들이 많이 나타나고 있다.

그러나 우계는 송익필이 포부가 크고 성격이 소탈하여 세세한 것에 소 홀한 점이라든지, 사대부들에게 강직하게 직도(直道)로써 교유하여 당시 의 형식을 도외시하는 것에 대해서, 옛사람들을 살펴보면 비록 대현의 자질이 있더라도 사우(師友)들의 도움이 없을 수 없다고 말하며 교학상 장의 도리를 다음과 같이 엄정하게 비판하기도 하였다.

삼가 옛사람을 살펴보면 비록 대현(大賢)의 자질이라도 반드시 스승과 벗이 옆에서 도와줌을 필요로 하였는데, 하물며 학문이 부족한 후학들 에 있어서이겠습니까? …… 현형(賢兄)은 자질과 품성이 높고 뛰어나 홀 로 도달하여 남의 도움이 필요 없겠으나, 도체(道體)란 것은 한쪽으로 치우치기 쉽고 사람의 견해는 무궁무진하니, 어찌 전혀 남에게 의뢰할 필요가 없다고 말할 수 있겠습니까? 모름지기 숙헌과 이러한 뜻을 서로 말씀해 보십시오. 숙헌 또한 놀라워할 것입니다. 만일 도굴(道窟)의 집이 이루어지거든 현형이 그 가운데에서 패(牌)를 걸어 놓고 지팡이를 잡고 서 후생들을 가르친다면 교학상장(敎學相長)의 유익함을 실제로 체험할 수 있을 것입니다.[157)

우계는 송익필을 존경하고 신뢰하여 모든 점에서 질정하여 묻고 따르고자 함이 많았지만, 무조건 존경하기만 한 것이 아니다. 송익필의 강직한 성격과 언행에 대해서 비판과 충고도 마다하지 않아서 도우로서 교학 상장하는 도리를 선(善)으로써 질책하고 있다. 이는 실로 인(仁)을 배움에 있어서는 스승에게도 양보하지 않는다는 유학의 올곧은 배움의 자세이며, 벗을 사귐에 있어서 서로에게 도의(道義)를 강마해 나아가는 보인(輔仁)의 모습이라고 하겠다.

이렇듯 상호 강마하고 권면해 가는 모습들은 〈은아전(銀娥傳)〉을 함께 지은 점에서도 찾아볼 수 있다. 송익필은 당시 파주 교하촌의 은아리에 사는 은아라는 여인의 행적에 대해 우계가 들은 바를 초하여 위촉을 받아서 〈은아전〉158)을 우계와 각각 지었다.

아! 아름답도다. 은아(銀娥)의 아름다운 자질과 훌륭한 성품은 닦음이 없어도 천부적으로 그 바름을 온전히 얻은 것이로다. …… 떠돌아다니는 어려운 때일지라도 그 행실을 더럽히지 않았고, 반드시 정조와 신의를 굳게 지킨다고 하면서 총애를 받지 않았으며, 의(義)로써 장례 지내고, 예(禮)로써 제사 지내며, 가난하여도 지조를 바꾸지 않았으며, 이해(利害)에 의해 그 뜻을 뺏기지 않았으며, 일 처리에는 삼가고 신중히 하

---

157) 《우계집》, 속집(續集) 권3, 〈간독(簡牘)〉, 〈여송운장(與宋雲長)〉: "竊觀古人 雖大賢之 資 尙不能無待於師友之旁助 況後學之疏略乎 …… 賢兄高明超邁 獨至無助 然道體 易偏 人見無盡 安可謂全無所資於人耶 須與叔獻 相語以此意 渠亦竦然 倘使道竊屋 成 賢兄掛牌秉拂於其中 與後生輩周旋 則教學相長之益 不可誣也"
158) 《구봉집》, 권3, 〈잡저(雜著)〉, 〈은아전(銀娥傳)〉과 《우계집》, 권6, 〈잡저(雜著)〉, 〈은아전(銀娥傳)〉에 각각 실려 있다.

여서 이치를 아는 군자(君子)들과 같음이 있었다.[159]

남녀의 유별(有別)이 심하던 조선시대 사대부의 신분으로서 고원(高遠)하고 근엄한 학문에만 힘을 쏟을 것이라 여겨지는 도학자들이지만, 사실은 세간의 정리와 함께하는 현실적인 실천유학의 모습을 엿볼 수 있는 대목이다. 향리 고을의 부녀자가 행한 절개와 의리의 덕행을 표창해서, 세상의 윤리강상을 바로 세우고 미풍양속의 도의(道義)를 진작하고자 한 것이라 하겠다. 이러한 사실은 임금께 표문을 올려 정려문(旌閭門)이 내려지기도 해서 구봉과 우계의 도의지교가 실천되어져 현실에 드러난 결실이기도 하다. 이는 도를 올바르게 드러내고 현실에 실현케 하는 직사상에 부합되는 유학자의 실천덕목이며 유가 본래의 종지(宗旨)인 것이라 할 수 있겠다.

이상에서 송익필과 우계의 교우관계도 율곡과의 교우관계처럼 천리(天理)에 입각한 유학자 본연의 의리를 실천하기 위해 서로를 권면하면서 존경과 신뢰를 변치 않고 있는 모습들을 살펴보았다. 이렇듯 후세의 귀감이 되는 도의지교를 나누었던 도우들 가운데 율곡이 먼저 죽고, 이제 우계마저 송익필의 곁을 떠나게 되었다. 홀로 남은 자신과 우계에 대한 교우관계에 대해 송익필은 다음과 같이 기리고 있다.

(우계에게 살아 있을 때 편지글을 보냈는데, 우계가 죽은 뒤에 그의 답장을 받

---

159) 《구봉집》, 권3, 〈잡저(雜著)〉, 〈은아전(銀娥傳)〉: "嗚呼美哉 娥美質懿性 不假修爲 得之天而全其正……不以流離瑣沮其行 不以必守貞信固其寵 葬以義 祭以禮 貧簍不能易其操 利害不能奪其志 處事畏愼 有同識理君子"

아보고서,) 한통의 서찰을 받고 눈물을 줄줄 흘리는 것은 병중에 정다운 말, 죽은 뒤에 전해서네. 호연지기, 평소에 밝은 해와 다퉜는데 사문(斯文)은 이날 저녁 황천에 닫히었네. 연잎에 기운 옥로(玉露) 삼경의 달밤이요 문을 닫은 가을 강(江)가엔 만리 하늘이었네. 풍물(風物)은 인사(人事) 따라 변화하지만 신교(神交)는 공허해도 다만 변함이 없으리.160)

자신의 오른팔과 같이 여기던 율곡을 잃고서, 이제 우계마저 죽었다는 글을 받은 송익필에게는 그날이 유가 학문의 도(道)가 닫힌 날이라고 우계를 잃은 슬픔을 토로하고 있다. 그러면서 송익필은 우계와의 도의지교를 '신교(神交)'라고 하여서 죽어서도 그 의리는 변치 않을 것이라고 말하였다. 신교라 함은 물질적인 교유도 아니요, 명성과 권위에 의해 좌우되는 세속적인 교유를 말함이 아니다. 지기지음(知己知音)의 정신적인 교감을 나누어 죽어서도 변함이 없는 교유를 말함이다. 참으로 아름답고 후세에 길이 본받을 만한 우정의 교유라 하겠다.

이상으로 송익필과 우계와 율곡의 우정과 교유에 대해 검토해 보았는데, 세 사람은 기질이 다르고 학문적 기풍이 다른 데서 역시 인간적인 갈등이 전혀 없지는 않았다고 할 수 있다. 이는 삼현의 개성과 기질의 차이에서 오는 것이라고 할 수 있다. 율곡의 뛰어난 지혜와 자득(自得)으로161)

---

160)《구봉집》, 권2,〈칠언율시(七言律詩)〉,〈억우계(憶牛溪)〉: "(憶牛溪病時有書 死後得見)
一封書到淚漣漣 病裏情言死後傳 浩氣平生爭白日 斯文此夕閉黃泉 荷傾玉露三更月
門掩秋江萬里天 風物却隨人事變 神交溟漠只依然"
161)《화담집(花潭集)》,〈서(序)〉: "栗谷嘗以退溪之依樣 勝於花潭之自得"

인해 변통에 능한 "숙헌의 봉영162)도 형에게는 오로지 굽힌다는 것을 알았습니다."163)라고 우계가 말하고 있는 대목에서 엿볼 수 있다. 율곡은 먼저 천리를 통달한 곳으로부터 들어갔기 때문에 배움에 있어 의거할 곳이 없으나, 우계는 일일이 법도를 따랐기 때문에 배움에 있어 자취가 있다고 평가된다.164) 이처럼 벼슬에 나아가지 않고 자기수양에만 힘쓰고자 은거자수(隱居自守)하는 우계의 규범적이며 겸양의 덕을 지닌 성품은, 율곡의 자득과 변통에서 오는 학문적 병폐를 우려하고 겸양과 자기성찰을 통해 학문이 자연스럽게 무르익어야 한다는 점을 율곡에게 간곡히 충고하기도165) 하였던 것이다.

　　그러나 앞에서 고찰하였듯이 송익필이 율곡이나 우계에게 거는 세도에 대한 기대와 자질과 품성에 대한 존경만큼이나, 또한 우계도 율곡에게 거는 기대와 존경이 컸다. 이는 "어리석은 저는 족하에 대한 바람이 매우 큽니다. 그리하여 중대한 임무를 맡고 원대한 경지에 이르기를 오직 족하 한 분에게 기대할 뿐입니다. 그러므로 감히 숨기지 않고 말하여 좋은 말만 듣기 좋아하는 족하에게 올리는 것인데, 고명한 족하가 저의 이 말을 받아들일지 모르겠습니다."166)라는 편지에서 찾을 수 있다. 우계가 율곡을 비난하기 위한 비판이 아니라 두 사람이 성품과 기질이 다

---

162) 봉영(鋒穎: 창끝과 같은 재주, 모난 성격)

163) 《구봉집》, 권4, 〈현승편上〉, 〈답호원서(答浩原書)〉: "叔獻辱兄書 來此旣久 今乃送納 其時蒙許開拆 故敢發封一讀 知渠鋒穎 專屈於老兄意 味平和極 可愿也 且向陽一會 自是難得之事 己卯十一月初六日 渾再拜"

164) 《우계집》, 연보보유, 권1, 〈덕행(德行)〉

165) 《우계집》, 속집, 권3, 〈간도(簡牘)〉, 〈여이숙헌(與李叔獻)〉

166) 위의 글: "愚之望足下甚厚 期以任重致遠 惟足下一人而已 故敢爲不諱之語 獻于樂聞 之下 不識高明受此否也"

르듯이 학문과 실천의 방법에 있어서 서로 달라 각각 장단점이 있지만, 이를 인정하고 서로 부족한 덕을 인(仁)으로써 도와주는 보인(輔仁)의 도의지교를 잘 나타내 주고 있다.[167]

반면 송익필의 입장은 우계와 율곡과의 사이에서 성리학과 예학, 경세관과 출처의리, 그리고 수양방법 등 실천적인 여러 면에서 중도적이면서 교량적 역할을 하였고, 두 사람이 주로 물으면 송익필이 대답해 주는 위치에 있었다고 가늠할 수 있다.[168] 이를 뒷받침해 주는 《삼현수간》의 편지글들을 분석해 보면, 우계가 송익필에게 수기(修己)에 대해 질정한 편지가 4편, 성리에 대한 문답 글이 8편, 예법에 대해 질정하는 글들이 13편, 출처의리에 관해 묻고 있는 글이 15편, 경세에 관한 글이 3편, 윤리강상에 대한 글이 3편으로 나타난다. 또 송익필과 율곡이 주고받은 글은 성리에 대한 글 2편, 예학에 관련한 글 4편, 경세와 관련해 삼대지치를 권면한 글 8편, 세도와 관련해 출처의리에 대한 글 3편이 있다. 대부분 우계와 율곡이 송익필에게 묻고 송익필이 대답하고 있는 점에서 찾을 수 있다.

또 여기서 주목해야 할 부분은 송익필과 우계는 성리와 예학 그리고 수기에 관한 학문적인 편지를 주로 주고받았는데, 송익필과 율곡은 삼대지치를 위한 국가기강의 방책을 대비하고 세도와 정의를 바로잡으라고 권면하는 글들이 많다는 특징이 드러난다. 송익필이 각각 의양과 규범적인 우계와, 자득과 변통이 많은 율곡의 성품에 따라 학문과 출처의리의 길이 서로 다른 것을 인지하여서 각자의 기질과 품성에 맞게 보인(輔仁)

---

167) 황의동, 〈율곡성리학과 우계성리학〉, 《율곡학과 한국유학》, 충남대유학연구소, 2007, 149쪽.

168) 김창경, 《삼현수간》을 통해 본 구봉·우계·율곡의 도의지교(道義之交)와 학문교유〉, 《유학연구》, 제27집, 충남대학교 유학연구소, 2012, 63쪽.

의 교유를 하였음을 알 수 있다. 이는 송익필이 도우와 교유함에 유학 본
연의 덕을 보인하는 방법으로써, '궁행(躬行)하는 실제를 책(責)하고'[169]
권면하면서 교학상장하여, 진유(眞儒)의 길로 우계와 율곡을 인도했던
붕우책선지도(朋友責善之道)이다. 이와 같은 사례는 송익필이 김장생을
감발(感發)시켜서 조선예학의 종장으로 성장하도록 잘 이끌어 주었는데,
유가전통의 교학상장하는 방법이라 높이 평가받고 있는 점에서도 찾아
볼 수 있다.[170] 또 "구봉의 학문이 심오하고 행동은 모범되며 언어는 정
직하여 우계와 율곡이 모두 외우(畏友)로 대하였다."[171]라고 하며, "시비
와 득실을 논한 바를 우계와 율곡이 또한 들어 쓰지 않음이 없었다."[172]
라는 후세 유학자들의 평가에서도 찾을 수 있다.

　이와 같이 구봉 송익필과 우계 성혼과 율곡 이이, 삼현은 학맥의 연원
이 다르고 학문과 출처의리와 신분, 그리고 각자의 개성이 서로 다르지
만, 어려서 도의지교를 맺고 평생 변치 않는 우정을 지속하였음을 알 수
있다. 율곡이 일찍 죽기까지 근 30년 동안 그 의리를 지키면서 서로 비판

---

169)《서경(書經)》, 권5,〈상서(商書)〉,〈열명(說命) 中〉: "所以責其躬行之實 將進其爲學之
　　說也 皆引而不發之義"
170)《구봉집》, 권10,〈부록(附錄)〉,〈청포증장(請褒贈狀) - 庚午六月十五日 忠淸監司 洪
　　啓禧〉: "龜峯 宋翼弼之號 而雲長其字也 浩原,叔獻 兩先正之字也 至其敎誨後進 則
　　尤善感發 學徒響集 所在盈門 其所成就者 如先正臣金長生 金集故名臣鄭曄 徐渚 鄭
　　弘溟 金槃 姜燦 許雨 宋爾昌等 或以道學 或以政事 開導後生 毗補王家爲白如乎"
171)《구봉집》, 권10,〈부록(附錄)〉,〈묘갈문(墓碣文) 송시열찬(宋時烈撰)〉: "則重峯以爲到
　　老劬書 學邃經明 行方言直 足蓋父愆 故成 李兩賢 皆作畏友 且其敎誨 善於開發 使
　　人感奮有立云"
172)《구봉집》, 권10,〈부록(附錄)〉,〈청포증장(請褒贈狀) - 庚午六月十五日, 忠淸監司 洪
　　啓禧〉: "先正臣李珥 成渾 蚤定道義之交 切磨之義 老而深篤 凡兩賢之於天人性命 出
　　處日用之間 鉅細精粗 無一不與翼弼講究 而翼弼所論是非得失 兩賢又莫不信服而聽
　　用 往復書尺 今有玄繩一編"

할 것은 엄정히 비판하면서도 격려하고 권면하여, 학문과 수기 및 출처의
리와 경세 등 전반에 대해 교학상장하면서 도의지교를 맺어 온 것이 잘
드러나고 있다. 또 조선 중후반기의 역사적 내우외환인 여진족의 잦은
변방 침략과 당쟁, 가뭄과 흉년 등의 정치·경제적으로 어려움에 처한 시
기에 국가기강의 정립과 백성의 안위와 후학들의 모범을 위해서 왕도실
천을 권면하였음을 알 수 있다. 이러한 삼현의 우정은 중국 송나라의 주
자, 여동래, 장남헌과 비유되어 국외에까지 흠모의 대상이 되어 후세 유
학자들의 추숭(追崇)이 이어졌다. 아울러 21세기의 오늘날까지도 귀감이
되는 유학본연의 도의지교로서 보인(輔仁)으로 교학상장하였던 '불협장
(不挾長)·불협귀(不挾貴)의 신교(神交)'이다.

3) 후세의 평가와 도학적(道學的) 위상(位相)

이제 여러 유학자들의 송익필에 대한 평가를 통해 그의 도학적 위상
과 공헌에 대해 살펴보기로 하자.

당시의 후세 유학자들과 현재의 학술·교육계통에서는 대체로 김장생
의 이학(理學)은 율곡에게서 배웠지만, 예학(禮學)은 송익필에게서 배웠
다고[173] 말하고 있다. 그러나 송준길(宋浚吉, 1606~1672)은 스승인 김장생
이 율곡의 문하에서 도덕을 배우고 익혀 훌륭한 학자가 된 것은 분명하
지만, 김장생으로 하여금 학문의 기초를 깨우치게 하고 다져 준 이가 바
로 송익필이라고 다음과 같이 평가하고 있다.

---

173) 최완기, 《한국성리학의 맥》, 느티나무, 1993, 174쪽.

사계 김선생(金先生)이 율곡 선생을 사사하여 도(道)를 이루고 덕(德)을 높이게 되었지만, 그가 빗장을 빼고 열쇠를 열 수 있도록 기초를 다져준 사람이 바로 송익필 선생이었음은 숨길 수 없는 사실이다.[174]

같은 맥락에서 최영성은 기호학파의 중심인물들인 김장생, 송시열, 송준길 등은 송익필에게 직접 사사하거나 그의 사상적 영향을 많이 받은 학자들인데, 그럼에도 이들이 한결같이 율곡의 적전(嫡傳) 제자로 자임(自任)할 뿐, 송익필의 학통을 계승한 사실에 대해서는 애써 드러내지 않았다고 보았다. 그 이유는 다른 것이 아니라 송익필의 신분이 미천할 뿐 아니라, 그 아비 송사련의 허물이 너무 컸기 때문이라 보았다. 그러나 이들의 학문태도와 사상체계는 율곡보다는 오히려 송익필 쪽에 가깝다는 견해를 보이고 있다.[175] 이와 같은 점은 학문의 순서를 송시열이 율곡보다는 김장생을 따른다고 한 그의 말과,[176] 김장생과 송시열이 직(直)으로써 기호유학의 심법을 계승하고 있는 점에서도 잘 드러난다.[177]

그리고 조헌은 "송익필은 비록 송사련의 아들이지만, 늙도록 공부에 힘써 학문이 깊고 경학(經學)에 밝았으며, 언행이 바르고 곧아 아비의 허

---

174) 《송자대전》, 권172, 〈묘갈(墓碣)〉, 〈구봉선생송공묘갈(龜峰先生宋公墓碣)〉: "曩同春 宋公浚吉謂余曰 文元公金先生 師事栗谷李先生 以至道成德尊 然考其抽關啓鍵 導 迪於一簣之初 則自龜峰先生 不可誣也"

175) 최영성, 《한국유학통사》, 심산, 2006, 127쪽.

176) 《송자대전》, 부록(附錄), 권16, 〈어록(語錄)2〉: "我東儒賢 寒暄堂尊小學 靜庵尊近思 錄 退溪尊心經 栗谷尊四書 沙溪尊小學家禮 門人問先生所尊信 先生曰 鄙意則恐當 從沙溪 (鄭纘輝記)"

177) 본 책의 제Ⅲ장 2절에서 설명하였다.

물을 덮을 만하였다."[178]라고 하여, 동인(東人)들의 충동으로 환천된 그
의 신원회복에 적극 힘썼다. 송시열은 송익필의 총명하고 기민한 재주는
견줄 만한 사람이 없었다 하고, 《주자대전(朱子大全)》 한 질을 모두 외우
는 것만 보아도 학문에 대한 조예가 깊은 것을 알 수 있는데, 용모와 거
동이 매우 준엄하여 남들이 가볍게 여기지 못하였다고 하였다.[179] 그리
고 송익필은 현실 삶 속에서 사람들을 대할 때 고도(古道)로 일관하여 실
천하고 있는 모습을 볼 수 있다.[180]

또 1624년(인조 2) 김장생과 김집이 올린 상소문 〈갑자소〉에서는 "신
(臣) 등이 어렸을 때 송익필에게 수학하였는데, 송익필의 문장과 학식은
당대에 당할 이가 없었고, 이이와 성혼과는 서로 강마하는 사이였습니
다."[181]라고 하여, 송익필의 문장과 학문이 당대 최고였고 우계와 율곡과
더불어 서로 강마할 만큼 높은 수준에 있었음을 말해 주고 있다.

또한 1750년(영조 26) 충청도 관찰사 홍계희는 〈청포증장〉에서 "송익필
은 한 시대의 유종(儒宗)으로서 오직 의리를 밝게 익혀 자신을 수양하였
고, 또 그것을 후세에 전함으로써 김장생과 같은 이의 학문이 세상에서
으뜸이 되도록 하였다. 이뿐만 아니라 김집, 정엽, 서성과 같은 학자들로

---

178) 《중봉집(重峰集)》, 권5, 〈변사무겸론학정소(辨師誣兼論學政疏)〉: " …… 乃若宋翼弼
雖是祀連之子 而到老劬書 學邃經明 行方言直 足盖父愆"

179) 《송자대전》, 부록(附錄), 권17, 〈어록(語錄)4〉, 〈최신(崔愼)의 기록: "問宋龜峯以賤人
爲學成就 然多疵累云 未知如何 先生曰 龜峯聰敏之才 無與爲比 盡誦朱子大全 可知
其深於學 容儀甚嚴 人莫敢慢"

180) 《송자대전》, 권172, 〈묘갈(墓碣)〉, 〈구봉선생송공묘갈(龜峰先生宋公墓碣)〉: "先生以
古道自處 雖公卿貴人 旣與之友 則皆與抗禮 字而不官 人多竊罵 而亦不以爲意也"

181) 위의 글: "臣等少從宋翼弼受學 翼弼文章學識 超絶一世 與李珥 成渾爲講磨之交 李
珥旣歿 李潑 惟讓輩 仇嫉珥, 渾 延及翼弼 必欲置之死地而後已. 可謂怒甲移乙之甚
者也"

하여금, 혹은 도학으로 혹은 정사로써 후학들의 학문을 열어 주고 이끌어서 왕실을 보호하도록 하였으니, 그가 끼친 공이 매우 크다."182)라고 하였다.

또한 정철은 두 아들에게 경계 삼도록 내린 〈계자첩(戒子帖)〉에서 다음과 같이 송익필을 평가한다.

지금 네가 송구봉 선생의 글방을 다니는데, 송 선생이 반드시 《근사록》으로써 배우도록 권하는 것이 어찌 우연한 일이랴. 이는 장차 사람된 이치를 강하여, 너로 하여금 착한 사람이 되게 하려는 것이다. 만일 벼슬이나 구하며 이익이나 좇을 것을 생각하고, 과거공부에 전심하여 글 짓는 데에만 주력할 양이면, 내가 하필 너를 송 선생의 문하에서 배우도록 권하며, 송 선생 역시 너에게 의리지학(義理之學)으로써 요구하겠느냐. 너는 아비가 스승을 가린 뜻을 생각하고, 또 네 스승이 착한 데로 지도하는 성의를 보아 …… 일체 옛 것을 배우고 성현을 바라는 이치로써 자신의 임무를 삼는 것이 상쾌한 일이 아니랴.183)

---

182) 《구봉집》, 권10, 〈부록(附錄)〉, 〈청포증장(請褒贈狀)〉 - 庚午六月十五日, 忠淸監司 洪啓禧): "龜峯 宋翼弼之號 而雲長其字也 …… 以其朋友師之之盛 稱道論述之辭 參互以觀 則翼弼遂學高才 實是一代之儒宗 間世之偉人分比不喩 其所以輔仁於珥渾 傳道於長生者 偲切之益 啓迪之正 莫不有功於斯道 浚發淵源 夾輔正脈者 有非尋常他儒之比是白乎㫆"

183) 《송강집(松江集)》, 〈원집(原集)〉, 권2, 〈계자첩(戒子帖)〉: "今汝之遊宋塾也 宋必以近思錄勸學者 豈徒然哉 將以講夫所以爲人之理 而使汝爲善人也 若干祿蹈利是念 而專心擧業 致力纂組 則余何必勸汝遊宋之門 而宋亦豈強汝以義理之學乎 爾其念汝父所以擇師之意 體汝師所以善導之誠 惟日講明於所以爲人之理 而無慕乎外 無求乎人 一切以學古希賢爲己任 不亦快哉 不亦快哉"

정철은 그의 아들 기명(起溟)과 종명(宗溟)을 친우인 송익필에게 맡기면서 자신이 송익필을 자식의 스승으로 택한 이유를 간곡히 설명하고 있다. 여기서 송익필의 학풍은 글과 문자에 매이는 사장지학(詞章之學)이 아닌 도학실천의 의리지학(義理之學)으로 규정되고, 옛것을 배우는 성현지학(聖賢之學)으로 설명된다. 그리고 이를 위해 《근사록》이 교육의 교과서로 중시되고 있음을 알 수 있다.

이처럼 여러 유학자들의 평가를 통해 송익필의 도학적 위상과 공헌에 대해 살펴보았는데, 송시열은 송익필의 묘갈명에서 다음과 같이 송익필에 대한 종합적인 평가를 하고 있다.

그는 오직 의리를 강명(講明)하여 자기 자신을 닦았고, 또 그것을 후세에까지 전함으로써 지금 김장생(金先生)의 학문이 세상의 으뜸이 되고 있으니, 선생은 사문(斯文)에 간접적으로 큰 공을 남겼다 하겠다. 그 밖에 선생의 가르침을 받아 성취된 사람들로서 문경공 김집, 수몽 정엽, 약봉 서성, 기옹 정홍명, 감사 강찬, 처사 허우, 참판 김반 같은 이들이 혹은 도학(道學)으로 혹은 환업(宦業)으로써 후생들에게 도(道)를 전하거나 나라를 돕고 있으며, 동춘 송준길의 선고(先考)인 군수 이창(爾昌)도 선생에게 수학한 나머지 동춘을 가르쳐 결국 명유(名儒)가 되었으니, 선생의 육신은 비록 세상에서 시달림을 받았지만 그의 도(道)는 빛을 냈다고 하지 않을 수 없다. 또 제공(諸公)들이 선생에 대하여 논술한 것을 살펴보면 중봉은 말하기를, "늙도록 학문에 힘써 학문이 깊고 경(經)에 밝았으며, 행실이 방정하고 말이 정직하여 아버지의 허물을 덮기에 충분하였다. 그러므로 성우계, 이율곡 두 선생이 다 외우(畏友)로 대하였고, 또 가르치는 방법에 있어서도 상대를 잘 일깨우고 분발시켜 느껴서 뜻을 세우게 하였다." 하고는 자기 관급(官級)을 모두 바쳐서라도 그의 억울함을 씻어 주고 싶다고까지 하였다. 토정 이지함은 말하기를 "천지의 이치를 가슴속에 간직하였으니, 공자(孔子)·맹자(孟子)의 도(道)도 진실로 멀지 않았다." 하였고, 상촌 신흠은 말하기를 "천품이 매우 높고 문장 또한 절묘했다." 하였다. 택당 이식은 말하기를 "타고난 자질이 투철하고 영리하여 정미(精微)한 이치를 분석 정리하였다." 하였고, 고청 서기는 자기 제자들에게 말하기를 "너희들이 제갈공명을 알고 싶으면 송구봉(宋龜峰)을 보면 될 것이다." 하고는 이어 말하기를 "나는 제갈공명이 구봉과 비슷했으리라 여긴다." 하였다. 참의 홍경신이 매양 자기 형 영원군 가신에게 충고하기를, "형은 무엇 때문에 송모(宋某)와 가까이 지내십니까? 내가 그를 만나면 반드시 모욕을 주겠습니다." 하니, 영원군이 웃으면서 말하기를, "네가 과연 송모를 모욕할 수 있겠느냐? 필시 못 할 것이다." 하였다. 그 후 그가 선생을 만나자 자기도 모르게 뜰 아래로 내려가 절을 하고 맞아들였는데 "내가 절을 하려고 해서가 아니라 무릎이 저절로 꿇어지더라." 하였다 한다. 승평부원군 김류가 어렸을 때 자부심이 강하여 남에게 굽히기를 싫어했는데, 어느 날 절에서 우연히 선생을 만나고는 자기가 하던 공부를 그만두고 날마다 선생의 말에 심취되어 오래도록 떠날 줄을 몰랐다. 그가 결국 나라에 큰 공을 세워 장상(將相)을 겸하게 되었을 때 말하기를 "나에게 오늘이 있을 수 있었던 것은 그때 구봉에게서 직접 받은 영향력 때문이다." 하였다. 당시 선생에 대한 이러한 말들이 이루 다 기록할 수 없을 만큼 많지만, 이상 몇 가지 말만 보더라도 선생의 대략을 알기에는 충분하다 하겠다. 선생은 포부가 크고 세상에 대

한 책임의 자임(自任)이 강하여 세도(世道)에 뜻을 두었다.[184]

이상에서 송익필은 의리를 밝게 익혀 자신을 닦고, 후학들의 학문을 높이 이끌어서, 후세에까지 도를 전수해 유가의 학문에 기여한 공이 크다는 것을 알 수 있다. 또한 유학자로서의 자기 수양 및 본원(本原) 함양에 충실했음을 그의 문인과 도우와 후세 유학자들의 증언과 평가를 통해 알 수 있다. 그는 비록 그 자신은 신분상의 제약으로 벼슬길에 나아갈 수 없어서 경세의 책임을 맡을 수도 없었지만, 나라와 백성을 걱정하는 우환의식을 갖고 항상 삼대의 정치를 이상으로 삼아 세도의 실현을 추구하였다. 자신이 할 수 없는 처지를 도우인 이이와 성혼 그리고 정철을 통해 실현하고자 하였다. 그리고 위정자의 자기수양을 강조하였고, 김장생 부자를 비롯하여 김류와 정철의 아들 등 후학의 교육에도 온 역량을 기울였다. 아울러 당쟁의 격화로 인해 쫓겨 유리방황하며 귀양을 당하는 극한적 현실상황 속에서도 목숨을 걸고 도의지교를 지켜 낸 의리의 삶을 실천하였음을 볼 수 있다. 그러면서도 도우인 율곡이 《순언》을 저술한 것에 대해 이단(異端)을 물리치는 입장에서 엄하게 비판하여 유가 학문의 의리를 지키고자 하였다.

유가(儒家)의 도학이 궁극적으로 수기치인(修己治人) 내지 내성외왕(內聖外王)을 그 내용으로 삼고, 도를 행함과 후학의 교육에 힘쓰며, 의리적 삶의 실천을 중시한다는 점에서 볼 때, 도학적 측면에서의 송익필 철학은 충분한 학문적 가치와 의의를 지닌다.

---

184) 《송자대전》, 권172, 〈墓碣〉, 〈구봉선생송공묘갈(龜峯先生宋公墓碣)〉

그리고 여기서 한국 유학사상사의 연구에 있어서 주목해야 할 것이 있다. 유학은 본래 내성외왕, 혹은 수기치인의 학문이다. 내면으로는 천지자연의 이치를 연구 궁리하여 스스로를 수양하며, 외면으로 왕도로써 백성을 다스리고 가르침을 펴는 것을 목표로 하되, 마침내는 안과 밖을 하나로 실천 완성하는 전인적인 인간관을 지향하는 도인 것이다. 이에 도학이라 달리 이름하는 성리학의 본연도 또한 그 실천이 되는 예학과 둘로 나뉘어 볼 수 있는 것이 아니다.

그런데 기호유학의 중심학자이고 기호예학의 종장인 사계 김장생의 이학(理學)은 율곡에 닿아 있고 예학(禮學)은 구봉 송익필에게서 연원한다고 하는 것은, 유가 학문의 근본을 생각하지 못한 비논리적인 말일 것이다. 어찌 사계 김장생의 성리학과 예학의 근원이 둘이 될 수 있겠는가? 이에 관해 현재 학계의 기호유학에 대한 보다 객관적이고 깊은 연구와 올바른 정립이 필요하다 하겠다.

구봉 시(詩)

우연히 지어 우계에게 주는 시〔偶得寄牛溪〕

만물은 본디 한 몸에 갖추어져 있으니

산에서 하는 일 가난하다 말하지 말게.

경륜의 속세 꿈은 오래전에 끊기었고

시와 술로 형상 밖의 봄에 오래 머물러 있네.

기운에 닫히고 열림이 있어 기린과 말 다르지만

이치는 깊고 얕음이 없어 순임금도 범인과 같네.

상서로운 구름 쏟아지는 비 모두 나로부터이니

천심이 골고루 덮어 줌을 더욱 잘 깨닫겠네.185)

---

185) 《구봉집(龜峯集)》, 권2, 〈시(詩)〉, 〈우득기우계(偶得寄牛溪)〉: "萬物從來備一身 山家功
業莫云貧 經綸久斷塵間夢 詩酒長留象外春 氣有閉開麟異馬 理無深淺舜同人 祥
雲疾雨皆由我 更覺天心下覆均"

제 II 장

자연과
인간에 대한 이해

송익필은 〈태극문(太極問)〉을 별도로 쓸 만큼 성리학에 조예가 깊었고, 율곡도 인정할 만큼 성리학에 대해 해박한 식견을 가지고 있었다.[1] 성리학은 우주자연을 근거로 한 인간본성을 철학적으로 탐구하는 학문이다. 우주자연의 존재원리와 인간심성의 본질 등을 이기론으로 해명하며, 나아가 철저한 수기를 통해 진유(眞儒)가 되는 데 목적이 있다. 따라서 성리학은 송익필에 있어서도 학문의 기초가 된다. 16세기 성리학의 전성기를 살았던 송익필 역시 우계와 율곡과 함께 성리학을 강마하였다. 그는 이덕무의 말처럼 《주자어류》를 외울 만큼[2] 주자학 공부에 독실하였고, 서기는 그를 제갈량에 비유하고[3] 있으며, 타고난 자질과 경륜이 뛰어나서 소강절과 같은 사람이라고[4] 비견하기도 하였다. 택당(澤堂) 이식(李植, 1584~1647)은 말하기를 "종일토록 관을 바르게 하고 단정히 앉아 학문수업을 그치지 않았으며, 마음을 수양함에도 소홀히 하지 않았다."라고 평가하고 있다.[5]

이처럼 궁리(窮理)뿐만 아니라 수양에도 힘을 기울였던 송익필의 성리

---

1) 《율곡전서》, 권10, 〈서(書)2〉, 〈답성호원(答成浩原)〉: "今之所謂窮理者 少有可語此者 怪且非之者 固不足道 見之而自謂相合者 亦不可信其有見也 惟宋雲長兄第 可以語此 此珥所以深取者也 兄亦不可輕此人也"

2) 《청장관전서(靑莊館全書)》, 권56, 〈앙엽기(盎葉記)3〉, 〈고인권학(古人勸學)〉: "柳眉巖希春 背誦朱子大全 宋龜峰翼弼 背誦朱子語類 趙重峰憲 大全語類俱背誦"

3) 《구봉집》, 권10, 〈부록〉, 〈행장(行狀)〉: "徐孤靑則語其學者曰 爾輩欲知諸葛之何狀 須見宋龜峯也 非但龜峯似諸葛 卽諸葛似龜峯也 其大爲諸老所重如此"

4) 《홍재전서(弘齋全書)》, 권173, 〈일득록(日得錄)13〉, 〈인물(人物)3〉: "先朝藎臣 當推朴文秀 爲第一 自戊申至乙卯七八年間 朴文秀一介血誠 直上通于天 迓續國家無疆休命 其功存社稷 雖古名碩 不能及也"

5) 《택당별집(澤堂別集)》, 권15, 〈잡저(雜著)〉, 〈추록(追錄)〉: "宋翼弼在逃中 晨興夜寐 正冠危坐 習帖看書 終日不解 曰 無所用心 此所以收之也 韓平卽見獄中 亦危坐 辭氣泰然"

학에 대해 〈태극문〉을 중심으로 하고, 그 밖의 문집 자료들을 참고하여 태극음양론(太極陰陽論), 이기론(理氣論), 심성론(心性論), 수양론(修養論)의 순서로 검토해 보고자 한다.

1. 자연에 대한 이해

1) 우주자연의 궁극적 실재 '태극(太極)'

성리학은 일반적으로 《주역(周易)》의 설명에 따라 이 세계를 형이상자
(形而上者)로서의 도(道)와 형이하자(形而下者)로서의 기(器)로 이루어진
것으로 본다.[6] 이는 송대(宋代) 성리학에 와서 도(道)는 태극 내지 이(理)
로, 기(器)는 음양 내지 기(氣)로 대체되어 설명되었다.[7] 그러므로 태극음
양론(太極陰陽論)은 곧 이기론(理氣論)으로 대체된다. 송익필의 경우도 이
에서 벗어나지 않는다. 이제 〈태극문〉과 그 밖의 문헌들을 통해 송익필의
태극음양론 내지 이기론에 대해 검토해 보기로 하자.

〈태극문〉 1권은 태극(太極), 음양(陰陽), 이기(理氣), 심성정(心性情) 등
성리학 전반의 문제를 문답(問答)의 형식으로 총 81문항으로 서술한 것
인데, 이는 이언적(李彦迪, 1491~1553)이 태극 문제에 대한 논쟁을[8] 벌인
이후 태극 문제에 대한 체계적 해석을 했던 선구적인 업적이라고 할 수

---

6) 《주역》, 〈계사전〉: "是故 形而上者謂之道 形而下者謂之器 化而裁之謂之變 推而行之謂之
通 擧而措之天下之民謂之事業"

7) 《주문공문집(朱文公文集)》, 권58, 〈답황도부(答黃道夫)〉: "天地之間 有理有氣 理也者 形
而上之道也 生物之本也 氣也者 形而下之器也 生物之具也"

8) 회재(晦齋) 이언적(李彦迪, 1491~1553)이 1517년에 망재(忘齋) 손숙돈(孫叔暾)과 망기당
(忘機堂) 조한보(曺漢輔)의 '무극태극설(無極太極說)'에 대하여 비판한 자료가 남아 있
다.(《회재집(晦齋集)》, 권5, 잡저(雜著), 〈서망재, 망기당 무극태극설후(書忘齋, 忘機堂 無
極太極說後)〉)

있다. 9)

송익필은 〈태극문〉을 쓰게 된 배경에 대해 설명하기를, 굴원 10)의 천문
[天問,《초사(楚辭)》의 일편]을 모방하여 만든 것이라 하고, 태극에 대한 문
답의 이(理)는 하나일 뿐이며, 이리저리 변하여 비록 다르지만 마침내는
일리(一理)로 돌아간다고 하였다. 또 이는 송익필 자신의 사론(私論)이 아
니고 모두 주자가 남긴 뜻으로서, 다만 일문일답 형식으로 깨치기 쉽고
알기 쉬운 곳이 있으므로 적어서 스스로 보려 하는 것이라고 말하고 있
다. 11)

그러면 먼저 송익필은 주렴계 12)의 《태극도설(太極圖說)》에 있는 '무극
이태극(無極而太極)'이란 말 13)을 어떻게 해석하고 있는지, 이에 대한 〈태
극문〉의 내용을 살펴보자. 14)

---

9) 금장태, 〈구봉 송익필의 인간과 사상〉, 《한국철학종교사상사》, 원광대 종교문제연구소,
1990, 596쪽.

10) 굴원(屈原, BC 343경~BC 289경): 이름은 평(平)으로 초(楚)나라 왕실과 동성(同姓)
이다. 중국 전국시대의 초나라 회왕(懷王) 때의 인물. 대표적 저서로는 임금에 대한
충절을 노래한 내용의 〈이소(離騷)〉가 있다. 고대중국의 명시선집인 《초사(楚辭)》에
실려 있다.

11) 《구봉집》, 권3, 〈잡저〉, 〈태극문(太極問)〉: "余倣屈子天問 設太極問 以觀後學所答如何
後患答者多不合理 略成答說以便看 理一而已. 太極問答 變轉雖殊 終歸一理 亦非自家
私論也 皆朱子語意也 但因一問一答 而有易曉易知處 敢錄而自觀焉"

12) 주렴계(周濂溪, 1017~1073): 자(字)는 무숙(茂叔), 호는 염계(濂溪), 이름은 돈이(敦
頤), 북송 때 유학자

13) 《주돈이집(周敦頤集)》, 〈태극도설(太極圖說)〉: "無極而太極 太極動而生陽 動極而靜
靜而生陰靜極復動 一動一靜 互爲其根 分陰分陽 兩儀立焉"

14) 이하에서 인용한 본 책자의 〈태극문(太極問)〉 원문 해석은 《태극해의》(주희 지음, 곽
신환·윤원현·추기연 옮김, 《태극해의》, 소명출판사, 2009) 부록의 해석을 참조하였
다.

노자(老子)가 말한 유(有)·무(無)는 유와 무를 둘로 보았고, 주렴계가 말
한 유(有)·무(無)는 유와 무를 하나로 보았다. 그런데 주자는 "무극(無
極)이면서 태극(太極)이다'라고 한 것은 형상은 없으나 이(理)는 있다는
말일 뿐이다." 하여, 주자 또한 있다[有]와 없다[無]를 구분해서 말하고
있음은 무슨 까닭인가? 또 주자는 이미 '유(有)'자로 '태(太)'자의 뜻을
풀이할 수 없다고 말하고서, 지금은 도리어 '이(理)가 있다'는 것으로 태
극을 해석함은 무슨 까닭인가?15)

형상은 없으면서 이(理)는 있다고 한 것은 이른바 유와 무를 하나로 본
것이다. 또 '이(理)가 있다'의 '있다'라는 것은 태극을 풀이한 것이 아니다.
이(理)가 태극이다.16)

공자는 "역(易)에 태극이 있다."라고 하였고, 주렴계는 "무극이면서 태극
이다."라고 하였다. 이치는 한 가지인데 《주역》에서는 '있다'라고 하고,《태
극도설》에서는 '없음'을 말하니, 공자와 주렴계의 표현이 서로 다른 것은
무엇 때문인가?17)

태극을 중심으로 하면 '있다'라고 할 수 없고, 《주역》을 중심으로 하면

---

15) 《구봉집》, 권3, 〈잡저〉, 〈태극문〉: "問 老子之言有無 以有無爲二也 周子之言有無 以有
無爲一也. 而朱子曰 "無極而太極 只是說無形而有理" 朱子之又以有無分言 何也 又朱
子既曰 將有字訓大字不得 而今反以有理釋太極 何也"

16) 위의 글: "答 無形而有理之云 是所謂以有無爲一也 且有理之有 非訓太極也 理是太極
也"

17) 《구봉집》, 권3, 〈잡저〉, 〈태극문〉: "問 夫子曰 "易有太極" 周子曰 "無極而太極 理一也
而易則謂之有 於太極則謂之無 夫子周子之異其說 何也"

'없다'라고 할 수 없다. 이것이 주자의 이른바 "이(理)를 가지고 말하면 '있다'라고 할 수 없고, 사물로써 말하면 '없다'라고 할 수 없다."라는 말이다.[18]

　본래 무극이란 말은 《노자》에서 연유한 말이고, 태극은 《주역》〈계사전〉과 《장자》에서 나온 말이다.[19] 주렴계가 《태극도설》에서 태극 앞에 다시 무극을 붙여 '무극이태극'이라 한 데 대해, 주자는 이것은 태극 위에 다른 무극이 있다는 것은 아니라 하고,[20] 무극을 말하지 않고 태극만을 말하면 태극이 하나의 물건 같은 것이 되어 온갖 변화의 근원이기에 부족하고, 무극만을 말하고 태극을 말하지 아니하면 무극은 공적(空寂)에 떨어져 만물의 근원일 수 없기 때문이라 하였다.[21] 이에 대해 송익필은 주자와 마찬가지로 태극과 무극은 두 가지가 아니라 이(理)를 유무(有無) 양면으로 설명한 것에 불과하다고 보고, '이(理)가 곧 태극'이라 하였다. 이는 주자의 견해를 충실히 계승한 것이라 하겠다.[22] 즉 무극이 이(理)의 무형(無形)에 대한 설명이라면, 태극은 이(理)의 높임말이며 지극한 표현이라 하겠다. 송익필은 주자의 말을 인용하여 이(理)를 가지고 말하면 유(有)라 할 수 없고, 물(物)을 가지고 말하면 무(無)라 할 수 없다

---

18) 위의 글: "答 主太極則不可謂有 主易則不可謂無也 此正朱子所謂 以理言之則不可謂之有 以物言之則不可謂之無者是也"

19) 위정통(韋政通), 《중국철학사전(中國哲學辭典)》, 臺灣大林出版社, 民國67年, 634쪽.

20) 《주자대전》, 권49, 〈답왕자합(答王子合)〉: "周子所謂無極而太極 非謂太極之上別有無極也"

21) 《성리대전》, 권1, 〈태극도〉: "不言無極 則太極同於一物 而不足爲萬化之根 不言太極則無極淪於空寂 而不能爲萬物之"

22) 주희 지음, 곽신환·윤원현·추기연 옮김, 《태극해의》, 소명출판사, 2009, 708쪽.

고 보았던 것이다.

송익필은 주자의 말을 인용하여 태극과 무극에 대해 다음과 같이 설명하였다. "태극은 소리도 없고 냄새도 없는 것인데, 무극이란 소리도 없고 냄새도 없음의 오묘함이다. 소리도 없고 냄새도 없다는 것은 그중에서 '무(無)'를 말한 것이고, '무극이태극'이란 그중에서 '유(有)'를 말한 것이다."[23]

송익필은 또 《주역》〈계사전〉의 '역유태극(易有太極) 시생양의(是生兩儀)'와 주렴계 《태극도설》의 '무극이태극'의 의미를 다음과 같이 비교하여 설명하였다.

> 《주역》에서 이른바 "역(易)에 태극이 있다."라고 한 것은 음양이 변화하는 속에 이 이(理)가 있음을 말한 것이나, 그 말도 또한 주렴계와는 같지 않다. 그러나 이른바 이(理)는 하나이다. 주렴계가 말한 "무극이면서 태극이다."라는 것은 음양과 섞이지 않았다는 것을 말함이다.[24]

> 사물(事物)로써 보면 음양 가운데 태극이 있는데, 《태극도설》에서는 도리어 태극이 음양을 낳는다 함은 무슨 까닭인가?[25]

---

23) 《구봉집》, 권3, 〈잡저〉, 〈태극문〉: "答 太極無聲無臭而無極者 無聲無臭之妙也 無聲無臭者 就其中說無也 無極而太極者 就其中說有也 說有說無 兩無所碍 蒼蒼者上天 而載是太極也 已上 皆朱子語意也 北溪陳氏專欲以無聲無臭解無極 恐非是"

24) 《구봉집》, 권3, 〈잡저〉, 〈태극문〉: "答 易所云易有太極 就陰陽變化中言有此理 下語又與周子不同 然所謂理則一也 周子所謂無極而太極 不雜乎陰陽而爲言者也 蓋漢志之太極 莊子之太極 雜陰陽而爲言者也 老子之有物混成 亦不得言理之妙"

25) 위의 글: "問 以事物看之 陰陽中有太極 而圖却謂太極生陰陽 何也"

생겨나는 시초를 궁리 연구할 때에는 태극이 음양을 낳는 것이고, 그 나타나 있는 단서를 살펴보면 음양이 태극을 포함한다. 《태극도설》에서는 생겨남을 위주로 한 까닭에 태극이 음양을 낳는다고 한 것이다.[26]

송익필은 《주역》의 '역유태극 시생양의'[27]는 음과 양이 변화하는 속에 이 이(理)가 있음을 말한 것이지만, 주렴계 《태극도설》의 '무극이태극'은 오직 이(理)만을 가리켜 설명한 것으로 음양을 떠난 표현이라고 보았다. 《주역》의 '역유태극 시생양의'에 대한 해석도 성리학에서 많은 논란이 되었던 것이다. 송익필은 태극이 음양의 양의(兩儀)를 낳았다는 생성론적 해석을 하지 않고, 음양의 변화하는 속에 이(理)가 있다는 것으로 해석하여 율곡과 견해를 같이하고 있다.[28] 다만 《태극도설》에서 태극이 음양을 낳는다고 한 것은 《태극도설》이 우주만물의 생성을 도식(圖式)으로 설명한 것이기에 불가피한 것이라고 보았다.

또 송익필은 태극과 도(道)가 두 가지 이름으로 불리는 것에 대해, 주자의 "지극함을 말하면 태극이라 하고, 유행(流行)을 말하면 도라 한다."라는 말을 근거로,[29] "유행하는 곳이 곧 도인데 태극이라 할 수 없다면

---

26) 위의 글: "答 原其生出之初 則太極生陰陽也 觀其見在之端 則陰陽涵太極也 圖主生出 故云太極生陰陽"

27) 《주역》, 〈계사전〉: "是故 易有太極 是生兩儀 兩儀 生四象 四象生八卦"

28) 《율곡전서》, 권31, 〈어록(語錄)上〉: "往精舍與諸友旅謁 汝龍問易有太極易者 指理而言乎 指氣而言乎 曰指氣之變易而言 於此亦可見理氣之不可歧也 其釋當曰 於陰陽變易之中 有太極之理 是生兩儀云爾"

29) 《구봉집》, 권3, 〈잡저〉, 〈태극문〉: "問 道與太極之二其名 何也 至如一木一草之分而爲枝爲榦 又分而生花生葉 生生不窮而各自成果 千果萬果 又自生生 是所謂無限太極也 是指流行處爲言 而反謂之太極 何耶 孔子曰 "吾道一以貫之" 孟子曰 "夫道若大路然" 皆指至極處爲言 而又謂之道 何也 朱子所謂 "語至極 則謂之太極 語流行 則謂之道" 此

곧 태극이 활저물(活底物)30)이 아니며, 지극한 곳이 곧 태극인데 도라 할 수 없다면 바로 도 또한 치우친 것이라 하였다. 또 입론(立論)에 각각 주장하는 바가 있기 때문에 태극이라 하기도 하고 도라 하기도 한다."고 말하였다.31)

무엇보다도 송익필은 도는 유행(流行)하는 것이므로 소강절이 도를 태극이라 한 것은 유행함을 가지고 말한 것이고, 마음(心)을 태극이라 한 것은 통회를 가지고 말한 것이라 하여 마음을 '통회(統會)'로 보았다. 또 송익필은 태극을 활저물이며 생생불궁(生生不窮)하여 유행한다고 보았다. 이는 주자 또한 유행하여 생성하고 생성하여 끝이 없다32)고 말한 것이기도 하다.

여기서 주목할 점은 송익필이 "온갖 이치가 모두 한 가지 근원에서 나오는 것을 통회(統會)"라 하고, "만물이 각각 하나의 이치를 갖추는 것을 유행(流行)"이라 한다고 명료하게 정리하고 있는 점이다. 그러므로 도는 태극이고 심(心)과 성(性)이 두 가지 물(物)이 아니라고 하였다.33) 이렇게 볼 때, 태극이 도이고 도가 곧 태극인데, 다만 만물의 존재론적 측면에서는 태극을 도라 부르고, 또 도의 생성론적 측면을 말할 때에는 태극이라

說非是耶. 何相反之若此也"

30) '마음은 활동하는 물건이다.(心是活底物)'에서처럼 활저물은 살아 움직이는 것을 뜻함.《송자대전》, 부록 권16, 〈어록〉3, 참조)

31)《구봉집》, 권3, 〈잡저〉, 〈태극문〉: "答 流行處固是道 而不得爲太極云 則是太極非活底物 至極處固是太極 而不得謂道云 則是道是偏底物 況立言 各有所指耶"

32)《주자어류》, 권75: "太極如一本生上 分而爲枝幹 又分而生花生葉 生生不窮"(주희 지음, 곽신환·윤원현·추기연 옮김,《태극해의》, 소명출판사, 2009, 505쪽)

33)《구봉집》, 권3, 〈잡저〉, 〈태극문〉: "萬理同出一源曰統會 萬物各具一理曰流行 康節之說 何嘗有異 道是太極而心性非二物 則復何爲疑"

한다고 말하고 있는 것이다.

또 송익필은 '무극이태극'에 대해 거듭 설명하면서, '무(無)'와 '태(太)' 두 글자는 첨가하거나 뺄 수 없다고 하였다. 그리고 '이(而)' 한글자의 뜻은 경(輕)한 것으로 점점 쌓는다는 뜻도 없고 선후도 없으며 방위도 없다고 하였다. '이(而)' 한 글자의 경(輕)한 뜻을 알지 못했기 때문에 새삼 육상산34)의 의논이 나오게 된 것35)이라 밝히고 있다. 이에 대한 자세한 내용과 이해는 더 깊은 연구가 필요하다고 본다.

송익필은 장남헌이 "무극이면서 태극이라는 것은 행위 함이 없이 행위 하는 것을 말한다."36)라고 해석한 데 대해서 '행위 함이 없다'로 태극을 해석하는 것은 무극과 태극을 두 가지 개념으로 보는 것이라 비판하였다. 그리고 '행위 한다'라는 것은 기(氣)라고 하여, 이(理)는 바로 '행위 함이 없음'인데 '행위 하는 것'의 근거인 이(理)가 그 속에 있는 것이니 이 말은 옳지 못하다고 하였다.37) 이는 장남헌이 《태극도설》의 '무극이태극' 을 설명하면서, 무극을 '행위 함이 없음', 태극을 '행위 함'이라 해석하여 '행위 함이 없으면서도 한다.'는 의미로 본 데 대해, 이는 무극과 태극을 둘로 보는 것으로 옳지 못하다고 비판하고 있는 것이라 하겠다.

이어서 송익필은 "일물(一物)의 이(理)를 가리켜 태극이라 하는가? 천

---

34) 육상산(陸象山, 1139~1192): 이름은 구연(九淵), 중국 남송(南宋) 시대의 유학자

35) 《구봉집》, 권3, 〈잡저〉, 〈태극문〉: "答 無太二字 添減不得者也 而字 輕無積漸 無先後 無方位 因不知一而字之輕 便生陸氏議論"

36) 위의 글: "問 南軒曰 無極而太極 言莫之爲而爲之 其果信然耶 抑有不是處耶"

37) 위의 글: "答 以莫之爲 釋無極 以爲之 釋太極 是以無極太極 爲二說看也 又況爲之氣 也 理固莫之爲 而所以爲之之理在其中 此說非是"

지만물의 이(理)를 가리켜 태극이라 하는가?" 묻고,[38] 이에 답하기를 "천지만물의 이(理)를 총괄하여 태극이라 한다. 그러나 일물의 가운데에도 또한 하나의 태극이 있다. 그러므로 천하에 공통되는 리(理)도 있고, 한 가지 물(物)에만 갖추어진 리(理)도 있으나 모두 한 가지 이(理)다."라고 하였다.[39] 이와 같이 송익필은 태극을 천지만물을 총괄하는 태극과, 일물 가운데 있는 하나의 태극을 말하였는데, 이는 이미 주자가 태극을 '통체일태극(統體一太極)'과 '각구일태극(各具一太極)'으로 설명한 것과 같다. 이에 관한 주자의 설명은 다음과 같다.

> 남녀(男女)로부터 보면 남녀가 각기 하나의 성(性)이나 남녀가 한 태극이요, 만물(萬物)로부터 보면 만물이 각기 하나의 성(性)이나 만물이 한 태극이다. 합해서 말하면 만물이 통체의 한 태극이요, 나누어서 말하면 한 사물(事物)이 각각 하나의 태극을 갖추고 있다.[40]

이처럼 송익필은 주자가 태극을 '통체일태극'과 '각구일태극'으로 논한 것처럼, 체용(體用)의 양 측면에서 태극을 설명했던 것이다. 이것은 정이천과 주자가 이(理)는 본래 하나지만 그것이 나누어지면 다르다는 '이일분수(理一分殊)'로써 이(理)를 설명한 것과 마찬가지라고 하겠다. 즉 본체

---

38) 위의 글: "問 指一物之理爲太極耶 指天地萬物之理爲太極耶"

39) 위의 글: "答 總天地萬物之理 爲太極也 然一物之中 亦有一太極 故有天下共公之理 有一物所具之理 同一理也"

40) 《성리대전》, 권1, 〈태극도〉: "自男女而觀之 則男女各一其性 而男女一太極也 自萬物而觀之 則萬物各一其性 而萬物一太極也 蓋合而言之 萬物統體一太極也 分而言之 一物各具一太極也"

상에서의 이(理)가 이일지리(理一之理)라면, 각각 개별사물이 갖추어 태어난 상태에서 보는 분수상(分殊上)의 이(理)는 분수지리(分殊之理)인 것이다.

다음은 태극의 동정(動靜) 문제에 대한 송익필의 견해를 살펴보기로 하자.

송익필은 "태극은 움직이고 고요한 이치라 하고, 태극의 본체가 움직임과 고요함을 머금고 있다고 하면 주자의 뜻과 비슷하게 맞을 것"이라 하였다.[41] 또한 먼저 태극이 있은 후에 능히 동과 정할 수 있는 것은 아니라 하고, 정하고 동하여서 태극을 알게 되는 것이라 하였다.[42] 또 "태극이 동과 정을 머금고 있다."라고도 하고 "태극에 동과 정을 지니고 있다."라고도 하는데, '머금고 있다'는 것과 '지니고 있다'는 것은 한 가지 뜻인가 묻고 있다.[43] 이에 대해 '머금고 있다'는 것은 본체를 말한 것이고, '지니고 있다'는 것은 유행(流行)한다는 것을 말한다고 하였다. 머금고 있다는 것과 지니고 있다는 것은 각각 그 뜻을 가진 것으로서, 이것이 주자가 말한 정밀한 곳이라 하였다.[44] 즉 본체상에서는 "태극이 동정을 머금고 있다." 하고, 유행상에서는 "태극이 동정을 지니고 있다."고 한다 하였는데, 이는 주자의 설을 그대로 따른 것이다. 주자는 말하기를 "대개 '태극이 동정을 머금고 있다(太極含動靜)'고 하면 옳고(본체로서 말한 것임), '태극이 동정을 지니고 있다(太極有動靜)'고 말함도 옳다(유행으로서 말한

---

41) 《구봉집》, 권3, 〈잡저〉, 〈태극문〉: "答 太極 動靜之理也 至靜之云 於體於用於貫未發已發 皆不是 朱子曰 "如此 却成一不正當尖斜太極" 謂太極之體涵動靜 則似合朱子之旨"

42) 위의 글: "答 非先有太極而後 乃能動靜也 卽動靜而知太極也"

43) 위의 글: "問 謂太極含動靜 謂太極有動靜 含之與有 其一義耶"

44) 위의 글: "答 含以本體而言 有以流行而言 含之與有 義有所在 朱子下語之精密處也"

것임). 만약 태극이 곧 동정이라면 이는 형이상하(形而上下)를 구분할 수 없는 것이어서 '역에 태극이 있다'는 말 또한 군더더기가 될 것"[45]이라고 논하고 있는 것이다.

송익필은 또 "태극이 동(動)하고 정(靜)하는 것은 곧 천명(天命)대로 유행(流行)하는 것이다. 무릇 태극에는 동하고 정하는 이치가 있다. 그러므로 음(陰)과 양(陽)도 동하고 정할 수 있는 것이다. 동하고 정하는 것은 음과 양이다. 동하고 정하도록 하는 것은 태극이다."[46] 하였고, "동하지도 않고 정하지도 않으면서 동과 정을 포함한 것이 태극이고, 동과 정의 두 끝이 순환하여 그치지 않는 것은 기(氣)이다. 대개 동하고 정하는 것은 기이고, 동하고 정하도록 하는 소이(所以)가 태극"이라 하였다.[47]

이상 송익필의 태극과 도(道)와 이(理)에 관한 우주자연의 이해를 정리해 보면, 무극은 이(理)의 무형(無形)을 설명한 것이고, '태극은 이(理)의 높임말'이라 하였다. 이(理)가 곧 태극이라고 설명했다. 태극은 소리도 없고 냄새도 없는(無聲無臭) 것이며, 무극은 무성무취한 가운데의 묘(妙)라고 했다. '무극이태극'이란 무성무취한 가운데에서 유(有)를 말한 것이라고 한다. 공자가 말한 '역유태극'은 음양이 변화하는 속에 이(理)가 있다는 것이고, 주렴계가 말한 '무극이태극'은 음양이 섞이지 않았다고 본 것

---

45) 《주자대전》, 권45: "然蓋謂太極含動靜則可(以本體而言也) 謂太極有動靜則可(以流行而言也) 若謂太極便是動靜 則是形而上下者不可分 而易有太極之言亦贅矣"

46) 《구봉집》, 권3, 〈잡저〉, 〈태극문〉: "答 太極之有動靜 是天命之流行也 蓋太極有動靜之理 故陰陽能動靜也 動靜者 陰陽也 所以動靜者 太極也"

47) 위의 글: "答 不動不靜 而含動靜者 太極也 動靜兩端之循環不已者 氣也 蓋動靜者 氣也 所以動靜者 太極也"

이라 설명한다. 생겨나는 시초에서 보면 태극이 음양을 낳는 것이고 현재에서 보면 음양이 태극을 포함한다고 말하고 있다.

태극과 도(道)의 관계에 대해서는, 주자는 지극함을 말하여 태극이라 하고, 유행을 말하여 도라고 한다 하였으며, 소강절은 유행하는 것을 가지고 태극을 도라고 하였고, 마음을 태극이라 한 것은 통회(統會)를 가지고 말한 것이라고 했다. 여기서 송익필은 온갖 이치가 모두 하나의 근원에서 나오는 것을 통회[태극, 통체일태극(統體一太極), 이(理)]라 하며, 만물이 각각 한 가지 이치를 갖추고 있는 것을 유행[각구일태극(各具一太極), 기(氣)]이라고 하여, 도는 태극이고 심(心)과 성(性)이 두 가지 물(物)이 아니라고 밝히고 있다. 본체상에서는 태극이 동정을 포함한다 하고, 유행상에서는 태극에 동정이 있다고 한다. 먼저 태극이 있은 후에 능히 동과 정할 수 있는 것은 아니며, 정하고 동하여서 태극을 알게 되는 것이라 하였다. 또 태극이 동하고 정하여 유행하게 되는 것이 곧 천명에 의한 것이라고 한다.

그런데 여기서 주목할 점은 송익필은 태극을 통회라 이름하고, 태극은 활저물이며, 끊임없이 낳고 또 낳아서 그치지 않으며(生生不窮), 유행한다고 보고 있는 입장이다. 그리고 만 가지 이치가 모두 하나의 근원(統會, 統體一太極)에서 나와서는, 천명에 의해 각각의 만물에 이치로써 갖추어져 끊임없이 생성하고 생성하여 유행하는 것이라 설명하고 있다. 그리고 마침내는 통회처(統會處)인 일리(一理)로 돌아간다고 첫머리에서 전제하고 있는 것이다.

이로 볼 때, 만 가지가 생겨나오는 하나의 이치인 태극은 활저물이며 동정을 포함하고 있는 것으로서, 천명에 의해 만물에 각각의 이치로써 유행하게 되어 끊임없이 생겨나서 일동일정(一動一靜)의 순환을 하다가, 결국 하나의 이(理)로 통회된다는 것을 의미한다고 하겠다. 이는 성리학적 관점에서 우주자연의 존재원리와, 인간 심성의 본질과, 만물을 연관하여, 현실세계에 구현되는 원리를 하나의 이치로 꿰뚫어 잘 밝혀 내고 있는 것이라 할 수 있다. 이처럼 명철하고 일이관지(一以貫之)한 철학논리로써 존재론적 원리를 밝히고 있는 논리는 다른 유학자들에게서 찾아보기 드물다고 할 수 있다. 이는 곧 송익필의 존재론적 철학의 특징이다.

2) '하나이면서 둘(一而二), 둘이면서 하나(二而一)'인 이기(理氣)관계

이제까지 송익필의 태극론에 대해 검토해 보았는데, 이를 바탕으로 한 송익필의 이기관(理氣觀)에 대해 살펴보기로 하자.

(1) 이기관(理氣觀)

송익필은 말하기를 "기(器) 또한 도(道)이며, 도(道) 또한 기(器)이다. 이(理)가 아니면 기(氣)도 없고, 기(氣)가 아니면 도(道)도 없다."라고 한다.[48] 정명도[49]의 '도역기 기역도(道亦器 器亦道)'를 원용하고,[50] "이(理)가 아니

---

48) 위의 글: "答 器亦道也 道亦器也 非理無氣 非氣無道"

49) 정명도(程明道, 1032~1085): 송대 유학자. 낙양(하남성) 사람. 이름은 호(顥), 자는 백순(伯淳), 휘(諱)는 순공(純公), 명도는 그의 호. 아우 이천(伊川)과 함께 이정자(二程子)라고 일컬어진다.

50) 《이정집(二程集)》, 권4, 〈유서(遺書)〉: "形而上爲道 形而下爲器. 須著如此說 器亦道 道亦器 但得道在不論今與後 己與人"

면 기(氣)도 없고 기(氣)가 아니면 도(道)도 없다."라고 하였다. 물론 여기서 도(道)는 이(理)로, 기(器)는 기(氣)로 대체되어도 무방하다. 송익필은 "이(理) 없는 기(氣)도 없고 기(氣) 없는 이(理)도 없다."라고 하여서, 이 세계가 이기(理氣)의 유기적(有機的) 구조임을 분명히 하였다. 이는 송익필이 정명도·주자와 마찬가지로 이 세계가 형이상자로서의 이(理)와, 형이하자로서의 기(氣)로 이루어진 세계임을 말한 것이다. 따라서 이 세계와 모든 사물은 반드시 이(理)가 있어야 하고, 또 기(氣)도 반드시 있어야 한다. 이(理) 홀로서도 부족하고 기(氣) 홀로서도 부족하다. 이기(理氣)가 충족될 때만이 하나의 존재, 하나의 세계는 성립된다. 이렇게 이기(理氣)의 유기적 구조로 이 세계를 보는 것은 성리학자들의 일반적 견해라고 볼 수 있다.[51]

송익필이 이(理) 없는 기(氣)도 없고, 기(氣) 없는 이(理)도 없다는 말에서 이(理)나 기(氣)는 그 홀로서는 불완전한 것이요 반쪽임을 알 수 있다.

---

51) 배상현은 "송익필이 이기이원론(理氣二元論)에 반대하고, 율곡의 주기적 이원론(主氣的 二元論)을 지지하고 있으나 율곡의 학설을 그대로 따른 것은 아니라 하고, 율곡이 이론을 중시한 데 비해 행동적인 실천을 중시하는 송익필의 학문은 예학으로 기울어 김장생, 김집 등 제자를 길러 예학의 뿌리를 내리게 한데 공헌이 있다."고 하였다.(배상현, 〈조선조 기호학파의 예학사상에 관한 연구〉, 고려대 대학원 박사학위논문, 1991, 69쪽) 그러나 송익필의 이기관(理氣觀)은 이기이원론(理氣二元論)이라고 보는 것이 타당하다. 송익필은 형이상자로서의 이(理)와 형이하자로서의 기(氣)로 이루어진 세계를 상정하고 있기 때문이다. 아울러 율곡의 주기적 이원론(主氣的 二元論)을 지지하고 있다는 것도 재론의 여지가 있다. 율곡의 이기관(理氣觀)이나 성리학적 입장은 이(理)보다 기(氣)를 더 중시한 것이 아니다. 율곡은 이(理) 없는 기(氣)도 없고 기(氣) 없는 이(理)도 없다고 보고, 이 세계는 이(理)와 기(氣)의 묘합적(妙合的) 구조라고 보았다.[《율곡전서》, 권10, 서(書)2, 〈答成浩原 壬申〉: "夫理者 氣之主宰也 氣者 理之所乘也 非理則氣無所根柢 非氣則理無所依著 旣非二物 又非一物 非一物 故一而二 非二物 故二而一也 非一物者 何謂也 理氣雖相離不得 而妙合之中"]

이(理)는 기(氣)를 통해 자기의 부족함을 보완할 수 있고, 기(氣)는 이(理)를 통해 자기의 부족함을 보완하게 된다. 이처럼 송익필은 이기(理氣)관계를 상보적(相補的)으로 인식하였다. 이러한 송익필의 상보적이고 유기적인 이기관(理氣觀)은 다음 글에서도 나타난다.

> 이(理)의 기(氣)에 대한 관계는 저것이 아니면 이것이 없고 이것이 아니면 취할 바가 없으니, 이른바 둘이면서 하나이고 하나이면서 둘이다. 저것의 동(動)과 정(靜)이 곧 이것의 동(動)과 정(靜)이다. 하나가 동(動)하면 다른 하나도 동(動)하고 하나가 정(靜)하면 다른 하나도 정(靜)하여서 어찌 잠시라도 떨어진 적이 있겠는가?[52]

여기서 이(理)와 기(氣)는 서로의 상보적 관계가 되고, 또 둘이면서 하나요 하나이면서 둘인 '일이이 이이일(一而二 二而一)'의 관계가 된다. 이(理)와 기(氣)는 서로 떨어질 수 없는 하나의 존재양상으로 있다. 시간적으로 선후(先後)가 없고, 공간적으로도 이합(離合)이 없는 불가분의 관계 아래에 있다. 그렇다고 이(理)가 기(氣)이고, 기(氣)가 이(理)인 것은 결코 아니다. 하나의 존재양상으로 있지만, 이(理)는 이(理)이고 기(氣)는 기(氣)이어서 서로 섞일 수 없다. 주자는 이를 '이기불상리(理氣不相離)'와 '이기불상잡(理氣不相雜)'으로 표현하기도 했다.[53] 이와 같이 이기(理氣)

---

52) 《구봉집》, 권3, 〈잡저〉, 〈태극문〉: "答 理之與氣 非彼無我 非我無所取 所謂二而一一而二者也 彼之動靜 卽我之動靜也 動則動靜則靜 何嘗少離"

53) 《주자대전》, 권46, 엽(頁)32, 〈답유숙문(答劉叔文)〉: "所謂 理與氣此決是二物 但在物上看 則二物渾淪 不可分開各在一處 然不害二物之各爲一物也 若在理上看 則雖未有物而已有物之理 然亦但有其理而已. 未嘗實有是物也"

는 서로 떨어질 수 없는 하나의 모습으로 있지만, 그런 가운데에서도 이(理)는 형이상자로서, 기(氣)는 형이하자로서 자기 정체성을 잃지 않는다. 송익필은 주자의 이러한 견해를 충실히 계승하고 있고, 도우(道友)인 율곡의 입장이나 견해와도 같다고 볼 수 있다.[54]

송익필은 또 "형이상은 도(道)가 되고 형이하는 기(器)가 된다. 기(器)는 또한 도(道)이며, 도(道) 또한 기(器)이다. 도는 기에서 분리된 적이 없다." 라고 하여,[55] 정명도의 말을 인용하여 도기(道器)의 유기적 관계를 말하고 있다. 여기서 기 또한 도요 도 또한 기라는 말은, 도(道)와 기(器)가 동일한 물(物)이라는 의미가 아니다. 형이상자로서의 도(道)와 형이하자로서의 기(器)가 불가분의 유기적 관계, 즉 하나의 존재양상으로 있음을 표현한 것이다. 따라서 도기불상리(道器不相離)는 곧 이기불상리(理氣不相離)로 환언되는 것이라 할 수 있다.

그러면 송익필은 이기(理氣)를 어떻게 설명하고 있는지를 〈태극문〉에서의 설명을 통해 살펴보기로 하겠다.

형이상(形而上)은 도(道)이고 형이하(形而下)는 기(氣)이니, 도(道)는 매우 미묘하고 기(氣)는 매우 현저하다. 천지(天地)는 형이하요 건곤(乾坤)

---

54) 율곡은 정명도의 논리와 주희의 논리를 종합하여 이 세계의 존재구조를 '이기지묘(理氣之妙)의 유기적(有機的) 관계'라고 말하였다.(《율곡전서》, 권20, 〈성학집요(聖學輯要)2〉: "有問於臣者曰 理氣是一物 是二物 臣答曰 考諸前訓 則一而二 二而一者也 理氣渾然無閒 元不相離 不可指爲二物 故程子曰 器亦道 道亦器 雖不相離 而渾然之中 實不相雜 不可指爲一物 故朱子曰 理自理 氣自氣 不相挾雜 合二說而玩索 則理氣之妙 庶乎見之矣")

55) 《구봉집》, 권3, 〈잡저〉, 〈태극문〉: "答 形而上爲道 形而下爲器 器亦道也 道亦器也 道未嘗離乎器 大學之不曰窮理 朱子曰 只是使人就實處究竟"

은 형이상이다. 일월(日月), 성신(星辰), 풍우(風雨), 상로(霜露)는 형이하이
고, 그 이(理)는 형이상이다. 군신부자(君臣父子)는 형이하이고, 인(仁)과
충(忠), 자(慈)와 효(孝)는 형이상이다. 예컨대 한 몸의 형체는 형이하이
고, 심성(心性)의 이(理)는 형이상이며, 귀와 눈은 형이하이고, 귀 밝고
눈 밝은 이(理)는 형이상이다. 또 예컨대 하나의 사물과 하나의 도구는
형이하이고, 그 이(理)는 형이상이다. 등촉(燈燭)은 형이하이고, 사물을
비추는 이(理)는 형이상이다. 의자는 형이하이고, 앉을 수 있는 이(理)는
형이상이다. 심지어 움추림과 펼침·옴과 감·사라짐과 나타남·채워짐과
비워짐·봄과 가을·추위와 더위·끝과 시작·어둠과 밝음·홀수와 짝수
같은 것도 모두 형이하이고, 그 이(理)는 형이상이다. 무릇 형상(形象)이
있어서 보고 들을 수 있는 것은 모두 기(氣)가 아닌 것이 없다. 이와 같
이 아무리 폭 넓게 드러나더라도 도리어 작다 하며, 소리도 없고 냄새도
없고 들을 수도 볼 수도 없는 것은 이(理)이니, 이처럼 미묘함에도 도리
어 큰 것으로 여기는 까닭은 무엇인가?[56]

송익필 스스로의 물음 속에 형이상자로서의 이(理)와 형이하자로서의
기(氣)에 대한 설명이 잘 나타나 있다. 그리고 그는 기(氣)는 한량(限量)이

---

56) 위의 글: "問 形而上爲道 形而下爲器 道甚微妙 器甚著現 天地 形而下也 乾坤 形而上
也 日月星辰風雨霜露 形而下也 其理 卽形而上也 君臣父子 形而下也 仁忠慈孝 形而
上也 如一身之形體 形而下也 心性之理 形而上也 耳目 形而下也 聰明之理 形而上也
又如一物一器 形而下也 其理 形而上也 燈燭 形而下也 照物之理 形而上也 交椅 形而
下也 可坐之理 形而上也 至如屈伸往來消長盈虛春秋寒暑終始晦明奇偶 皆形而下也
其理則形而上也 凡有形有象可覩可聞者 無非氣也 如許其廣大著現而反以爲小 無聲無
臭不可聽不可見者 理也 如許其微妙而反以爲大 何也"

있고, 이(理)는 한량(限量)이 없다고 하였다.[57] 이어서 물(物)이 형체도 있고 이름도 있는 것은 기(氣)로써 형체가 이루어졌음이며, 물이 그 형체는 없고 그 이름만 있는 것은 이(理)로서, '태극은 이(理)의 높임말'이라고 하였다. 형체가 없으면 어떻게 대소(大小)와 방원(方圓)이 있겠느냐고 하였다.[58] 또한 송익필은 움직이지도 않고 고요하지도 않으면서 움직임과 고요함을 포함한 것이 태극이고, 움직임과 고요함의 두 끝이 순환하여 그치지 않는 것은 기(氣)라 하였다. 대개 움직이고 고요한 것은 기(氣)이고, 움직이고 고요하도록 하는 까닭이 태극이라 하였다.[59] 이처럼 태극이 움직임과 고요함을 지니고 있는 것은 곧 천명이 유행하는 것으로 태극이 움직임과 고요함의 이(理)를 지니고 있기에 음(陰)과 양(陽)이 움직이고 고요할 수 있는 것으로 보았다. 또 움직이고 고요한 것은 음양이다. 움직이게 하고 고요하게 하는 것은 태극[60]이라고 하였다.

이를 정리하면, 움직이지도 않고 고요하지도 않으면서 움직임과 고요함을 머금고 있는 태극은, 천명에 의해 유행하게 되어 동정(動靜)하게 된다. 움직임과 고요함의 두 끝이 순환하여 그치지 않는 것은 기(氣)이며, 움직이고 고요한 것은 음양이다. 움직임과 고요하게 하는 까닭은 태극이다. 여기서 태극은 이(理)라 할 수 있으니, 생생하게 살아 그침이 없는 활저물인 태극, 즉 이(理)는 천명에 의해 음양의 기(氣)를 동정으로 순환하

---

57) 위의 글: "答 氣有限量 而理無限量故也"

58) 위의 글: "答 物之有其形有其名者 氣以成形者也 物之無其形有其名者 理也 太極 理之尊號也 無形則何方圓大小之有"

59) 위의 글: "答 不動不靜 而含動靜者 太極也 動靜兩端之循環不已者 氣也 蓋動靜者 氣也 所以動靜者 太極也"

60) 위의 글: "答 太極之有動靜 是天命之流行也 蓋太極有動靜之理 故陰陽能動靜也 動靜者 陰陽也 所以動靜者 太極也"

여 그치지 않게 하는 것이다.

(2) 이기(理氣)의 동정(動靜)과 선악(善惡) 관계

송익필은 동정(動靜)에 있어서도 기(氣)가 동정하면 이(理)에도 동정이 있다고 하였다. 이것은 이(理) 자체가 동정한다는 말이 아니라 이기(理氣)가 유기적으로 있기 때문에 기(氣)의 동정에 따라 이(理)도 그 영향을 받게 됨을 말한 것이다. 아울러 이(理)에 동정의 이치가 있으므로 기(氣)의 동정이 가능한 것도 물론이다. 이처럼 이기(理氣)는 불가분의 관계로 있지만, 이기(理氣)를 혼동할 수는 없다.

송익필은 이기(理氣)의 동정과 선악 관계에 대하여 다음과 같이 말하고 있다.

스스로 움직임과 고요하지 않는 것은 이(理)요, 능히 움직임과 고요함이 있는 것은 기(氣)라고 한다. 선(善)은 이(理)요 선악(善惡)은 기(氣)다. 조짐도 없고 견문도 없는 것은 이(理)요, 조짐도 있고 견문도 있는 것은 기(氣)다. 기(氣)가 비록 움직임이 은미해도 이미 동지미(動之微)라고 말하면 고요함에 속할 수 없는 것이 명백하니, 이(理)의 발현처라고 말하는 것이 옳다. 만약 이 이(理)가 있고 이 기(氣)가 없다고 말한다면 옳지 않다. 어찌 기(氣)가 없으면서 이(理)가 능히 발현함이 있겠는가?[61]

---

61)《구봉집》, 권4, 〈현승편上〉, 〈상민경초씨서(上閔景初氏書)〉: "夫不自動靜者理也 有能動靜者氣也 善是理也 善惡是氣也 無兆朕無見聞 理也 有兆朕可見聞 氣也 幾雖動之微 而旣曰動之微 則其不可屬靜明矣 謂理之發見處可矣 若謂之有是理無是氣則不可 安有無氣而理能發見者乎"

송익필은 율곡과 같이 이(理) 그 자체의 동정을 부정하고, 동정은 어디까지나 기(氣)의 소위(所爲)로 보았다. 태극 내지 이(理)의 동정이나 발(發)은 조선조 성리학에서 많은 논란이 있었던 문제였다. 특히 퇴계는 사단(四端)을 설명하면서 '이(理)가 발함에 기(氣)가 따르는 것' 즉 '이발이기수지(理發而氣隨之)'로 언표하고,**62)** 또 이(理)를 용(用)의 측면에서 활물시(活物視)하였다.**63)** 이로 인해 퇴계는 이(理)의 발용을 인정하는 '이기호발설(理氣互發說)'을 주장하게 되었고, 이에 대한 율곡의 비판이 뒤따랐던 것이다.

율곡은 형이상자인 이(理)는 발할 수 없고, 오직 발하는 것은 기(氣)뿐이라고 보았다.**64)** 만약 이(理)가 발하는 것이라고 본다면 이는 형이상(形而上)과 형이하(形而下)를 혼동하는 것으로서, 문제가 있다고 보아 자신의 '이발불가론(理發不可論)'을 철저하게 고수하였다. 이러한 이(理)의 발용(發用) 문제에 대해 송익필은 율곡과 같이 이(理)의 발용을 반대하고, 이(理)는 그 스스로는 동정하지 않지만 기(氣)의 동정을 주재하고 그 원인이 되는 것이라고 보았다.**65)**

---

62) 《퇴계전서》, 권7, 〈차(箚)〉, 〈제6심통성정도(第六心統性情圖)〉: "如四端之情 理發而氣隨之 自純善無惡 必理發未遂 而掩於氣 然後流爲不善 七者之情 氣發而理乘之 亦無有不善"

63) 《퇴계전서》, 권18, 〈답기명언별지(答奇明彦別紙)〉: "無情意 造作者 此理本然之體 其隨寓發見而無不到者 此理至神至用也 向也 但有見於本體之無爲 而不知妙用之能顯行 殆若認理爲死物 其去道不亦遠甚乎"

64) 《율곡전서》, 권10, 〈서(書)2〉, 〈답성호원(答成浩原)〉: "非若互發之說或理發或氣發而大本不一也 大抵發之者 氣也 所以發者 理也 非氣則不能發 非理則無所發 發之以下二十三字 聖人復起 不易斯言 無先後 無離合 不可謂互發也"

65) 《구봉집》, 권4, 〈현승편上〉, 〈상민경초씨서(上閔景初氏書)〉: "夫不自動靜者理也 有能動靜者氣也 善是理也 善惡是氣也 無兆朕無見聞 理也 有兆朕可見聞 氣也 幾雖動之微 而旣曰動之微 則其不可屬靜 明矣 謂理之發見處可矣 若謂之有是理無是氣則不可 安

또 이와 관련해서 송익필은 이(理)와 기(氣)의 발(發)에 대해 다음과 같이 말하고 있다.

이미 발동(發動)한 것과 아직 발동하지 않은 것을 사람의 몸에서 태극이 움직이고 고요하며 열리고 닫히며, 온갖 사물을 끝맺고 시작하게 하는 것에까지 미룬다 해도 다만 이 이(理)가 하나로 통할 뿐이라는 것이니, "이미 발동한 것으로 간주할 수 없다."라는 것은 천지(天地)의 대본(大本)과 달도(達道)로 나누어서 말하기 어렵기 때문이다. 무릇 천지 사이에는 실리(實理)가 가득 차서 조금도 허망함이 없다. 위에서 아래에까지 통함이 이와 같은 데 불과한 것이다. 그런데 움직임을 이미 발동한 것이라 하였으면, 마땅히 고요함을 발동하지 않은 것이라고 해야 하니, 이는 반드시 주자가 초년(初年)에 한 말일 것이다. 주자가 말하기를 "일동일정(一動一靜)하는 것이 모두 천명(天命)의 유행(流行)"이라 말하고, 또 "고요함도 또한 움직임이 쉬는 것일 뿐이다."라고 하였다. 이 말이 옳은 것이다.[66]

무릇 아직 발동(發動)하지 않은 것은 성(性)이며, 이미 발동한 것은 정(情)인데, 미동(未動)과 이동(已動)을 포함한 것이 심(心)이다.[67]

有無氣而理能發見者乎"

66) 《구봉집》, 권3, 〈잡저〉, 〈태극문〉: "答 延平之意 以爲已發未發 就人身上 推於太極之動靜闔闢 終萬物始萬物 只是此理一貫 做已發看不得 於天地大本達道處 難以分言故也 蓋天地之間 實理充塞 無一息之妄 徹上徹下 不過如此 以動爲發 則當以靜爲未發 此必朱子初年說也 朱子曰 一動一靜 命之行 又曰 靜亦動之息爾 此論爲是"

67) 《구봉집》, 권4, 〈현승편上〉, 〈답숙헌서별지(答叔獻書別紙)〉: "夫未動是性 已動是情 而包未動已動者爲心"

주자가 말하기를 "고요함은 성(性)이 정립되는 것이며, 움직임은 천명(天命)을 행하도록 하는 것이다."라고 말했다. 그러나 실은 고요함이란 것은 또한 움직임이 쉬는 것일 뿐이다. 한번 움직이고 한번 고요한 것은 모두 천명대로 행하는 것이니, 움직임과 고요함에 행하는 것이 바로 성의 참모습이다. 그러므로 《중용》에서 '천명은 성'이라 했던 것이다. 움직임과 고요함은 천리(天理)인데 주자가 움직임과 고요함을 모두 움직임에 속하게 하고, 도리어 고요함의 한쪽을 빼놓은 것은 무슨 뜻인가? 정이천이 "움직일 때에도 안정되고 고요할 때에도 안정된다."라고 하였는데, 주렴계가 고요함에 중심을 두고 도리어 움직임의 한쪽을 빼놓은 것은 또한 무슨 까닭인가?[68]

태극에 움직임과 고요함이 있음은 천명대로 유행하는 것이다. 고요한 것도 또한 천명대로 행함이라는 것은 천명을 위주로 해서 하는 말이다. 성인(聖人)이 움직임과 고요함의 덕(德)을 합하되 항상 고요함에 근본 하는 것은 수도(修道)를 위주로 해서 한 말이다.[69]

송익필 성리학에서 독창적이라고 할 수 있는 점은 이발(已發)을 움직임이라고 말하고서 미발(未發)을 고요함이라고 하면 잘못된 것이라고 말

68) 《구봉집》, 권3, 〈잡저〉, 〈태극문〉: "問 朱子曰 靜者 性之所以立也 動者 命之所以行也 然其實則靜 亦動之息爾 故一動一靜 皆命之行而行乎動靜者 乃性之眞也 故曰天命之謂性 動靜 天理也 而朱子之以動靜 皆屬乎動 而却欠了靜一邊 何意也 程子之動亦定 靜亦定 周子之主靜 又却欠了動一邊 亦何意也"
69) 위의 글: "答 太極之有動靜 天命之流行也 其靜 亦命之行也 主天命而爲言也 聖人合動靜之德 而常本於靜 主修道而爲言也"

하여 '발(發)' 대신에 '동(動)'을 말하고 있음을 주목해야 한다. 주자가 일
동일정(一動一靜)이 모두 유행하는 것이라고 하고, 고요함 또한 움직임이
쉬는 것이라고 하여 동정을 모두 동에 속하는 것이라고 말하였는데, 이
를 송익필은 동정이 천명에 의해 유행하는 측면에서 본 것이라고 설명하
고 있는 것이다. 이를 위의 인용문에서 살펴보면 송익필은 '미동(未動)은
성(性)'이고, '이동(已動)은 정(情)'이라고 하여 '심(心)'에 속한다고 보고 있
다. 송익필의 심은 성정(性情)을 통관(通貫)하여 주재(主宰)하며, 만 가지
이치가 하나로 나오는 태극과 같은 '통회의 심'이다.

여기서 우리는 송익필의 성정의 발현에 대한 이해를 눈여겨보아야 한
다. 본체상에서 보면 성(性)과 정(情)은 같은 것이 아닌 두 가지로 나눠
볼 수 있다. 그러므로 미발(未發)과 이발(已發)이라 표현하면 하나는 미발
로서 정(靜)이고 성(性)이다. 하나는 이발로서 동(動)이고 정(情)에 속하게
된다. 그런데 주자도 인간의 성(性)이란 하나라고 하였듯이, 송익필도 성
이란 하나라는 입장에서 보고 미발과 이발이라는 표현은 그릇된 것이라
고 하였다.

천리는 사사로움이 없고(無私邪) 작위함이 없어서(無作爲), 정(情)이 없
으며 변화에 대처하는 권(權)도 없는 것이다. 반면에 유가의 근본정신은
인능홍도(人能弘道)의 변화 가능성을 긍정하여[70] 천인합일(天人合一)의
실천을 꾀한다. 그러므로 주자가 유언으로 남겼듯이 송익필에게서도 또
한 천리의 유행은 천명으로서 성정이 하나로 발현되어야 하는 직(直)의

---

70) 공자는 사람이 도를 넓히는 것이지 도가 사람을 넓히는 것이 아니라고 말하여, 사람
　　의 주체적 변화 가능성을 말하였다.《논어》, 〈위령공(衛靈公)〉: "子曰 人能弘道 非道弘
　　人")

발(發)이어야 한다. 성에 속하는 정(靜)도 동(動)의 연속선상이요, 동(動)은 천명의 유행을 행하는 것이 된다. 형기(形氣)가 생겨난 뒤를 성(性)으로 보는 것이라고 할 수 있다.

그러나 유행상(流行上)에서 인간의 성정을 하나로 보는 것은 앞서 주자도 말하고 있듯이 유가철학의 근본입장이며, 인간중심의 핵심철학인 인(仁)의 정신에 다름이 아니다. 이는 장횡거[71]가 '천지지성(天地之性)'과 '기질지성(氣質之性)'으로 나눠 놓고, 기질지성을 잘 돌이켜 직(直)한 천리를 보존하면 천지지성으로 돌아갈 수 있다고[72] 보았던 점에서 살필 수 있다. 정명도도 "태어난 그대로가 성(性)"[73]이라고 하여서 하늘로부터 품수 받은 천리의 직(直)한 "성(性)이 곧 도(道)이며, 선악이 모두 성(性)으로서 기(氣)가 성(性)"[74]이라고 하였다. 성인이 천덕을 실천하는 수도(修道)의 입장에서 정(靜)을 동(動)에 속한 이유이기도 하다. 그러므로 이발을 동(動)이라 하고 미발을 정(靜)이라고 한다면 그릇된 표현이라고 하는 것이다.

그리고 송익필은 성정(性情)이 하나라고 하는 이유를 심(心)에서 찾고 있다. 심은 곧 태극과 같아서 성정을 하나로 관통하여 주재하는 통회로서의 심이다. 이는 또 천리가 인간에게 직(直)으로 품수된 천지에 가득

---

71) 장횡거(張橫渠, 1020~1077): 북송 유학자, 이름은 재(載), 자는 자후(子厚), 중국 봉상미현의 횡거진(橫渠鎭) 출신이기에 횡거 선생(橫渠先生)이라고 불린다.

72) 《성리대전》, 권5, 〈정몽(正蒙)1〉, 〈성명편(誠明篇)〉: "形而後有氣質之性 善反之 則天地之性存焉"

73) 《이정집(二程集)》, 《유서(遺書)》: "生之謂性 性卽氣 氣卽性 生之謂也"

74) 위의 글: "道卽性也 若道外尋性 性外尋道 便不是 …… 善固性也 然惡亦不可不謂之性也 蓋生之謂性"

차서 천리와 바르게 통하는 직심(直心)이라 할 수 있다. 이처럼 송익필의
성정에 대한 발현의 이해와 심을 유행상(流行上)에서 보는 입장은 곧 직
심이라고 할 때 이해가 쉽다. 천리의 본성이 공평무사(公平無私)하여 직
(直)한 것이라고 말하고, 인간존재 현실에서 천명으로 일동일정(一動一靜)
의 유행을 하므로 인간의 성정이 모두 천리를 하나로 통하여 드러난다고
할 때에 인간주체 의지의 실천을 강조하는 직심인 것이다. 이러한 까닭에
송익필은 이미 발동(發動)한 것과 아직 발동하지 않은 것은, 하나는 움직
임이며 하나는 고요함이 된다. 태극은 움직임과 고요함을 포함한 것으로
서 중(中)과 같지 않다.[75] 그리고 성(性)은 선악이 없고 순수한 선(善)뿐
이며, 정(情)이 움직이는 데에서 곧 선과 악이 구분되므로 바로 기질의
성(性)이 있음을 알게 된다고[76] 하였다.

　또 송익필은 주자의 말을 빌려서 이(理)는 선(善)이요, 기(氣)에는 선악
(善惡)이 있다고 하여서 이기(理氣)를 가치개념화시켜 설명하고 있다.[77]
그러나 송익필은 기(氣)를 악이라 하지 않고, 선악이라 하여 기가 변화
가능성을 가진 것으로 보고 있음을 알 수 있다. 그리고 송익필은 이기의
관계를 서로 떨어질 수 없는 '이기불상리(理氣不相離)'의 관계임을[78] 분명
히 하고 있다. 또한 이기의 관계를 형이상과 형이하로 나누어 위상을 분
명히 하여서 이기가 서로 섞여 있는 관계도 아닌 '이기불상잡(理氣不相

---

75) 《구봉집》, 권3, 〈잡저〉, 〈태극문〉: "答 已發未發 一是動一是靜 太極含動靜 所以與中不
　　同"
76) 위의 글: "答 性無善惡 純善而已 至情動處 便分善惡 便知有氣質之性"
77) 위의 글: "朱子曰 陰陽五行皆善 又曰 陰陽之理皆善 此謂理皆善而氣有善惡也 氣有善
　　惡 故有人物偏正淸濁之殊 到人亦有幾善惡之分 皆理在氣中後說也"
78) 위의 글: "答 理氣旣不相離 則固不可分先後"

雜)'의 관계를 밝히고 있다. 79) 송익필은 여기서 기 없는 이(理)만의 세계를 부정하고 있고, 이(理)의 실현이 기를 통해 가능함을 강조하여 이기의 유기적 관계를 설명하고 있는 것이다.

송익필은 또 다음과 같이 말하였다.

> 이(理)는 비록 미세하나 더욱 드러나고, 기(氣)가 비록 왕성하나 변화시킬 수 있는 것이다. …… 또 무릇 생겨나는 것은 기이지만 생겨나도록 하는 이치는 이(理)인 것이다. 80)

이로 볼 때 태극 즉 하늘의 이치인 이(理)는 본래 지극한 것으로 활저물이라서 미세하나 더욱 드러나는 것이다. 동정을 포함하고 있어서 천명대로 유행하여 음양으로 동정하는데, 낳고 낳음이 그치지 않는 생생불궁(生生不窮)으로 순환하는 기(氣)는 선악의 양면성을 갖고 있고 변화 가능성을 지닌 것이다.

또 송익필은 스스로 묻고 답하기를, "사람마다 태극이 하나씩 있고, 물(物)마다 태극이 하나씩 있다고 했다. 그렇다면 걸과 도척 81)에게도 역시 태극을 볼 수 있고, 나무와 돌에서도 역시 태극을 볼 수 있는가?" 묻고, 82) 이에 대한 답에서 "걸과 도척도 이 성(性)이 있기 때문에 역시 교

---

79) 위의 글: "答 太極 理也 陰陽 氣也 形而上 豈有氣哉 於氣 理未嘗不在 而於理 或有 氣 未嘗用事處"

80) 위의 글: "理雖微而益著 氣雖盛而可變 …… 蓋生亦氣也 而生之理 理也"

81) 걸은 하(夏)왕조의 폭군인 걸(桀)임금, 척(跖)은 역사상의 대도적이라고 하는 도척(盜跖)을 가리킨다.

82) 《구봉집》, 권3, 〈잡저〉, 〈태극문〉: "問 人人有一太極 物物有一太極云 則於桀跖亦可見 太極 於木石亦可見太極 耶"

화할 수 있는 이치가 있다." 하고, 주자의 "천하에는 성(性) 이외의 물(物)이 없다.", "말라 버린 물도 성이 있음은 바로 이 이(理)가 있는 까닭이다.", "그 물이 되는 이치는 일찍이 갖추어지지 않은 것이 없다."라는 말을 인용하여, 이(理)는 폭군인 걸이나 주와 도척에게도 있고 말라 버린 나뭇가지에도 있다고 하였다.[83] 이러한 송익필의 설명에서 이(理)는 보편적인 것임을 논하고 있음을 알 수 있다.

이기에 대하여 송익필은 또 말하기를, 만(萬)이 되고 하나가 되는 것은 기(氣)이고, 만(萬)으로도 되고 하나로도 되면서 둥근 형체에 결함이 없게 하는 것은 이(理)라고 하였다. 기(氣)에서 보면 비록 크고 작고 분리되고 합치는 구별이 있으나, 이(理)로서 보면 줄고 더해지고 가득 차고 축나는 구분이 도무지 없다고 하였다.[84] 또 그 모습이 천 가지 백 가지로 다른 것은 기(氣)이고, 동일한 데에 통하는 것은 이(理)라고 하였다.[85] 송익필이 말하는 기(氣)는 온갖 차별상을 갖는 특수성으로, 이(理)는 언제 어디서나 항상 변함없는 보편성으로 보았다. 이는 마치 율곡이 "이(理)를 통(通)한다." 하고 "기(氣)를 국(局)한다."고 하여 '이통기국(理通氣局)'으로 설명한 것과 비슷하다.[86]

---

83) 위의 글: "答 桀跖有是性 故亦有可化之理 朱子曰 天下無性外之物 又曰 枯槁之物 亦有性 惟是合下有此理故云 又曰 其所以爲是物之理 則未嘗不具耳"

84) 위의 글: "答 爲萬爲一者 氣也 所以爲萬爲一而圓無欠缺者 理也 自氣看之 雖有大小離合之別 自理看之 都無損益盈縮之分"

85) 위의 글: "答 千百其狀者 氣也 貫乎一者 理也 稟得氣之偏且塞者 物也 正且通者 人也 於通正之中 又不能無淸濁之殊 而同得仁義禮智之理 故聖人設敎 欲返其理"

86) 《율곡전서》, 권10, 〈서(書)2〉, 〈답성호원(答成浩原)〉: "自以爲得干聖不盡傳之妙 而殊不知向上更有理通氣局一節 繼善成性之理 則無物不在 而湛一淸虛之氣 則多有不在者也. 理無變而氣有變"

이상에서 볼 때, 송익필의 태극음양론이나 이기론은 주자의 설이나 율곡의 설과 크게 다르지 않다. 이 세계를 이기이원(理氣二元)의 존재관으로 본 입장과, 형이상자인 이(理)와 형이하자인 기(氣)의 이기불상리불상잡(理氣不相離不相雜)의 유기적 세계로 인식한 점, 그리고 이기에 대한 개념과 관계에 대한 설명 등에서도 거의 같다고 볼 수 있다. 더욱이 이기의 관계를 하나이면서 둘이요, 둘이면서 하나의 관계, 즉 '일이이 이이일(一而二 二而一)'의 관계로 본 것도 마찬가지이다.[87]

그러나 이기의 발현(發顯)과 관련하여 이전의 '발(發)'에 대한 개념을 부정하고 '동(動)'으로 표현해야 옳다고 주장하고, '미동(未動)은 성(性)'이고, '이동(已動)은 정(情)'이라고 하여 '심(心)'에 속한다고 보고 있는 점은, 분명 송익필 성리학이 갖는 독창적인 철학적 의의를 지닌 것으로서 주목해서 연구되어야 한다.

(3) 이기(理氣)의 선후관(先後觀)

다음은 이기(理氣)의 선후(先後) 문제에 대한 송익필의 견해를 검토해 보기로 하자.

> 이(理)와 기(氣)가 이미 서로 분리하지 않는 것이므로 결코 그 선후(先後)를 구분할 수 없는 것이다. 그러나 주자가 말하기를 "형이상과 형이하로 말한다면 어찌 선후가 없겠는가." 하였다. 굳이 말하고자 하면 그 선

---

87) 위의 글: "夫理者 氣之主宰也 氣者 理之所乘也 非理則氣無所根柢 非氣則理無所依著 旣非二物 又非一物 非一物 故一而二 非二物 故二而一也 非一物者 何謂也 理氣雖相離不得 而妙合之中 理自理氣自氣 不相挾雜 故非一物也 非二物者 何謂也 雖曰理自理氣自氣 而渾淪無間 無先後無離合 不見其爲二物 故非二物也"

후를 상상할 수도 있다. 태극은 이(理)이고 음양은 기(氣)인데 형이상에 어찌 기(氣)가 있겠는가. 기(氣)에 이(理)가 없던 적이 없으나, 이(理)에는 혹 기(機)가 작용한 적이 없다.[88]

송익필은 이기(理氣)는 본래 서로 떨어질 수 없는 것이므로 결코 그 선후를 말할 수 없다고 본다. 그런데 주자가 형이상과 형이하로 말하면 선후를 말할 수 있다고 하였는데, 굳이 말한다면 이기(理氣)의 선후를 상상할 수도 있는 것이라고 보았다. 그것은 이(理)는 형이상이기에 기(氣) 없이도 있을 수 있지만, 기(氣)는 이(理)를 떠난 적이 없다고 보았다. 여기서 송익필이 기(氣)와 관계없이 먼저 있을 수 있다고 상정한 이(理)는 이 세계가 이(理)의 구도임을 전제한 말이다. 이 세계는 먼저 이(理)가 주어져 있고 기(氣)를 만남에 따라 구체적 존재로 드러나고 실현되기 때문이다. 주자는 이(理)가 형이상자이므로 본체상에서, 즉 존재론적인 측면에서는 이(理)의 선재(先在)를 인정할 수 있다고 보았다. 그러나 현상계에서 보면 이(理)와 기(氣)는 시간적 선후를 말할 수 없다. 주자의 '이선기후(理先氣後)'를 이해하는 송익필의 입장도 이와 다르지 않다.

송익필은 스스로 "한 물(物)도 있기 전에 먼저 태극이 있었는가? 이미 만물이 있은 다음에 이어서 태극이 있는 것인가?" 하고 물었다.[89] 이에 대한 대답에서 "물이 있은 다음에 비로소 태극을 알게 되었다. 그러나 당

---

88) 《구봉집》, 권3, 〈잡저〉, 〈태극문〉: "答 理氣旣不相離 則固不可分先後 而然朱子曰 自形而上下者言 豈無先後 必欲言之 則其先後 亦可想矣 太極 理也. 陰陽 氣也 形而上 豈有氣哉 於氣 理未嘗不在 而於理 或有氣未嘗用事處"

89) 위의 글: "問 未有一物之前 先有太極耶 旣有萬物之後 繼有太極耶"

초에 태극이 없었다면 물이 물로 되지 못했을 것이다."라고 하였다.[90] 이처럼 그는 현상계를 중심으로 보면 만물이 있은 후에 비로소 태극을 알게 되지만, 존재론적인 본체상에서 보면 태극이 있으므로 만물이 만물일 수 있게 되었다고 보았던 것이다.

그리고 송익필은 태극음양, 이기(理氣)에 있어 다양한 이름으로 설명되는 데 대해 다음과 같이 설명하였다.

> 태극은 천지만물(天地萬物)의 이(理)를 총합해서 말한 것이다. 이(理)가 하늘에 있는 것은 원형이정(元亨利貞)이라 하고, 사람에게 있는 것은 인의예지(仁義禮智)라고 한다. 음양은 기(氣)를 말한 것이고 금목수화토(金木水火土)는 물(物)을 말한 것이다. 비록 그 명칭을 두 가지로 하지 않고자 한들 될 수 있겠는가.[91]

송익필은 천지만물의 이(理)를 통괄해서 말하면 태극이라 하는데, '천(天)의 이(理)를 원형이정(元亨利貞)'이라 하고, '사람의 이(理)를 인의예지(仁義禮智)'라 한다 하였다. 또 음양(陰陽)은 기(氣)를 말한 것이고, 금목수화토(金木水火土)의 오행(五行)은 물(物)을 말한 것이라 하였다. 또한 음양과 기의 경우에도 기는 음양 이기(二氣)로 구별되고, 이는 다시 오행의 기로 세분된다. 송익필은 음양은 기(氣)를 말하고 오행은 질(質)을 말한다고 하였는데, 송익필이 오행을 물질적 단계로 본 것은 특이한 점이다. 대

---

90) 위의 글: "答 有物之後 始知太極 而然初無太極 則物不能爲物矣"

91) 위의 글: "答 太極 是總言天地萬物之理 理在天曰元亨利貞 理在人曰仁義禮智 陰陽以氣言也 金木水火 以物言也 雖欲不二其名 何可得也"

체로 성리학에서는 기(氣) - 음양(陰陽) - 오행(五行) - 만물(萬物)로 보아
사물 내지 현상세계의 생성을 설명하고 이해하는 것이 일반적이다.[92] 그
런데 송익필은 오행을 금기(金氣), 목기(木氣), 수기(水氣), 화기(火氣), 토기
(土氣)로 이해하기보다는 쇠, 나무, 물, 불, 흙 같은 사물로 이해한 것이라
고 볼 수 있다.

3) 존재의 시작으로서 기화(氣化)와 형화(形化)

송익필은 태극음양, 이기의 묘합(妙合)을 통해 전개되는 현상세계에 대
해 '기화(氣化)'와 '형화(形化)'로 설명하고 있다. 먼저 이에 대한 〈태극문〉
에 있는 송익필의 설명을 보기로 하자.

아무런 종류(種類)의 사물이 있기 전에 음(陰)과 양(陽)의 기(氣)가 합하
여 생겨난 것을 기화(氣化)라 하고, 이미 종류가 있는 다음에 암컷과 수
컷의 형체가 짝해서 생기는 것을 형화(形化)라고 한다. 만물(萬物)이 처
음 생겨날 때에는 기(氣)로 변화(變化)하는 것뿐이다. 이미 형화와 기화
가 서로 자리를 물려주면 형화는 자라나고, 기화는 사라져 버린다. 정이
천이 "운석(隕石)은 종류가 없고 기린도 역시 종류가 없는 것처럼 당초에
사람이 생겨날 때에도 또한 이와 같았다." 하였으니, 이것이 기화이다. 이
제 보건대 사물(事物)에 기화가 있다는 것은 아무런 사물도 없었던 곳에
서만 볼 수 있다. 사람도 그러하다. 선유(先儒)가 이르기를 "바다 한가운

---

92)《주자어류》, 권1, 〈이기(理氣)上〉: "陰陽是氣 五行是質 有這質 所以做得物事出來 五行
雖是質 他又有五行之氣做這物事"

데 있는 조금 큰 섬에 종자에 의해 태어나지 않은 사람이 그 중간에 생

겨나지 않을 줄 어찌 알겠는가? 만약 인류(人類)가 이미 있다면 반드시

기화한 사람은 없을 것이다. 예컨대 사람이 새 옷을 입으면 반드시 이

(蝨)가 거기에 생겨나는 것과 같은 것으로 이것이 기화이다. 이미 기화한

다음에 바로 종자(種子)로써 생성해 간다. 이러한 이치는 매우 분명한 것

이다.[93)]

이는 송익필의 만물생성에 대한 견해를 밝힌 것인데, 기화와 형화의 단

계를 구분하여 설명하였다. 송익필은 기(氣)에 기화와 형화의 두 가지 성

질이 있어서 생성의 변화가 일어난다고 보았던 것이다.[94)] 아무런 종류가

없었던 처음에 음과 양의 기가 합하여 생겨난 것을 기화(氣化)라고 하였

다.[95)] 그리고 이미 종류가 있은 다음에 암컷과 수컷의 형체가 짝해서 생

---

93) 《구봉집》, 권3, 〈잡저〉, 〈태극문〉: "答 未有種類之初 陰陽之氣合而生之謂氣化 旣有種
類之後 牝牡之形配而生之謂形化 萬物之始 氣化而已 旣形氣相禪 則形化長而氣化消
程子云隕石無種 麟亦無種 厥初生民 亦如是 此氣化也 今見物有氣化者無物處也 夫人
亦然 先儒云海中島嶼稍大 安知無種之人不生於其間 若已有人類 則必無氣化之人 如
人着新衣 便有蟣蝨生其間 此氣化也 氣旣化後 便以種生 此理甚明"

94) 김용식, 〈구봉 송익필의 심성관에 대한 연구〉, 고려대 대학원 석사학위논문, 1981, 8
쪽.

95) 기화(氣化)에 대하여 장횡거는 무형의 본체를 천(天)으로 삼고, 본체의 운행을 도
(道)로 삼았으며, 특수한 존재들의 출현의 이치를 성(性)이라 했고, 또 만유 가운데서
지각할 수 있는 것을 심(心)이라고 보았다.(《성리대전》, 권5, 〈정몽(正夢)1 태화편(太
和篇)〉: "油太虛有天之名 由氣化有道之名 合虛與氣有性之名 合性與知覺有心之名")
정이천은 우주론 문제에서 만물의 태어남이 모두 기(氣)의 변화로 원인 한다고 보았
다.(《이정집》, 권59, 〈유서(遺書)〉: "隕石無種 種於氣 麟亦無種 亦氣化 厥初生民 亦如
是")
주자는 기화(氣化)는 처음 한 사람에 해당되며 종이 없었으나 뒤에 저절로 생겨나오
게 되었다고 보았다.(《주자어류》, 권94: "氣化是當初一個人 無種 後自生出來底 形生卻
是有此一個人後 乃生生不窮底")

기는 것을 형화(形化)라고 하였다. 만물이 처음 생겨날 때에는 기로 변화하는 것뿐이고, 이미 형(形)과 기(氣)가 합쳐져 자리를 잡으면 형체로 변화한 것은 자라나고, 기로 변화한 것은 사라져 버린다고 하였다. 송익필은 이와 같이 기화 이후에 종자(種子)가 생겨 이른바 종류(種類)가 생겨나고, 종류가 있는 다음에 암수의 형체가 짝해 형화가 된다고 보았다.

그런데 기로 변화된 것은 사라져 버리고 형화된 것만 자라나 종(種)을 보존하고 생명의 영속성을 가지며 삼라만상의 세계를 구성한다고 밝히고 있는 점이 특이하다. 송익필은 이에 대해 또 다음과 같이 설명하기도 하였다.

《주역》과《태극도》가 모두 천지가 있은 후에 기(氣)로 화(化)함이 있고, 기로 화함이 있은 다음에 형체(形體)로 화함이 있다고 하였다.《주역》〈계사전〉에 "천지의 기가 왕성하여 만물이 저절로 자라난다."라고 한 것은 기로 화하는 것이다. "남녀(男女)의 정기(精氣)가 합하여 만물이 생겨난다."라는 말은 형체로 화하는 것이다.《태극도》에서 말한 "양의(兩儀)가 세워졌다."라는 것은 천지(天地)이다. "건도(乾道)는 남자(男子)가 되고 곤도(坤道)는 여자(女子)가 되었다."라는 말은 기로 화한다는 것이다. "두 기가 서로 감화(感化)하여 만물(萬物)을 화생(化生)시킨다."라는 말은 형체

율곡은 천지 속에서 인심(人心)의 기발리승(氣發理乘)을 말하기도 하는 곳에서 기화(氣化)를 말하고 있다. 《율곡전서》 권9, 서1 〈답성호원〉: "非特人心爲然 天地之化 無非氣化而理乘之也 是故陰陽動靜 而太極乘之")
홍대용은 그의 문집에서 바위 골짜기와 땅 속에 뚫린 굴에 기(氣)가 모여 바탕을 이룬 것을 기화(氣化)라고 보았다.(《담헌서(湛軒書)》, 內集, 권4, 〈南陽洪大容德保著五代孫榮善編後學洪命憙校 補遺〉, 〈毉山問答〉: "巖洞土窟 氣聚成質 謂之氣化 男女相感 形交胎産 謂之形化")

(形體)로 화한다는 것이다. 무엇이 같지 않음이 있는가?[96]

여기서 송익필은 인물(人物)의 화생(化生)을 기화와 형화의 단계로 구분하여 설명하고 있다.《주역》〈계사전〉의 "천지의 기가 왕성하여 만물이 저절로 자라난다."라고 한 것은 기화이고, "남녀의 정기(精氣)가 합하여 만물이 생겨난다."라는 말은 형화를 말한다고 하였다. 또 〈계사전〉에서 "건도는 남자가 되고, 곤도는 여자가 되었다."[97]라는 말은 기화를 말하고, "두 기가 서로 감화(感化)하여 만물을 화생(化生)시킨다."라는 말은 형화를 말한다고 하였다. 이처럼 송익필은 만물화생(萬物化生), 즉 현상세계의 전개를 기화의 단계를 거쳐 형화의 단계로 이루어진다고 보았다. 이렇게 볼 때, 기화는 음양 두 기의 변화단계를 말하는 것이라면, 형화는 기화에서 만물로 형체화하는 과정을 말하는 것임을 알 수 있다.

그런데 이러한 송익필의 기화·형화론은 이미 송나라에서 언급되기도 하였다. 장횡거는《정몽(正蒙)》에서 '유기화유도지명'이라 하여[98] 태허와 기로써 우주본체로 삼고 여기서 더 나아가 천(天)·도(道)·심(心)·성(性)을 이끌어 내며 기화를 말하고 있는데, 이는 무형의 본체를 천으로 삼고 본체의 운행을 도로 삼았으며, 특수한 존재들이 출현한 이치를 성이라 했고, 또 만유 가운데서 지각할 수 있는 것을 심이라고 본 것이다.[99]

---

96)《구봉집》, 권3,〈잡저〉,〈태극문〉: "答 易與圖 皆言有天地然後有氣化 有氣化然後有形化 易繫辭天地絪縕 萬物化醇 氣化也 男女構精 萬物化生 形化也 圖之兩儀 立天地也 乾道成男 坤道成女 氣化也 二氣交感 化生萬物 形化也 何不同之有"

97)《주역》,〈계사전〉: "乾道成男 坤道成女 乾知大始 坤作成物"

98)《성리대전》, 권5,〈정몽(正蒙)〉1,〈태화편(太和篇)〉: "由太虛有天之名 由氣化有道之名 合虛與氣有性之名 合性與知覺有心之名"

99) 노사광,《중국철학사(宋明篇)》, 탐구당, 1987, 212쪽.

소강절[100]은《황극경세서》에서 '기변이형화'를 말하고 있다.[101] 여기서 기가 변하여 형화가 된다는 말은 기화에서 형화로 된다는 말과 다르지 않다.

또 정이천도 만물의 시작은 기화일 뿐이라 하고, 이미 형기가 서로 이어지면 형화는 자라고 기화는 사라진다고 하였으며,[102] 처음 백성이 태어난 것도 이와 같다고 보았다.[103]

주자도 기화로써 음양오행이 합해서 형(形)을 이룬다고 하였으며,[104] 기화는 처음 한사람에 해당되며 종(種)이 없었으나 뒤에 저절로 생겨나게 되었고 여기서 형체가 생겨나 끊임없이 이어졌다고 보았다.[105]

율곡도 '형화지리'란 말을 하고 있다.[106]

이처럼 기화·형화론은 송익필의 독창적인 것은 아니고 송대 학자들에 의해 이미 논의된 것임을 알 수 있다. 다만 송익필은 이들의 논의에서 한 걸음 더 나아가 기화에서 형화의 단계를 구체적으로 구별해 설명하고, 그 개념을 명료하게 설명하고 있다는 점에서 그 철학적 의의를 찾을 수

---

100) 소강절(邵康節, 1011~1077): 자는 요부(堯夫), 시호는 강절(康節), 이름 옹(雍), 북송 유학자.

101)《성리대전》, 권12, 〈황극경세서(皇極經世書)〉6, 〈관물외편(觀物外篇)下〉: "氣變而形化 人之類 備乎萬物之性"

102)《성리대전》, 권26, 〈이기(理氣)〉1, 〈천지(天地)〉: "程子曰 …… 萬物之始 氣化而已 既形氣相禪 則形化長 而氣化消"

103)《이정집》, 권59, 〈유서(遺書)〉: "隕石無種 種於氣 麟亦無種 亦氣化 厥初生民 亦如是"

104)《성리대전》, 권26, 〈이기(理氣)〉1, 天地: "曰以氣化 二五之精合而成形"

105)《주자어류》, 권94: "氣化是當初一個人 無種 後自生出來底 形生卻是有此一個人後 乃生生不窮底"

106)《율곡전서》, 권31, 〈어록(語錄)上〉: "則天地父母 各一其氣也 無父母之氣 則天地之氣 無所寓 而形化之理絶矣"

있다. 작은 차이이지만, 정밀하고 투철한 식견이 없다면 체계적이고 간단 명료하게 밝힐 수 없다는 점에서 송익필의 학문적 경지를 가늠해 볼 수 있다.

이상에서 살펴본바 송익필의 이기론(理氣論)은 주자의 이기론에 바탕을 두고 있고, 율곡과도 대체로 일치한다.[107] 송익필의 주장은 주렴계의 사상을 바탕으로 주자의 글을 주석하여 이해하고 있으나, 간단명료하게 정리하여 후진들의 학습을 돕고 있는 것이 특색이다.[108]

그러나 송익필은 기를 악이라 하지 않고, 선악(善惡)이라 하여 기를 변화 가능성을 가진 것으로 보았다. 그리고 기 없는 이(理)만의 세계를 부정하고 있고, 이(理)의 실현이 기를 통해 가능함을 강조하였다. 이를 주기론(主氣論)이라 할 수는 없지만, 송익필이 기의 위상과 역할에 대해 주목한 것은 분명해 보인다. 또한 송익필이 이기의 발현 문제에 있어서 '발(發)' 대신에 '동(動)'이란 표현을 쓰고 있다는 점에서 철학적 특징이 드러난다.

송익필은 '미동(未動)은 성(性)'이고, '이동(已動)은 정(情)'이라고 하여 '심(心)'에 속한다고 보고 있다. 이러한 송익필의 심은 성정을 통관하여 주재하며 만 가지 이치가 하나로 나오는 태극과 같은 '통회의 심'에서 비롯한다. 존재론적인 본체상에서 보면 성과 정은 같은 것이 아닌 두 가지로 나눠 볼 수 있다. 그러므로 미발(未發)과 이발(已發)이라 표현하면 하나

---

107) 현상윤, 《조선유학사》, 민중서관, 1948, 154쪽.

108) 배상현, 〈조선조 기호학파의 예학사상에 관한 연구〉, 고려대 대학원 박사학위논문, 1991, 71쪽.

는 미발로서 정(靜)이고 성(性)이다. 하나는 이발로서 동(動)이고 정(情)에 속하게 된다. 주자도 인간의 성이란 하나라고 하였듯이 송익필도 성이란 하나라는 입장에서 보고 미발과 이발이라는 표현은 그릇된 것이라고 하였다. 이러한 송익필의 독창적인 철학적 입장에 대한 보다 깊은 연구가 필요하다.

위와 같은 점들에서 송익필의 이기에 관한 철학적 특성을 찾을 수 있다. 이를 통해 송익필의 이기론에 대한 해박한 식견을 알 수 있고, 특히 성리학의 원두처(源頭處)라 할 수 있는 태극의 문제를 중심으로 자문자답의 형식을 빌어서 〈태극문〉을 저술한 것은 커다란 의미가 있다고 하겠다. 전체적으로 볼 때, 송익필의 태극음양론, 이기론 전반에 대한 폭넓은 견해와 식견을 알 수 있다.

그런데 김용식은 송익필의 이기론은 퇴계류(退溪類)의 이기론보다 주기적(主氣的)인 경향이 특색이라 주장하였다.109) 그 이유는 송익필이 주자의 이선기후설(理先氣後說)을 부정하여 이(理)와 기(氣)를 동등한 입장에서 보았고, 사단을 이(理)의 발(發)로만 보지 않았기 때문이라 하였다.110)

이처럼 송익필의 이기론을 주기론적이라고 보는 것은 재론의 여지가 있다. 김용식이 송익필의 이기론을 주기론으로 보려는 논거로서 송익필이 주자의 이선기후설을 부정하고 이(理)와 기(氣)를 동등하게 보았으므로 주기론으로 볼 수 있다고 하였는데, 이는 송익필의 다음 글에서 찾을

---

109) 김용식, 〈구봉 송익필의 심성관에 대한 연구〉, 고려대 대학원 석사학위논문, 1981, 13쪽.

110) 김용식, 〈구봉 송익필의 심성관에 대한 연구〉, 고려대 대학원 석사학위논문, 1981, 39쪽.

수 있듯이 그렇지 않다.

> 이(理)와 기(氣)가 이미 서로 떨어져 있지 않으니 참으로 그 선후(先後)
> 를 구분할 수 없다. 그러나 주자가 "형이상과 형이하로 말한다면 어찌 선
> 후가 없겠는가."라고 하였다. 굳이 말하고자 하면 그 선후를 생각할 수
> 있다. 태극은 이(理)이고 음양은 기(氣)인데 형이상에 어찌 기가 있겠는
> 가? 기(氣)에 이(理)가 있지 않은 적이 없으나, 이(理)에는 혹 기(氣)가 작
> 용하지 못하는 경우가 있다.[111]

이처럼 송익필은 이기가 서로 불가분의 관계에 있으므로 그 선후를
말할 수 없다고 말하면서도 주자의 이선기후를 상정(想定)해서 이해하고
있는 것이다. 이(理)에는 기(氣)가 작용한 적이 없다고 보면 이(理)가 기
(氣)보다 먼저라고 볼 수도 있다고 한다. 따라서 이 말을 가지고 송익필의
이기론을 주기론이라 규정하는 것은 옳지 않다. 더구나 송익필이 이(理)
와 기(氣)를 동등하게 보았다는 관점에서도 주기론이라고 볼 수는 없는
것이다.

아울러 송익필이 사단을 이(理)의 발로만 보지 않았으므로 주기론이
라 한 것도 재론의 여지가 있다. 뒤에 심성론에서 다루어야 할 문제지만,
사단이나 칠정이나 인간의 감정인 점에 있어서 모두가 발하는 것은 기
(氣)요, 발하는 까닭인 소이(所以)는 이(理)라고 할 수 있다. 문제는 사단

---

111) 《구봉집》, 권3, 〈잡저〉, 〈태극문〉: "答 理氣旣不相離 則固不可分先後 而然朱子曰 自
　　形而上下者言 豈無先後 必欲言之 則其先後 亦可想矣 太極 理也 陰陽 氣也 形而上
　　豈有氣哉 於氣 理未嘗不在 而於理 或有氣未嘗用事處"

은 이(理)를 주로해서 드러난 감정이고 칠정은 기(氣)를 주로 해서 드러난 감정이라는 데 차이가 있을 뿐이다. 그러므로 송익필의 이기론 입장을 이런 이유로 주기론으로 규정하는 것은 옳지 않다.

2. 인간(人間)에 대한 이해

1) 인간(人間), 천지(天地), 사물(事物)

송익필의 인간 심성에 대한 논의에 앞서 송익필이 천지, 인간, 사물을 어떻게 설명하고 있는지 살펴보기로 하자. 아울러 인간 가운데 성인(聖人)과 일반적인 중인(衆人)은 어떻게 이해하고 있으며, 또 천지와 성인에 대해서는 어떻게 이해하고 있는지 검토해 보기로 하자. 이는 송익필의 소박한 세계관이기도 하고 우주자연, 인간에 대한 송익필 나름의 도상(圖像)이라고도 할 수 있다.

송익필은 천지와 인간되는 것을 이렇게 설명한다.

양(陽) 가운데의 음양(陰陽)이 곧 음양인데 천도(天道)이고, 음(陰) 가운데의 음양은, 즉 강유(剛柔)인데 지도(地道)이다. 음양은 기(氣)를 결합하고, 강유는 질(質)을 이루며 이 이(理)가 비로소 인도(人道)의 표준이 됨은 인의(仁義)이다. 그 실상은 모두 하나의 이(理)인데, 위에 붙어서 하늘이 되고 아래에 붙어서 땅이 되며 그 중간에 붙어서 사람이 된 것이다. 비록 이(理)는 같지 않음이 없지만, 기질(氣質)을 가지고 말하자면 사람에게는 또한 조금 더 순수하게 갖추어짐이 있다. 내 마음이 곧 하늘과 땅의 마음이기 때문에 감응하여 소통하지 않음이 없는 것이다.[112]

---

112) 위의 글: "答 陽中之陰陽 卽陰陽也 天道也 陰中之陰陽 卽剛柔也 地道也 陰陽合氣 剛柔成質 而是理始爲人道之極者 仁義也 其實皆一理也 着於上而爲天 着於下而爲地

송익필에 의하면 음양이 기(氣)를 합하고 강유(剛柔)가 질(質)을 이룸으로써 이(理)가 비로소 인의(仁義)가 되어 인도(人道)의 표준이 된다고 한다. 사실 그 이치는 동일한데 위에 붙어서 하늘이 되고, 아래에 붙어 땅이 되고, 그 중간에 붙어서 사람이 된 것이라 하였다.

송익필은 선유(先儒)의 학설을 인용하여 사람은 천지의 바른 기를 받았고, 물(物)은 치우치고 막힌 기를 타고났다고 한다.[113] 그런데 사람은 능히 기질을 변화시켜 불초(不肖)한 자가 성현(聖賢)이 될 수 있는데 이 또한 심(心)이 통한 때문이다. 반대로 사람이 남의 등창을 빨고 치질도 핥던 자가 나중에는 아비와 임금을 죽여 금수도 하지 않는 짓을 행하는 것 또한 심이 통한 때문이라고 한다.[114] 여기서 송익필은 사람이 다른 사물과는 달리 바른 기를 받은 존재요 통한 기를 받은 존재라고 보았다. 그러므로 불초한 기질을 변화시킬 수 있는 동시에 반대로 선행을 하다가도 악행을 저지르게 된다고 보았다.

송익필은 또 사람과 사물이 기(氣)는 서로 근사하지만, 이(理)는 전혀 같지 않다고 하였다. 물은 기(氣)의 치우침에 있고, 이(理)가 그 치우친 속에 막혀 있으므로 같지 않다는 것이다. 기가 서로 근사하다는 것은 춤

着於中而爲人 雖理無不同 而以氣質言之 在人者又稍精備 吾之心卽天地之心也 故無感不通"

113) 위의 글: "問 人受天地之正氣 物稟其偏塞 然而鷄能司晨 犬能吠客 牛能負重 馬能致遠 各能其事 人反不及於物 而不能踐形 子鮮孝臣寡忠 何也 曾謂人之靈 而反不如物之塞耶"

114) 위의 글: "答 物以塞而能天 以心不虛靈也 故莊子曰惟虫能天 人能變化氣質 以不肖爲聖賢 亦以通也 人之舐痔吮癰 終至於殺父與君 行禽獸不爲之事 亦以通也 可不畏哉"

고 따뜻한 것을 알며, 배고프고 배부른 것을 깨달으며, 삶을 좋아하고 죽음은 싫어하며, 이로움은 따르고 해로움은 피하는 것과 같이, 사람과 물이 서로 근사하다고 하였다.115) 이는 송익필이 이(理)의 보편성을 부정한 것이 아니라, 사물 즉 동식물은 기의 치우침에 있고 이(理)가 그 속에 있기 때문에 같을 수 없다는 것이다. 그러나 기의 측면에서 보면 춥고 따뜻함을 알고, 배고프고 배부른 것을 알고, 삶을 좋아하고 죽음을 싫어하는 것처럼, 생리적 본성에 있어서는 오히려 사람과 동물이 근사하다는 것이다. 그러므로 송익필은 다음과 같이 말하여 인간의 변화 가능성에 대해 말하였다.

> 상태가 천백 가지로 다른 것은 기(氣)이고, 하나로 관통하는 것은 이(理)이다. 사물은 치우치고 막힌 기(氣)를 타고났으며, 사람은 통(通)하고 바른 기(氣)를 타고났다. 그 통하고 바른 기 가운데에는 청탁(淸濁)의 다름이 없을 수 없다. 그러나 다 같이 인의예지(仁義禮智)의 이(理)를 타고났기에 성인(聖人)은 교육을 베풀어 그리로 돌아가게 하고자 한 것이다.116)

앞 절에서 송익필은 '사람의 이(理)는 인의예지'라고 하였다. 물은 막히고 치우친 기(氣)를 타고났지만, 사람은 바르고 통한 기(氣)를 품수 받아서 사람의 이(理)인 인의예지로 돌아가도록 성인이 교육을 베풀고자 한

---

115) 위의 글: "答 理絶不同 物得氣之偏 而理在偏中 塞而不同也 氣相近 如知寒煖識飢飽 好生惡殺 趨利避害 人與物相近也"
116) 위의 글: "答 千百其狀者 氣也 貫乎一者 理也 稟得氣之偏且塞者 物也 正且通者 人也 於通正之中 又不能無淸濁之殊 而同得仁義禮智之理 故聖人設敎 欲返其理"

것이라고 하였다. 여기서 사람의 이(理)라고 하는 것은 인륜(人倫)이며 인도(人道)라고 할 수 있다. 이러한 인도는 본래 천리의 통하고 바른 기를 품수 받은 인간이, 더러 청탁의 기가 섞여서 인의예지의 이(理)를 드러내지 못하기에 성인이 가르침을 베풀어서 천리의 본성으로 돌아가는 것이라 설명하고 있다. 바르고 통해서 자연하게 드러나는 천리의 성품은 곧 직(直)이다. 이러한 직의 성품을 품수 받은 인간의 성품은 더러 기의 청탁으로 인해 성인과 같지 않아, 가려지고 굽어서 바르지 않고 막혀서 통하지 못하여 그 순선한 본성이 자연하게 발현되지 못한다. 그래서 성인이 가르침을 베풀면 탁하여 굽거나 통하지 못하던 사람들의 기가 변화하여, 그 본래 이(理)의 순선하고 자연한 품성인 인의예지가 당면한 인간 현실 세계에 바르고 곧게 체현된다는 것이 송익필의 인간관이라 할 수 있다. 이는 정명도가 "도가 있고 이(理)가 있으니 천과 사람은 하나이며 나뉘어 구별되지 않는다."라고 주장한 것과[117] 같은 의미로서, 곧 유가의 천인합일사상을 뜻하며 그 근본에는 직(直)을 근본정신으로 하는 것이라 하겠다.

또 다음에서 보는 것처럼 송익필은 천지만물의 전개에 있어서 근본적으로 이(理)의 실현이라는 견해를 가지고 있다.

이(理)가 은미하지 않고 기(氣)가 왕성하지 않다면 성현이 무엇 때문에 가르침을 베풀었겠는가? 이(理)가 비록 은미하나 더욱 드러나고, 기(氣)가 비록 왕성하나 변화시킬 수 있다. 이것이 성현이 도(道)를 실현하지 못할 시대도 없고, 교화시키지 못할 사람도 없다는 까닭이다. '천지가 제

---

117) 《이정집》, 권2, 〈유서(遺書)〉上: "有道有理 天人一也 更不分別"

자리를 지키고 만물이 저절로 자라남'에 이르러서도 기는 항상 이(理)의

명령을 듣게 되는 까닭이다.[118]

이를 통해서 볼 때, 송익필은 변화 가능한 인간의 주체적 의지에 대해

매우 긍정적임을 알 수 있다. 궁극적으로 이 세계는 기(氣)가 항상 이(理)

에 복종하는 세계다. 그것은 이(理)라고 하는 세계의 구도대로 실현되는

세상임을 말한다. 따라서 이 세상은 비록 한때, 부분적으로는 혼란과 무

질서 그리고 악(惡)이 존재하지만, 궁극적으로는 이(理)의 질서대로 이

(理)의 법칙대로 실현되어 가는 세상이다. 이렇게 이(理)가 기(氣)를 지배

하고 주도하는 세계라는 신념은 성현으로 하여금 인간과 세상의 변화

가능성을 더욱 확고히 해 준다. 이는 유가의 천인합일사상의 근거를 제

시하는 것이기도 하다. 공평무사하여 구부러지거나 은폐되거나 작위(作

僞)함이 없어서 자연하게 드러나는 천리가, 천명대로 유행하여, 끊임없이

낳고 또 낳아(生生不窮), 유행하며 순환하는 데 동정하는 음양의 기에는

선악이 있을 수 있다. 그러나 자연한 성품을 온전히 하는 성인이 백성들

에게 가르침을 베풀어서 백성을 편안하게 하고, 마침내는 자연한 이(理)

에 복종하여 순선한 이(理)에로 귀일(歸一)할 수 있다는 변화 가능성을

말하고 있는 것이다. 여기서 천리란 바로 자연의 보편적 원리이자 존재원

리를 의미한다고 할 때, 인간현실에 구현되는 이치는 마땅히 해야 하는

당위(當爲)의 이치가 된다. 천리는 하나의 보편적 원리로서 자연과 사회

---

118) 《구봉집》, 권3, 〈잡저〉, 〈태극문〉: "答 理不微氣不盛 則聖賢又何爲教 理雖微而益著
    氣雖盛而可變 此聖賢之所以無不可爲之時 無不可化之人 而至於天地位萬物育 氣常
    聽命於理者也"

는 물론 모든 구체적인 사물의 존재와 발전에 적용되기 때문에, 유가의 전통적인 천인합일사상은 이러한 '천인일리(天人一理)'의 형식을 갖게 되는 것이다.[119]

2) 성인(聖人)과 중인(衆人)

송익필은 성인(聖人)과 중인(衆人)을 어떻게 구별하고 있는가? 송익필은 "무릇 사람이 겨우 동(動)하자 그름이 있는 것은 기(氣)가 그렇게 시키기 때문이다."라고 하였다. 성인이 그름이 없는 것은 타고난 기가 청(淸)하기 때문이다. 하늘이 혹 그름이 없지 않은 것도 또한 기가 그렇게 시키기 때문이다. 무릇 성인은 순수하게 맑은 기만을 받았고, 보통사람들은 맑고 탁한 것이 고르지 않으며, 천지의 기도 또한 고르지 않다. 그러므로 주자는 "천지의 성(性)은 이(理)인데 음양과 오행이 작용함으로써 곧 기질의 어둡고 밝음과 후(厚)함과 박(薄)함이 생긴다."라고 하였다.[120] 송익필이 성인의 기운은 청(淸)하기 때문에 그릇됨이 없다고 하였는데, 청하다는 것은 맑다는 것이기도 하지만 그 본래 뜻은 사사로운 욕심이 없는 것을 말한다고 할 수 있다. 《맹자》를 살펴보면, "백이(伯夷)가 성인(聖人)의 청한 사람"이라고 하였는데, 이에 대한 주석에서 "잡됨이 없는 것을 청의 지극함이라 하고, 억지로 힘써서 청한 것은 성인의 청이 아니라"[121]고

---

119) 진래 지음, 안재호 옮김, 《송명성리학》, 예문서원, 1997, 128쪽.

120) 《구봉집》, 권3, 〈잡저〉, 〈태극문〉: "答 凡人之纔動有差 氣使之然也 聖人之無差 得氣之淸也 天之或不能無差 亦氣使之然也 蓋聖人純得其淸 凡人淸濁不齊 天地之氣亦不齊 故朱子曰 天地之性 理也 到陰陽五行處 便有氣質之昏明厚薄"

121) 《맹자》, 〈만장장구〉: "孟子曰 伯夷聖之淸者也"의 주석에서 "張子曰 無所雜者淸之極

말하고 있다. 여기서 청은 억지로 하는 작위함이 없다는 것으로 인위적인 인욕의 사사로움이 없는 것이라고 할 수 있다. 이로 볼 때 송익필이 말하고 있는 성인의 청한 성품은 참(誠)된 것으로서 사사로움이 없고 작위함이 없으며 기울거나 굽거나 가려진 것이 없어서, 자연하게 드러나는 천도(天道)와 같은 순선(純善)한 성품이라 할 수 있다.

송익필은 또 말하기를, "대개 일이 정상을 얻지 못함을 변(變)이라 하고, 변에 대처하는 것을 권(權)이라고 한다. 성인은 변에 대처하는 권이 있지만 하늘은 이러한 권이 없다. 이는 하늘이 만물을 널리 만들기는 하지만 마음이 없는 까닭이다. 정명도도 성인은 정(情)이 없고, 하늘은 마음이 없다 하였다. 성인의 기(氣)는 천지보다 더욱 정(精)하고, 천지의 기는 성인보다 오히려 조잡하다. 그러므로 타고나는 성품이 사람과 물에 차이가 있고, 기후도 정상과 이변의 차이가 있다. 천지의 성은 대본(大本)과 달도(達道)로 유행하고 발육하여 바깥도 안도 없고, 치우치지도 않으며 두 가지로 되지도 않는다. 이것이 성인이 하늘과 같기를 바라는 까닭으로써 문왕(文王)도 순수한 덕을 기르는 데에 그침이 없었던 것"122)이라고 하였다. 이는 송익필이 성인의 성품은 순수하게 청한 기(氣)만을 받아서 천지보다 더욱 정미하여 잘 드러나고, 하늘은 공평무사하며 무작위한 직도(直道)라고 말한 것이라 할 수 있다. 그러므로 문왕도 성인의 천덕을 닦아 천도와 같아지려고 그치지 않았다고 말한 것이라 하겠다.

無所異者和之極 勉而清 非聖人之清"

122)《구봉집》, 권3, 〈잡저〉, 〈태극문〉: "夫不得其常爲變 處變爲權 在聖人有處變之權 而天則無是 天普萬物而無心故也 明道先生曰 聖人無情天無心 聖人之氣 比天地愈精 天地之氣 比聖人猶雜 故稟賦有人物之殊 時序有常變之異 惟天地之性 大本達道 流行發育 無外無內 不偏不二 此所以聖希天也 文王之純亦不已者也"

또 송익필은 "무릇 동(動)하기만 하고 정(靜)이 없는 것은 하늘이며, 정하기만 하고 동이 없는 것은 땅이다. 동하기도 하고 정하기도 하는 것은 기(氣)이며, 동하기도 하고 정하기도 하면서 동하고 정함이 없는 것은 이(理)이다. 동과 정의 이치를 위반한 자는 걸과 척이고, 동과 정을 그 중도(中道)에 맞게 한 자는 요(堯)임금과 순(舜)임금으로서 이(理)가 천명에 의해 유행하여 동정하는데 그 중도에 맞게 한 자는 요·순이다."123)라고 하였다.

맹자도 탕(湯)임금은 중도를 잡아 행했다고 말하였는데,124) 이로 볼 때 성인의 실천은 중도에 있음을 알 수 있다. 또 송익필은 성인은 변화에 대처하는 권(權)이 있지만, 하늘은 권이 없다고 한다. 따라서 하늘은 만물을 낳기는 하지만 마음이 없다고 하였다. 이로 볼 때, 성인은 인간을 변화시키고 세상을 바꿀 수 있는 권이 있지만, 하늘은 만물의 근원으로 만물을 낳기만 하고 사사롭고 작위적인 의지적(意志的) 마음은 없는 것이라고 송익필은 말하고 있는 것이다.

그리고 "성인은 전체가 태극으로 하늘과 더불어 덕을 같이한다 하고, 성인은 기질의 성(性)이 순수하고 착하나 하늘은 기질의 성이 없다."125)라고 하였다. 이처럼 성인은 태극이란 말로 표현되고 하늘과 더불어 덕을

---

123) 위의 글: "大抵動而無靜者 天也. 靜而無動者 地也. 動靜者 氣也. 動靜而無動靜者 理也. 動靜之反其理者 桀跖也. 動靜之合其中者 堯舜也"

124) 《맹자》, 〈이루장구〉: "湯 執中 立賢無方"

125) 《구봉집》, 권3, 〈잡저〉, 〈태극문〉: "答. 或問陰陽便有善惡. 朱子曰 陰陽五行皆善 又曰 陰陽之理皆善 此謂理皆善而氣有善惡也. 氣有善惡 故有人物偏正淸濁之殊 到人亦有 幾善惡之分 皆理在氣中後說 故朱子曰 此言衆人具動靜之理 而常失於動也. 動靜之 分善惡 衆人爲然 聖人全體太極 與天同德 聖人氣質之性 純善 天則無氣質之性 故 朱子曰天地之性 是理也 纔到有陰陽五行處便有氣質之性 便有昏明厚薄之殊"

함께하는 것이다. 따라서 성인(聖人), 태극(太極), 천(天)은 상통하는 것이고, 성인은 천덕을 구비한 자이다. 또 송익필은 "물(物) 또한 오행을 타고 났으나 치우치게 타고난 것이 물이라 하고, 사람은 바르고 맑은 것을 받은 자가 성인이라 하였다. 명덕(明德)에서 성(聖)과 광(狂)을 구분하지 않음은 다 같이 바름을 타고난 것이고, 인의(仁義)가 사람과 물에 고루 부여되었다 함은 다 같이 이(理)를 얻은 것이라 한다. 그런데 인의예지라는 것은 오로지 그 이(理)만을 가리킨 것이고, 명덕이란 이(理)와 기를 아울러서 말한 것"[126)]이라고 말하였다.

이상 송익필의 천과 인간과 사물의 관계에 대한 이해를 정리해 보면, 하늘의 이(理)는 원형이정(元亨利貞)이며, 인간의 이(理)는 인의예지이고, 물의 이(理)는 오행이라고 했다. 그리고 성인은 순수하게 맑은 기만을 받았고 전체가 태극으로 하늘과 더불어 덕을 같이한다. 천은 공평무사하여 만물을 낳기는 하지만 마음이 없고, 성인은 청탁의 정이 없고 천덕을 구비한 자이며, 변(變)에 대처하는 권(權)이 있다. 사람은 본래 하늘의 마음을 품수 받아서 통하고 바른 기를 타고났지만, 더러 기의 청탁으로 인해 순선하고 자연한 이(理)인 인의예지가 인간현실 세계에 발현되지 못한다.[127)] 그러므로 천리의 성품인 인의예지는 이(理)만을 말하는 뜻이고,

---

126) 위의 글: "答. 物亦具五行而得其偏者 物也 人受其正而得其淸者 聖也 明德之不分聖狂 同得其正也 仁義之均賦人物 同得其理也 仁義禮智 全指其理 明德 竝擧理氣而言"

127) 김세정,《왕양명의 생명철학》, 청계출판사, 2006, 216~217쪽. 참조. 양명학에서도 인간의 마음은 사욕(私欲)이 제거된 순수한 상태에서 유기적 생명성으로서의 천리(天理)가 자연스럽게 발현·전개된다고 말하고 있다.

이(理)와 기(氣)를 함께 들어서 말한 것이 명덕이라 하였다. 명덕이란 천덕을 밝힌다는 뜻으로, 이기 즉 선·불선이 함께 있는 인간이 닦아서 선으로 변화하여야 하는데 이를 인도(人道)라고 말하고 있다.

이로 볼 때 송익필은 유가의 전통적인 천지·인간·사물관과 동일한 이해를 하고 있으며, 인간과 천의 관계에서 보편적 원리로서의 천도는 공평무사한 직의 도로서 그 이치가 인간사물에 천명으로써 동정(動靜)·유행하는 원리가 된다. 이는 사사로움과 작위함이 없는 직으로써 행하여야 다시 천리의 본성을 보존 회복할 수 있는 당위의 법칙인 인도가 된다고 밝히고 있다. 또 이 세계와 만물이 존재원리이자 필연적 자연법칙인 이(理)에 의해 존재하고 생성되는 것으로써, 인간에게 천리는 도덕 윤리적 특수성을 띠게 되면서 인의예지의 인도가 된다는 것을 의미한다고 할 수 있다.[128] 곧 천도와 인도가 일관하는 천인합일 사상을 담지하고 있음을 알 수 있다. 그럼으로써 인간의 변화 가능성을 상정하고 천리에 순응하는 인간의 도리를 실천해 나가야 한다는 주체적 변화의 긍정성을 말하고 있는 것이다. 또한 사사로운 욕심이 없고 천덕을 구비한 요·순의 성인을 드러내어, 성인은 천이 가지지 못한 시중(時中)의 권도(權道)로써 백성을 교화하여 인간사회에 왕도(王道)를 구현할 수 있다는 철학적 관점을 보여 주었다.

---

128) 이진경, 〈연암 박지원의 철학사상에 관한 연구 - 도가 철학적 관점을 중심으로 -〉, 충남대 대학원 박사학위논문, 2009, 62쪽.

3) 권도(權道)에 대하여

송익필은 권도(權道)와 관련하여 하늘은 만물의 근원으로서 만물을 낳기는 했지만, 사사롭고 작위적인 의지적 마음이 없다고 하였다. 그러나 성인은 인간을 변화시키고 세상을 바꿀 수 있는 권(權)이 있다고 보았다. 이는 공자가 인간이 도를 크게 하는 것이지 도가 인간을 크게 하는 것이 아니라고[129] 설파한 인간의 주체적 변화 가능성을 긍정적으로 보는 입장과 같은 것으로써 유가사상의 가장 핵심적이고 근본이 되는 철학정신이라 할 수 있다. 이러한 유가에서의 권도에 대한 이해를 고찰해 보면 다음과 같다.

《맹자》에서 "천하의 도(道)에는 정도(正道)와 권도(權道)가 있으니 정도는 만세의 떳떳함이요, 권도는 한때의 운용이다. 상도(常道)는 사람들이 모두 지킬 수 있으나, 권도는 도를 체득한 자가 아니면 쓸 수 없는 것이다. 권도는 부득이한 데서 나오는 것이니, 만일 아버지가 고수와 같은 나쁜 아버지가 아니며 아들이 순(舜)과 같은 효자가 아니면서 아뢰지 않고 장가들려고 한다면 천하의 죄인이다."라고[130] 하는데, 순이 부모에게 아뢰지 않고 장가든 것에[131] 대하여 주자는 주석에서 말하기를, 순임금이 [완악하여 순의 이복동생 상(象)과 함께 불을 지르고 우물 속에 매장시켜 순을

---

129) 《논어》, 〈위령공〉: "子曰 人能弘道 非道弘人"
130) 《맹자》, 〈이루장구〉: "舜 不告而娶 爲無後也" 의 주석에서, "范氏曰 天下之道 有正有權 正者 萬歲之常 權者 一時之用 常道 人皆可守 權 非體道者 不能用也 蓋權 出於 不得已者也 若父非瞽瞍 子非大舜 而欲不告而娶 則天下之罪人也"
131) 위의 글: "舜 不告而娶 爲無後也"

죽이려 하는] [132] 아버지인 고수에게 아뢰었으면 장가를 들 수가 없기에, 아뢰는 것은 예(禮)요 아뢰지 않은 것은 권도라고 설명하고 있다. [133] 이러한 대표적인 사례에서 맹자는, 제수가 물에 빠졌는데 구원하지 않는다면 이는 승냥이라 할 수 있는데, 남녀 간에 주고받기를 친히 하지 않음은 예의이고, 제수가 물에 빠졌을 때, 손을 잡아 구원함은 권도라고 [134] 하였다.

여기서 권(權)에 대하여 살펴보면, 권은 저울질하는 것으로 저울질하여 중도에 맞으면 올바름에서 이탈하지 않는 것이다. [135] 권은 저울과 저울추이니 물건을 저울질하여 맞음을 취하는 것으로서, 상황을 저울질하여 중도를 얻는다면 이것이 바로 예(禮)이다. [136] 권도를 행한다는 것은 일의 경중(輕重)을 저울질하여 의리에 합하게 하는 것을 [137]이르며, 권은 반드시 의에 합해야 하는 것임을 [138] 살펴볼 수 있다.

《논어》에서 공자의 권도에 대한 말을 살펴보면, "더불어서 함께 배우고, 도에 나아가고, 함께 설 수는 있어도, 함께 권도를 행할 수는 없

---

132) 위의 글: "萬章曰 父母使舜 完廩損階 瞽瞍焚廩 使浚井 出 從而掩之"

133) 위의 글: "舜 不告而娶 爲無後也"의 주자 주석에서, "舜告焉 則不得娶而終於無後矣 告者 禮也 不告者 權也 盖權而得中 則不離於正矣"

134) 위의 글: "曰 嫂溺不援 是豺狼也 男女授受不親 禮也 嫂溺 援之以手者 權也"

135) 위의 글: "舜 不告而娶 爲無後也"의 주자 주석에서, "盖權而得中 則不離於正矣"

136) 위의 글: "曰 嫂溺不援 是豺狼也 男女授受不親 禮也 嫂溺 援之以手者 權也"의 주자 주석에서 "權 稱錘也 稱物輕重而往來以取中者也 權而得中 是乃禮也"

137) 《논어》, 〈자한(子罕)〉: "子曰 可與共學 未可與適道 可與適道 未可與立 可與立 未可與權"의 정이천의 주석에서, "權 稱錘也 所以稱物而知輕重者也 可與權 謂能權輕重 使合義也"

138) 위의 글: "可與權 謂能權經重 使合義也"

다."[139]라고 하였다. 또 군자는 의(義)로써 바탕을 삼고 예로써 그것을 행한다고 하였으며,[140] 인(仁)은 의의 근본이 된다고 하였다.[141] 이로 미루어 보면, 시중(時中)에 적합한 권도를 실천하기 위한 기본원칙으로 인으로써 주체를 확립하고 예로 상도를 삼아서 의로 올바른 가치판단을 하여 끊임없이 실천하는 가운데 깊이 스스로 깨닫고 변통을 알아야 하는 것[142]이라고 할 수 있다.

주자도 《맹자》에서 "지금 천하가 크게 혼란하여 백성들이 함정에 빠지고 물에 빠짐을 당하니, 또한 마땅히 권도를 따라 구원하여야 할 것이요, 선왕의 정도만 지켜서는 안 된다."라고[143] 말하고 있다.

이러한 권도가 올바르게 구현되려면 부딪힌 상황에 대한 올바른 판단과 그 상황에 대처하는 올바른 방법이 요청된다. 여기에서 올바른 판단을 하기 위한 기준이 의이며, 의에 근거한 올바른 판단을 통하여 최적의 적중(的中)한 상태에 이른 것이 시중이다. 다시 말해 의는 사물의 경중·본말·완급·선후 등을 잴 수 있는 저울에 해당되며, 권은 이 저울을 이용하여 저울질하는 것이며, 시중은 저울질한 뒤에 사물이 평형을 유지한 상태를 말한다. 그러므로 권은 반드시 의로 저울질해야 하는 것이며, 시중은 권으로 저울질한 뒤에 얻을 수 있는 것이다.[144]

139) 위의 글: "子曰 可與共學 未可與適道 可與適道 未可與立 可與立 未可與權"
140) 《논어》, 〈위령공〉: "君子義以爲質 禮以行之"
141) 《예기(禮記)》, 〈예운(禮運)〉: "仁者 義之本也"
142) 오석원, 《한국 도학파의 의리사상》, 유교문화연구소, 2005, 175쪽.
143) 《맹자》, 〈이루장구〉: "曰 今天下溺矣"의 주자 주석에서 "言 今天下大亂 民遭陷溺 亦當從權以援之 不可守先王之正道也"
144) 《주자어류》, 권37, 〈가여공학장(可與共學章)〉: "以義權之 以後得中 義似稱 權是將這稱去稱量 中是物得其平處"

이상을 정리해 보면, 유가의 도를 실천하고자 함은 곧 참된 인간의 도리인 인(仁)을 실천하고자 함이요, 그 실천 방법은 의(義)를 바탕으로 하는 예(禮)로써 드러나며, 예는 시중의 의리에 맞아야 하는 것이다. 의에 부합하는 예는 정상적인 일에 적용하는 상도(常道)이지만, 권은 도를 실천하는 사람이 처해 있는 때와 위치와 상황에 따라 달라질 수 있는 비정상적인 일에 적용하는 변도(變道) 또는 변례(變禮)라고 할 수 있다. 이와 같은 시중의 도는 상(常)과 변(變) 또는 경(經)과 권(權)을 합일하는 것으로, 다시 말해 권은 도를 굽힌 것이 아니라 도를 구현하는 과정에서 방법과 선택의 차이일 뿐[145]이라고 할 수 있다.

---

145) 오석원,《한국 도학파의 의리사상》, 유교문화연구소, 2005, 186쪽.

3. 인간심성의 철학적 이해

1) 심(心)·성(性)·정(情)·의(意)에 대한 이해

송익필의 인간 심성관(心性觀)을 검토하기 전에 먼저 심(心), 성(性), 정(情), 의(意) 등 심성론의 기초개념에 대한 송익필의 견해를 살펴보기로 하겠다. 다음 글은 송익필이 이에 대한 설명을 종합적으로 한 것이라고 할 수 있다.

아직 발동(發動)하지 않은 것이 성(性)이요, 이미 발동한 것이 정(情)이다. 그리고 아직 발동하지 않은 것과 이미 발동한 것을 포함한 것이 심(心)이다. 심은 성과 정을 통괄하는 것이다. 물에 비유하자면, 심은 물이고, 성은 물이 고요한 것이고, 정은 물이 움직이는 것이다. 사단(四端)은 그 물살을 단순히 열거한 것이요, 칠정(七情)은 그 파도를 아울러 말한 것이다. 물은 흐르지 않으면 안 되고, 또한 물결이 없어서도 안 된다. 파도가 평지에 있을 때 파도가 세차지 않고 조용히 흐르는 것은 파도가 그 올바름을 얻는 것이다. 파도가 돌에 부딪쳐 파도가 세차게 흐르는 것은 파도가 그 올바름을 얻지 못한 것이다. 그렇지만 어찌 조용히 흐르는 것은 파도가 되고, 세차게 흐르는 것을 파도가 되지 않는단 말인가? 그러므로 정에는 선(善)·불선(不善)이 있다고 말하는 것이다. 평지에서 조용히 흐르는 파도를 끌어다가 도리어 돌에 달리도록 하는 것은 의(意)다. 돌에 부딪쳐 세차게 흐르는 파도를 끌어다가 도리어 평지로 달리도

록 하는 것도 또한 의(意)이다.[146]

송익필은 아직 움직이지 아니 한 미동은 성(性)이고, 이미 움직인 이동은 정(情)이고, 미동과 이동을 포함한 것이 심(心)이라 하였다. 이는 주자가 미동을 성으로 보고, 이동을 정으로 보고, 심은 동정을 관통해 거기에 있지 아니함이 없다고 말한 것과 같다.[147]

그런데 송익필은 이를 물에 비유해 설명하였다. 심은 물이고, 성은 물이 고요한 것이고, 정은 물이 움직이는 것이라 한다. 그리고 평지에서 조용히 흐르는 파도를 끌어다가 도리어 돌에 달리도록 하는 것이 의(意)이고, 돌에 부딪쳐 세차게 흐르는 파도를 끌어다 도리어 평지로 달리도록 하는 것도 의라고 하였다.

또한 송익필은 다음과 같이 심·성·정·의의 개념과 상호관계에 대해 설명하였다. 북계 진씨[148]의 말을 인용하여 가령 한 건의 사물이 와 부딪칠 때 몸 안에서 주재하는 것은 심이고, 움직여 바깥으로 나갈 때 기뻐하고 또 화내는 것은 정이고, 속에는 개개 사물이 있어 움직여 나가는 것이 성이고, 헤아려 운용해 나가면서 사람을 기쁘게도 만들고, 사람을 노하게도 만드는 것이 의라고 하였다. 또 당연히 기뻐하거나 화내야 할

---

146) 《구봉집》, 권4, 〈현승편上〉, 〈답숙헌서별지(答叔獻書別紙)〉: "夫未動是性 已動是情 而包未動已動者爲心 心所以統性情也 譬之水 心 猶水也 性 水之靜也 情 水之動也 四端 單擧其流也 七情 竝言其波也 水不能無流 而亦不可無波 波之在平地而波之溶 溶者 波之得其正也 波之遇沙石而波之洶洶者 波之不得其正也 雖然 豈以溶溶者爲 波 而洶洶者不爲波哉 故曰情有善不善也 夫引平地溶溶之波而返走沙石者 意也"

147) 《성리대전》, 권33, 〈성리(性理)5〉: "未動爲性 已動爲情 心則貫乎動靜而無不在焉"

148) 북계 진씨(北溪 陳氏): 이름은 순(淳), 자(字)는 안경(安卿), 호는 북계(北溪), 송(宋) 나라 유학자.

때 기뻐하거나 화를 내는 것은 정이고, 기뻐하거나 화를 내서는 당연히 안 되는데 기뻐하거나 화를 내는 것도 역시 정이라 하였다. 합당한 경우에 기뻐하거나 성내는 것은 선이고, 합당하지 않은데도 기뻐하거나 화내는 것은 불선이므로 선·불선 모두가 정이라 하였다. 만약 합당할 경우에만 반드시 정이 일어나고 합당하지 않을 경우 정이 일어나지 않으면, 즉 모두 합당하고 합당하지 않음이 없다 하였다. 의(意)가 정(情)을 운용한다는 의미는 정이 나타날 때 합당(合當)과 부당(不當)이 있으므로 의가 정을 운용한다는 것이다. 의는 정을 드러내서는 합당하지 않을 때 합당하도록 만드는 공로가 있다고 밝히고 있다.[149]

이상에서 심(心)이란 태극이며 통회로서 모든 이치가 생겨나는 발원이다. 이러한 심은 고요함과 느낌의 적감(寂感)을 포함하고 동정(動靜)을 관통하여 주재하는 것으로서 미동하여 정(靜)한 것이 성(性)이고, 이동한 것이 정(情)으로서 선과 불선이 있는 것이며, 정(情)을 운용하는 것이 의인데, 정이 부당하면 합당하게 하는 공로가 있는 것이라고 본다. 이러한 송익필의 주장은 인간의 삶에 있어서 의를 중요시 여겨서 변화 가능성의 시발점으로 본 것[150]이라고 할 수 있다. 이와 같은 송익필의 의(意)는 성

---

149) 《구봉집》, 권4, 〈현승편上〉, 〈답숙헌서별지(答叔獻書別紙)〉: "北溪陳氏曰 且如一件事物來接着 在內主宰者 是心 動出來 或喜或怒者 是情 裏面有介物 能動出來底 是性 運用商量 要喜那人 要怒那人 是意 夫當喜怒而動出來喜怒者情也 不當喜怒而動出來喜怒者亦情也 當而出來者善也 不當而出來者不善也 故善不善皆情也 苟必發於當而不發於不當 則皆當而無不當 意之運用底意安在 出來之有當不當 故運用之有能使不當者當之之功"

150) 이소정은 정(情)의 선·불선(善·不善)을 운용하는 송익필의 의(意)에 대해 수양론에서 실천적인 의지와 노력을 강조하였다고 보고 있다. (이소정, 〈구봉 송익필의 예학사상 연구 - 제례를 중심으로〉, 성균관대 대학원 석사학위논문, 2002, 30쪽)

의(誠意) 151)를 통한 성지(誠之) 152)를 뜻하며, 수기(修己)를 통해 순선한 천덕을 밝히는 직(直)의 수양과 궁리(窮理)를 실천하는 기본정신이 된다고 하겠다. 송익필에 의하면 정(情)이 단지 선한 곳에서 일어나고, 불선한 곳에서는 일어나지 않는다면, 즉 주자의 '통제하기 어렵다'는 가르침과 정명도의 '외부 유혹의 두려움'이라는 것은 무슨 의미인가 반문하고, '심이란 적감153)을 포함하고 동정을 관통하는 것'이라 하였다. 또 포함하여 관통하는 것이 그 올바름을 얻는다면 감(感)과 동(動)은 어찌 불선하겠느냐 반문하여, 정에 선과 불선이 있음은 심이 바르고 바르지 않을 때라 하였다. 정이 선할 경우는 심이 이미 바르게 된 이후이고, 정이 드러나 모두 중절(中節)하다면 곧 정이 선한 것이라 하였다.154)

성정론(性情論)에서 송익필은 성인과 관련하여 주자의 말을 인용해 "성인은 기가 맑고 심이 바르다. 그러므로 성이 온전하고 정이 어지럽지 않다. 학자는 심을 보존해서 성을 기르고 그 정을 절제해야 하는 것이다."라고 하였다. 그리고 성인의 정이 어지럽지 않다는 것은 모두가 선하다는 것이 아니라 하고, 학자들이 그 정을 절제해야 한다는 것은 간혹 불선한

---

151) 《대학》: "欲正其心者 先誠其意 欲誠其意者 先致其知 致知在格物" "所謂誠其意者 毋自欺也 …… 君子必愼其獨也" 주석에서 주자도 성의(誠意)가 수기(修己)의 첫머리임을 말하고 있다.(誠其意者 自修之首也)

152) 《중용》: "誠者 天之道也 誠之者 人之道也" 참됨은 하늘의 도요, 참되고자 하는 것은 사람의 도이다.

153) 《주역》, 〈계사(繫辭)上〉: "寂然不動 感而遂通 天下之故" 마음이 안정되어 사물에 동요되지 않으면, 천하의 일을 마음에 느껴 통한다는 뜻.

154) 《구봉집》, 권4, 〈현승편上〉, 〈답숙헌서별지(答叔獻書別紙)〉: "朱子曰 人情易發而難制 明道云人能於怒時 遽忘其怒 亦可見外誘之不足畏 情只發於善而不發於不善 則朱子難制之戒 明道外誘之懼 何指 夫心者 該寂感貫動靜 該而貫之者旣得其正 則感與動安得不善 故情之有善不善 心之正未正時也 情之無不善 心之已正後也 發皆中節 卽情之無不善也"

것이 있는 것이 아니겠느냐고 하였다. 또 모두 선하지 못하므로 성인의 정이 어지럽지 않음을 귀하게 여기는 것이라 하여 때때로 불선이 있으므로 학자들은 절제해야 한다고 훈계한 것이라고[155] 말하고 있다. 성인의 성은 드러나 온전한 것이고, 학자는 성을 순선하게 드러내고자 배우는 사람이라고 한다. 이는 천도로서의 성(誠)과 인도로서의 성지(誠之)를 말하는 것처럼,[156] 사사로움이 없어서 자연하게 드러나 널리 퍼지는 성인의 직(直)한 성품과 또 이를 배우는 학자들의 성품을 말한 것임을 알 수 있다.

송익필은 또 장횡거의 말을 인용하면서 "성(性)은 이(理)이고 지각(知覺)은 기(氣)이며, 성은 정(靜)이고 지각은 동(動)"이라 한다. 따라서 성정으로 나누어 말하면 성은 성이고 지각은 정(情)이라 하였다. 지각하는 이치는 비록 성에 있지만, 지각하는 것은 기이다. 이는 심통성정(心統性情)에 대한 설을 보면 잘 알 수 있다고 하였다.[157] 여기서는 송익필이 지각의 문제를 중심으로 성리(性理)를 나누어 설명한 것인데, 성을 이(理)라면 지각은 기(氣)이고, 성을 정(靜)이라면 지각은 동(動)이라 하였다. 그리고 이를 성과 정(情)으로 나누어 대별하면 성은 성이고 지각은 정이라 하였다. 그러므로 지각하는 이(理)는 성에 있지만, 지각 자체는 기(氣)가 하는 바라고 보았다. 그런데 지각은 본래 심의 기능으로 이(理)와 기(氣)의 묘

---

155) 위의 글: "朱子曰 聖人氣淸而心正 故性全而情不亂耳. 學者當存心以養性 而節其情也 所謂聖人之情不亂者 非不謂皆善也 所謂學者之節其情者 非不謂或有不善耶 能皆善 故貴聖人之不亂 時有不善 故訓學者以節之"

156) 《중용》: "誠者 天之道也 誠之者 人之道也"

157) 《구봉집》, 권4, 〈현승편上〉, 〈답허공택우(答許公澤雨)〉: "性是理 知覺是氣 性是靜 知覺是動 性是性 知覺是情 所以知覺之理 雖在乎性 所以知覺者 氣也 看心統性情之說 可知"

합적 구조 아래에서 지각이 이루어지는 것이다.[158]

또 성(性)과 천지(天地)의 묘(妙)함은 처음부터 두 가지가 아니라 한다. 성이란 곧 희로애락이 발동하기 전을 지칭한 것으로 정(靜)에 속하고, 천지의 묘함이라는 것은 곧 태극이 움직임과 고요함을 겸한 것이라 하였다. 움직임과 고요함을 머금어서 치우치지 않은 것은 중(中)과 태극이 동일한 이(理)인데, 지적한 말이 각각 다를 뿐 실제는 성(性)이나 중이나 태극이나 모두 하나의 이(理)라고 하였다.[159] 이러한 송익필의 심성에 관한 이해는 장횡거에서 살펴볼 수 있다.

하늘은 마음이 없고, 마음은 모두 사람에게 있는 것이다. 한 사람의 사사(私邪)로움은 진실로 다함이 부족하지만, 여러 사람의 마음이 동일한 데에 이르면 이것이 의리(義理)이니 총괄하면 곧 천(天)이다.[160]

그리고 장횡거는 "태허는 하늘의 본질로서 만물은 태허에서 생겨난 것이며, 사람 또한 태허에서 생겨난 것이니 태허는 마음의 본질"[161]이라고 하였다.

---

158) 《주자어류》, 권5, 〈성리(性理)2〉: "問知覺 是心之靈 固如此 抑氣之爲耶 曰不專是氣 是先有知覺之理 理未知覺 氣聚成形 理與氣合 便能知覺"

159) 《구봉집》, 권3, 〈잡저〉, 〈태극문〉: "答 性與天地之妙 初非二物 而性卽喜怒哀樂未發之 稱 屬乎靜 天地之妙 卽太極之該動靜者也 含動靜而不偏 此中與太極之同一理 而指 各有異者也 其實性與中與太極同一理也"

160) 《장재집(張載集)》, 〈경학이굴 시서(經學理窟 詩書)〉: "天無心 心都在人之心 一人私見 固不足盡 至於衆人之心同一則却是義理 總之則却是天"

161) 《장재집》, 〈장자어록(張子語錄)〉, 〈어록(語錄)中〉: "誠則實也 太虛者天之實也 萬物取 足於太虛 人亦出於太虛 太虛者心之實也"

이처럼 송익필은 유가 선현들의 견해를 융합적으로 받아들여 심의 성정을 통관하는 주재성을 인간의 주체적 도덕 판단 능력을 가진 통회로 인식하여 인간의지의 도덕실천성을 지향하고 있는 것이라 하겠다. 그리고 본마음이 비어 있어서 심의 본성이 사의(私意)가 없다고 하는 점에서[162] 미루어 공평한 의리에 마땅함으로써 천과 통하는 것이다. 이는 하늘의 본성이 사사로움과 작위함이 없어서 공평무사하게 자연히 드러나는 것이라 할 때, 이를 본받은 인간 심의 본성을 사의가 없다고 보는 관점이라 할 수 있다. 이런 점에서 송익필 성리학이 인간 마음의 본질을 하늘의 본성인 직(直)으로 이해하고 있는 것이라 할 수 있겠다.

다음은 정(情)의 선악(善惡)에 대해 송익필이 어떻게 생각하고 있는가를 살펴보자. 송익필은 정은 반드시 모두 선한 것은 아니라 하고, 근본은 선할 수 있지만 그 정을 거스르기 때문에 악이 되는 것이라 하였다.[163] 그리고 주자의 말을 통해 설명하였는데, 주자는 "불선이 되는 것은 정이 외물에 옮겨져 그런 것이다."라고 하였다. 대개 발하여 부중절한 것은 진실로 '불선'이라 할 수 있지만, 그 정 자체가 '불선하다(爲不善)'고 할 수는 없다. 정이 비록 발하여 혹 '불선'할 수도 있으나 '불선하다'에 이르게 되는 데에는 어찌 의(意)가 작용하는 효용이 없었겠는가? 이러한 까닭에 주자가 앞에서 사물 위에 드러나 이미 작용하는 불선을 들어서 말하기

---

162) 최정묵, 〈장횡거 철학에 있어 도덕구현의 기초〉,《동서철학연구》제19집, 한국동서철학회, 2000, 94~95쪽에서 최정묵은 장횡거 철학에서 심(心)은 허(虛)라는 성질에 기초하여 주재적(主宰的)이고 자율적이며 능동적이라 말하고 있다. 태허인 본마음이 비어 있기에 사의(私意)에 구속되지 않고 옳고 그름을 분변 할 수 있으며, 스스로 마땅함과 부당함에 대한 도덕적 판단을 수행할 수 있는 것이라고 하였다.

163)《구봉집》, 권3, 〈잡저〉, 〈태극문〉: "答. 蓋情未必皆善 然本則可以爲善 惟反其情故爲惡"

를, "이는 애초에 정이 외물에 옮겨진 이후에 그렇게 된 것이다."라고 하였다. 따라서 '이후에 그렇게 된 것이다'라는 말이 '불선하다'를 지칭하는 것이다. 만일 정이 물에 옮겨진 것이 이미 '불선하다'라고 한다면 하필 '이후에 그렇게 된 것이다'라는 글자를 붙임으로써 '불선하다'를 말하면서 '사물상에 옮겨진다(遷物之上)'는 것에 중요한 의미를 두었겠는가? 외물에 옮겨지는 것은 정이고, 그 정이 발함에 중절하지 못한 것이 '불선하다'가 된 것은 의(意)로써, 의의 운용이 작용한 후를 가리키는 것이다. 따라서 외물에 옮겨진다고 말하는 것은 정이고, '불선하다'는 것은 의[164]라고 하였다.

그런데 여기서 주목할 점은 율곡과 김장생과 송시열의 의(意)에 대한 이해를 살펴볼 필요성이 있다. 율곡은 의란 정이 움직인 후에 정에서 비롯되어 계산하고 비교하는 것으로서,[165] 마음이 느낀 바에 의해서 헤아린 것이라고 하였다.[166] 송시열은 의란 정에서 한 걸음 나아간 것으로 계산하고 비교하고 꾀하는 것으로,[167] 의의 선한 것은 실로 성에 근원하므로 의가 성에서 발한다고도 말할 수 있다. 그러므로 성의 발을 또한 의라 말할 수 있으며, 심의 발을 또한 정이라 말할 수 있느냐는 문제에 대

---

164) 《구봉집》, 권4, 〈현승편上〉, 〈우답숙헌서(又答叔獻書)〉: "朱子曰 爲不善 情之遷於物而然也 蓋發不中節 固可謂不善 而不可謂爲不善也 情雖發或不善 而至於爲不善 則意豈無運用之效 是故 朱子先擧施諸事物上顯然已作之不善曰 是其初 情之遷於物而然也 然者 謂爲不善也 情之遷於物 旣是爲不善 則又何必更着而然二字 而以爲不善 加一般重意於遷物之上乎 遷於物者 情也 指發不中節底時爲不善者 意也 指運用底後 故曰 遷於物者情也 爲不善者 意也"

165) 《율곡전서》, 권14, 〈잡기(雜記)〉: "情動後緣情計較者爲"

166) 《율곡전서》, 권20, 〈성학집요(聖學輯要)〉: "心之因所感而紬釋商量者謂之意"

167) 《송자대전》, 권104, 〈답김직경(答金直卿)(丙辰別紙)〉: "意是計較謨爲底物"

해 송시열은 둘 모두 가능하다고 하였다.[168]

이영자는 이와 같은 율곡과 송시열의 의에 대해서 송시열이 선의지(善意志)의 근원을 성(性)으로 보고, 의를 성의 발로 보는 것은 율곡에게서는 보이지 않는 것으로 송시열 나름의 특징이라고 보았다. 율곡도 의지의 중요성을 매우 강조하였지만, 송시열은 이러한 율곡의 의지 중시의 경향을 계승하여 더욱 강화시켰다고 보고 있다. 또 이는 율곡에게서 언급되지 않은 것으로 송시열 성리학의 계발이라 평가된다고 보았다.[169] 송시열의 심성정론에서 의의 견해가 율곡의 학설과는 다르다는 것을 뜻한다.

그런데 송익필의 심은 성정을 관통하고 주재하여 이기의 발을 말하고 있고, 불선을 선하도록 합당하게 운용하는 의(意)를 말하고 있다. 배상현은 이와 관련해서 김장생은 '성발위정(性發爲情)'에 있어 중절과 부중절을 중시하였는데, 정의 직출(直出)로 인한 부중절을 막기 위해 의를 성실하게 하는 것을 학문의 종(終)으로 보았다고 말하여서[170] 김장생이 의를 중시한 점을 밝히고 있다.

이로 볼 때, 율곡이 의지(意志)를 중시한 것보다 더 확대시켜서, 김장생이 의를 성실히 하는 것을 학문의 마침표로 삼은 관점과, 송시열이 의를 성의 발로 보며 선의지의 근원을 의로 본 견해들은, 모두 송익필의 불선함을 선으로 합당하게 하는 의에서 찾을 수 있다고 하겠다. 이처럼 율곡

---

168) 《송자대전》, 권104, 〈답김중고(答金仲固)(丙辰)〉: "意之善者實原於性 則雖以意爲發於性亦可也 性之發亦可謂之意"

169) 이영자, 〈기호학파에 있어서 율곡성리학의 수용과 전개〉, 충남대학교 대학원 박사학위논문, 2007, 75쪽.

170) 배상현, 〈조선조 기호학파의 예학사상에 관한 연구 - 송익필·김장생·송시열을 중심으로〉, 고려대학교 대학원 박사학위논문, 1991, 115쪽.

보다도 의를 더욱 중요시한 송익필과 김장생과 송시열로 이어지는 성정론은 기호성리학에서 재고하여 연구되어져야 할 필요성이 있다.

이상에서 인간의 정(情)이 외물에 접하여 선하고 불선함이 일어나며, 그 선에 합당하게 하는 의(意)의 작용에 대해 중요시 여기고 있는 점에서 송익필의 성리학 기본 논리가 인간의 변화 가능성을 보다 긍정적으로 보는 것이라 할 수 있다. 이는 유학이 인간중심의 학문임을 담지하고 그 철학적 논리의 바탕을 잘 구명하고 있는 것이다. 이런 점에서 송익필의 성리학이 사변적이지 않으며 실천적이어서 오늘날 유학 연구에서도 큰 현대적 의의를 갖는 것이다.

2) 본원의 성(本原性)과 기질의 성(氣質性)

송익필의 성론(性論), 즉 본연지성(本然之性)과 기질지성(氣質之性)에 대한 견해를 살펴보기로 하자.

인간의 성(性)이 본격적으로 철학의 문제로 제기된 것은《맹자》에 이르러서라 할 수 있다. 맹자와 고자(告子)와의 논변이 그 시초가 되는 동시에, 또한 순자(荀子)의 성악설(性惡說)은 맹자의 성선설(性善說)과 함께 인간 본성의 본질에 대한 중요한 문제 제기였다. 그 후 성에 대한 다양한 논변은 장횡거가《정몽》에서 성을 '천지지성(天地之性)'과 '기질지성(氣質之性)'으로 구별하여 입론함으로써 다양한 다른 논리들이 정리되었다고 주자는 말한다.171)

---

171) 풍우란 지음, 정인재 역,《중국철학사》, 형설출판사, 1989, 861쪽.

장횡거는 형기(形氣)를 품수한 인간성을 기질지성이라 하고, 이를 잘 돌이키면 천지지성이 보존된다고 하였다.[172] 장횡거의 기질지성이란 기질의 차이성이고, 천지지성이란 기의 허명(虛明)한 성을 뜻하며, 또 기질지성은 선악이 있는 것이라 할 수 있다. 따라서 천지지성을 인간 본연의 성으로 보고 군자는 기질지성을 성으로 삼지 않는다고 하였다.

또한 정명도는 '성이 곧 도요 기가 곧 성'이라는 관점에서 '태어난 그대로를 성'이라[173] 말함으로써 장횡거에 이어 기론(氣論)의 입장에서 성에 대한 설을 전개하였다. 정명도는 "사람이 태어나 기를 품수 받으니 이(理)에 선악이 있다."라고 하여, 선은 물론 악도 성이라 하지 않을 수 없다고 한다.[174] 이는 정명도가 성을 장횡거의 기질지성으로 보는 관점으로 인간의 성을 생명이 형성된 이후로 이해하는 태도다. 그러므로 성을 논하는 자는 마땅히 성과 기를 아울러 말해야지, 어느 일면에 치우쳐 보는 것은 '불비불명'[175]의 폐단에 빠지는 것이라 하였다.[176] 정명도의 성론은 정이천[177]이 '성을 곧 이(理)'로 보는 것과는 대조적인 것이고, 이러한

---

172) 《성리대전》, 권5, 〈정몽(正蒙)1〉, 〈성명편(誠明篇)〉: "形而後有氣質之性 善反之 則天地之性存焉 故氣質之性 君子有弗性者焉"

173) 《이정집(二程集)》, 《유서(遺書)》: "道卽性也 若道外尋性 性外尋道 便不是 …… 善固性也 然惡亦不可不謂之性也 蓋生之謂性"

174) 《성리대전》, 권30, 〈성리(性理)2〉: "程子曰 生之謂性 性卽氣 氣卽性 生之謂也 人生氣稟 理有善惡 然不是性中元有此兩物相對生也 … 善固性也 然惡亦不可不謂之性也"

175) 불비불명(不備不明): 성(性)만 논하고 기(氣)를 논하지 않으면 갖추어지지 못하고, 기(氣)만 논하고 성(性)을 논하지 않으면 밝지 못하며, 이를 두 가지로 나눈다면 옳지 못하다는 성론(性論)을 말함.(《맹자》, 〈고자장구(告子章句)〉: "程子曰 性卽理也 理則堯舜至於塗人一也 …… 又曰 論性不論氣 不備 論氣不論性 不明 二之則不是")

176) 《이정전서(二程全書)》, 권6: "論性不論氣不備 論氣不論性不明 二之則不是"

177) 정이천(程伊川, 1033~1107): 호는 이천(伊川) 이름은 이(頤), 명도(明道) 정호(程顥)의 동생, 북송 유학자.

'성즉리(性卽理)'와 '성즉기(性卽氣)'의 입장이 조선조에 와서도 경계를 가지면서 이어 내려왔던 것이다.[178]

그런데 주자는 장횡거의 천지지성과 기질지성, 정명도의 '성즉기', 그리고 정이천의 '성즉리'를 종합적으로 수용하면서 종래의 성론을 집대성하는 위치에 있다. 주자는 천지지성과 기질지성을 다음과 같이 설명하였다.

> 천지지성을 논하면 오로지 이(理)만을 가리켜 말한 것이고, 기질지성을 논하면 기(氣)를 섞어서 말한 것이다. 이 기(氣)가 있지 않아도 이미 이 성(性)은 있다. 기(氣)가 있지 않음이 있어도 성(性)은 오히려 항상 있다.[179]

이는 천지지성은 기가 배제된 순수한 이(理)로, 기질지성은 '합리기(合理氣)'의 성으로 본 것이다. 주자는 이(理)와 성을 구별하고 천지지성은 이(理)로, 기질지성은 성으로 이해하였다.

이러한 송학(宋學)의 성론에 입각해서 송익필은 말하기를, 성인은 기질의 성이 온전히 선하나 하늘은 기질의 성이 없다고 하였다. 그리고 주자의 "천지의 성은 이(理)이다. 겨우 음양과 오행이 있는 곳에 이르면 곧 기질의 성이 있게 되며, 곧 어둡고 밝으며 두텁고 얇음의 차이가 있게 된다."[180]는 말을 인용하여, 천지지성과 기질지성에 대해 언급하였다. 주자

---

178) 황의동, 《율곡사상의 체계적 이해1》, 서광사, 1998, 203쪽.

179) 《주자어류》, 권4, 〈성리(性理)1〉: "論天地之性 則專指理言 論氣質之性 則理與氣雜而言之 未有此氣 已有此性 氣有不存 而性却常在"

180) 《구봉집》, 권3, 〈잡저〉, 〈태극문〉: "答 或問陰陽便有善惡 朱子曰 陰陽五行皆善 又曰 陰陽之理皆善 此謂理皆善而氣有善惡也 氣有善惡 故有人物偏正淸濁之殊 到人亦有"

의 말대로 천지지성은 이기론의 구조로 보면 오직 이(理)라고 보았다. 그러나 음양오행, 즉 기로 인해 기질지성이 있게 되어 어둡고 밝고 두텁고 얇은 차이가 생긴다고 하였다.

또 송익필은 "성은 선악이 없고 순수한 선뿐이다. 정이 동하는 데에서 곧 선과 악이 구분되므로 바로 기질의 성이 있음을 알게 된다."라고 하였다.[181] 여기서 송익필이 말한 앞의 성은 천지지성으로 순수한 선이고 이(理)를 말하는 것이다. 다만 정이 동하는 데서 선악이 구별되므로 이를 통해 기질지성의 존재를 알게 되는 것이라 할 수 있다.

송익필은 성이 각각 하나씩이라는 그 성은 즉 기질의 성이라 하고, 그러나 기질의 성도 실상은 본원의 성과 동일한 성이라 하였다.[182] 즉 본원의 성 내지 본연의 성은 이(理)로서 누구나 보편적으로 같은 것이다. 다만 기질 속에 이(理)가 갖추어짐에 따라 각기 다른 하나의 성이 되는데 이것이 기질지성이다.

송익필은 다음과 같이 이를 설명하였다.

주자가 "성(性)은 태극과 같고 심(心)은 음양과 같다."라고 하였는데, 음양과 태극은 두 개가 아니다. (그 까닭은) '모두 하나의 성을 얻었다'는 것은 이(理)로서 말한 것이고, '기질이 천차만별하다'는 것은 기(氣)로서 말한

幾善惡之分 皆理在氣中後說也 故朱子曰 此言衆人具動靜之理 而常失於動也 動靜之分善惡 衆人爲然 聖人全體太極 與天同德 聖人氣質之性 純善 天則無氣質之性 故朱子曰天地之性 是理也 纔到有陰陽五行處便有氣質之性 便有昏明厚薄之殊"

181) 위의 글: "答 性無善惡 純善而已 至情動處 便分善惡 便知有氣質之性"

182) 위의 글: "答 各一其性之性 卽氣質之性也 但氣質之性 實與本原之性 同一性也 或問 恐學者莫知所從 朱子曰 陰陽五行之爲性 各一氣所稟 而性則一也 又問兩性字同否 曰一般 又曰 同者理也 不同者氣也"

것이다. 기질지성과 본연지성은 하나의 성이다. 사물은 막힌 기를 얻었으므로 변화의 이치가 없다. 사람은 통하는 기를 얻어서 혼탁한 것은 청(淸)한 것이 될 수 있고, 어리석은 사람은 지혜로운 사람이 될 수 있다. 이것이 대학(大學)과 소학(小學)을 세운 이유이다. 맹자와 정이천의 주장이 어찌 다르겠는가? 주자는 "맹자는 성의 본연을 바로 집어내서 말했고, 정이천은 기질을 겸해서 말하였는데, 중요한 것은 서로 분리될 수 없다는 것이다."[183]

성은 태극과 같고 심은 음양과 같다고 주자가 말했다. 그리고 음양과 태극은 두 개의 성이 아니라 하나라고 하였다. 이를 유추해 보면 성은 심이고, 태극은 음양이라 할 수 있다. 송익필은 기질지성과 천지지성(본연지성)이 본래 하나의 이(理)라고 하면서 성정을 통관하여 주재하는 통회의 심을 말하고 있다.

이러한 송익필의 인간의 성에 대한 이해는 유가 선현의 설을 계승한 것이라 할 수 있다. 장횡거는 형기를 품수한 인간의 기질지성을 잘 돌이키면 천지지성을 보존할 수 있다고 보았다. 이는 인간이 품수 받은 본래의 직(直)한 성품이 곧 천리의 직한 성품이기에 잘 돌이켜 확충하면 직한 본성으로 돌아갈 수 있다고 한 말에 지나지 않는다. 주자는 장횡거의 설을 수용하여 천지지성을 인간 본연의 성으로 받아들이고 있는데, 이는 천리의 직한 성품을 인간이 그대로 품수 받은 것이라고 이해할 수 있다.

---

183) 위의 글: "答. 朱子曰 性猶太極也 心猶陰陽也 陰陽之與太極 非二物也 咸得一性 以理言也 氣質千萬 以氣言也 氣質之與本然 卽一性也 物得氣之塞. 故無變化之理 人得氣之通 故濁可以爲淸 愚可以爲智 而此大小學之所以設也 孟子程子豈異其說. 朱子曰 "孟子剔出言性之本 伊川兼氣質而言"要之不可離也"

이로 볼 때 송익필은 유가 선현들이 설파한 천인합일에 입각한 성에 대한 이해를 직으로써 일관하고 있다고 할 수 있다. 또 송익필은 인간의 형기에 품수된 바르고 통한 기를 말하여, 기질지성의 변화를 통해 인간 본연의 천지지성을 회복할 수 있다고 긍정적으로 설명하고 있다. 인간에게 품수된 바르고 통한 기운이란 곧 천리의 본성에 통해 있는 바른 성정을 뜻한다고 할 수 있다.

3) 사단칠정(四端七情)에 대한 '이기지발(理氣之發)'의 입장

다음은 송익필의 사단칠정론에 대해 검토해 보기로 하자. 본래 사단(四端)이란 《맹자》〈공손추〉장의 '측은, 수오, 사양, 시비'의 마음에서, 유래된 것이며,[184] 칠정(七情)이란 《예기》〈예운〉편의 이른바 '희, 노, 애, 구, 애, 오, 욕'의 정을 일컫는다.[185]

물론 선진유가에 있어서는 심과 성 그리고 정이 엄격히 구별되지 않은 채 통용되었으나, 송대에 와서 인간의 심성구조를 파악함에 있어 이기와 연관시켜 생각하는 데서 심, 성, 정의 개념이 분변되고, 또한 그 의미가 더욱 정밀하게 검토되었다. 주자는 인의예지를 성이라 하고, 측은, 수오, 사양, 시비는 정이라 하여,[186] 성과 정의 관계를 정이 아직 발하지 아니한 것은 성이고, 성이 이미 발한 것은 정이라고 하였다.[187] 이와 같이 사

---

184) 《맹자》, 〈공손추장구〉: "惻隱之心 仁之端也 羞惡之心 義之端也 辭讓之心 禮之端也 是非之心 智之端也"

185) 《예기(禮記)》, 〈예운(禮運)〉: "有曰何謂人情喜怒哀懼愛惡欲"

186) 《주자어류》, 권53, 〈맹자(孟子)3〉: "惻隱羞惡辭讓是非 情也 仁義禮智 性也"

187) 《주자대전》, 권67, 〈잡저〉: "情之未發者 性也 …… 性之已發者 情也"

단은 인의예지의 성이 발로된 정이다. 그러나 정이천·주자에게 있어서는 사단과 칠정이 이기와 연관되어 설명된 것은 별로 없다. 다만《주자어류》에 "사단은 이(理)의 발이고 칠정은 기(氣)의 발이다."라는 말이 보일 뿐이며,[188] 이렇다 할 철학적 논쟁거리가 되지 않았다. 물론《주자어류》의 한 구절은 퇴계가 기대승[189]과의 사단칠정에 관한 논변에서 선유(先儒)의 논거를 찾던 중 발견한 것으로 퇴계의 '호발설(互發說)'의 중요한 논거가 되었다.[190] 중국에서는 크게 문제시되지 않았던 사단칠정의 문제가 조선조 유학사에서 중요한 과제로 등장한 것은, 퇴계와 기대승의 논변에서 이 사단칠정의 문제가 주요 쟁점이었기 때문이다.[191] 사단과 칠정의 이기론적 해석, 사단과 칠정의 선악 문제, 사단과 칠정의 구별, 사단칠정과 인심도심의 관계, 이(理)의 발용 문제 등 많은 철학적 문제가 대두되었고, 퇴계와 기대승 이후 다시 율곡과 우계의 논쟁을 거쳐 이후 수많은 조선조 유학자들에게서 사단칠정은 중요한 논쟁거리가 되었다. 따라서 이 사단칠정론은 조선성리학의 특징이기도 하고 중국성리학에서 미진했던 것을 보완하는 의미도 갖는다.

이제 송익필의 사단칠정론에 대해서 검토해 보기로 하자.

사단은 이(理)에서 발(發)하고 칠정(七情)은 기(氣)에서 발한다는 말은

---

188)《주자어류》, 권53,〈孟子3〉: "四端 是理之發 七情 是氣之發"

189) 고봉(高峯) 기대승(奇大升, 1527~1572) 조선 유학자.

190)《퇴계전서》, 권16,〈퇴계답고봉비사단칠정분리기 제1서개본(退溪答高峰非四端七情分理氣 第一書改本)〉: "近因看朱子語類 論孟子四端處末一條 正論此事 其說云 四端 是理之發 七情是氣之發 古人不云乎 不敢自信 而信其師 朱子吾所師也 亦天下古今 之所宗師也 得是說然後方信 愚見不至於大謬 而當初鄭說亦自爲病以不須改也"

191) 배종호,《한국유학사》, 연세대출판부, 1997, 72-76쪽.

매우 온당치 못하다. 사단과 칠정이 어찌 이기(理氣)의 발이 아니겠는가?
단지 한쪽만을 말하면 사단이고, 전체로 말하면 칠정이다. 사단은 주로
이(理) 일변(一邊)으로 한쪽만 말한 것이요, 칠정은 이기를 겸하여 전체
를 말한 것이다.[192)]

위의 글은 송익필의 사단칠정에 대한 견해를 알 수 있는 가장 대표적
인 것이다. 위에서 송익필은 사단은 이(理)에서 발하고 칠정은 기(氣)에서
발한다는 퇴계의 호발설은 매우 온당치 못하다고 하여, 송익필도 율곡과
같이 퇴계의 이기호발설(理氣互發說)에 반대하고 있음을 알 수 있다. 또한
송익필은 사단과 칠정이 어찌 '이기(理氣)의 발(發)'이 아니겠느냐고 하였
는데, 이는 송익필의 사단칠정론에서 가장 중요한 의미를 갖는다. 물론
위에서 퇴계의 호발설을 분명히 반대한 것으로 보면, 송익필이 '사단칠정
이 모두 이기의 발'이라고 한 것이 퇴계 호발의 의미와는 다른 것임은 분
명하다. 즉 송익필이 '이(理)의 발'과 '기(氣)의 발'을 주장한 것이 결코 아
님을 알 수 있다. 특히 율곡에 의해 많은 논란을 불러 왔던 '이(理)의 발'
을 송익필도 인정하고 있지 않음을 알 수 있다.

그러면 송익필이 말하는 사단칠정이 모두 '이기의 발'이라는 진의는 무
엇인가 알아보자. 우선 송익필은 사단은 정의 한쪽만을 말한 것이고, 칠
정은 정의 전체로 말한 것이라 하여, 율곡과 같이 칠정 속에서 사단을
보고 있다[193)]고 할 수 있다. 즉 인간의 전체적인 정을 통틀어 말하면 칠

---

192) 《구봉집》, 권4, 〈답허공택문(答許公澤問)〉: "四端發於理 七情發於氣之說 甚未穩 四
　　 端七情 何莫非理氣之發 但偏言則四端 全言則七情 四端重向理一邊而偏言者也 七情
　　 兼擧理氣而全言者也"
193) 《율곡전서》, 권9, 〈서(書)1〉, 〈답성호원(答成浩原)壬申〉: "四端七情 正如本然之性氣質

정이지만, 그 가운데 선(善)한 정만을 가리켜 말하면 사단이라는 것이다. 아울러 사단은 주로 이(理) 일변으로 한쪽만을 말한 것이라면, 칠정은 이 기를 겸하여 전체를 말한 것이라 하였다. 그러나 송익필이 사단을 이(理) 일변이라 했다고 해서 사단을 기(氣)가 배제된 이(理)만으로 보는 것은 결코 아니다. 사단이나 칠정 모두가 이기를 겸한다. 그것은 정 자체가 이 기를 함께 하기 때문이다. 따라서 송익필이 사단과 칠정을 모두 이기의 발이라고 한 의미는 이기가 떨어질 수 없는 하나의 정이지만 사단은 이 (理)가 주가 되어 발현된 것이고, 칠정은 기(氣)가 주가 되어 발현된 것이 라는 의미로 해석된다.

따라서 송익필이 사용한 발의 의미는 퇴계가 사용한 발과는 다르게 보아야 할 것 같다. 왜냐하면 근본적으로 송익필은 퇴계의 호발설을 부 정하고 있기 때문이다. 또 퇴계처럼 "근원처에서부터 주리(主理), 주기(主 氣)의 발(發)"[194]을 말하지 않고 송익필은 "이기묘합(理氣妙合)을 전제로 발하는 것은 기(氣)요, 발하게 하는 까닭은 이(理)라고 본다. 다만 이때 그 드러나는 사단의 정은 이(理)의 드러남이요 칠정은 기(氣)의 드러남이 라고 본 것이라 생각된다. 즉 송익필의 '이기지발'의 발은 '성발위정(性發爲 情)'의 발이 아닌가 해석된다. 이에 대해 최영성이 송익필의 이기의 '발'을

之性 本然之性 則不兼氣質而爲言也 氣質之性 則却兼本然之性 故四端不能兼七情
七情則兼四端"

194) 《퇴계전서》, 권16, 〈서(書)〉, 〈답기명언논사단칠정 제2서(答奇明彦論四端七情 第二
書)〉: "蓋渾淪而言 則七情兼理氣 不待多言而明矣 若以七情對四端 而各以其分言之
七情之於氣 猶四端之於理也 其發各有血脈 其名皆有所指 故可隨其所主而分屬之耳
雖滉亦非謂七情不干於理 外物偶相湊著而感動也 且四端感物而動 固不異於七情 但
四則理發而氣隨之 七則氣發而理乘之耳"

우계의 '이기일발(理氣一發)'과 흡사하다고 본 것은 공감이 간다.[195]

　우계는 율곡과의 논변에서 심(心)이 아직 발하기 전에는 칠정 속에서 사단을 보아 사단칠정을 구별할 수 없다고 하였다. 이때의 이기구조가 이 기묘합을 전제함은 물론이다. 그러나 발하기 시작할 때에는 의욕이 이 (理)에서 발하게 되고 기에서 발하게 되는데, 이(理)에서 발한 것이 사단이요 도심(道心)이며, 기(氣)에서 발한 것이 칠정이요 인심(人心)이라고 한다.[196] 여기서 주리와 주기의 다름이 있을 수 있다고 보았으나, 퇴계가 "아직 발하기 전의 근원처에서부터 이기의 소종래(所從來)에 따라 발하여 사단칠정이 생긴다."라고 한 것과는 다르다. 결국 아직 발하기 전에 있어서의 '칠포사(七包四)'의 구조는 율곡의 설과 상통하고, 이미 발한 이후에 있어 사단칠정을 주리와 주기로 대거(對擧)해 보는 것은 퇴계의 설과 상통한 데서 절충적 성격이 짙다.[197] 따라서 우계에게서도 이(理)의 발은 '성발위정'의 의미이지 퇴계의 '이발(理發)'은 아니라고 생각된다.[198] 이렇

---

195) 최영성, 〈구봉 송익필의 사상 연구〉, 성균관대 유학대학원 석사학위논문, 1992, 58 쪽.

196) 《우계집》, 권4, 〈간독(簡牘)1〉, 〈제6서〉: "吾兄必曰 氣發理乘 無他途也 渾則必曰 其未 發也 雖無理氣各用之苗脈 纔發之際 意欲之動 當有主理主氣之可言也 非各出也 就 一途而取其重而言也 此則退溪互發之意也 卽吾兄馬隨人意人信馬足之說也 卽非性 命則道心不發 非形氣則人心不發之言也"

197) 황의동, 《율곡학의 선구와 후예》, 예문서원, 1999, 234-235쪽.
《우계집》, 권4, 〈간독1〉, 〈제4서〉: "只於纔動之際 而便有主理主氣之不同 非元爲互發 而各用事也. 人之見理見氣 各以其重而爲言也"

198) 황의동은 우계의 '이발(理發)'이 퇴계의 '이발(理發)'과 같은 것으로 보았는데, 이는 재론의 여지가 있는 것 같다. 우계는 퇴계의 '호발설(互發說)'을 자의적으로 해석하고 사단칠정은 어디까지나 기발이승(氣發理乘)의 구조인데, 다만 발하는 즈음에는 주리(主理), 주기(主氣)의 구분에 따라 사단칠정의 구별이 가능하다고 본 것이다.(황 의동, 《율곡학의 선구와 후예》, 예문서원, 1999, 224~229쪽)

게 볼 때, 송익필의 이기지발은 우계의 '이기일발(理氣一發)'과 같은 의미로 보아야 되지 않는가 생각된다. 다만 문제는 송익필의 이에 대한 구체적인 설명이 미흡하다는 점에서 성리 해석의 어려움이 있고, 송익필의 진의가 무엇인지 분명한 이해가 어렵다.

송익필은 사단칠정을 물에 비유해서 다음과 같이 설명하였다.

물에 비유하자면, 심(心)은 물이고, 성(性)은 물이 고요한 것이고, 정(情)은 물이 움직이는 것이다. 사단(四端)은 그 물살을 단순히 열거한 것이요, 칠정(七情)은 그 파도를 아울러 말한 것이다. 물은 흐르지 않으면 안되고, 또한 물결이 없어서도 안 된다. 파도가 평지에 있을 때 파도가 세차지 않고 조용히 흐르는 것은 파도가 그 올바름을 얻는 것이다. 파도가 돌에 부딪쳐 파도가 세차게 흐르는 것은 파도가 그 올바름을 얻지 못한 것이다. 그렇지만 어찌 조용히 흐르는 것은 파도가 되고, 세차게 흐르는 것은 파도가 되지 않는단 말인가? 그러므로 정에는 선(善)·불선(不善)이 있다고 말한다. 평지에서 조용히 흐르는 파도를 끌어다 도리어 돌에 달리도록 하는 것은 의(意)다. 돌에 부딪쳐 세차게 흐르는 파도를 끌어다 도리어 평지로 달리도록 하는 것도 또한 의(意)다. 이런 까닭에 성인(聖人)의 정에는 파도가 돌에 부딪쳐 세차게 흐를 때가 없다. 안자(顔子)의 정은 세차게 흐르다가도 석 달이 지난 후에는 역시 세차게 흐르는 것을 조용히 흐르도록 만든다. 보통 사람의 정은 한 번은 세차게 흐르고, 한 번은 조용히 흐른다. 그리고 세차게 흐르게 만들 수도 있고, 조용히 흐르게 만들 수도 있다. 도척(盜跖)의 정은 이미 돌멩이에 있는데도 또 돌멩이를 끌어와 세차게 흐르니, 짧은 시간이라도 조용히 흐를 때가 없다.

그러니 사단(四端)의 흐름은 잠시라도 쉼이 없다. 정이 선하지 않음이 없다고 하는 것은 사단(四端)만을 끄집어냈기 때문이다. 정에 선·불선이 있다고 하는 것은 칠정(七情)까지 통틀어 말했기 때문이다.[199)

송익필은 심은 물이고, 성은 물이 고요한 상태이고, 정은 물이 움직인 것이라 하였다. 그리고 사단은 그 물살을 단순히 열거한 것이요, 칠정은 그 파도를 아울러 말한 것이라 하였다. 물은 흐르지 않으면 안 되고, 또한 물결이 없어서도 안 된다고 하였다. 인간의 감정이란 현실적으로 대상에 따라 다양한 모습으로 나타난다는 것을 말해 준다. 그리고 인간의 마음은 대상에 따라 늘 변화하고 움직인다는 것을 말해 준다. 이는 인간에게 천명으로 내재된 천리가 잠시라도 쉼 없이 유행한다는 것을 뜻한다. 이런 점에서 송익필은 사단이나 칠정은 모두 기가 발해 드러나는 감정이고, 그 기로 하여금 발하게 하는 것이 이(理)라고 본다. 다만 발할 때에 이 기(氣) 가운데 무엇이 주(主)가 되어 드러난 감정이냐에 따라 사단과 칠정의 구분이 있게 된다고 보았다. 이에 대해 송익필은 다음과 같은 말을 하고 있다.

---

199) 《구봉집》, 권4, 〈현승편上〉, 〈답숙헌서별지(答叔獻書別紙)〉: "譬之水 心 猶水也 性 水之靜也 情 水之動也 四端 單擧其流也 七情 竝言其波也 水不能無流 而亦不可無波 波之在平地而波之溶溶者 波之得其正也 波之遇沙石而波之洶洶者 波之不得其正也 雖然 豈以溶溶者爲波 而洶洶者不爲波哉 故曰情有善不善也 夫引平地溶溶之波而返走沙石者 意也 引沙石洶洶之波而還走平地者 亦意也 是以 聖人之情無沙石洶洶之時 顔子之情 雖或洶洶 於三月之後 而能使洶洶者溶溶焉 常人之情 一洶洶一溶溶 而可使爲洶洶 可使爲溶溶 盜跖之情 旣在沙石 又引沙石 洶洶焉 無溶溶之少間 然而四端之流 無時或息 情之無不善云者 拈出四端也 情之有善不善云者 統言七情也"

이미 발동(發動)한 것과 발동하지 않은 것은 하나는 움직임이며, 하나는 고요함이다. 태극(太極)은 움직임과 고요함을 머금고 있으니, 그 때문에 중(中)과는 같지 않다.[200]

송익필에 의하면, 심이 미동하여 정(靜)한 것이 사단이며, 심이 이동한 것이 곧 칠정이다. 미동하여 정(靜)한 것은 천의 이(理)로서 직(直)으로 품수된 인간에게는 천덕으로 발현되어야 하는 도리인 인의예지이며 곧 사단이다. 심이 이동하여 선·불선이 있게 되는 것은 정(情)으로써 곧 칠정이라 하겠다. 칠정에는 선·불선이 함께 있는 것으로 이기의 합(合)이라 할 수 있는데, 이기의 합은 곧 통회의 심이다. 직(直)한 천리의 성정이기에 인간에게 품수된 성정 또한 본래 순선한 성정이다. 그럼으로 칠정 또한 탁한 기운이 섞여서 음양·동정·선불선으로 끊임없이 유행을 하지만, 본래 직한 천리이기에 순선하고 바른 성정이라고 송익필은 보았다고 할 수 있다.

그런데 이러한 송익필의 '이기지발'에 대한 학계의 견해는 이견이 분분하다. 배상현은 "송익필의 사단칠정론은 이기공발설에 가깝다." 하였고,[201] 최영성도 "이는 퇴계의 이기호발설을 반대하는 것임과 아울러, 율곡의 이른바 사단칠정이 모두 기발리승(氣發理乘)이라는 설과도 다르다. 오히려 이기공발설에 가깝다." 하였다.[202] 그러면서 율곡의 설과 차이가

---

200)《구봉집》, 권3, 〈잡저〉, 〈태극문〉: "答 已發未發 一是動 一是靜 太極含動靜 所以與中不同"

201) 배상현, 〈구봉 송익필과 그 사상에 대한 연구〉,《논문집》제1집, 동국대 경주대학, 1982, 18쪽.

202) 최영성,《한국유학통사》(중), 심산, 2006, 119쪽.

나게 되는 근본 원인은 '발'자의 의미를 다르게 해석한 데 있다 하고, 율 곡이 '발'의 의미를 '발동(發動)'으로 보았다면, 그는 '발현(發顯)'으로 본 것이라 분석하였다.203)

또 금장태도 "사단칠정이 모두 이(理)와 기의 발동이라 하여 사칠리기 공발설(四七理氣共發說)의 입장을 취함으로써, 퇴계의 '호발설'은 물론 율 곡의 '일도설'과도 차이를 보여 주고 있다."라고 하였다.204) 김용식도 "송 익필은 '칠정포사단'의 논리를 가지고 외연(外延)의 총괄적 입장에서 사 칠설(四七說)의 특색을 파악하고 있다. 이런 점에서 그의 사단칠정설은 기대승의 주장을 연상케 한다."라고 하였다.205)

이와 같이 대부분의 선행연구들이 송익필의 '이기지발'을 기대승의 '이 기공발'과 같은 것으로 보고 있는데 대해 검토해 볼 필요성이 있다.

먼저 기대승의 이기공발설에 대해 살펴보겠다. 기대승은 퇴계의 '사단 이발이기수지(四端 理發而氣隨之), 칠정 기발이리승지(七情 氣發而理乘之)' 를 '혹리동이기구(或理動而氣俱), 혹기감이리승(或氣感而理乘)'이라고 바꾸 어 보고자 했는데,206) 이것이 이른바 기대승의 '이기공발설'이다. 그런데 기대승은 분명히 퇴계가 말한 '이발'을 다음 글처럼 부정하고 있다.

---

203) 위의 책, 120쪽.

204) 금장태, 〈구봉 송익필의 인간과 사상〉, 《한국철학종교사상사》, 원광대 종교문제연구 소, 1990, 600쪽.

205) 김용식, 〈구봉(송익필)의 심성관에 대한 연구〉, 고려대 대학원 석사학위논문, 1981, 25쪽.

206) 《고봉집(高峰集)》, 〈사칠리기왕복서(四七理氣往復書) 下〉, 〈제1서개본(第1書改本)〉: "四則 理發而氣隨之 七則 氣發而理乘之 兩句亦甚精密 然鄙意以爲此二箇意思 七情 則兼有 而四端則只有理發一邊爾 抑此兩句 大升欲改之曰 情之發也 或理動而氣俱 或氣感而理乘 如此下語 又未知於先生意如何"

기(氣)가 이(理)를 따라 발하여 조금의 막힘도 없다면 이것은 바로 이(理)가 발한 것이다. 그런데 이것을 도외시하고 다시 이(理)가 발하는 것을 찾는다면, 나는 헤아리고 모색하는 것이 심할수록 더욱 찾을 수 없을 것으로 생각한다. 이것은 다름 아니라 바로 너무 이기(理氣)를 나누어 말하는 병폐이다.[207]

여기에서 기대승은 이(理)의 발이란 다름 아닌 기(氣)가 이(理)를 따라 발하여 털끝만큼의 막힘도 없는 것이라 하였다. 이기가 분리될 수 없는 하나의 관계 속에서 기(氣)가 이(理)의 주재에 따라 조금도 막힘없이 순리로 발하는 것을 '이발(理發)'이라 했던 것이다. 따라서 기대승이 말하는 이발이란 퇴계식의 이발이 아니다.[208] 기대승은 이를 다시 보완해 설명하였다. 즉 "측은수오도 어찌 기의 자연한 발현이 아니겠는가? 그러나 그렇게 되는 까닭은 이(理)다. 그러므로 이(理)에서 발한다고 하는 것뿐이다."[209] 이처럼 기대승은 분명히 이발(理發)을 반대하는 것이고,[210] 그가

---

207) 위의 글: "氣之順理而發 無一毫有碍者 便是理之發矣 若欲外此而更求理之發 則吾恐其揣摩模索愈甚 而愈不可得矣. 此正太以理氣分說之弊"

208) 최영찬, 〈고봉의 심성론〉, 고봉학술원 편저, 《고봉 기대승 연구(高峰 奇大升 研究)》, 이화출판사, 2009, 61쪽에서 최영찬은 고봉은 퇴계의 사단칠정에 대한 근본 입장을 시인하고 받아들인 것이라고 할 수 없다고 하면서, 사단은 칠정과 그 소종래가 같은 것으로서 사단을 이(理)로 말한다면 '발하여 절도에 맞는 것'이고, 기(氣)로 말하면 '발하여 과(過)나 불급(不及)이 없는 것'이 된다. 이런 의미에서 고봉은 사단의 '소지(所指)'를 따진다면 발어리(發於理)라고 할 수 있다고 수긍한 것이라고 밝히고 있다.

209) 《고봉집》, 〈사칠리기왕복서(四七理氣往復書)〉, 〈고봉답퇴계논사단칠정서제10절(高峰答退溪論四端七情書第10節)〉: "且如惻隱羞惡亦豈非氣之自然發見者乎 然其所以然者則理也, 是以謂之發於理爾"

210) 이종성, 〈고봉과 율곡의 사상적 연계성〉, 《동서철학연구》 제52호, 한국동서철학연구

말하는 이발(理發)의 의미는 '기(氣)가 이(理)에 맞게 순응해 발하는 것'을 의미하는 것이었다. 그러므로 기대승의 학설을 이기공발설이라고 말하는 것은 옳지 않다고 생각된다.[211]

이처럼 볼 때, 송익필의 사단칠정론은 칠정 속에서 사단을 보는 칠포사(七包四)라고 하는 측면에서는 기대승·율곡과 궤를 함께 하지만, 발하는 측면에서 주리, 주기에 따라 사단과 칠정을 구분함은 퇴계의 정신을 담고 있다고 생각된다. 아울러 송익필은 기대승·율곡과 마찬가지로 퇴계의 이발(理發) 내지 호발(互發)을 반대하고, 또 근원처에서부터 이발(理發)과 기발(氣發)을 나누어 말하는 것은 동의하지 않았다고 보인다.

그런데 '이기지발'에 대한 필자의 견해로는 인간의 성정이 통회의 심에서 나오고, 통회의 심은 성정을 주재하며 적감과 동정을 통관한다고 주장한 송익필의 심에서 이해점을 찾을 수 있다고 본다. 또 동정을 통관하는 심은 직도(直道)로써 천리의 본성이 형기를 지닌 인간에게 자연하게 드러나 구현된 심이라고 보는 입장에서 이해가 된다고 할 수 있다. 직도는 보편적 원리이자 당위의 법칙으로써 천도이면서 인도를 일관하는 천리이다. 이에 송익필은 인간의 욕망 또한 천리의 본성이라 보았는데, 선·불선의 정 또한 천리의 직한 본성이라 할 수 있다. 그러므로 사단칠정 또한 직도를 근거로 하여 자연하게 드러나 발현하는 천리의 본성이기에 곧 '이기지발'은 "직(直)의 발(發)"이라고 할 수 있다. 이는 송익필의 직을 근

회, 2009, 282쪽. 이종성은 이 글에서 고봉은 퇴계의 이발(理發)은 불가하다는 뜻을 분명히 했는데, 이는 퇴계가 존재와 개념의 차이를 혼동한 경우이기도 하고, 존재적 범주를 도덕적 범주로 확대 적용한 범주적 착오를 범하고 있다고 한 점을 인식했기 때문이라고 밝히고 있다.

211) 황의동,《율곡학의 선구와 후예》, 예문서원, 1999, 212~213쪽.

저로 하는 인심도심론(人心道心論)과 상통하여 일관된 논리라고 볼 때 더욱 이해가 된다고 하겠다.

4) 인심도심설(人心道心說)에 대한 소장론(消長論)의 입장

다음은 송익필의 인심도심설(人心道心說)에 대해 검토해 보기로 하자.

본래 인심도심의 문제는 《서경》에 "인심은 오직 위태롭고 도심은 오직 은미하니, 오로지 정밀하고 한결같아야 진실로 그 중(中)을 잡는다."[212]라는 말에서 유래하였다. 이것이 본격적으로 성리학상의 문제로 대두된 것은 주자의 《중용》 서문에서의 "혹은 형기의 사사로움에서 생기고, 혹은 성명(性命)의 바름에 근원 한다."라는 말을 이기와 연관시켜 설명하는 데서[213] 비롯되었다. 이렇게 주자가 제기한 인심도심의 문제는 조선조 성리학에 와서 중요한 주제로 다루어졌고, 심성론의 측면뿐만이 아니라 수양론의 측면에서도 깊이 있게 논구되었다.

이제 송익필의 인심도심에 대한 견해는 어떠한지 검토해 보기로 하자. 송익필은 김장생의 질문에 답한 글에서 다음과 같이 자신의 견해를 밝힌다.

희원[希元, 김장생의 자(字)]이 묻기를, 도심유미(道心惟微)에 대하여 주자는 "도심(道心)은 미묘하여 보기 어렵다."고 하였습니다. 율곡 선생은 "오

---

212) 《서경(書經)》, 〈우서(虞書)〉, 〈대우모(大禹謨)〉: "人心惟危 道心惟微 惟精惟一 允執厥中"

213) 《중용》: "心之虛靈知覺一而已矣 而以爲有人心道心之異者 則以其或生於形氣之私 或原於性命之正 而所以爲知覺者不同 是以或危殆而不安 或微妙而難見耳"

직 이(理)는 소리와 냄새가 없다. 은미하고 보기 어렵다고 말할 수 있으므로 미(微)라고 한다. 비유하자면 멀리 있는 산(山)과 같다. 본래 희미하여 보기 어렵다. 눈이 어두운 사람이 보면 희미한 것이 더욱 희미해지고, 눈이 밝은 사람이 보면 희미한 것이 뚜렷해진다."고 하였습니다. 저의 견해는 그렇지 않다고 여깁니다. 도심이 나타나는 것은 불이 처음으로 불붙고, 샘이 처음으로 흘러나오는 것과 같습니다. 드러나는 것이 작으므로 은미하여 보기 어렵습니다. 다스리는 방법을 알지 못하므로 은미한 것은 더욱 은미해집니다. 인심을 항상 도심의 명령을 듣도록 한다면 은미한 것이 또렷해집니다. 이른바 확충(擴而充之)한다는 것입니다.[214]

송익필이 답하기를, 두 가지 설(說)은 모두 미진하다. 이(理)는 본래 은미하지 않다. 기(氣) 속에 있으므로 은미하여 보기가 어렵다는 것은 일반적인 사람들의 학설이다. 성인에 있어서는 어찌 은미함이 있겠는가? 기질의 종류는 천차만별 같지 않다. 성인 이하로 도심(道心)이 은미한 사람이 있고, 은미한 가운데 더욱 은미한 사람이 있고, 더욱 은미한 가운데 더더욱 은미한 사람이 있다. 비록 지극히 은미하더라도 끝내는 뒤섞여 없어질[泯滅] 이치는 없다. 진실로 도심을 확충시킨다면 도리어 위의 성인과 함께 도심이 드러난다. 이것이 주자가 말한 '은미한 것은 드러난다[微者著也]'는 뜻이다. 성인은 은미하게 여기지 않음을 더욱 알 수 있다.

---

214) 《구봉집》, 권4, 〈현승편上〉, 〈답희원심경문목서(答希元心經問目書)〉: "道心惟微 朱子曰 微妙而難見 栗谷先生云 惟理無聲臭可言 微而難見 故曰微 譬如此遠山 本微而難見 目暗人見之 則微者愈微 明者見之 則微者著 愚見則不然 道心之發 如火始然 如泉始達 所發者小 故微而難見 不知所以治之 則微者愈微 使人心常聽命於道心 則微者著 所謂擴而充之也"

성인은 그 드러난 것을 온전히 하는 사람이다. 학자는 그 드러난 것을 추구해야 한다. 미(微)에서 저(著)까지 나는 더하거나 덜 수도 없으니 이 것이 과연 은미한 것인가? 이(理)에 나타나지 않음이 없으나 기(氣) 속에 있으므로 은미하게 된다. 율곡은 "이(理)는 소리나 냄새가 없다."고 했는데, 이(理)가 본래 은미하다고 본 것이다. 공(公)도 또한 드러난 것이 은미하고 작은 것을 말하였지, 은미하고 작게 된 원인을 말하지 않았으니 모두 잘못이 있다. 또 도심의 미저(微著)와 인심의 편안함과 위태로움은 서로 소멸하면서 성장하고 있다. 인심이 위태로운 것은 도심이 은미하기 때문이다. 도심이 드러나면 인심이 편안하다.[215]

김장생은 율곡의 인심도심에 대한 견해에 불만을 표하였다. 즉 율곡이 '도심유위'에 대해 "오직 이(理)는 소리와 냄새가 없다. 은미하고 보기 어려워 미(微)라고 한다. 마치 눈이 어두운 사람이 보면 희미한 것이 더욱 희미해지고, 눈이 밝은 사람이 보면 희미한 것이 뚜렷해진다."라고 설명한데 대해, 김장생은 "도심이 나타나는 것은 마치 불이 처음 불붙고 샘물이 처음 흘러나오는 것과 같다. 드러나는 것이 작으므로 은미하여 보기 어렵다. 다스리는 방법을 알지 못하므로 은미한 것은 더욱 은미해진다. 인심을 항상 도심의 명령을 듣도록 한다면 은미한 것이 또렷해진다. 이것이

---

215) 위의 글: "二說皆未盡. 理本不微 在氣中故微而難見 此在衆人說 在聖則何嘗有微 氣質之品 千萬不同 自聖以下之道心有微者 有微而又微者 有又微而又微者 雖或至微而終無泯滅之理 苟能充之 還與上聖同其著 此朱子之所謂微者著也 聖人之不微 蓋可知也 聖人全其著者也 學者求其著者也 自微至著 我無加損 則是果本微者乎 莫著乎理 而以在氣中故微 叔獻以理無聲臭 而云理本微 公亦只言所發之微少 而不言所以微小之故 皆有所失 且道心之微著與人心之安危 相爲消長 人心之危者 道心微 道心之著者 人心安"

이른바 확충이다."라고 비판하였다.

이에 대해 송익필은 율곡과 김장생 두 사람의 설이 모두 미진하다고 평가하였다. 기(氣) 속에 있으므로 은미하여 보기 어렵다는 것은 일반적인 사람들의 학설이라 하고, 성인의 경우에는 어찌 은미함이 있겠느냐 하였다. 기질은 사람에 따라 다르다는 것이다. 예를 들면 성인이 하는 도심이 은미한 사람이 있고, 은미한 가운데 더욱 은미한 사람이 있고, 더욱 은미한 가운데 더더욱 은미한 사람이 있다는 것이다. 비록 지극히 은미할지라도 그것이 마침내 없어질 까닭은 없다고 한다. 따라서 진실로 도심을 확충하면 도리어 성인과 같이 도심이 드러난다는 것이다. 이것이 주자가 말한 '은미한 것은 드러난다'의 뜻이라는 것이다. 성인의 경우는 은미하게 여기지 않고, 성인은 그 드러난 것을 온전하게 하는 사람이라 하였다. 그러므로 학자는 마땅히 그 드러난 것을 추구해야 한다. 이(理)는 드러나지 않음이 없으나 기(氣) 속에 있기 때문에 은미하게 된다는 것이다.

송익필은 율곡이 이(理)는 소리도 없고 냄새도 없다고 하여 이(理)가 본래 은미하다고 본 것과, 김장생이 드러난 것이 은미하고 작은 것은 말하였지만 은미하고 작게 된 이유를 말하지 않았으니 모두 잘못이라고 보았던 것이다. 이런 관점에서 송익필은 도심의 은미하고 드러남과 인심의 편안함과 위태함은 서로 소멸(消滅)하면서 성장(成長)한다고 보았다. 도심과 인심의 관계를 상대적인 소장(消長)의 관계로 본 것이다.[216] 그러므로 인심이 위태로운 것은 도심이 은미하기 때문이고, 도심이 드러나면 인심

---

216) 이병도,《한국유학사》, 아세아문화사, 1987, 258쪽.
　　 김용식, 〈구봉 송익필의 심성관에 대한 연구〉, 고려대 대학원 석사학위논문, 1981, 29쪽.

은 평안(平安)하게 된다고 보았다.

다음 김장생의 질문과 송익필의 답변을 보기로 하자.

김장생이 묻기를, 인심·도심이 방촌(方寸) 가운데 섞여 있다고 하였습니다. 저의 의견은 형기에 따라서 나타날 때도 있고, 성명(性命)에 따라서 나타날 때도 있습니다. 인심·도심이 나타날 때는 모두 방촌 가운데서 나타나므로 잡(雜)이라고 합니다. 율곡 선생도 "인심·도심은 모두 용(用)을 가리켜 말한 것이다. 예전의 학설대로라면 미발(未發)의 경우도 범한다. 인심·도심이 나타나는 것은 모두 일사(一事)에 있다. 인심에서 나와 도심이 되는 것도 있고, 도심에서 나와 인심이 되는 것도 있다."고 말씀하셨습니다. 인심에서 나와 도심이 되는 것은 옳지만, 도심에서 나와 인심이 되는 것은 온당치 못한 듯합니다. 만약 도심이 바뀌어 인심이 된다면 즉 인욕(人欲)입니다. 일반적으로 인심을 말할 때는 인욕을 겸해서 말합니다. 그런데 이 책《심경(心經)》에서 주자는 인욕을 섞지 않고 말했습니다. 어떻게 생각하시는지 모르겠습니다.[217]

송익필 답하기를, 그대가 발(發)할 때를 논한 설은 옳지 않으므로 미발(未發)의 경지를 범한 듯하다. 숙헌[叔獻, 율곡의 자(字)]이 인심·도심은 모두 일사(一事)에서 드러난다고 말한 것은 무슨 뜻인지 모르겠다. 인심

---

217)《구봉집》, 권4, 〈현승편上〉, 〈답희원심경문목서(答希元心經問目書)〉: "二者雜於方寸之中 愚意或有因形氣而發之時 或有因性命而發之時 二者所發 皆出於方寸之中 故謂之雜 栗谷先生曰 人心道心 皆指用而言之 若如前說 犯未發之境 二者所發 皆在於一事 有發於人心而爲道心者 有發於道心而爲人心者云云 發於人心而爲道心則可 發於道心而爲人心則似未穩 若以道心而轉爲人心 則卽爲人慾也 凡言人心 亦可兼言人慾 而此書則朱子不雜以人慾爲言也 未知如何"

·도심은 다만 일심(一心)에서 나타나므로 '잡(雜)'이라고 한다. 성색취미 (聲色臭味)가 나오므로 인심(人心)이라 하고, 인의예지가 나오므로 도심 (道心)이라 한다. 마음을 다스리면 공(公)이 사(私)를 이겨 도심이 주(主) 가 되고, 마음을 다스리지 못하면 사(私)가 공(公)을 이겨 인심이 주가 된다. 바뀌어 인욕이 되므로 막을 수가 없다. 지금의 《심경》은 선악을 없 애고 다만 도심과 인심이 나타나는 것을 공공연히 말하였을 뿐이다. 어 찌 이 같은 설을 옳다고 할 수 있겠는가? 또 그대는 숙헌의 인심에서 나 타나 도심이 된다고 하는 설을 옳다고 여겼는데 역시 옳지 않다. 인심 역 시 성현도 함께 가지고 있는 마음이다. 무엇 때문에 변하여 도심이 되겠 는가? 그렇다면 성인(聖人)은 인심이 없다는 것인가?**218)**

김장생은 율곡의 인심이 도심이 될 수도 있고 도심도 인심이 될 수 있 다는 '인심도심상위종시설'에 대해서, 인심에서 나와 도심이 된다는 것은 옳지만, 도심에서 나와 인심이 된다는 것은 온당치 못하다고 하였다. 만 약 도심이 바뀌어 인심이 된다면 즉 인욕이 되는 것은 아닌가 하고, 일반 적으로 인심을 말할 때는 인욕을 겸해서 말한다고 하여서 의문점을 제 기하였다. 이에 대해 송익필은 인심 역시 성현도 함께 가지고 있는데 무 엇 때문에 변하여 도심이 되겠느냐 하였다. 만약 그렇다면 성인은 인심이 없다는 말이냐고 반문하였다.

---

218) 위의 글: "吾賢所論發之之時等說不可 故似犯未發之境. 叔獻所言二者皆發於一事 殊 不可知 二者 只一心之發 故謂之雜. 聲色臭味之爲 謂之人心 仁義禮智之出 謂之道心 能治則公勝私而道心爲主 不能治私私勝公而人心爲主 轉爲人慾而莫之禁焉 今心經則 去善惡 而只公言道心人心之發爾 何可如此說 且賢以叔獻之發於人心而爲道心之說爲 可云 亦不可 人心 亦聖賢合有底心 何必變爲道心也 然則聖人無人心耶"

이와 같이 송익필은 율곡의 '인심도심상위종시설'을 비판할 뿐 아니라 김장생이 인심의 도심화를 인정한 점에 대해서도 비판하고 있다. 그것은 성현도 중인과 마찬가지로 인심을 가지고 있기 때문이라 하였다. 송익필에게 있어서는 주리론적 성리학자들처럼 인심을 곧바로 인욕시(人欲視)하는 경향이 보이지 않는다. 즉 인심을 지나치게 도심과 대비하여 악한 것으로만 보려고 하지 않는다.[219] 바로 인심이란 선악이 섞여 있다고 보았다.[220]

그러면 송익필은 인심과 도심을 어떻게 설명하고 있는가? 위에서 설명한 대로 인심도심은 일심(一心)에서 나타나므로 '잡(雜)'이라 한다 하였다. 이는 《중용》 서문(序文)에서 인심과 도심의 두 가지가 방촌[221]의 사이에 섞여 있어서 다스릴 바를 알아야 한다고[222] 말한 주자의 말을 충실히 계승하고 있는 것이다. 성색취미가 나오므로 인심이라 하고, 인의예지가 나오므로 도심이라 한다고 한다. 마음을 다스리면 공(公)이 사(私)를 이겨 도심이 주재가 되고, 반대로 마음을 다스리지 못하면 사가 공을 이겨 인심이 주재가 된다 하였다. 또 인심이 바뀌어 인욕이 되므로 막을 수가

---

219) 최일범, 〈사계김장생의 인심도심설에 관한 연구〉, 《유교사상연구》 제19집, 한국유교학회, 2003, 346쪽에서 최일범은 사계의 입장은 단지 도심이 변한다면 인심이라보다는 인욕이 되는 것이 아닌가 하는 의문을 제기한 것일 뿐이라고 설명하고 있다. 즉 인심은 근본적으로 가치중립적인 것으로, 도심이 선(善)의 가치판단이므로 기왕에 선의 가치판단이 소멸했다면 가치중립적인 인심으로의 회귀가 아닌 인욕으로의 변화라고 보아야 한다는 것이라고 밝히고 있어서 김용식과는 다른 견해를 제시하고 있다.

220) 김용식, 〈구봉 송익필의 심성관에 대한 연구〉, 고려대 대학원 석사학위논문, 1981, 30쪽.

221) 방촌(方寸): 아주 적거나 좁은 마음 속을 뜻함.

222) 《중용》: "二者 雜於方寸之間而不知所以治之"

없다 하였다. 인심도심의 개념 정립에서 율곡은 '의(意)'를 결부시켜 파악[223]하였으나, 송익필의 경우 '의(意)'는 치심(治心)의 단계에서 논의되어야 할 성질의 것으로 본 듯하다. 치심의 여하에 따라 일심의 주재가 인심 또는 도심일 수 있다고 보았던 것이다.[224]

도심과 인심이 서로 소멸성장한다고 하는 것은 천리의 공평무사한 마음을 도심이라 하고, 가리고 굽어지며 기울고 편당되게 하여 중도에 맞지 못하게 하는 선악이 합해진 인간의 인심이라 할 때, 그 의미를 찾을 수 있다. 자연한 마음을 드러내 펴지 못하게 하는 인욕의 사사로움을 없이 하여서, 본래 공평무사한 이(理)의 마음을 주(主)로 하여 확충하는 것이 인간의 직도이자 도심인 것이다. 이에 관련해 주자도 마음 다스릴 바를 알지 못하면 천리의 공변됨이 끝내 인욕의 사사로움을 이기지 못할 것이라고 말하였다.[225] 여기서 사사로운 마음이 주재하게 되면 다시 인심 가운데 불선한 인욕이 늘어나서 인심이 위태해지고 도심은 은미해진다. 이처럼 인심과 도심은 서로 소장(消長)하는 관계에 있다고 보는 것이다. 이는 직(直)이 아니면 도가 드러나지 않는다고 송익필이 〈김은자직백설〉에서 한 말과 상통하는 의미이기도 하다.[226]

김장생은 또 묻기를 "도심은 사단입니다. 인심은 사단칠정의 총체적인 명칭이고, 칠정은 즉 선악을 겸하고 있습니다. 그런데 주자가 인심을 해석

---

223) 《율곡전서》, 권9, 〈서(書)1〉, 〈답성호원(答成浩原), 壬申〉: "蓋人心道心 兼情意而言也 不但指情也"

224) 최영성, 《한국유학통사》(중), 심산, 2006, 123쪽.

225) 《중용》: "天理之公 卒無以勝夫人欲之私矣"

226) 《구봉집》, 권3, 〈김은자직백설(金櫱字直伯說)〉: "不直則道不見 苟欲直之 直之之道 其不在櫱乎"

할 때 오직 선만 말하고 악을 말하지 않은 것은 무엇 때문입니까?"라고
하였다. 송익필은 이에 대해 답하기를 "주자는 형기를 지닌 존재로서 성
현이라도 마음이 없을 수가 없다는 사실을 들어 인심을 해석하였다. 그
리고 또 '위태(危殆)'라는 글자에 착안하였으니 선악이 섞여 나옴을 알
수 있다."[227]라고 하였다.

또 김장생은 서산 진씨[228]의 말을 가지고 송익필에게 질문했는데 이
에 대한 송익필의 답을 보기로 하자.

김장생이 묻기를, 서산 진씨가 말하기를 "소리·색깔·냄새·맛(聲色臭味)

에 대한 욕망은 기(氣)에서 나오니 인심(人心)이다. 인의예지에 대한 윤리

는 모두 성(性)에 뿌리를 두고 있으니 도심(道心)이다."라고 하였습니다.

제 생각으로는 도심은 심(心)의 용(用)입니다. 인의예지는 심(心)의 체(體)

입니다. 인의예지를 도심으로 보는 것은 옳지 않은 듯합니다. 또 말하기

를 "인의예지에 대한 윤리는 성(性)에 뿌리를 두고 있다."라고 하였습니

다. 네 가지 이외에 따로 성(性)이 있는 것인지요? 성(性)에 뿌리를 두고

있다는 것은 옳지 않은 듯합니다. 또 인심·도심이 나타나는 것을 이기

(理氣)로 나누어서 소속시켰는데 옳지 않은 듯합니다.

송익필이 답하기를, 서산 진씨가 '이(理)'라는 글자를 설명할 때 이(理)

글자를 '단(端)' 자로 보지 않는 것은 옳다. 심(心)은 이기(理氣)의 합(合)

---

227) 《구봉집》, 권4, 〈현승편上〉, 〈답희원심경문목서(答希元心經問目書)〉: "道心 四端也 人
心 四端七情之總稱也 七情則兼善惡 而朱子之訓人心 專言善而不言惡 何也 朱子只
擧形氣上雖聖賢不可無之心 以訓人心而又着危殆字 則善惡之雜出 可知也"
228) 서산(西山) 진덕수(眞德修, 1178~1235): 중국 송대 유학자, 《심경(心經)》과 《대학연
의(大學衍義)》를 지음.

이다. 그리고 인심·도심은 모두 심(心)에서 나오니, 이기(理氣)를 인심·도심으로 나누어 소속시켜 말하는 것은 옳지 않다. 인심·도심은 지각(知覺)이 같지 않다. 그러니 형기성명(形氣性命)으로 나누어 말하지 않을 수 없다. 서산 진씨의 설명은 '하(下)'라는 글자에 온당치 못한 점이 있는데, 아마 전사(傳寫)의 잘못인 듯하다.**229)**

여기서 김장생은 서산 진씨가 인의예지를 도심으로 보는 것은 옳지 않고, 인의예지를 성에 뿌리를 두고 있다고 한 것도 옳지 않으며, 인심도심이 나타나는 것을 이기로 나누어 소속시킨 것도 옳지 않다고 비판하였다. 이에 대해서 송익필은 서산 진씨가 '이(理)'라는 글자를 설명하면서 '단(端)'자로 보지 않은 것은 옳다고 하였다. 또 심은 이기의 합이어서 인심도심이 모두 심에서 나오므로 이기를 인심도심으로 나누어 소속시켜 말하는 것을 옳지 않다고 하였다. 또 인심도심은 지각이 같지 않으므로 형기[聲色臭味, 氣, 人心]와 성명[仁義禮智, 性, 道心]으로 나누어 말하지 않을 수 없다고 하였다.

이렇게 볼 때, 송익필의 인심도심설은 율곡과 구별되는 것으로 다음과 같이 요약 정리할 수 있다.

첫째는 인심과 도심을 상대적인 소장(消長)관계로 파악하였다. 즉 인심

---

229)《구봉집》, 권4, 〈현승편上〉, 〈답희원심경문목서(答希元心經問目書)〉: "西山眞氏曰 聲色臭味之慾 皆發於氣 所謂人心也 仁義禮智之理 皆根於性 所謂道心也 愚謂道心 心之用也 仁義禮智 心之體也 不可以仁義禮智爲道心也 且曰 仁義禮智之理 根於性 四者之外 又別有所謂性乎 不可言根於性也 且人心道心所發 分屬理氣 恐未可也 眞氏說理字 不是以理字作端字看則是 心是理氣之合 而人心道心 皆發於此心 則固不可以理氣分屬而言 人心道心知覺之不同處 則亦不可不以形氣性命分言也 西山之說 下字有未穩處 亦恐傳寫之誤也"

이 위태로운 것은 도심이 은미하기 때문이며, 도심이 드러나면 인심은 편안하다고 보았다.

둘째, 인심도심은 일심(一心)에서 나오는데 성색취미가 나오므로 인심이라 하고, 인의예지가 나오므로 도심이라 한다. 마음을 다스리면 공(公)이 사(私)를 이겨 도심이 주재(主宰)가 되고, 마음을 다스리지 못하면 사가 공을 이겨 인심이 주재가 되며, 또 인심은 불선의 인욕이 된다. 이처럼 송익필은 인심도심을 마음을 다스리느냐 다스리지 못하느냐 하는 치심(治心)의 문제로 보았고, 그것은 다시 공이 사를 이기느냐 사가 공을 이기느냐 하는 공심(公心)과 사심(私心)의 주재 문제로 보았다.

셋째, 성현도 인심이 없을 수 없다는 관점에서 도심의 인심화는 물론 인심의 도심화도 반대하였다. 이는 송익필의 인심에 대한 긍정적 인식을 말해 준다. 물론 주자나 율곡도 성인에게도 인심이 없을 수 없다고 하였고, 인심에서 도심에로의 변화 가능성과 함께 도심에서 인심으로의 변화 가능성을 함께 언급하였다.[230] 이에 대해 송익필은 주자나 율곡과는 달리 '도심의 인심화'는 물론 '인심의 도심화'도 반대하고 있다. 그것은 성현도 인심을 가지고 있는데 다시 도심으로 변화시킬 필요가 없다는 것이라 할 수 있다.

이와 같은 송익필의 인심도심론은 '인심도심상위소장설(人心道心相爲消長說)'이라 이름할 수 있는데, 인심을 인욕의 가능성으로 보면서도 중인

---

230) 《성리대전》, 권32 〈성리(性理)4〉: "有人心而收之 則是道心 自道心而放之 便是人心 人心如卒徒 道心如將"
《율곡전서》, 권9, 〈서(書)1〉, 〈답성호원(答成浩原)〉: "人心道心 相爲終始者何謂也 今人之心直出於性命之正 而或不能順 而遂之間之以私意 則是始以道心 而終以人心也 或出於形氣 而不咈乎正理 則固不違於道心矣 或咈乎正理 而知非制伏 不從其欲 則是始以人心 而終以道心矣"

(衆人)과 성현까지도 가지고 있는 '인간의 보편심'으로 보고 있는 점에서 인심에 대한 긍정적인 견해를 반영한 것이라고 하겠다. 이는 주자의 말처럼 "반드시 도심으로 하여금 일신을 주재하여 인심이 매양 명령을 듣게 하여서 위태로운 것이 편안하게 되고 은미한 것을 드러나게 하라."[231]는 인간 마음의 수양실천을 기본정신으로 하는 심성론이라 하겠다.

이상 인간심성에 대한 송익필의 성리학적 이해를 종합해 보면, 송익필은 우주자연의 존재 이치인 태극(太極)과 이기론(理氣論)을 통해 활저물(活底物)이며 만 가지의 이치인 태극이, 동정을 포함하고 있는 것으로서 천명에 의해 만물에 각각의 이치로서 유행하게 되며 끊임없이 일동일정의 순환을 하다가 마침내는 하나의 이(理)로 통회한다고 하였다. 이는 천리의 본성이 공평무사하여 직(直)한 보편적 원리로서[232] 인간존재 현실에서 천명으로 일동일정의 유행을 하기에, 인간의 성정이 모두 천리를 하나로 통하여 드러난다는 것을 의미한다. 이와 같은 송익필의 주장은 형기를 지닌 인간의 삶에 있어서 의(意)를 중요시 여겨서 사의에서 비롯하는 사사로운 인욕을 버리고 공평무사한 천리의 본성으로 귀일하는 변화가능성의 시발점으로 본 것이다. 이처럼 인간의 주체적 의지에 의한 실천가능성을 긍정하고 강조하는 명철한 논리는 송익필 철학이 갖는 큰 특징이 된다.

또 인간의 성정은 '통회의 심'에서 나오고, 성정을 주재하며 적감과 동정을 통관하는 심은 직도(直道)로써 천리의 본성이 형기를 지닌 인간에

---

231) 《중용》: "必使道心常爲一身之主 而人心每聽命焉 則危者安 微者著"
232) 진래 지음, 안재호 옮김, 《송명성리학》, 예문서원, 1997, 128~129쪽.

게 자연하게 드러나 구현된 것이라고 본다. 인간의 욕망 또한 천리의 본성이라 보았는데, 선·불선의 정 또한 천리의 직(直)한 본성이라 할 수 있다. 그러므로 사단칠정 또한 직도를 근거로 하여 자연하게 드러나 발현하는 천리의 본성이기에 곧 '이기지발(理氣之發)'은 '직(直)의 발(發)'이라고 할 수 있다. 이는 인욕이 되는 사의(私意)를 직을 통해 제거해야 공심(公心)이 주재가 되어 도심이 드러난다고 주장한 '인심도심상위소장론(人心道心相爲消長論)'과 상통하여 일관된 논리라고 볼 때 더욱 이해가 된다. 이때 중요하게 작용하는 것이 불선함을 합당하게 하는 의(意)를 송익필은 중요시하고 있다. 이처럼 송익필은 인심도심을 치심(治心)의 문제로 보았고, 공심(公心)과 사심(私心)의 주재 문제로 보았다. 그리고 사심이 주재하는 인욕의 마음을 없이 하여야 천리를 보존할 수 있다고 보는 유가철학의 수양론적 관점에서, 인욕의 사사로움을 제거하는 인간 삶의 도리는 당위의 법칙이자 인륜이 되며, 이는 곧 직(直)의 도가 된다.

이로 볼 때 송익필의 성리학적 이해는 유가 선현의 설을 계승하여 우주자연의 존재원리와 인간과 사물의 현실에서 구현되는 원리를 하나로 꿰뚫어 일관(一貫)되게 잘 구명하고 있음을 알 수 있다. 특히 인간의 변화 가능성을 긍정하고, 인간의 주체적 의지의 실천을 강조하고 있다는 점에 송익필 성리학의 심오함과 현실적 의의(意義)를 아울러 지닌 탁월한 철학적 특징이 자리한다고 하겠다.

구봉 시(詩)

낙천(樂天)

하늘은 오직 지극히 어질고

하늘은 본래 사사로움이 없어서

천리를 따르는 자는 편안하고

천리를 거스르는 자는 위태롭네.

고질병과 복록은

천리(天理) 아님이 없으니

근심하면 소인이요

즐기면 군자라네.

군자는 즐거움이 있으니

옥루[233]에서도 부끄럽지 않고

몸을 닦고 기다릴 뿐이니

의심하지도 않고 꺾이지도 않는다네.

내게 더할 것도 덜할 것도 없으니

하늘이 어찌 후하고 박함이 있으랴.

참됨을 간직하고 하늘을 즐겨서

구부리고 우러름에 부끄러움이 없다네.[234]

---

233) 옥루(屋漏): 옛사람들이 살던 움집에서 빗물이 떨어지는 것을 뜻함.(《시경》, 〈대아
(大雅)〉편, 〈억(抑)〉 참조)

234) 《구봉집(龜峯集)》, 권2, 〈시(詩)〉, 〈낙천(樂天)〉: "惟天至仁 天本無私 順天者安 逆天
者危 痾癢福祿 莫非天理 憂是小人 樂是君子 君子有樂 不愧屋漏 修身以俟 不貳不夭
我無加損 天豈厚薄 存誠樂天 俯仰無愧"

도학정신(道學精神)과 수기론(修己論)

1. 도학적 삶과 도학정신

1) 역경 속에서의 진유(眞儒)

도학(道學)이란 유학 내지 성리학을 일컫는 말이지만, 특별히 도학을 구별해 말하는 것은 다른 의미가 있다. 유교 경전에서 '도학'이란 말이 처음 보이는 것은 《대학》이며, 《중용》에서 주자가 쓴 서문에서도 보이고 있다. 그러나 새로운 학풍으로서의 도학을 표명하고 있는 문헌은 《송사(宋史)》의 〈도학전(道學傳)〉이다.235) 여기에 의하면 도학은 곧 성리학을 일컫는 말이다. 송나라 초 주렴계로부터 정명도, 정이천, 장횡거를 거쳐 주자에 의해 집대성된 성리학, 정주학, 주자학을 말하는 것이다. 《송사》236)에서 특별히 '도학전'이라 이름한 것은 일반 유림들과 도학자를 엄격히 구별하고자 한 것인데, 이는 유학의 본질을 올바르게 인식하고 실천한 사람들을 도학자로 보는 것에 그 뜻이 있다.

그런데 도학이라 할 때에는 이미 도(道)를 내용으로 삼는 유학을 의미하는 것으로서, 이때 도는 '요순(堯舜)'의 도요, '공맹(孔孟)'의 도요, '성현(聖賢)'의 도로서 '유학(儒學)' 그 자체를 의미하는 것이기도 하다. 그러므로 도학은 곧 유학으로 유학의 본질을 철저히 알고 깨달아서 자기 수양

---

235) 오석원, 《한국 도학파의 의리사상》, 유교문화연구소, 2005, 218쪽.

236) 《송사(宋史)》는 중국 24사(二十四史) 역사서 중의 하나로, 중국 북송과 남송시대의 역사를 기록하고 있다. 원나라 중서우승상(中書右丞相) 탁극탁(托克托, 1314~1355)을 중심으로 7명의 총재관(總裁官)들과 23명의 사관(史官)들이 1343년에 저술을 시작하여 1345년에 완성한 역사서.

에 전념해야 하며, 나아가 유교적 역량을 사회와 국가와 세계에 유감없이 실현하는 데 목적이 있다. 다시 말하면 '수기치인지도'를 의미하는 것이요, '내성외왕지도'를 의미하는 말이다. 이런 관점에서 율곡은 도학을 격물치지로서 선(善)을 밝히고, 성의정심으로서 그 몸을 닦아, 몸에 쌓아서는 천덕이 되고, 이를 정치에 베풀면 왕도가 되는 것이라고 정의하였다.[237] 또 인의(仁義)를 궁행하는 것은 천덕이며, 백성을 가르치고 기르는 것은 왕도라 하였다.[238] 이처럼 도학은 수기로서의 천덕과 치인으로서의 왕도를 그 내용으로 삼는다. 따라서 진정한 도학은 수기치인과 내성외왕을 겸비하는 것이다. 즉 치인이 부족한 수기나 수기가 부족한 치인은 모두 도학으로서 온전하지 못하다고 보는 것이다. 그러므로 율곡은 진정한 의미에서 우리나라 도학의 창시자를 정암 조광조로 규정하고 있다.

> 고려의 정몽주가 그 실마리를 열었으나 규거(規矩)가 정밀하지 못하고, 조선의 김굉필이 그 실마리를 이었으나 오히려 크게 나타나지 못하였더니, 조광조가 도(道)를 창명함에 미쳐 모두가 추앙하여 높이니, 오늘의 성리학이 있음을 아는 것은 조광조의 힘이다.[239]

이와 같이 율곡은 우리나라 도학의 시작을 정몽주가 아닌 조광조로 보고 있다. 그것은 수기와 치인, 내성과 외왕을 도학의 평가기준으로 삼

---

237) 《율곡전서》, 권15, 〈동호문답(東湖問答)〉: "夫道學者 格致以明乎善 誠正以修其身 蘊諸躬則 爲天德 施之政則爲王道"

238) 《율곡전서》, 권25, 〈성학집요(聖學輯要)7〉: "夫躬行仁義者 天德也 敎養生民者 王道也"

239) 《율곡전서》, 권28, 〈경연일기(經筵日記)1〉: "前朝鄭夢周始發其端 而規矩不精 我朝金宏弼 接其緖 而猶未大著 及光祖倡道學者 翕然推尊之 今之知有性理學者 光祖之力也"

는데서 연유하는 것이다. 이런 척도에서 율곡은 '도학지사(道學之士)'를 '진유(眞儒)'라고도 하는데, 진유의 역할을 도를 행하는 행도(行道)와 가르침을 베푸는 수교(垂敎)로 설명하고 있다.

> 이른바 진유(眞儒)라는 것은 조정에 나아가면 일시에 도(道)를 행하여 백성으로 하여금 태평을 누리게 하고, 관직에서 물러가면 가르침을 만세에 베풀어 배우는 이로 하여금 깊은 잠에서 깨어나게 하는 것이다. 만약 나아가 도(道)를 행함이 없고 물러나 가르침을 베풂이 없다고 하면 비록 진유(眞儒)라 하더라도 나는 믿지 않는다.[1]

이렇게 볼 때, 조선조 15세기의 도학은 강한 실천성과 도덕성을 특징으로 한다고 볼 수 있다. 즉 유학이 본래 수기와 백성을 편안히 함을 그 내용으로 삼지만, 수기와 안인에 있어서도 역시 강한 실천성과 도덕성을 강조하는 데 그 특징이 있다.[2] 따라서 도학이라 하면 의리(義理)를 그 속에 담지(擔持)함은 물론이다. 이제 이러한 율곡의 도학 개념을 바탕으로 송익필의 도학적 삶과 정신, 그리고 도학사상에 대해 검토해 보고자 한다.

이제까지 학계의 연구들은 대체로 송익필의 사상에 대해 성리학과 예학 그리고 문학적 측면에서 조명해 왔다. 다만 최영성은 송익필을 도학적 관점에서 높이 평가하고 있는데,[3] 필자도 이런 입장에 생각을 같이한

---

1) 《율곡전서》, 권15, 〈동호문답(東湖問答)〉: "夫所謂眞儒者 進則行道於一時 使斯民有熙皞之樂 退則垂敎於萬世 使學者得大寐之醒 進而無道可行 退而無敎可垂 則雖謂之眞儒 吾不信也"
2) 황의동, 《한국의 유학사상》, 서광사, 1995, 91쪽.
3) 최영성, 〈구봉 송익필의 사상연구〉, 성균관대 유학대학원 석사학위논문, 1992, 22~25쪽.

다. 물론 송익필을 도학적 범주에서 다룰 수 있느냐 하는 논란의 여지는 있다. 무엇보다 송익필의 인품에 대한 일부 부정적인 평가와, 송익필의 의리적 삶의 문제, 송익필의 경세적 실적 등이 문제가 될 수 있으나, 송익필에 대한 율곡, 우계, 조헌, 김장생, 송시열, 송준길 등 여러 유학자의 평가나 송익필의 불우했던 처지를 감안하면 송익필을 도학적 측면에서 보아도 별 무리가 없다고 생각된다.

먼저 송익필의 수기적 측면을 다양한 관점에서 검토해 보기로 하자. 우암 송시열은 송익필의 〈묘갈명〉에서 다음과 같이 말한다.

> 내가 일찍이 선생(김장생)께서 말씀하신 것으로 보면, 우주를 감쌀 만한 의지와 고금을 덮을 만한 용기가 실로 선생(송익필)께서 마음먹은 바 이었기에, 자질구레하고 까다로운 것에 있어서는 소탈한 것도 없지는 않았다. (그러나 그렇다고 하여)어찌 재주가 높고 학식이 해박하여 세상일에 능숙한 선생께서 (스스로)이만하면 성현(聖賢)의 문정(門庭)에 들어갈 만하고, 또 황왕(皇王)사업도 할 수 있다고 여겨 본원(本原)을 함양하는 공부에 다소 등한히 했다고 할 수 있겠는가?4)

여기서 송시열은 스승인 김장생의 말을 통해 송익필의 인품과 수기에 대해 설명하고 있다. 즉 송익필은 우주를 감쌀 만한 의지와 고금을 덮을 만한 용기가 있어 자질구레하고 까다로운 것에 있어서는 소탈한 측면이

---

4) 《송자대전》, 권172, 〈묘갈(墓碣)〉, 〈구봉선생송공묘갈(龜峯先生宋公墓碣)〉: "盖嘗以老先生所言而論之 則志大宇宙 勇邁古今者 實先生之所心 而其於細密隱微 不能無疎脫者 豈先生才高識博 鍊達世務 謂此足以入得聖賢門庭 做得皇王事業 而或少涵養本源之功耶"

없지 않았다는 것이다. 그러나 송익필은 실로 재주가 높고 학식이 해박하여 세상사에 능숙하면서도 본원을 함양하는 공부를 결코 소홀히 하지 않았다고 평가하고 있다. 이를 통해 송익필이 치인 내지 경세의 자질을 지니고 있으면서도 내면적인 자기 수양에 독실했음을 알 수 있다.

또한《택당별집(澤堂別集)》에 의하면 송익필은 피신 중에도 새벽에 일찍 일어나 밤늦게 잠자리에 들었으며, 종일토록 의관을 바르게 하고 단정히 앉아 학문을 게을리하지 않았다고 한다. 그리고 송익필은 말하기를 "마음을 쓰는 바가 없기에 이것으로 흩어진 마음을 수렴하려는 까닭이다."라고 하였다 한다. 그가 옥중에 있을 때 한평이 찾아가 보았는데, 역시 단정히 앉아 있었으며 말과 얼굴빛의 사기(辭氣)가 태연하였다고 한다.[5] 이를 통해서 볼 때, 송익필의 일상생활이 얼마나 단정하고 바른 것이었는가를 알 수 있고, 옥중의 환난 속에서도 흐트러짐 없는 진유(眞儒)의 모습을 짐작할 수 있다.

중봉 조헌은 송익필의 억울함을 구하는 상소문에서, 송익필은 비록 송사련의 아들이지만, 노년에도 독서에 힘써 학문이 깊고 경서(經書)에 밝았으며, 언행이 바르고 곧아 제 아비의 허물을 덮기에 충분하였다고 하였다. 그리고 율곡과 우계도 모두 외우(畏友)로 여겨 늘 제갈량이 법정에게 했던 것처럼 하였다고 말한다.[6]

또 상촌 신흠은 송익필은 귀양살이 중에도 유학자로서의 본분을 결코 잊지 않았으며, 유유자적한 생활로 안시처순(安時處順)하는 태도를 보였

5)《택당별집》, 권15,〈잡저(雜著)〉,〈추록(追錄)〉: "宋翼弼在逃中 晨興夜寐 正冠危坐 習帖看書 終日不解 曰 無所用心 此所以收之也 韓平就見獄中 亦危坐 辭氣泰然"
6)《조선왕조실록》20권, 선조 19년(1586, 丙戌, 명 만력(萬曆) 14년 10월 1일 壬戌),〈주학 제독관으로 제수된 조헌이 붕당의 시비와 학정의 폐단을 논한 상소문〉

다 하고, 자연에 파묻혀 세속적인 애락에서 초연한 기상을 발휘하였다고 평가하였다.[7]

이러한 여러 유학자들의 송익필에 대한 인물평을 통해 그가 얼마나 유학자로서의 본분에 충실했는가를 알 수 있고, 불우한 처지에도 불구하고 순리에 거스르지 않고 안빈낙도하는 높은 기상을 보여 주었음을 알 수 있다.

그런데 송익필의 이러한 자기 수양에 대한 진지한 노력과 훌륭한 인품은 그 스스로의 말을 통해서도 알 수 있다. 송익필은 우계에게 보낸 편지에서 자신의 처지에 대해 다음과 같이 솔직하게 말한다.

> 저는 비록 대단치 않은 사람이지만 형과 율곡과 더불어 말석이나마 끼이게 되었습니다. 노둔(魯鈍)한 성정을 채찍질하여 마음을 한 가지로 하였고, 주위의 환경이나 욕망에 빠지지도 않았으며, 일찍 죽은 자식이 있기는 하지만 지금 30여 년이나 되었습니다. 불행하게도 율곡은 죽었고 형은 세상에 버림을 받아 홀로 있으며 함께하는 사람이 없습니다. 저는 살고는 있지만 들판에서 헤매다가 필경 어느 산에서 뼈를 맡길지 모르겠습니다.[8]

이처럼 송익필은 자신이 노둔한 성정을 채찍질하여 마음을 한 가지로

---

7) 《구봉집》, 권10, 〈시집후서3수(詩集後序三首)〉: "不失於羇窮流竄之際 優游涵泳之樂 自適於風花雪月之間 其庶乎安時處順 哀樂不能入者矣 (申欽)"
8) 《구봉집》, 권5, 〈현승편下〉, 〈답호원서(答浩原書)〉: "僕雖無似 與吾兄及栗谷 忝在相觀 之末 策駑專心 不以外物嗜欲 有所夭閼者 于今三十年有餘矣 不幸栗谷云亡 吾兄爲世 所擯 獨立無與 僕雖猶生 遑遑中野 未知竟作何山之委骨也"

하였고, 주위의 환경이나 욕망에 빠지지도 않았다고 한다. 그리고 존경하는 도우요 외우인 우계, 율곡과 어깨를 함께하는 것을 자랑스럽게 생각하였다. 이를 통해 송익필이 자기 수양을 위해 얼마나 노력했는가를 알 수 있고, 또 송익필의 높은 수양의 경지를 이해할 수 있다.

이제 송익필과 김굉필(1454~1504), 조광조(1482~1519)와의 관련을 통해 송익필의 도학정신에 대해 검토해 보기로 하자. 송시열은 송익필의 묘갈명에서 송익필이 김굉필, 조광조의 사당을 배알했던 사실에 대해 이렇게 적고 있다.

> 임진왜란이 일어나자 선생은 귀양살이 하던 평북 희천에서 적을 피하여 명문산 속으로 들어갔다가 계사년에 사면을 받았다. 그 고을에 김한훤당 ·조정암 두 선생의 사당이 있었는데, 선생은 그분들이 화를 입었던 당시를 회상하고 감개하여 제문을 지어 제사를 올려 자신의 뜻을 나타낸 후 돌아왔다.[9]

송익필은 조광조를 매우 흠모하고 사숙(私淑)하였으며, 조광조의 지치도학(至治道學) 사상을 충실히 계승하였다. 그는 일찍이 1593년 평북 희천의 유배에서 풀린 후 그곳에 있던 상현서원을 봉심한 일이 있다. 상현서원은 김굉필, 조광조 양현을 모신 서원이다.[10] 송익필은 15세기 도학

---

9) 《송자대전》, 권172, 〈묘갈(墓碣)〉, 〈구봉선생송공묘갈(龜峯先生宋公墓碣)〉: "壬辰倭變 先生自熙川謫所 避賊明文山中 癸巳蒙宥 郡有寒暄·靜菴兩先生祠 先生感慨當日遭罹 爲文以祭 以見其志而歸"

10) 최영성, 〈구봉 송익필의 학문과 기호학파에서의 위상〉, 《우계학보》 제23호, 우계문화재단, 2004, 155쪽.

의 중심인물인 두 도학자에게 올린 제문에서 이렇게 기리고 있다.

> 태산처럼 우뚝함이여! 해와 달같이 소소(昭昭)함이여! 생사화복이 뜬 구름처럼 생겼다 없어집니다. 세상이 변하여 천 번 바뀌더라도 생존은 오직 한때뿐이니, 천추(千秋)가 하루아침이요 하루아침이 곧 천추입니다. 천도(天道)에는 합하나 인간에는 어긋나니, 무엇을 원망하고 무엇을 탓하리까? 기주(箕疇)의 원모(遠邈)함이여! 문헌을 징험할 수 없는데 두 분 선생이 아니었다면 누가 이 도(道)를 넓혔으리요? 멀고 먼 구만 리 긴 하늘에 깃 부러진 몸으로 처음 날아오르심이라. …… 왕업(王業)이 더욱 어지러워지고 오도(吾道)가 매우 위태로우나 민멸(泯滅)하지 않으면 남는 것이니, 내가 또 무엇을 슬퍼하오리까?[11]

송익필은 김굉필, 조광조 두 사람의 유가에 대한 공헌을 높이 평가하고, 왕업과 유가의 도를 걱정하면서 유가학문의 도는 결코 민멸하여 없어지지 않는다는 신념을 확고히 하였다. 여기서 우리는 송익필이 국가의 왕업을 걱정하고, 유가 학문의 도를 걱정하는 우환의식(憂患意識)을 볼수 있다. 이는 송익필 사상의 특성으로서 유배를 당하는 어려움 속에서도 사사로움 없이 왕업의 위태로움과 유가학문의 민멸을 걱정하는 직(直)의 도학정신이라 하겠다.

---

11) 《구봉집》, 권3, 〈잡저〉, 〈제한훤 정암양선생문(祭寒暄 靜庵兩先生文)〉: "惟萬曆二十一年歲次癸巳九月壬子朔七日戊午 宋翼弼謹以酒果之奠 敬獻于寒暄先生文敬公 靜庵先生文正公兩賢祠下 崒乎泰山 昭乎日月 生死禍福 浮雲起滅 世變千換 存者惟一 千是一朝 一乃千秋 合天違人 何怨何尤 邈矣箕疇 文獻無徵 靡二先生 此道誰弘 九萬迢迢 羽折初飛 …… 王業益艱 吾道愈危 不泯者存 我又何悲"

유가에서는 학문하는 순서에 대해서 전통적으로 중요시 여겨 왔는데, 송익필의 정암 도학에 대한 계승은 그의 학문 공정(功程)을 통해서도 잘 나타난다. 송익필은 《소학》으로 자신을 규율하고 《근사록》으로 성리학의 터전을 닦았으며, 《주자가례》로 생활법도를 삼았다. 특히 《소학》과 《주자가례》를 위학(爲學)의 근간으로 여겼다. 송익필과 율곡의 두 문하에서 배운 김장생은 교수(敎授)하는 차례를 《소학》－《주자가례》－《근사록》－《심경(心經)》－사서(四書)－오경(五經) 순으로 정하여 그 단계를 엄격히 하였다고 하는데,12) 이는 율곡이 《소학》－사서－오경－《근사록》－《주자가례》－《심경》 등의 순으로 규정하였던13) 것과는 차이가 있다. 김장생이 주자학의 학문세계에서 정신적 주축이었던 《근사록》의 의리와 사서의 도리보다도 《소학》과 《주자가례》의 인식을 선행시키기 위해 노력하였던 것은 송익필의 독서체계에서 영향을 받은 바 크다.14)

송시열(1607~1689)에 의하면 김굉필은 《소학》을, 조광조는 《근사록》을, 퇴계는 《심경》을, 율곡은 사서를, 김장생은 《소학》과 《주자가례》를 중시하였다고 하는데, 자신은 김장생의 독서법과 학문 과정의 순서인 위학공정(爲學工程)를 따르겠다고 하였다.15) 이런 점에서 최영성은 송익필의 학

---

12) 《사계전서》, 권48, 〈행장(行狀)〉: "其授書次第 則始以小學家禮 次以心經近思以培其本根 以開其門路然後 及於四子五經 循循有序 階級甚嚴"

13) 《격몽요결》, 〈독서장(讀書章)〉제4: "先讀小學 … 次讀大學 … 論語 … 孟子 … 中庸 … 詩經. … 禮經 … 書經 … 易經 … 春秋 … 如近思錄 家禮 心經 二程全書 朱子大全 語類 及他性理之說宜間間精讀"

14) 최영성, 〈구봉 송익필의 학문과 기호학파에서의 위상〉, 《우계학보》 제23호, 우계문화재단, 2004, 171쪽.

15) 《송자대전》, 부록, 권16, 〈어록(語錄)2〉: "我東儒賢 寒暄堂尊小學 靜庵尊近思錄 退溪尊心經 栗谷尊四書 沙溪尊小學家禮 門人問先生所尊信 先生曰 鄙意則恐當從沙溪 (鄭纘輝記)"

문 연원을 조광조에 대고 도학적 관점에서 송익필을 평가하고 있다.16)
그 근거로서 첫째, 학문을 함에 있어서《소학》과《근사록》을 중시했고,
둘째, 신분에 얽매어 출셋길이 봉쇄된 처지였지만 경세(經世)에 대한 관
심과 의지가 각별하였고, 지치(至治)의 이념을 계승하여 삼대의 이상정치
를 당세에 실현시키고자 했던 점이라 하였다. 이러한 견해는 매우 타당성
이 있다고 하겠다.

그리고 역경 속에 처한 송익필을 위해 상소를 올려 자신의 처지를 변
론해 준 중봉 조헌에게 보낸 다음의 편지글 속에서 나라와 도우에 대한
의리정신(義理精神)을 찾을 수 있다.

> 지난번 형께서는 간과 쓸개까지 다 내어 주고 죽기 직전의 위태로운 나
> 를 도와주었습니다. 차라리 내 몸은 잊을지언정 내가 배운 학문에 대해
> 서는 배반하지 않을 것입니다. 제가 볼품은 없으나 이것 모두 국가를 위
> 한 결의에 찬 충심입니다. 공명정대(公明正大)하여 하찮은 일에도 한 올
> 의 실오라기 같은 사사(私邪)로운 생각도 없습니다. 형에게로 보낸 저의
> 글을 깊이 생각해 보십시오. 분명하고 솔직함을 손상한 기상은 있지만
> 숙향(叔向)의 사심(私心) 없는 뜻은 가졌다고 자부합니다. 여러 해 동안
> 소식이 끊겼다고 의아스럽게 여기지 마시기 바랍니다. 옛 친구들이 나에
> 대해 한 여러 말들이 또한 형의 상소문 가운데 있다고 들었습니다. 형은
> 어디서 이런 이야기를 들었습니까? 임금님의 귀를 어지럽힐 것 같아 황
> 송하고 황송합니다. 주회암(朱晦庵)이 말하기를 "안자(顔子)는 어찌 자기

---

16) 최영성, 〈구봉 송익필의 학문과 기호학파에서의 위상〉,《우계학보》제23호, 우계문화
재단, 2004, 155~159쪽.

는 옳다하고 남을 그르다고 하여, 나아가지 못하는 입장을 스스로 편안하게 여겼는가?"라고 하였습니다. 감히 주자의 말로 오늘날 스스로 권면하는 교훈으로 삼아야 합니다. 친구 간에 의리(義理)를 배반하는 일을 마음에서 일으키고 싶지 않습니다.[17]

여기서 송익필은 어려운 역경에 처해 있지만, 숙향[18]처럼 공명정대하여 한 올만큼의 사사로움 없는 마음으로 임금과 친우들에 대한 충심(忠心)과 의리를 배반하지 않을 것이라고 말하고 있다. 안자처럼 남을 그르다고 하여서 자신은 나아가지 못함을 편히 여기는 것을 교훈으로 하고 있음을 볼 수 있다. 송익필은 청명직절한 자기의 기상을 더럽힐지언정 충의(忠義)의 사사로움 없는 의리정신만큼은 지킬 것이라는 모습에서 역경 속에서 오히려 더욱 공명정대하여 정직한 그의 의리정신을 찾을 수 있다.

이러한 그의 도학정신은 조헌이 임진왜란 때 의병을 일으켜서 왕업을 지키는 일을 한다는 것을 듣고 칭송한 다음의 시에서 잘 나타나고 있다.

---

17) 《구봉집》, 권5, 〈현승편下〉, 〈답조여식서(答趙汝式書)〉: "向者 吾兄瀝膽刳肝 扶危於未亡 寧忘吾身而不負吾學 犯諱孤言 猥及無狀 此皆爲國忠憤 大公至正 無一毫有所私念於微物者也 深慮鄙文字一到兄邊 有洗淸明直截之氣像 而亦欲自處得叔向無私謝之意也 幸勿爲訝於隔絶多歲也 且聞舊友對僕說數句 亦入兄疏中 兄何從得此耶 至瀆天聽 惶悚惶悚 朱晦庵曰 顔子曷嘗敢是已非人 而自安於不進之地哉 敢以此言爲今日自勉之訓 而交道之分背 不欲興懷耳"

18) 숙향(叔向): 춘추 시대 진(晉)나라의 현자(賢者). 성은 양설(羊舌)이고, 이름은 힐(肹) 또는 숙힐이며, 숙향은 자(字)다. 평공(平公) 때 교육가로 벼슬했다. 《춘추좌씨전(春秋左氏傳)》에서는 법가(法家) 사상의 선구를 이룬 자산(子産)과 대비하여 유가(儒家) 사상의 전통적인 담당자로 군자(君子)라 했다. 제(齊)나라의 안영(晏嬰), 오(吳)나라의 계찰(季札), 정(鄭)나라의 자산과 함께 당대의 대표적인 현인으로 불렸다.

직도(直道)로써 일찍이 심한 곤경을 겪더니, 나보다 먼저 이미 채찍을 잡았구려. 집안의 백발 노친(老親) 하직을 하고, 허리 밑의 용천검(龍泉劍)을 어루만졌네. 일곱 번 놓아 줌으로 황백(黃白)을 낮추어 보고, 세 번이나 말을 몰아 성현(聖賢)을 사모하였네. 성을 버렸으니 누가 죽음을 두려워하랴, 벼슬이 없는데도 맨주먹으로 분발하였네.[19]

송익필은 조헌이 외환을 당하여 나라에서 유배를 당하였고,[20] 벼슬이 없는데도 임금과 백성을 위해 의병을 일으켜 충정을 행하는 것을 높이 기리고 있다. 이 시를 통해서 송익필은 조헌의 충절을 칭송하면서도 그 속에서 나라에 대한 우환의식을 드러내고 있는 것이라고 할 수 있다.

2) 세도(世道)의 자임(自任)

송익필의 세도에 대한 관심을 통해 그의 도학정신을 생각해 보기로 하자. 송시열은 말하기를 "선생(송익필)은 포부가 크고 세상에 대한 책임감이 강하여 자못 세도에 뜻을 두었다."[21]라고 평가하였다. '세도(世道)'란 세상의 도덕을 의미하며, 구체적으로는 부자, 군신의 의리로부터 출발

---

19) 《구봉집》, 권2, 〈시(詩)〉, 〈문조헌창의병근왕(聞趙憲倡義兵勤王)〉: "直道曾囚楚 先吾已着鞭 堂中辭鶴髮 腰下撫龍泉 七縱卑黃白 三驅慕聖賢 棄城誰畏首 無位奮空拳"

20) 조헌은 선조 22년(1589) 4월 시폐를 상소하였다가 임금의 뜻에 거슬려 5월에 함경도 길주로 유배되었다.(조남권·이상미 공역, 《구봉 송익필 시전집》, 도서출판 박이정, 2003, 231쪽. 각주 참조)

21) 《송자대전》, 권172, 〈묘갈(墓碣)〉, 〈구봉선생송공묘갈(龜峯先生宋公墓碣)〉: "惟是抱負旣大 自任甚重 頗有志於世道"

하는 사회질서를 의미한다.[22] 특히 송시열은 그 스스로 세도를 자임(自任)하고 실천한 대표적 인물인데,[23] 그에 의해 송익필은 세도에 뜻을 둔 유학자로 규정된다. 여기서 송익필이 포부가 크고 세상에 대한 책임감이 강하여 세도에 뜻을 두었다는 것은 송익필이 자기를 지키는 수양에만 전념한 도학군자가 아님을 말해 주는 것이다. 즉 송익필은 비록 그 스스로는 신분적 한계로 인해 경세제민의 큰 뜻을 펼 수 없었지만, 나라와 백성을 근심 걱정하는 우환의식은 투철했다는 말이다. 아울러 경세제민의 경륜을 지니고 있었고, 세도의 실현을 통해 조광조가 추구했던 지치의 이상을 실현코자 했음을 알 수 있다. 이러한 송익필의 도학정신은 다음 시에서도 잘 나타난다.

> 이 몸은 진한(秦漢) 뒤에 태어났으나 정신만은 우탕(禹湯)의 선대(先代)와 부합되네.[24]

송익필은 자신이 비록 진·한의 시대 뒤에 태어났지만, 정신만은 우·탕의 선대와 부합된다고 말한다. 여기서 그가 선왕으로서 요·순을 말하지 않고 우·탕을 말한 것도 의미가 깊다. 요·순은 자연한 본성을 정치에 실현한 대표적인 성왕(聖王)이지만, 우·탕은 인위적인 개혁과 혁명을 통해 왕도를 실현한 성왕이라는 점에서 송익필이 지향한 경세의 초점이 짐작

---

22) 우경섭, 〈송시열의 세도정치사상 연구〉, 서울대 대학원 박사학위논문, 2005, 19쪽.

23) 《송자대전》, 권1, 〈시오언고시(詩五言古詩)〉, 〈사언부자경음(四言附自警吟)〉: "我年今八十 追憶平生事 尤悔如山積 一筆難可記 … 妄以世道責 自任於一己 一車薪火熾 詎容一杯水"

24) 《구봉집》, 권1, 〈부 시(賦 詩)上〉, 〈산중(山中)〉: "…… 身生秦漢後 神合禹湯先"

된다. 이미 같은 시대 도우인 율곡에 의해서도 16세기는 경장기(更張期)로 규정되고 개혁의 필요성이 적극적으로 권장되고 있지만, 송익필에게서도 그러한 의지와 포부를 볼 수 있다. 송익필은 율곡에게 보낸 편지에서 당시 시국에 대한 자신의 견해와 대책에 대해 비교적 소상히 말하고 있다.

금년이 비록 풍년이라고는 하였지만, 햇곡식을 보기도 전에 백성들은 도랑에 쓰러져 거의 죽을 것입니다. 만약 또 가을이 되어도 곡식이 여물지 않으면 남아 있는 사람이 거의 없을 터이니, 나라는 무엇으로써 나라를 다스리겠습니까? 형도 역시 백성 중에 한 사람입니다. 예전에 어려운 생활을 겪었다고 하지만, 형보다 살림이 어려운 저의 궁핍함 같지는 않을 것입니다. 저의 실정을 상세히 아시기에 다시 알리는 것입니다. 아! 어려운 생활 속에 굶주림을 견디고 운명대로 처신하며, 남을 원망하지도 않고 남을 탓하지도 않는 사람이 몇 명이나 되겠습니까? 죽기가 싫어 도적이 되었다면 모두 다 죽일 수는 없습니다. 그리고 외부의 도적도 기회를 엿볼 것이니 형세상 방법을 찾기도 어렵습니다. 백성의 부모가 되어서 마음을 쓰지 않을 수가 있는가요? 조정의 앞자리에 나아갔을 때 대처할 방도를 생각해 보심이 어떠하신지요? 농사를 망친 여러 고을은 진상할 물품을 줄인다 하더라도, 임금이 드시는 음식 가지 수는 많이 줄어들지 않았습니다. 세금은 감면한다 할지라도 나라의 경상적인 지출 이외에도 경비 절약을 해야 합니다. 옛날의 제왕이 흉년을 만났을 때 수양하고 반성하는 방법은 다음과 같습니다. 임금의 음식에는 맛있는 음식을 올리지 않고, 대사(臺榭, 관청과 사당)는 도료를 칠하지 않고, 임금을 맞이할 때 벽제를 하지 않고, 모든 관리는 직무에 충실할 뿐 토지를 따로 주지 않고, 귀신에게는 기도만 드리지 제사는 지내지 않고, 재물을 나누어 주고, 세금을 적게 매기고 형벌을 완화하며, 부역을 줄이며, 시장의 세금을 없애고, 번거로운 예를 줄이고, 슬픈 일은 줄이고 즐거운 일은 쌓아 두고, 혼례를 장려하고, 귀신을 찾으며, 도적을 제거하고, 지켜야 할 항목이 많더라도 대개는 줄여서 실행하며, 자신에게 책임을 돌리면서 하늘을 섬기고, 쓸데없는 낭비는 막고 백성을 구제할 계책을 많이 세울 뿐입니다. 또 부자에게는 쌀을 풀어서 가난한 사람을 도와주라고 권합니다. 주자(朱子)도 역시 하지 않을 수 없던 일입니다. 지금은 하나도 실행하지 않고 있습니다. 이것은 어린 아이가 우물에 들어가는 것을 보고서도 측은한 마음이 없는 것과 같습니다. 한심한 일입니다. 대인은 임금의 마음을 바로 잡아야 합니다.25)

여기서 송익필은 당시 민생의 절박함과 시국의 어려움을 말하고, 율곡으로 하여금 임금의 마음을 돌려 인정(仁政)을 행하고 민본정치를 실현할 것을 간곡히 권하였다. 송익필 자신이 경세의 전면에 나설 수 없는 현실에서 율곡을 통해 그 이상을 실현코자 하는 그의 간절한 소망과 뜻을 알 수 있다. 이는 또한 율곡을 통해 전달하고 있지만, 송익필이 나라를 걱정하고 궁핍한 백성의 삶을 걱정하는 우환의식이 잘 드러나는 내용이다.

또한 송익필은 율곡이 대제학이 되었을 때 다음과 같이 삼대지치(三代至治)의 이상을 말한다.

---

25) 《구봉집》, 권5, 〈현승편下〉, 〈답숙헌서(答叔獻書)〉

형께서 이미 문형(文衡)을 맡았고, 또 장차 정승이 될 것이라 들었습니
다. 문형(文衡)의 책임은 사문(斯文)을 부식(扶植)하는 데 있으니, 어찌
사화(詞華)만 숭상하여 세상의 풍조에 응할 뿐이겠습니까? 삼대(三代)
이래 유자(儒者)로서 정승이 된 사람이 없었으니, 이 때문에 삼대 이하로
다시 삼대의 치(治)가 없었던 것입니다. 유자(儒者)가 만약 정승이 된다
면 어찌 삼대의 치(治)가 없겠습니까? 유자(儒者)에게 귀한 것은 일행일
지(一行一止)를 반드시 그 도(道)로써 해야 하고, 한 터럭이라도 모리(謀
利), 계공(計功)의 생각이 없어야 하는 것입니다. 삼대의 사업으로 자기의
책임을 삼지 않는다면, 감히 그 자리에 있어서는 안 됩니다.**26)**

송익필은 율곡에게 벼슬길에 나아가는 본의가 무엇인가를 분명하게
말한다. 문형(文衡, 대제학)의 책임이 유가의 도를 받들고 이어가는 데 있
고, 유학자는 마땅히 삼대의 정치로서 자기 책임을 삼아야 한다고 말한
다. 만약 그렇지 않다면 감히 그 자리에 있어서는 안 된다고 하였다. 그리
고 유학자에게 귀한 것은 한번 가고 한 번 그치는 출처를 반드시 그 도
로써 해야 하고, 한 터럭이라도 이익을 꾀하고 공을 계산하는 생각이 없
어야 한다고 하였다. 여기서 유학자의 도는 이익이나 공이 아니라 도이
며, 정치의 이상과 목표는 삼대지치에 있었다. 이렇게 송익필이 정치의 목
표와 유학자가 가야 할 이상을 삼대지치로 본 것은 마치 정암 조광조가
매양 경연석상에서 '숭도학, 정인심, 법성현, 흥지치'를 반복해서 임금에게

---

26) 《구봉집》, 권5, 〈현승편下〉, 〈답숙헌서(答叔獻書)〉: "聞吾兄旣典文衡 又將卜相 文衡之
任 重在扶植斯文 豈但尙詞華應世求而已 且三代以下 未見以儒作相者 三代以下 更無
三代之治故也 儒若作相 則豈無三代之治 所貴乎儒者 一行一止 必以其道 無一毫謀利
計功之念 不以三代事業爲己任 則不敢在其位"

진언한 것과 상통한다.[27] 도학을 숭상하고, 인심을 바르게 하고, 성현을 본받고, 지치를 일으킨다는 것은 결국 삼대의 지극한 정치를 추구하는 것이다. 이는 고도(古道)를 자처하고 고례(古禮)를 중시했던 송익필의 성리학과 예학의 공통적인 근본정신이라 할 수 있는데, 다음과 같은 그의 시를 통해서도 알 수 있다.

뜻이 깊은 《주역》은 논하기 쉽지 않고, 인(仁)이 깊은 탕(湯)임금의 정치는 이해하기 어찌 어려우랴. 일생 동안 몸으로는 고인(古人)의 예법(禮法)을 행하였네.[28]

그리고 송익필은 우계에게 보낸 편지에서도 세도의 중요성을 강조하고 있다.

멀리서 자주 안부를 물어 주시니 위로되고 감사합니다. 임금님의 명령을 두 번이나 받았다는 사실을 알았습니다. 험난한 길을 헤치면서 병든 몸을 이끌고 대궐로 가리라고 생각합니다. 의리를 중요시 하고 생명을 가벼이 하니 한편으로는 기쁘기도 하고 한편으로는 걱정도 됩니다. 임금계신 조정을 멀리서 생각하니 10년이나 된 듯합니다. 앞자리에서 일어나 공경한 모습으로 있으면 좌우가 조용하고 임금님 말씀만 거듭 간절합니다. 이러한 때에 근원이 맑으면 물욕이 소멸되고 물러납니다. 형께서는

---

27) 《정암집(靜庵集)》, 부록, 권1, 〈사실(事實)〉: "經席之上 每以崇道學 正人心 法聖賢 興至治之說 反覆啓達"

28) 《구봉집》, 권2, 시(詩), 〈누재추부(累在秋府)〉: "義奧義經論未易 仁深湯網解何難 一生身服古人禮"

이러한 기회를 타서 정의(正義)를 펼치고 세도(世道)를 바로잡아야 합니다. 이번의 한 차례 행동에 달렸습니다.[29]

송익필은 벼슬길에 나아가는 도우인 우계에게 정의를 펼치고 세도를 바로 잡아 줄 것을 당부한다. 앞서 율곡에게 한 부탁과 마찬가지다. 항상 현실참여에 소극적이었던 우계에게 경세의 책임을 회피해서는 안 된다 하고, '진정의(陳正義) 광세도(匡世道)'의 책무를 실현하기 위해 결단을 촉구하였다.

송익필은 율곡이 죽은 후에 세도를 잃게 되자, 그의 남은 도우인 우계에게 세도를 기대하고 싶었다. 그러나 겸손하여 사양하고 물러서는 우계에게서 세도를 기대할 수 없게 되자, 스스로 세도를 자임하여[30] 기호학파의 종장으로서 죽은 뒤에도 반대파로부터 박해를 받는 율곡을 보호하고자 힘썼다. 또한 사욕과 당리(黨利)에 빠져 혼란을 거듭하는 정계에 직(直)을 구현하는 도를 반영하고자 하였다. 이러한 송익필에게 세간의 무리들은 조정에 원한을 품고 일을 일으키려 한다고 비난하였고, 또 조헌의 상소가 그의 사주라고 간주되었으며, 반대당으로부터 '서인의 모주'라고 불리게 되었다.[31] 그 결과로 그의 일신은 반대당의 표적이 되어 생

---

29) 《구봉집》, 권5, 〈현승편下〉, 〈답호원서(答浩原書)〉

30) 세도(世道)의 자임(自任): 탕(湯)임금의 신하 이윤(伊尹)은 요순(堯舜)의 도(道)를 좇아 천하의 백성들을 구제하는 것을 자신의 중요한 책임으로 자임(自任)하여서, 당시 하(夏)나라 걸(桀)왕의 무도함을 보고 탕임금을 설득해서 하나라를 정벌하게 하였다. 이로부터 세도에 대한 자임의 유가정신을 찾을 수 있다.(《맹자》, 〈만장장구上〉: "其自任以天下之重 如此 故就湯而說之 以伐夏救民")

31) 《조선왕조실록》, 권23, 〈선조 22년(1589, 己丑 / 명 만력(萬曆) 17년) 12월 16일(己丑) 2번째 기사〉, 〈사노 송익필·송한필 형제를 체포하여 추고하라고 전교하다〉: "私奴

사를 가늠할 수 없는 위험이 따랐고, 말년을 도피하며 떠돌다 타향에서 죽음을 맞는 비운을 맛보게 된 것이다. 이같이 일신의 위험이 따르는 세도의 자임은 도통(道統)을 중시하는 성리학에서 불가피한 일이며, 송익필의 뒤를 잇는 김장생과 송시열이 같은 길을 걷게 된 것이다.[32]

다시 말하면 송익필의 큰 포부와 경륜은 그로 하여금 '치인(治人)'에 대한 의지를 실천하고자 하여 자신이 직접 나아가 국가의 이익과 백성들에게 복이 되는 국리민복(國利民福)에 도움을 주지 못하지만, 율곡과 우계 그리고 정철과 같은 도우를 통해 자신의 이상을 펴고자 하였다. 또한 후학들로 하여금 숙원을 실현시키기 위해 교육에 온 힘을 쏟았던 것이다. 그의 이러한 태도는 행도와 수교의 실천을 그 내용으로 하는 도학(道學)의 기본정신을 잘 추구하고 있는 것이라 하겠다.

송익필의 세도에 대한 사명과 도학적 신념은 유학을 숭상하고 다른 것을 멀리하고자 하는 벽이단(闢異端)의식으로도도 발휘되었다. 그는 반평생을 도의지교를 맺어 서로 학문과 도학적 삶의 실천을 강마하는 도우인 율곡이《순언》을 저술한데 대해 다음과 같이 비판을 서슴지 않는다.

형이 직접 편찬한《순언》을 보았는데 재주를 부린 듯합니다. 형을 위해서도 의아스럽게 여깁니다.《참동계(參同契)》를 이어서 저술한 주회암(朱晦庵)의 뜻이 있는 것인가요? 거듭 세도(世道)를 위해서도 안타깝습니다. 기이한 것을 굴복시키고자 하면서 도리어 같이 되고자 하면 노자(老

宋翼弼 翰弼兄弟 畜怨朝廷 期必生事 奸鬼趙憲陳疏 無非此人指嗾云"

32) 배상현, 〈조선조 기호학파의 예학사상에 관한 연구〉, 고려대 대학원 박사학위논문, 1991, 89쪽.

子)의 본뜻을 상실합니다. 그리고 오도(吾道)에 있어서도 구차하게 같이 된다는 혐의가 있습니다. 주석은 또 견강부회(牽强附會)하였습니다.[33]

송익필은 율곡이《순언》을 저술한 데 대해 혹평을 하고, 세도의 차원에서 안타깝게 여기고, 오도(吾道)에 있어서도 구차하다고 질책하였다. 율곡의 입장은 노자의 말을 긍정적으로 보아 유교적 입장에서 해석하고 수용한 개방적 학문 태도라고 이해할 수 있다. 그렇지만 도교와 불교를 배척하고 유가의 학문적 의리를 지키고자 하는 송익필의 도학정신에서 연원하는 것이기도 하며, 또 이로 인해 다가올 율곡에 대한 세간의 평판과 후학의 평가를 우려하여 보인(輔仁)으로 이끌고자 하는 도우의 간절한 마음에서 나온 것이라 하겠다.

또한 율곡이《소학집주》를 간행한 데 대해서도 그 미진함을 지적하고 있다.

또 형께서《소학(小學)》에 대한 여러 학자들의 주석을 모은 것도 역시 미진한 곳이 많습니다. 예를 든다면 "子之事親 三諫不聽 則號泣而隨之(자식이 부모를 모실 때, 세 번을 간해도 듣지 않으시면, 소리내어 울되 부모를 떠나지 않는다.)"가 있습니다. 형은 '수행(隨行)'이라고 주석하였습니다. 제 생각은 미자(微子)가 한 말은 결단코 그렇지 않은 듯합니다.《소학》〈계고(稽古)〉에 미자(微子)가 말하기를 "子三諫不聽 則隨而號之 人臣三諫不

33)《구봉집》, 권4, 〈현승편上〉, 〈여숙헌서(與叔獻書)〉: "見兄新編諄言一帙 似爲才氣所使 爲兄致疑焉 抑無乃朱晦庵參同契遺意耶 重爲世道興歎 屈異而欲同之 失老子本旨 而 於吾道 亦有苟同之嫌 註又牽合"

聽 則其義可以去矣(자식이 세 번 간해도 듣지 않으면 따르며 울고, 신하가

세 번 간해도 임금이 듣지 않으면 그 뜻이 옳아도 떠나간다.)"라고 하였습니

다. '수지(隨之)'는 다만 부모를 떠나지 않는다는 뜻입니다. 형은 행(行)이

라고 하였는데, 아마 본의(本義)가 아닌 듯합니다. 《예기(禮記)》〈곡례하

(曲禮下)〉의 전문(全文)은 다음과 같습니다. "爲人臣之禮 三諫而不聽 則

逃之 子之事親也 三諫而不聽 則號泣而隨之" 본문의 뜻은 이와 같습니

다. 이와 같은 곳이 많이 있습니다. 서로 만나 토론하고 연구한 뒤에 책

을 간행함이 묘(妙)할 듯합니다. [34]

그리고 송익필은 율곡의 《격몽요결》에 대해서도 속례(俗禮) 부문은
문제가 있다고 보아 신중한 간행을 요청하였다.

형께서 《격몽요결》 간행을 허락했다고 들었습니다. 《격몽요결》 가운데

속례(俗禮)와 관련된 곳에서는 저는 항상 불만의 뜻이 많습니다. 형께서

산삭(刪削)하여 바로 잡으심이 어떠하신지요? 그렇지 않다면 다만 한 집

안의 자제들이 볼 만한 책이지, 아마도 널리 행해지는 결정된 예(禮)는

아닌 듯합니다. 《소학》의 간행은 충분히 상의하시기를 다시 바라며, 《격

몽요결》처럼 쉽게 하지 마십시오. 간절히 바랍니다. [35]

---

34) 위의 글: "又兄所輯註小學 亦多未盡處. 如子之事親 三諫不聽則號泣而隨之 兄註以隨
　　行 某以微子言 斷其不然 稽古微子曰 子三諫不聽則隨而號之 人臣三諫不聽則其義可
　　以去矣 隨之只不去之云也 行字恐非本義. 又曲禮全文云 爲人臣之禮 三諫而不聽則逃
　　之 子之事親也 三諫而不聽則號泣而隨之 本文之意又如是. 如此處多 俟相見講磨 然
　　後印行爲妙"
35) 위의 글: "聞兄許印擊蒙要訣 要訣中俗禮處 某常多不滿之意 未知兄其加刪正耶 不然
　　則只可爲一家子弟之覽 恐不可爲通行之定禮也 小學之印 更須十分商議 無如擊蒙之易

이처럼 송익필은 율곡의《소학집주》의 미진함을 불만스럽게 생각하고 스스로 이를 바로잡아 주기를 간청하였다.《격몽요결》속례 부분에도 문제가 있다고 보아 한 집안의 자제들이 참고하는 의미는 있을지 몰라도 한 나라의 준거(準據)가 되는 예(禮)로서는 부족하다고 평가하여 신중한 간행을 요청하였다.³⁶⁾

이렇듯 평소 우계와 율곡과 도의지교를 맺어 학문의 진전과 도학실천을 서로 권면하고 강마해 온 송익필의 의리정신은 다음과 같은 그의 삶 속에서도 투철하게 나타나고 있다. 율곡의 만년 1583년(계미, 선조 16)에 당쟁이 격화되어 율곡이 모함을 받게 되자, 우계가 상소를 올려 밝히려 하였고³⁷⁾ 송익필 또한 우계에게 편지를 보내 격려하였다. 그러다가 갑자기 율곡이 죽게 되자 율곡에 대한 모함이 우계와 송익필에게 몰리게 되었으며, 마침내 송익필 부친의 허물에 대한 트집을 잡아 천한 노비의 신

千萬幸甚"

36) 위의 글: "聞兄許印擊蒙要訣 要訣中俗禮處 某常多不滿之意 未知兄其加刪正耶 不然則只可爲一家子弟之覽 恐不可爲通行之定禮也 小學之印 更須十分商議 無如擊蒙之易千萬幸甚"

37) 계미년이던 1583년(선조 16)에 동인·서인 양당이 서로 공격하였다. 북방에 니탕개(尼湯介)의 사변이 있었는데, 이이(李珥)가 병조 판서로 있으면서 사세가 급박하여 임금에게 아뢰지도 않은 채 말을 바치게 하고 신역을 면제시켰으며, 임금의 부름을 받고 대궐에 나가다가 갑자기 현기증이 생겨 내병조(內兵曹)에서 지체한 적이 있었다. 박근원(朴謹元)·송응개(宋應漑)·허봉(許篈) 등 동인 세 사람이 이 일을 가지고 "일을 제멋대로 하고 주상을 무시하였다."고 하여 당시 병조판서 이이(李珥)를 탄핵하다가 각각 북도(北道)인 회령·갑산·강계로 유배된 사건을 가리킨다. 이 사건을 계미변란(癸未變亂) 또는 계미당사(癸未黨事)라 하고 이 세 사람을 계미삼찬(癸未三竄)이라고도 한다.《선조수정실록》권17, 〈20년 정해(1587, 만력 15), 3월 1일 (경인)〉, 〈성균 진사 조광현·이귀 등이 스승 이이가 무함당한 정상을 논한 상소문①〉)

분으로 내몰리게 되었다.[38] 이때 이산해[39]가 다음과 같이 송익필을 회유하였다.

"그대는 오늘의 화근(禍根)을 아는가? 이게 모두 그 원인이 율곡에게 있는 것이네. 그대가 만약 남들을 따라 율곡을 헐뜯는다면 화(禍)를 면할 것이네." 송익필이 대답하였다. "비록 죽을지라도 어찌 차마 그 짓을 하겠습니까?"[40]

이후 송익필은 천민의 신분으로 몰려서 온가족이 뿔뿔이 흩어져 도피하는 처지가 되었고, 목숨이 위태로운 극한 상황에 처한 삶을 살다가 유배를 가게 된다. 이처럼 송익필은 도의지교를 맺은 도우에 대한 의리를 위해 변절하지 않고, 목숨을 걸고 지키며 도학적 삶을 실천하고 있는 것이다. 밝고 뛰어난 학문의 경지를 지녔지만, 신분적 제한으로 현실정치에

---

38) 《사계유고》, 권2, 〈소(疏)〉, 〈신변사원소(伸辨師冤疏), 乙丑二月, 兵判徐濬,都憲鄭曄,菁川君柳舜翼,濟用正沈宗直聯名〉: "不得還賤 昭在法典 而潑等以祀連上變 爲安家子孫 不共天之讐 故乘機指嗾 蔑法還賤 其時訟官 或有執法之意則潑等駁遞之 至再三而後 始得行其志"
39) 이산해(李山海, 1539~1609): 자는 여수(汝受), 호는 아계(鵝溪)·종남수옹(終南睡翁). 시호는 문충(文忠), 토정 이지함의 조카. 1591년(선조 24) 선조는 왕비 소생의 적자가 없고 공빈 김씨(恭嬪 金氏)에게서 임해군과 광해군을 얻음. 그런데 선조의 총애를 받던 인빈 김씨(仁嬪 金氏)가 신성군(信城君)을 낳자, 정철이 광해군을 세자로 책봉할 것을 건의하자, 이산해는 신성군을 해치는 것이라 주장하며 정철을 공격하였다. 이후 동인들은 정철에 대한 온건론을 편 남인과, 강경론을 주장하는 북인으로 갈라졌다. 이황의 학통을 계승한 유성룡, 우성전, 이원익이 남인으로 분기하자, 동인의 나머지 사람들은 북인으로 불리게 된다. 북인에는 이산해를 비롯하여 대체로 정인홍 등 조식의 문인과, 서경덕의 학통을 계승한 인물들이 북인을 이루었다.
40) 《송자대전》, 권172, 〈묘갈(墓碣)〉, 〈구봉·선생송공묘갈(龜峯先生宋公墓碣)〉: "李山海謂 先生曰 君知今日之禍乎 崇在栗谷 若隨衆訾謗則免矣 先生曰 雖死何忍"

참여할 수 없었고, 오히려 모함으로 인해 지극히 어려운 삶을 살면서도 유가의 의리(義理)를 투철하게 실천한 모습에서 송익필의 도학정신(道學精神)을 찾을 수 있다.

3) 〈답인설(答人說)〉을 통해 본 도학적 삶

송익필의 〈답인설〉에서 천명(天命)과 군명(君命)과 부명(父命)에 비추어 당면한 자신의 현실적 삶 속에서 도학적 실천을 살필 수 있다. 송익필은 순(舜)임금과 그 아버지인 고수(瞽叟)의 예(例)를 들어,[41] 그의 부친의 허물로 인해 가족들이 모두 뿔뿔이 흩어져 떠돌며 숨어사는 것에 대해 스스로 묻고 스스로 답하고 있다. 도피하여 숨어 사는 것은 백성 된 도리를 다하지 못하는 것이 아니냐는 의혹에 대한[42] 자신의 처세에 대해 다음과 같이 말하고 있다.

나는 임금과 아비에게서 명(命)을 도피한 것이 아니고, 다만 한때 법(法)을 그르치는 사람을 피해서 숨은 것이다. 일반적으로 말하자면 저 사람이 비록 법을 깔보고 임금을 속였을지라도, 이미 임금의 명(命)이라 핑계하여 나를 노예로 삼는다면 그 사람에게 머리를 숙이고 생사를 맡기는 것이 마땅하다고 누구인들 말하지 않겠는가? 그러나 사리(事理)를 가만히 살핀다면 그렇지는 아니하다. 피하고 숨어 보존하기를 도모함이 도리

---

41) 《구봉집》, 권3, 〈잡저〉, 〈답인설(答人說)〉: "或曰 瞽瞍當死 舜可以竊負而逃 子負父弟負兄 逃其可乎 答曰 不然 在舜則可 在瞽瞍則不可 當死則死 何可逃也"

42) 위의 글: "或曰 若然 則今日之夫負妻戴 父子兄弟相携而隱 無乃未盡於道耶"

어 천명(天命)에 합당하고, 따라서 받들기만 하는 것은 천명에 합당하지 않다는 것을 여기에서 볼 수 있다. 이는 천명에 혜아려도 일찍이 이와 같고 군명(君命)과 부명(父命)에 혜아려도 또한 징험할 만한 것이 있다. 우리 임금으로 말하면 그렇지 아니하여 두 번 세 번 바르게 하는 것이 있다. 어찌 감히 이 임금을 속이는 그릇된 법에 미리 죽어서, 우리 임금의 여러 번 사리를 분별하는 어진 법과 아름다운 뜻을 따르지 않을 것인가? 만약 이렇게 된다면 다만 대순(大舜)이 죽지 않았음에 어김이 있을 뿐 아니라 신생(申生)[43]에게도 죄인이 되지 않겠는가?[44]

송익필이 당면한 현실을 돌아보면, 그의 부친인 송사련은 당시 유학자들이 조선 도학의 비조라고 존숭하는 조광조가 위기에 처했을 때 앞장서서 신원운동을 하던 안당의 가문을 모함해서 '신사무옥'을 일으켰다. 그는 살아서 절충장군의 지위에 올랐지만, 죽은 뒤 사림들의 원망과 그 후환은 고스란히 자식들이 짊어지게 되었다. 송익필뿐만 아니라 그의 형제들과 식솔들은 과거시험이 금지되고 출세의 길이 막히게 된다. 또 추후에 신원이 회복된 안씨 가문 사람들과, 그들을 부추겨 당쟁의 수단으로 삼고자 국가권력을 사사로이 이용하여 법관을 두 번 세 번 바꿔서 송익

---

43) 신생(申生): 중국 진(晉)나라 헌공(獻公)의 태자(太子). 아버지가 여희(驪姬)를 총애하여 그 소생 해제(奚齊)를 후계자로 봉하고 신생을 팽형(烹刑, 끓는 물에 처형함)에 처하고자 했으나, 도망하지 않고 공경을 다했음.

44) 《구봉집》, 권3, 〈잡저〉, 〈답인설(答人說)〉: "是非逃命於君父也 是乃避隱於一時枉法之人也 泛論則孰不曰彼雖蔑法罔上 旣托君命 以我爲隸 則宜俛首以聽生死於其人乎 精察乎理則不然也,可見避隱圖存 反合天命 而遵奉之不合天命者也 規之天命 旣如是 規之君命父命,我君則不然 有許再許三就正之道 其敢先死於誣罔之初 而不從吾君累使辨理之仁法美意乎 非但有違大舜之不死 得不爲申生之罪人乎"

필 일족들을 천민으로 환천시키고자 하였던,[45] 동인세력들이 점점 그 포위망을 좁혀 오는 현실이었다. 더불어서 어려서부터 도의지교를 맺고 학문과 의리실천의 길을 함께하며 도움을 주던 율곡마저 일찍 죽게 되자, 송익필과 가족들은 사방으로 흩어져 도피하며 목숨을 연명하게 된다. '서인의 모주'요, '정여립 난'의 배후 주동자라는 모함까지 받게 되는 송익필이지만, 모든 것을 감수하고 도피생활을 하면서 목숨을 연명하게 된다. 더구나 문벌과 권위주의의 조선시대에 신분이 다르고 지위가 다르면서도, 율곡과 우계에게 '숙헌'과 '호원'이라는 자(字)를 쓰고 불렀다고 하여 언행이 불량스럽다는 평가를 받던 송익필이다. 그처럼 청명 강직한 송익필이었기에 어찌 보면 목숨에 연연하여 타향으로 떠돌며 도피하면서 구차히 살아가고 있다는 것이다.

이에 대해 송익필은 천명과 군명과 부명에 비겨 헤아려서, 한때 법을 사사로이 그르치는 자를 피하는 것은 의리(義理)에 합당한 것이 있다고 한다. 그릇된 법에 숨지 않고 지름길로 나가서 죄를 받고 죽게 되면, 한때 잘못된 마음으로 아비와 이복동생이 자신을 죽이려 함을 피하여 천명을 어긋나지 않게 한 순임금의 지혜로운 도(道)를 본받지 못하고, 가볍게 목숨을 버려서 천명(天命)을 거스르게 되는 것이라고 말하고 있다. 또 우리 임금의 두 번 세 번 바르게 잡는 법을 따르지 않는 것이 되어 군명(君命)에 어긋나 죄가 된다. 그리고 목숨을 가볍게 함은, 인륜에도 어긋나서 부친에게 죄를 짓게 되어 부명(父命)에도 어긋나게 된다. 그러므로 피

---

45) 《사계유고》, 권2, 〈소(疏)〉, 〈신변사원소(伸辨師冤疏), 乙丑二月, 兵判徐渚,都憲鄭曄,菁川君柳舜翼,濟用正沈宗直聯名: "不得還賤 昭在法典 而瀷等以祀連上變 爲安家子孫 不共天之讐 故乘機指嗾 蔑法還賤 其時訟官 或有執法之意則瀷等駁遞之 至再三而後 始得行其志"

하고 숨어서 죽지 않고 바르게 됨을 구하는 것만이, 천명에도 군명에도 부명에도 밝히어 의심할 것이 없는 것이라고 말한다.46) 이처럼 천명과 천리를 거스르지 않고자, 모든 수모와 위험을 감수하고 구차하게 보이도록 목숨을 연명하고자 했던 것은 천명과 군명과 부명을 위해 천리와 같은 순임금의 도(道)를 좇고자 함이라고 송익필은 말하고 있다.

공자는 항상 요와 순을 조종(祖宗)으로 삼아 전술하였으며,47) 순은 천하의 대효라고 일컬어진다.48) 이러한 순임금의 도는 곧 천리와 같고 천명에 해당한다. 순임금의 고사를 살펴보자.

순의 아비인 고수와 순의 배다른 아우인 상은 순으로 하여금 창고를 손질하게 하고 사다리를 치운 다음 불을 질렀으며, 우물을 파게 하고 흙을 덮어 생매장을 시켜 죽이려고 하였다. 그렇지만 순은 죽지 않고 살아서 돌아왔으며 아비와 동생을 원망하지 않았다.49) 이는 순이 천리의 변(變)을 만났으나 천리의 떳떳함을 잃지 않은 것50)이 된다. 어버이의 뜻을 따르는 것이 정상적인 효의 도리인데 순은 이에 따르지 않은 것이 된다. 이는 곧 순임금의 권도(權道)라 할 수 있다. 아비의 뜻에 따라 죽으면 아비는 천륜을 거스른 죄인이 될 것이고, 자식은 어버이를 죄인으로 만든 불효를 저지르게 된다. 그러므로 정상적인 상도(常道)에는 벗어나지만, 처지의 변화에 따라 시의(時宜)에 맞는 권도를 사용하여야 한다. 이에 순

---

46) 《구봉집》, 권3, 〈잡저〉, 〈답인설(答人說)〉: "規之君命父命 又如是 然則避隱不死 以求歸正於天命於君命於父命 皎然無疑"

47) 《중용》: "仲尼 祖述堯舜 憲章文武 上律天時 下襲水土"

48) 위의 책: "子曰 舜 其大孝也與 德爲聖人 尊爲天子 富有四海之內 宗廟饗之 子孫保之"

49) 《맹자》, 〈만장장구〉: "萬章曰 父母使舜 完廩捐階 瞽瞍焚廩 使浚井 出 從而掩之"

50) 위의 글 주자 주석에서 "又言 舜遭人倫之變而不失天理之常也"

은 아비와 이복동생이 여러 번 죽이려 하였지만 도망하여, 피하고 또 원망하지 않았다. 곧 천리를 거스르지 않음이라 할 수 있다. 그리고 마침내 순은 천자가 되어서는 아비를 천자의 어버이로 공경하며 봉양하여서 천하 효도의 지극함이 되었다.[51] 또한 순임금은 동생인 상을 유비 땅의 군주로 책봉하고 친애하여서 인의(仁義)의 지극함을 다하고[52] 기쁨과 근심을 같이하여서 인정과 천리를 지극히 하였다.[53]

이와 같이 송익필도 자연한 본성을 지극히 하고자 천리와 같고 천명과 같은 순임금의 도를 본받아 한때의 사사로운 법[54]에 구애되어 목숨을 가볍게 하지 않았던 것이다. 하늘과 임금과 부친의 명(命)에 죄 짓지 않도록 도망하고 숨어서 목숨을 보존하는 것이 의리에 합당한 것이며, 바른 도리를 구하는 것이라고 답(答)하고 있는 것이다. 그리고 우리 임금의 군명은 국법으로서 바르며 공평하고 사사롭지 않아서 직도(直道)인 천리나 천명과 같은 것이다. 한때 법이 그릇되게 행해졌어도 우리 임금의 국법은 굽어진 것을 두 번 세 번이라도 바르고 곧게 펴는 의리의 합당함이 있다고 말하고 있는 것이다. 이는 공자가 말한 공평무사한 직(直)으로써 원한과 덕을 갚으라고 한 말에서[55] 그의 직도로 일관한 사사로움 없

---

51) 《맹자》, 〈만장장구〉: "孝子之至莫大乎尊親 尊親之至 莫大乎以天下養 爲天子父 尊之至也以天下養 養之至也 詩曰 永言孝思 孝思維則 此之謂也"

52) 《맹자》, 〈만장장구〉: "仁人之於弟也 不藏怒焉 不宿怨焉 親愛之而已矣 親之 欲其貴也 愛之 欲其富也 封之有庳 富貴之也 身爲天子 弟爲匹夫 可謂親愛之乎"

53) 위의 글: "舜不知象之將殺己與 曰 奚而不知也 象憂亦憂 象喜亦喜" 이에 대한 정이천의 주석에서 "象憂亦憂 象喜亦喜 人情天理 於是爲至"

54) 안당(安瑭) 집안의 신원이 회복되자 송익필 집안의 식솔들이 자신들의 노비라고 주장하여 잡아들이라는 권리해석, 국법으로서 결정된 것은 아니다.

55) 《논어》, 〈헌문〉: "子曰何以報德 以直報怨 以德報德"

는56) 처세라고 할 수 있으며, 송익필이 우계에게 말한 처변위권(處變爲權)의 권도라고도 할 수 있다.

곧 신생처럼 사사로운 그릇된 법을 따라 미리 죽지 않음은, 순임금의 천명(天命)과, 우리 임금의 아름다운 국법(君命)과, 부친에 대한 자식의 도리(父命)를 다하기 위해, 전후좌우상하의 공정하고 바른 도리를 살펴서 유가 선비로서의 엄정한 득중(得中)함이 있다고 할 수 있다. 또 순임금처럼 숨어 도망하여 살아서 천도를 바르게 펴고자 목숨을 걸고 투철하게 실천하였던 것은, 생사의 절박한 갈림길에서 공(公)과 사(私)를 명철히 판단하여 시의에 맞는 유가 선비의 의리의 실천이라 할 수 있다. 이것은 후일 선조 임금에 의해 정당한 국법이 내려졌을 때, 송익필이 홍산현에서 스스로 자수하여 희천으로 유배를 갔던 사실에서 미루어 말할 수 있다. 아울러 유배를 갔던 희천의 조광조와 김굉필을 모신 상현서원을 찾아 제문을 지어서, 임금의 은혜에 사은하면서 왕업과 유가의 도를 걱정하며 멸망하여 없어지지 않으면 남는 것이니 자신은 또 무엇을 슬퍼하겠느냐고 말하고 있는 점에서57) 군자유(君子儒)의 높은 절개를 느낄 수 있다.

이상의 여러 정황들을 살펴볼 때, 송익필의 처세는 억지로 작위함과 개인 욕심의 사사로움으로 목숨을 구차히 연명한 것이 아니라, 천리에 순응하고 있음을 짐작할 수 있으며, 국가와 유가의 도를 걱정하는 우국충정의 우환의식이 드러남을 알 수 있다.

이러한 송익필의 지난하고 어려운 삶의 모습들은 자칫 오해를 불러일

---

56) 위의 글: "以直報怨 以德報德."의 주석에서 "於其所怨者 愛憎取捨一以至公而無私 所謂直也"

57) 《구봉집》, 권3, 〈잡저〉, 〈제한훤 정암양선생문(祭寒暄 靜庵兩先生文)〉: "蒙恩南首 灑掃辭歸 王業益艱 吾道逾危 不泯者存 我又何悲"

으키기 쉽다고도 할 수 있다. 사실상 송익필에게 마주한 당시의 절박한 현실 상황은 오히려 살아 있음이 구차히 여겨지고, 순순히 죽어도 불명예스러운 상황이라고 짐작이 된다. 그렇지만 송익필은 자포자기(自暴自棄)하지 않고, 한결같이 요순의 도를 본받아 탁월한 유가의 학문적 경지를 추구하였다. 또한 천명과 군명과 부명에 대한 선비의 도리를 다하고자 주변의 끊임없는 정치적 속박 속에서도 목숨과 명예를 도외시 하였고, 도우와의 도의지교를 지키고자 죽을 때까지 투철하고 강직하게 실천을 하였던 것이다. 이는 곧 유가전통의 투철한 의리정신, 선비정신이며 진유(眞儒)의 진면목(眞面目)이라고 평가된다.

이상에서 〈답인설〉을 통해 송익필의 도학적 처세를 살펴보았다. 송익필은 자신이 당면한 역경의 현실 속에서도 직(直)의 정신을 견지하고, 천명과 군명 그리고 부명을 따르는 유가 전통의 의리의 삶을 살았음을 알 수 있다. 이처럼 송익필이 추존하여 투철하게 실천하고 있는 근본정신에는 고도(古道)와 고례(古禮)를 따르고자 한 요순지도(堯舜之道)가 일관(一貫)하게 자리하고 있음을 알 수 있다.

2. 직(直)의 계승과 전승

1) 직(直)의 개념과 공자·맹자·주자의 직(直)

도학이란 의리를 내포하는 것으로서 송익필의 경우 도학적 의리의 본질은 '직(直)'으로 설명된다. 직이라는 개념은 유가철학에서 공자와 맹자가 언급하였고, 주자가 성현이 서로 상전(相傳)한 심법이라고 하였듯이 유가의 중심적인 근본정신이자 핵심사상이라고 할 수 있다. 이에 송익필의 직사상을 검토하기 전에 이러한 직의 글자가 갖는 뜻과 개념에 대해 살펴보고, 유가에서의 논의를 고찰해 보기로 하자.

직에 대하여 《설문해자》에서는 '정견야(正見也)', 《옥편(玉篇)》에는 '불곡야(不曲也)', 《주역》의 〈곤괘〉에서는 '직기정야',58) 《맹자》에서는 '왕척이직심'59)라고 풀이하고 있다.

《육서심원》60)에서는 '직'을 풀이하기를 '十'과 '目'과 'ㄴ'이 합쳐진 글자

---

58) 《주역》, 〈곤괘(坤卦)〉 〈문언(文言)〉: "直其正也 方其義也 君子 敬以直內 義以方外"

59) 《맹자》, 〈등문공장구〉: "且夫枉尺而直尋者 以利言也"

60) 《육서심원(六書尋源)》(권병훈 지음, 경인문화사, 1983)은 구한말 한학자 권병훈(權丙勳, 1864~1940)이 지은 세계 최대 분량의 한자(漢字) 자전(字典)이다. 이에 대해 《육서심원 연구자료》(권덕주 편저, 해돋이출판사, 2005)에서 중국 후한(後漢)의 허신(許愼)이 지은 《설문해자(說文解字)》는 1만 자, 《강희자전(康熙字典)》이 4만여 자, 《집운(輯韻)》이 5만여 자에 불과하나, 《육서심원》은 33책 7만 자에 달하는 분량으로 한자에 대해 독자적 원리와 방법에 의해 자형·의미·음운 등을 분석·해명한 독창적인 한국의 자전이라 설명 하고 있다. 또 이에 대해 위당(爲堂) 정인보(鄭寅普)가 서문을 썼고 중국 갑골문 학자인 동작빈(董作賓, 1895~1963)이 소개서를 썼으며 이우성(李佑成)·이가원(李家源)·이충구(李忠九) 등이 조선 최고의 위대한 문자학서(文字學書)라고 논하고 있다. 2014년 현재 미래창조과학부와 한국정보화진흥원 지원으로 충남

로서 'ㄴ'은 고어의 은(隱)자와 같은 것으로 굽어진 모양을 나타내어, "열 개의 눈으로 보는 바 비록 숨고 가려진 것이라도 직하게 된다(十目所視雖 隱亦直矣)."[61]라고 하였다. 또 직은 '정(正)', '준당(準當)', '불곡(不曲)', '유의 (猶宜)', '신(伸)' 등의 뜻을 갖는다고 설명하고 있다. 이로 미루어보면 직은 바르며, 마땅하며, 굽지 않으며, 굽은 것을 바로잡는 것, 펴는 것, 바르게 보는 것을 뜻한다.

그런데 '십목소시(十目所視)'에 관련하여 공자가 《대학》의 〈성의장〉에서 "안에서 정성되면 밖으로 드러나는 것이니 군자는 반드시 그 홀로 있을 때를 삼가야 한다."[62]는 '신독'을 말하였다. 또 증자가 말한 "열 눈이 보는 바이며, 열 손가락이 가리키는 바이니, 그 삼엄함이로다."[63]라는 말에서 보이는 구절이기도 하다. 주자는 이에 대한 주석에서 "비록 어두워 보이지 않는 곳에 홀로 있는 중이라도 그 선악의 가릴 수 없음이 이와 같으니 두려움이 심하다"[64]라고 하였다. 이는 유가에서 사사로운 욕심과 불선에 가린 소인이 홀로 있을 때를 삼가야 한다는 신독이며, 이를 위해서 뜻을 참되게 하는 성의가 수기의 첫머리가 된다고[65] 말한 것에 다름 없다.

유가에서는 '성의(誠意)'와 '정심(正心)'을 통해 수기하는 것을 인간 본성의 완전한 실현을 위한 수양의 첫머리로 삼아서 선함을 추구하여, 마침

___

대에서 '기호유학 고문헌 DB구축 사업' 일환으로 디지털화 작업이 진행 중이다.
61) 《육서심원》, 23책, 126쪽.
62) 《대학》: "此謂 誠於中 形於外 故君子 必愼其獨也"
63) 위의 글: "十目所視 十手所指 其嚴乎"
64) 위의 글: "言雖幽獨之中 而其善惡之不可掩如此 可畏之甚也"
65) 위의 글: "所謂誠其意者 毋自欺也"의 주자 주석에서 "誠其意者 自修之首也"

내 성인의 경지인 참됨에 이르고, 내성외왕의 도리를 실천하는 것을 궁극적 목표로 삼는다.《중용》에서 성(誠)은 참됨으로서 곧 하늘의 도이며 천리이고, 참되도록 행하는 성지(誠之)는 사람의 도라고 하였다.[66] 이로 볼 때 직(直)은 인간의 불선함·굽어짐·숨기고 가려진 것을, 곧고 바르게 펴도록 나아가는 참되도록 하는 마음인 '성의'를 의미한다고 할 수 있다. 여기에서 직(直)은 유가의 선(善)이요 인(仁)이며 성(誠)과 상통하는 의미라고 할 수 있다.[67]

또 역(易)에서 직(直)의 의미를 찾아보면,《주역》곤괘 육이효에 "직방대 불습무불리"라고 하였다. 주석을 살펴보면, "순리의 바름을 따름은 진실로 곤괘의 직(直)이며, 형체를 부여받아 정해짐이 있는 것은 곤괘의 방(方)이며, 천덕과 합하여 끝이 없음은 곤괘의 대(大)이다. 육이(六二)는 유순하여야 중정(中正)하며, 또 곤도의 순수함을 얻는 것이다. 그럼으로 그 덕이 내직외방을 얻게 되는 까닭이다. 또한 성대하여 배움을 익히지 않아도 불리함이 없는 것"[68]이라고 하여 곤괘의 직·방·대에 대하여 설명하고 있다. 이는 역에서 건괘는 천도를 상징하고, 곤괘는 인도(人道)와 성인의 학문을 상징하는 것이라 할 수 있는데, 그 가운데 곤괘 육이효는 가장 중요한 효로서 여기서 말하는 '직방대 불습무불리'는 곤덕(坤德) 중에서 가장 순연한 인간의 정도(正道)를 의미한다고 할 수 있다.[69]

---

66)《중용》: "誠者 天之道也 誠之者 人之道也"

67) 황의동, 〈우암의 성리학과 의리사상〉,《송자학논총 (2)》, 송자연구소, 1995, 448쪽.

68)《주역》, 〈곤괘(坤卦)〉, 〈육이효(六二爻)〉)의 주석에서 "柔順正固坤之直也 賦形有定坤之 方也 德合無疆坤之大也 六二柔順而中正 又得坤道之純者 故其德內直外方而又盛大 不待學習而無不利"

69) 곽신환, 〈송우암의 철학사상 연구 -直을 중심으로〉, 성균관대 대학원 석사학위논문, 1979, 15쪽.

이어서 곤괘의 문언(文言)에서 설명하기를 "직은 바른 것이고 방은 의라서 군자는 경(敬)하여 안을 직하고, 의하여 밖을 방하게 한다. 또 경과 의가 서면 덕은 외롭지 않다."[70]라고 하였다. 여기서 경은 성(誠)과 이어지고 있다. 성(誠)과 경(敬)의 관계는 본체론적 관점에서 보면, 경이 곧 성이고 성이 곧 경이라고 할 수 있지만, 수기의 관점에서 보면, 성에 이르는 길인 성지(誠之)가 경(敬)이라 하겠다.[71]

그런데 〈계사전〉에서는 "무릇 건이란 고요하면 전일하고 움직이면 곧 아지니 이런 까닭으로 큼이 생겨난다."[72]라고 하여 직이 천도임을 밝히고 있다. 즉 직은 '천도(天道)의 직이 인도(人道) 속에 내재한 것'[73]을 말하는 것이라고 할 수 있다. 이는 인간의 심성 속에 품수된 순선한 성을 따르는 성지(性之), 또는 성을 좇고 따르는 솔성(率性)하는 것이[74] 직이라는 뜻이다. 또한 인간이 추구해야 하는 '성지(誠之)'로서 곧 '인도(人道)'라고 할 수 있다. 여기서 참된 성(誠)인 천도는 우주자연의 존재원리이자 보편적 법칙으로서 직도(直道)가 되고, 참되고자 하는 성지(誠之)인 인도(人道)는 당위의 법칙으로서[75] 인륜이며 직도가 된다고 할 수 있다.

---

70) 《주역》, 〈계사전〉: "直其正也 方其義也 君子敬以直內 義以方外 敬義立而德不孤 直方大不習無不利 則不疑其所行也"

71) 황의동, 《율곡의 수기론》, 《유교사상연구》 제9집, 한국유학학회, 1997, 323쪽.

72) 《주역》, 〈계사전〉: "夫乾其靜 專 其動也 直 是以大生焉 夫坤 其靜也 翕 其動也闢 是以廣生焉"

73) 곽신환, 〈송우암의 철학사상 연구 -直을 중심으로〉, 성균관대 대학원 석사학위논문, 1979, 17~18쪽.

74) 《중용》: "天命之謂性 率性之謂道"

75) 진래 지음, 안재호 옮김, 《송명성리학》, 예문서원, 1997, 128~129쪽.
《맹자》, 〈이루장구〉: "誠者 天之道也 思誠者 人之道也" 주석에서 "誠者 理之在我者皆實而無僞 天道之本然也 思誠者 欲此理之在我者皆實而無僞 人道之當然也"

이상에서 역(易)을 통해 천도를 상징하는 건괘와 인도(人道)를 상징하는 곤괘의 의미를 살펴보았을 때, 여기서 우리는 직이 천도(天道)인 동시에 인도(人道)임을 알 수 있다.[76] 또한 앞서 밝혔듯이 직의 자의(字意)가 인간이 마땅히 닦아야 하는 도리의 지극함인 당위의 이치로써 '성지(誠之)'를 의미한다는 것과 하나로 공통되는 의미임을 알 수 있다.

이제 이와 같은 직(直)에 대한 유가철학의 이해를 살펴보기로 하자.

공자는 《논어》에서 인간의 태어난 자연 상태가 직하다[77]고 하였다. 여기서 직이란 정직한 인간의 본연한 마음으로 그것은 인(仁)이라 해도 무방하고, 선(善)이라 해도 되고, 성(誠)이라고 하여도 된다. 천리내지 천명을 소유한 인간의 본래성, 혹은 인간의 본심 그 자체는 무사(無私)하며 자연(自然)하여 곧고 바르다는 것을 의미한다고 하겠다. 또한 공자는 직으로써 원한을 갚으라고 하였는데,[78] 이것은 직의 본성이 지극히 공(公)하여 사사로움이 없는 것이라고 주자는 설명하고 있다.[79]

맹자는 인간 본연의 마음을 기르는 방법에 대해서 '부동심(不動心)'을 말하였는데, 인간 본연의 주체적 의지와 기(氣)가 가장 중요하다 하였다.[80] 이러한 기를 기름에 있어서 호연지기를 직으로써 잘 기른다고 말하였다. 그리고 직으로써 길러서 해침이 없으면 천지의 사이에 꽉 차게

---

76) 곽신환, 〈송우암의 철학사상 연구 −直을 중심으로〉, 성균관대 대학원 석사학위논문, 1979, 19쪽.

77) 《논어》, 〈옹야(雍也)〉: "人之生也 直"

78) 《논어》, 〈헌문(憲問)〉: "子曰何以報德 以直報怨 以德報德"

79) 위의 글 주자 주석에서 "於其所怨者 愛憎取舍 一以至公而無私 所謂直也"

80) 《맹자》, 〈공손추장구〉: "夫志 氣之帥也 氣 體之充也 夫志至焉 氣次焉"

된다고 하였다.[81] 해침이 없다고 하는 것은 바로 개인의 사사로운 의지인 '사의'와, 억지로 하고자 하는 '작위'가 없다는 것이라고 주자와 정이천은 주석에서 설명하고 있다.[82] 맹자에게 있어서 호연지기는 의와 도에 배합되는 것으로서 이를 직으로써 기른다고 하였는데,[83] 맹자에게 직이란 곧 도(道)를 기르는 성지(誠之)라고 할 수 있다.

여기서 우리는 이러한 직사상이 당면한 인간 존재의 현실에서 적용되는 실천적 내용이 '사사로움이 없는 것'임을[84] 알 수 있다. 이는 순선하고 자연한 인간본성을 인간의 사회현실에서 사사로운 욕심 없이 자연스럽게 드러내는 것을 말한다.[85] 유가에서는 하늘의 순선한 성품을 형기를 지닌 인간이 품수받았는데, 기질의 잡박함으로 인하여 사사로운 욕심이 생겨서 그 본래의 성품이 가려지고 선으로 드러나지 못한다고 보는 것이다.[86] 그러므로 천리를 지키기 위해서는 사사로운 인욕을 없이 하여 순선한 본성으로 돌아가는 것[87]이 유가사상에서 수기의 핵심이라 하겠다.

《맹자》에서는 백이를 성인의 청(淸)한 사람이라고 하였는데, 이에 대한

---

81) 위의 글: "我 善養吾浩然之氣 …… 以直養而無害 則塞于天地之間"

82) 위의 글 주석에서 "無所作爲以害之 …… 一爲私意所蔽"

83) 《맹자》, 〈공손추장구〉: "其爲氣也 配義與道 無是餒也"

84) 곽신환, 〈송우암의 철학사상 연구 - 直을 중심으로〉, 성균관대 대학원 석사학위논문, 1979, 20쪽.

85) 김익수, 〈우암송시열의 직철학과 교육문화〉, 한국사상문화학회, 《한국사상과 문화》 제42집, 2008, 261쪽.

86) 노사광 지음, 정인재 옮김, 《중국철학사》, 송명편(宋明篇), 탐구당, 1987, 219쪽.

87) 《맹자》, 〈양혜왕장구〉: "王 亦曰仁義而已矣 何必曰利"의 주석에서 "仁義 根於人心之固有 天理之公也. 利心 生於物我之相形 人慾之私"

주석에서 잡됨이 없는 것을 청의 지극함이라 하고, 억지로 힘써서 청한 것은 성인의 청이 아니라[88]고 말하고 있다. 청은 억지로 하는 작위함이 없다는 것으로서, 인위적인 인욕의 사사로움이 없는 것이라고 할 수 있다. 이는 또한 천리의 공평무사한 온전한 성품을 지닌 성인의 도로서 직도라고 할 수 있다.

그리고 맹자는 '요순성지'를 말하였는데,[89] 이에 대해 주자는 주석에서 요·순은 천성이 온전해서 닦고 익힘을 빌리지 않았고, 탕·무는 몸을 닦아 본성을 회복했으며, 오패는 인의의 이름을 빌려서 그 탐욕의 사를 이루기를 구했다고 설명하고 있다.[90] 이로 볼 때 본성(本性)이란 순선하여 억지로 함이 없고 사사로움이 없는 것이고, 사사로움이 없다는 것은 자연한 하늘의 본성 그대로 인욕이 없는 것을 말한다고 하겠다. 이는 곧 직을 설명하고 있는 것이다. 또한 앞에서 살펴본 것처럼 맹자의 호연지기를 직으로써 기른다는 대목에서도, 도의(道義)에 합당하는 호연지기를 기르는 데 해가 되는 것은 역시 작위와 사의임을 알 수 있다.

또 맹자는 "성실히 함은 하늘의 도요, 성실히 할 것을 생각함은 사람의 도"라고 하였다.[91] 이에 대한 주석에서 주자는 "성실히 하여 거짓이 없는 것이 천도의 본연이며 사성(思誠)으로써 거짓이 없게 하고자 함이

---

88) 《맹자》, 〈만장장구〉: "孟子曰 伯夷聖之淸者也"의 주석에서 "張子曰 無所雜者淸之極 無所異者和之極 勉而淸 非聖人之淸"

89) 《맹자》, 〈진심장구〉: "孟子曰 堯舜性之也 湯武身之也 五覇假之也"

90) 위의 글 주석에서 "堯舜天性渾全 不假修習 湯武修身體道 以復其性 五覇則假借仁義之名 以求濟其貪慾之私耳"

91) 《맹자》, 〈이루장구〉: "誠者 天之道也 思誠者 人之道也"

인도(人道)의 당연함"[92]이라고 하였다. 곧 억지로 행함이 없는 무위(無爲)는 인간의 당연한 도리인 당위의 법칙이 되는 것이라 하겠다. 그리고 정이천은 "생각에 무사함이 성"이라고 하였다.[93] 이로 볼 때 무사사(無私邪)함은 앞서 살펴본바 직도가 되는데, 무사사한 직도는 천도이자 보편적 도리가 되는[94] 성(誠)이며, 거짓이 없게 하고자 하는 무위의 사성자(思誠者)는 곧 당위의 원리인 성지(誠之)이자 인륜(人倫)이며 인간의 바른 도리, 곧 인도(人道)로서의 직도가 된다.

이와 관련하여 율곡도 "성(誠)은 천의 실리(實理)요 심의 본체인데, 사람이 그 본심을 회복할 수 없는 것은 사사(私邪)가 있어 가려지기 때문에 경으로 주를 삼아 사사로움을 다 없애면 본체는 곧 온전하게 된다. 경은 용공(用功)에 긴요한 것이요, 성은 수공(收功)하는 것이니, 경으로 말미암아 성에 이른다."라고 말하였다.[95] 여기서 성(誠)은 경(敬)으로써 하는 것임을 알 수 있고, 《주역》 곤괘 문언에서 '경이직내'라 하였듯이 경하여 인간 내면의 본성을 직하게 하는 것이다. 이에 천도로서의 직은 사사로움이 없는 것으로 보편적 원리가 되며, 사사로움을 없게 바르게 곧게 하는 것이 곧 인도로서의 당위원리인 직(直)이라 하겠다.

이상에서 볼 때, 직(直)은 순선한 인간 본연의 성품을 가리고 있는 인

---

92) 위의 글 주석에서 "誠者 理之在我者皆實而無僞 天道之本然也 思誠者 欲此理之在我者皆實而無僞 人道之當然也"

93) 《논어》, 〈위정〉: "子曰 詩三百 一言以蔽之 曰思無邪"의 주석에서 程子는 "思無邪者 誠也."라고 하였다.

94) 진래 지음, 안재호 옮김, 《송명성리학》, 예문서원, 1997, 128~129쪽.

95) 《율곡전서》, 권21, 《성학집요(聖學輯要)3》, 〈수기제2(修己 第二) 中〉: "臣按 誠者天之實理 心之本體 人不能復其本心者 由有私邪爲之蔽也 以敬爲主 盡去私邪 則本體乃全 敬是用功之要 誠是收功之也. 由敬而至於誠矣"

욕과 사욕을 바르고 공정하게 하여 청정한 심상을 유지함과 동시에, 일용지간에서 그 본연지정을 탁연히 드러내는 것으로 곧 '요순성지'라 할 수 있고 《중용》의 '솔성지도'라고 할 수 있다.[96]

그리고 직은 '천리의 자연(自然)함'이라고 할 수 있다. 이는 앞서 살펴본 대로 천도는 사사로움이 없고 작위함이 없어서 굽지 않고 가려지지 않은 것으로 바른 것이라고 하였는데, 이는 바로 천리의 본성이 자연함이라고 할 수 있는 것이다. 이는 맹자가 도의(道義)에 배합하는 호연지기를 말하였는데, 이에 대해서 주자는 "의는 인심의 재제요 도는 천리의 자연이다."[97]라고 말하는 것에서 찾을 수 있다.

또 《서경》에서는 편당되지 않고 기울거나 뒤집힘이 없으면 왕도(王道)가 넓어지고 평평해지며 정직해진다고 하여서 왕도를 실천하는 직을 말하고 있다.

> 편벽됨이 없고 편당함이 없으면 왕도(王道)가 탕탕(蕩蕩)하며, 편당함이
>
> 없고 편벽됨이 없으면 왕도가 평평(平平)하며, 위배됨이 없고 기욺이 없
>
> 으면 왕도가 정직(正直)하리라.[98]

이로 볼 때 왕도실천은 천리의 자연한 이치가 천명으로 유행하는 인

---

96) 곽신환, 〈송우암의 철학사상 연구 – 直을 중심으로〉, 성균관대학교 대학원 석사학위 논문, 1979, 24쪽.

97) 《맹자》, 〈공손추장구〉: "其爲氣也 配義與道 無是餒也"에 대한 주자의 주석에서 "義 者 人心之裁制 道者 天理之自然"

98) 《서경(書經)》, 〈주서(周書)〉, 〈홍범(洪範)〉: "無偏無黨 王道蕩蕩 無黨無偏 王道平平 無 反無側 王道正直"

간 현실사회에 바르고 곧게 드러내 펴지는 것이라 할 수 있다. 그러므로 굽어지거나 편당되고 가려져서는 왕도가 구현되지 못한다. 곧고 바르고 평평해야 널리 펼칠 수 있는데, 이는 사사로워서 억지로 작위하는 인욕이 있으면 자연하게 실천되지 않는다. 그러므로 천도와 인도에 일관하여 통하는 직도로서 행해져야 천리가 인간현실사회에 왕도로써 바르게 구현된다고 하는 것임을 알 수 있다.

또한 《논어》에서 공자는 "우리에게는 아버지는 자식을 위하여 숨기고, 자식은 아버지를 위하여 숨기니 그 속에 솔직한 도리가 있다."[99]라고 하였는데, 이는 인본주의의 기본이 되는 효의 도리로서 인(仁)을 실천하는 진정한 기초라고 할 수 있다.[100] 인간의 자연한 심성이 솔직하게 발로되도록 하는 것이 곧 인의 실천이라고 할 수 있는 것이다.

이와 같은 점에서 살펴보면, 직은 공평무사한 천도이면서 인간본성에 내재된 인도가 되고, 또 사사로운 인욕을 제거하는 수기의 방법이 된다. 또 천도와 인도에 합치되는 사사로움이 없는 직이기에 인간존재 현실에 백성들을 평화롭고 안전하게 하는 안백성(安百姓)의 왕도실천 방법이 되는 것이다. 그리고 편벽되거나 기울어지지 않는 것이 평평하여 왕도가 되는 것이라고 하였는데, 이는 곧 중정(中正)을 말함이다. 중정이란 시중지도(時中之道)를 말하는 것으로서 "오로지 정일하여 그 중을 잡으라."[101]고 말한 요·순이 서로 주고받은 유가정통의 심법이기도 하다. 왕도실천

---

99) 《논어》, 〈자로〉: "吾黨之直者異於是 父爲子隱 子爲父隱 直在其中矣"

100) 蒙培元 지음, 이상선 옮김, 《중국심성론》, 법인문화사, 1996, 59쪽에서 몽배원은 이러한 자연적인 심리정감이 인(仁)의 진정한 기초라고 말하며, 효제(孝弟)는 인(仁)의 근본이고 공자의 인본주의라고 말하고 있다.

101) 《서경》, 〈우서(虞書)〉, 〈대우모(大禹謨)〉: "惟精惟一 允執厥中"

의 핵심은 득중(得中)함에 있는데, 순임금과 요임금이 성인이며 대지혜의 임금이 된 까닭도 바로 백성을 편안히 하는 방법으로 중(中)을 썼던 까닭102)이라고 공자는 설명하고 있다. 탕 임금 또한 중도를 실천하였다고 한다.103) 이로 보면 성인의 도는 중도라고 할 수 있다.104) 곧 천명에 의한 천리의 유행이자 인간사회 현실구현이 되는 왕도실천이 무사사함과 무위한 직도로써 실천하는 것이고, 왕도실천은 시중지도가 되므로 이는 곧 시중지도로서의 직도가 된다고 하겠다.

그리고 공자는《대학》에서 왕도실천 방법으로서 '혈구지도(絜矩之道)'를 말하고 있다. 이는 곧 유가의 인(仁)을 실천하는 방법이기도 하다. 인의(仁義)는 천리의 무사한 공(公)이므로105) 인의 실천은 시중지도이며, 시중지도는 왕도가 되고, 왕도는 천리의 유행이 인간 현실에 구현되는 것이기에 직도로써 행해야 한다. 혈구지도는 전후좌우상하를 살펴서 행하는 왕도의 실천법이다. 전후좌우상하를 살피는 방법은 결국 어느 한쪽으로 치우치거나 기울지 않는 중(中)을 잡아 실천함을 뜻한다. 이에 혈구지도는 시중의 중도를 구하는 왕도실천법으로서 무사한 직도를 그 근본정신으로 구현되어야 하는 것이라고 하겠다.106)

이상에서 살펴본 직(直)에 대해 정리해 보면 다음과 같다.

---

102)《중용》: "子曰 舜 其大智也與 舜 好問而好察邇言 隱惡而揚善 執其兩端 用其中於民 其斯以爲舜乎"

103)《맹자》,〈이루장구〉: "湯 執中 立賢無方"

104) 김재홍,〈易學의 中正之道에 관한 연구〉, 충남대학교대학원 박사학위논문, 2008년, 160쪽.

105)《맹자》,〈양혜왕장구〉: "仁義 根於人心之固有 天理之公也 利心 生於物我之相形 人欲之私也"

106) 혈구지도(絜矩之道)에 대한 설명은 본 책 제IV장 2절에서 상세히 설명하였다.

첫째, 지극히 공정하여 무사사 무작위하고 자연한 천도로서의 직이다.

둘째, 보편적인 존재원리로서 천도의 본성은 공평무사한 직이다. 직의 본성은 천명에 의해 유행하는 인간에게 품수되고, 형기를 지녀 사사로운 인욕으로 탁해진 천리의 본성을 회복하기 위한 당위의 원리가 되기에 인도(人道)로서의 직이 된다.

셋째, 직의 인간 현실사회에서의 구현방법은 수기에서 신독을 통한 성의(誠意)로 나타나며, 성지(誠之)의 실천방법이고, 호연지기를 기르는 방법이 된다.

넷째, 공평무사한 직은 왕도실천 방법으로서 그 중을 얻는 시중지도로 구현된다.

다섯째, 인(仁)을 실천하는 혈구지도(絜矩之道)의 방법으로써 직도가 된다.

2) 〈김은자직백설〉에 나타난 직(直)사상과 김장생에게의 전승

송익필의 직(直)사상은 〈김은자직백설〉에 잘 나타나 있는데, 송익필이 사계 김장생의 장남이었지만 조졸한 김은[107]의 자(字)를 '직백'으로 지어 주면서 쓴 글이다. 원문을 통해 송익필의 직사상을 검토해 보기로 하자.

---

107) 《신독재유고(愼獨齋遺稿)》, 권11, 〈행장(行狀)〉, 〈황고사계선생행장(皇考沙溪先生行狀)〉: "先妣生不與榮 卒後四十年乙丑 追封貞夫人 生三男三女 男長檃早夭 次集持平 次槃典翰 女長適監察徐景霌"에서 보는 것처럼 김은(金檃)은 김장생의 조졸한 맏아들인데, 고영진이 말한 송익필이 김장생의 이름으로 은(檃), 자(字)를 직백(直伯)으로 지어 주었다고 하는 것은 잘못이다.(《조선 중기 예학사상사》, 한길사, 1995, 219쪽, 각주132)

모든 사람의 태어남이 직(直)이다. 직(直)은 하늘이 준 바요, 물(物)이 받은 것이다. 이것이 이른바 천지 사이에 정정당당(亭亭堂堂)하여 상하가 모두 곧은 정리(正理)이다. 혹 불직(不直)한 것이 있음은 기품물욕(氣稟物欲)이 그렇게 시킨 때문이다.[108]

여기서 송익필은 《논어》의 말을 인용하여 백성의 태어남이 직하다고 말한다.[109] 이는 인간은 누구나 이 세상에 태어난 그대로가 곧고 바르고 정직하다는 언표다. 유학의 성선(性善)을 달리 직이라고 말한 것이라고 볼 수 있다. 송익필에 의하면 직은 하늘이 준 바요 물이 받은 것이다. 이는 《중용》의 '천명지위성'에 대한 해석에서 정이천이 "천이 준 것이 명이요, 사람과 물이 받은 바가 성이다."[110]라고 한 말과 같은 맥락이다. 송익필은 천이 준 것이 직이고 그것을 물이 받은 것이 직이라고 하여, 직은 곧 성이 되면서 명이 된다. 또 직은 천도이면서 인도가 된다. 여기서 천도로서의 직은 성(誠)이 되고, 인도로서의 직은 성지(誠之, 참되고자 함)이며 성지(性之, 성품을 온전히 하고자 함)이다. 천도는 사사로움이 없어서 바른 정리(正理)이다. 그래서 인류의 도리는 사사로운 인욕을 없이해야 한다. 곧 직으로써 인도를 닦아야 함이다. 그러므로 송익필은 직이란 천지간에 정정당당하고 위아래가 곧고 바른 정리라고 하였다. 또 직상직하의 바른

---

108) 《구봉집》, 권3, 〈김은자직백설(金檃字直伯說)〉: "民之生也直. 直者 天所賦 物所受者
    也 此所謂天地之間 亭亭堂堂直上直下之正理也 有或不直者 氣稟物欲之使然也"

109) 《논어》, 〈옹야〉: "人之生也直 罔之生也 幸而免"

110) 《중용》 제1장에 대해 정이천은 주석에서 "命猶令也 性卽理也 天以陰陽五行 化生萬
    物 氣以成形而理 亦賦焉 猶命令也 於是 人物之生 因各得其所賦之理 以爲健順五常
    之德 所謂性也"라고 하였다.
    《이정집》, 권19, 〈유서(遺書)〉: "性稟於天 才出於氣"

정리는 곧 천덕·달도에 이르는 이치를 뜻한다. 정명도는 "경(敬)과 의(義)
가 좌우에서 자신을 잡아 주면 곧바로 위로 올라가니 천덕에 도달함이
이로부터 시작된다."라고 하였고,[111] 주자는 "경은 마음속을 주장하고 의
는 밖을 바르게 하여 곧바로 위로 올라가서 천덕에 도달할 수 있는 것인
데, 곧바로 위로 올라간다는 것은 물욕에 얽매이지 않는 것"[112]이라고
하였다. 이는 바로 직의 기본정신으로서 사사로움이 없어 인욕이 없는
것을 말한다.

송익필은 만약 어떤 것이 곧지 못한 것이 있으면, 그것은 기품과 물욕
에 의한 것이라고 하였다. 천리의 본성은 인욕이 없어 무사사하고, 억지
로 함이 없어서 무작위하고, 기울거나 편당되지 않아서 중도에 맞고, 굽
지 않아서 바르고 곧으며, 청탁의 기품에 가려져 은폐되지 않아서 잘 드
러나 펴지는 것이다. 이는 곧 직의 정신이다.

이로 볼 때 송익필의 직을 통한 수기론은 조광조가 '부도(不睹)·불문
(不聞)'을 들어 신독으로서 수양한다고 하여 성의를 뜻하는[113] 도학적
수기론과 일맥상통한다. 또 격물과 치지로 선을 밝히고 성의와 정심으로
몸을 수양하여, 자신의 몸에 온축하여서는 천덕을 닦는다는 율곡의 도

---

111) 《근사록(近思錄)》, 권2, 〈위학(爲學)〉: "敬義夾持 直上 達天德 自此"
112) 위의 글: "朱子曰 敬主乎中 義方乎外 二者相夾持 要放下霎時也不得 只得直上去 故
便達 天德 …… 直上者 不爲物慾所累"
113) 《정암문집(靜菴文集)》, 권2, 〈대책(對策)〉, 〈알성시책(謁聖試策)〉: "人之情 未嘗不愼
於顯 而忽於微也 幽隱之間 乃群臣之所不見 己所 獨見 微細之事 群臣之所不聞 而
己所獨知 是皆人情之所忽 而以爲可以斯天罔人 不必謹者也 …… 故古者帝王 旣戒
懼乎此道 而常明不昧 而於此幽隱之中 尤致其謹焉 必使幾微之際 無一毫邪僞之萌
而純乎義理之發"

학론(道學論)114)과도 상통한다고 할 수 있겠다.

그러면 직하는 도(道)는 무엇인가? 이에 대한 송익필의 견해를 검토해 보기로 하자.

천지의 사이에 정정당당하며 상하좌우로 올곧아서 통하는 바른 이치이다.115)…… 더러 올곧지 않은 것이 있는 것은 기질의 품수와 물욕에 의해서 그러하다. 직(直)하지 아니하면 도(道)가 드러나지 않는다. 진실로 직(直)하고자 하면 직(直)하는 도(道)는 그것이 은(檃)에 있지 아니한가? 은(檃)은 무엇인가? 구용(九容)은 그 모습이 직(直)한 것이고, 구사(九思)는 그 사(思)가 직(直)한 것이다. 경이직내(敬以直內)는 그 속마음이 직(直)한 것이요, 의이방외(義以方外)는 그 겉 행동이 직(直)한 것이다. 청소하고 응대(應對)하는 것으로부터 진심지성(盡心知性)에 이르기까지 한 가지 일도 직(直) 아닌 것이 없다. 어린 아이가 항상 보아도 속임이 없는 것이 직(直)의 시작이요, 칠십에 법도에 어긋남이 없는 것이 직(直)의 끝이다. …… 부모를 모심에 직(直)으로써 하고, 임금을 섬김에 직(直)으로써 하고, 붕우를 접함에 직(直)으로써 하고, 처자를 대함에 직(直)으로써 하여서, 직(直)으로 살고 직(直)으로 죽는다. 116)

---

114)《율곡전서》, 권15, 잡저2, 〈동호문답(東湖問答)〉, 〈우론군신상득지난(右論君臣相得之難)〉: "夫道學者 格致以明乎善 誠正以修其身 蘊著躬則爲天德 施之政則爲王道"

115)《근사록》, 권1, 〈도체류(道體類)〉: "中者 天下之大本 天地之間 亭亭當當 直上直下之正理"라는 정명도(程明道)의 말에서 "정정당당 직상직하"의 말이 보인다.

116)《구봉집》, 권3, 〈김은자직백설(金檃字直伯說)〉: "此所謂天地之間 亭亭堂堂直上直下之正理也 有或不直者 氣稟物欲之使然也 …… 不直則道不見 苟欲直之 直之道 其不在檃乎 檃之如何 九容直其 容也 九思 直其思也 敬以直內 直其內也 義以方外 直其外也 自灑掃應對 以至盡心知性 無一事非直也 幼 子常視毋誑 直於始也 七十不踰矩 直於終也. …… 事親以直 事君以直 接朋友以直 待妻子以直 以直而生 以直而死

송익필에 의하면 도(道)는 직하지 않으면 드러나지 않고 실현되지 않는다. 이는 마치《중용》의 '불성무물'과도 상통한다.《중용》에 의하면 성(誠)은 물(物)의 종시(終始)로서 성이 아니면 물도 없다. 이때 성은 '진실무망(眞實無妄)'으로 '참', '진실'의 뜻이다.117) 참은 모든 존재가 그것으로 존립할 수 있고 드러날 수 있는 근본이다. 참되지 아니하면 그 어떤 존재도 존재로서 성립할 수 없다. 마찬가지로 직은 모든 존재가 그것으로 드러날 수 있고, 도가 실현될 수 있는 기반이요 조건이다. 여기서 직은 성(誠)과 상통한다. 곧음은 진실한 것이요 바른 것이요 참된 것이기 때문이다. 천리와 본연의 성은 은폐되어 가려지지 않아서 잘 드러나는 것이다. 송익필도 도심(道心)은 미미하나 잘 드러난다고 하여 사사로운 심을 없이 하여 공(公)을 주(主)로 해야 인심(人心)이 평안하다고 하였다. 어린아이가 속임이 없는 것이 직의 시작이고, 칠십에 이르러 법도에 어긋남이 없는 것이 직의 끝이라고 하였다. 여기서 어린아이가 속임이 없다는 것은 무망이라 할 수 있다. 이는 곧 사사로움이 없다는 것을 뜻한다. 인간이 살아가는 어린 시절부터 칠십에 이르는 동안 평생을 속임이 없는 무사함으로 종심소욕의 법도118)에 어긋나지 않는 것이 직이라고 하였다. 또 직으로써 부모와 임금과 붕우와 처자를 섬겨야 하고 천지를 세워 고금을 관통한다고 하였다. 이로 볼 때 직은 인간이 인간답게 살아가기 위해 반드시 행해야 하는 인(仁)의 실천이자,119) 당위의 법칙이 되는 인륜이 된다. 이는 곧

立天地以直 貫古今以直"

117)《중용》: "誠者物之終始 不誠無物 是故 君子誠之爲貴." 주자의 주석에서 "天下之物 皆實理之所爲 故必得是理然後 有是物 所得之理旣盡 則是物亦盡而無有矣"

118)《논어》, 〈위정〉: "七十而從心所欲 不踰矩"

119)《논어》, 〈학이〉: "君子務本 本立而道生 孝弟也者 其爲仁之本歟"

사람이 사람답게 살아가기 위한 도리인 인도(人道)로서의 직도(直道)이다.

3) 직(直)의 방법 '구용구사(九容九思)'

송익필은 직(直)의 방법으로 '구용(九容)'과 '구사(九思)'를 말한다. 구용은 《예기》〈옥조편(玉藻篇)〉의 "족용중(足容重), 수용공(手容恭), 목용단(目容端), 구용지(口容止), 성용정(聲容靜), 두용직(頭容直), 기용숙(氣容肅), 입용덕(立容德), 색용장(色容莊)"을 말한다. 즉 발의 걸음걸이는 가볍게 올려 옮기지 않으며, 손의 모양은 공손하게 움직여 함부로 느슨하게 하지 않으며, 눈의 시선은 단정하여 곁눈질을 하지 않는다. 또 입의 모양은 함부로 움직이지 않으며, 목소리를 내는 데 있어 거만스럽게 헛기침 따위를 하지 않으며, 머리의 모양은 곧게 하여 한쪽으로 비뚤지 않으며, 호흡할 때에는 숨을 쉬지 않는 것처럼 한다. 선 모양은 엄연하여 한쪽에 치우치지 않으며, 얼굴빛은 엄숙하게 하는 것이다.

송익필은 율곡이 《격몽요결》에서 의론한 '구용'의 주석 가운데 '족용중' 대목에서 발의 움직임에 '규(規)'와 '거(矩)'에 맞으며,[120] 추창해야 할 때는 '채제'로 하고, 보통 걸을 때는 '사하'에 맞추어 걸어감[121]이라고 해야 옳다고 지적하였다. 이는 일상생활에서의 예법 실천인 구용에 대하여

---

120) 《국역승정원일기》, 고종 1년 갑자(1864, 동치 3) 1월 21일 무오. 참조

121) 《다산시문집(茶山詩文集)》, 권11, 〈논(論)〉, 〈악론(樂論) 1〉, 참조. 유가에서는 심신을 안정시키기 위해 성인의 법도인 삼대(三代)의 예악(禮樂)을 따르는데, 순(舜) 임금의 음악인 소(韶)에 따라서 화평하고 화락한 뜻을 고동(鼓動)시키고자 하였다. 이에 걸음을 걸을 때는 사하(肆夏)로써 연주하고, 빨리 나아갈 때는 채제(采齊)로써 연주하여서 동작과 주선(周旋)의 법도를 잃지 않고자 하였다.

규거의 법도와 순임금의 악(樂)에 맞추어 거동함을 말하는 '사하'와 '채제'를 들고 있는 점 등에서, 삼대의 예악을 근거로 하여 일상생활의 예를 추구하고 있음을 알 수 있다.

또 구사(九思)는 《논어》의 〈계씨편(季氏篇)〉에 "시사명(視思明), 청사총(聽思聰), 색사온(色思溫), 모사공(貌思恭), 언사충(言思忠), 사사경(事思敬), 의사문(疑思問), 분사난(忿思難), 견득사의(見得思義)"를 말한다. 군자는 아홉 가지의 일을 생각해야 한다는 것이다. 볼 때에는 밝기를 생각하고, 들을 때는 총명하기를 생각하고, 안색은 온화하기를 생각하고, 태도는 공손하기를 생각하고, 말할 때에는 성실하기를 생각하고, 일할 때에는 공경하기를 생각하고, 의심스러울 때에는 묻기를 생각하고, 분할 때는 어려움을 생각하고, 이익을 보면 옳은가를 생각하라는 것이다.

그리고 공자가 말한 구사에 대한 주석에서 정이천은 "구사는 각각 그 하나에 오로지 전념하는 것"[122)]이라고 하였으며, 사량좌[123)]는 "(맹자가 말한) 성(誠)을 생각한다고 하는 것"이라고 설명하고 있다. 맹자는 "성실히 함은 하늘의 도요 성실히 할 것을 생각함은 사람의 도이다."[124)]라고 말하고 있는데, 이는 곧 구사의 생각한다는 뜻이 성을 생각한다는 것이니, 사성자(思誠者)는 인도(人道)이며, 성으로 나아가는 성지(誠之)로서의 구

---

122) 《논어》, 〈계씨〉: "孔子曰 君子有九思 ……"의 주석에서 "程子曰 九思 各專其一 謝氏曰 此之謂思誠." …… "謝氏曰 此之謂思誠"

123) 사량좌(謝良佐, 1050~1103): 북송유학자. 자는 현도(顯道), 시호는 문숙(文肅). 처음에는 정호(程顥)와 정이(程伊)에게서 학문을 배웠다. 정호로부터는 내성공부(內省工夫)의 이론이, 정이에게서는 격물궁리(格物窮理)의 학설이 나왔다고 할 수 있다. 유초(游酢), 여대림(呂大臨), 양시(楊時)와 함께 '정문사선생(程門四先生)'으로 일컬어졌고, 정좌(靜坐)와 거경(居敬)의 수양을 강조하였다.

124) 《맹자》, 〈이루장구〉: "誠者 天之道也 思誠者 人之道也"

사(九思)임을 알 수 있다.

송익필의 구용은 그 모습이 직한 것으로 '직기용(直其容)'이라 하였고, 구사는 그 생각이 직한 것으로 '직기사(直其思)'라고 하였다. 또한 "경으로써 내면을 바르게 한다."[125]는 그 안이 직한 것이고, "의로써 외면을 단정히 한다."는 그 밖이 직한 것이라 하였다. 청소하고 응대하는 것으로부터 마음을 다하고 성품을 온전히 함을 알게 되는 진심지성(盡心知性)에 이르기까지 어느 한 가지 일도 직 아닌 것이 없다. 아울러 어린 아이가 항상 속임이 없는 그 진실함에서 직의 시작을 볼 수 있고, 공자가 말하는 이른바 "칠십에 내 마음이 하고자 하는 바를 좇아서 행동을 해도 법도에 어긋남이 없다."[126]는 데서 직의 끝맺음을 알 수 있다 하였다. 이는 공자가 도는 덕으로써 하고 예로써 가지런히 한다면 선에 이를 것이라고 [127] 하여, 덕과 예를 통하여 선으로 나아가는 방법을 후인들에게 권면하고자 하는 차례인 진덕지서(進德之序)를 말한 것이다.[128]

여기서 송익필은 공자의 가르침을 좇아 어린아이 때부터 사사로움이 없는 직에서 시작하여, 인간 본연의 순선하고 천리에 어긋남이 없는 자연한 성품을 드러냄에서 끝맺는 직을 말하고 있는 것이라 하겠다. 천덕으로 나아가는 진덕의 도리를 행함에 송익필은 직으로써 시종일관함을 알 수 있다.

---

125) 《주역》, 〈곤괘(坤卦)〉, 〈문언(文言)〉: "君子敬以直內 義以方外 敬義立而德不孤"

126) 《논어》, 〈위정〉: "七十而從心所欲 不踰矩."

127) 위의 글: "道之以德 齊之以禮 有恥且格" 격(格)은 '바로잡다(正)'의 뜻이라 하는데, 주자는 선(善)으로 설명했다(有以至於善也 一說格正也). 이에 수기론 측면에서 격은 정이며 선이요 직이라고 할 수 있다.

128) 위의 글: "七十而從心所欲 不踰矩."의 주석에서 정이천은 "孔子自言其進德之序"라 하였다.

위에서와 같이 직은 내직(內直)과 외직(外直)으로 나누어 볼 수 있는데, 내직의 방법으로 구사(九思)가 제시되고, 외직의 방법으로 구용(九容)이 제시되었다. 또한 내면의 직은 경(敬)을 통해서, 외면의 직은 의(義)를 통해 이루어진다. 이처럼 송익필은 직화(直化)의 방법을 내면의 직화와 외면의 직화로 파악하고 있다. 먼저 직내의 측면을 살펴보면, 경이직내(敬以直內)를 근본으로 하여 내면의 상태인 구사가 직할 때 마음을 다하고 성품을 온전히 함이 가능하고 호연지기가 충만해 질 수 있다고 한다. 또 직외의 측면에서 의이방외(義以方外)를 근본으로 하여 행동의 측면인 구용이 직할 때 외면의 직이 실현된다는 것이다.[129] 송익필의 직화란 먼저 그 내심(內心)을 바르게 하는 직내의 상태와 외면의 행동이 중절(中節)한 직외의 상태가 실현될 때 직이 가능하다.[130] 요컨대 내직과 외직은 결코 둘이 아니라 내직의 공효는 외직으로 나타나게 되는 것이다.

또한 송익필은 일원지기(一元之氣)가 직하지 않으면 끊어지고, 호연지기가 직하지 않으면 주리게 된다 하였다. 군자지도에서 직을 행하는 것은 참으로 위대하다 하고, 직의 공정은 작게는《소학》책에 갖추어 있고, 크게는《대학》책에서 다 했으니, 희원[希元, 김장생의 자(字)]은《대학》과《소학》두 책으로써 날마다 자식을 가르친다면 이름은 은(檃, 굽은 것을 바로잡는)으로써 자(字)는 직백(直伯, 직을 우두머리로 하는)으로써 함이 또한 마땅하지 않겠느냐 하였다.[131] 여기서 송익필은 일원지기가 직하지 않으면

129) 김용식, 〈구봉 송익필의 심성관에 대한 연구〉, 고려대 대학원 석사학위논문, 1981, 36쪽.

130) 위의 글, 37쪽.

131) 《구봉집》, 권3, 〈김은자직백설(金檃字直伯說)〉: "一元之氣 不直則絶 浩然之氣 不直則餒 直之於君子之道 大矣哉 直之 功程 小而小學書備矣 大而大學書盡之. 希元以大

단절되고, 호연지기가 직하지 아니하면 말라 시들게 된다고 하여, 직이 일원지기와 호연지기의 존망을 좌우하는 중요한 요소임을 분명히 하였다. 이는 맹자가 호연지기를 설명하면서 직으로써 길러 해침이 없으면 천지의 사이에 꽉 차고, 그 기(氣)의 됨은 의(義)와 도(道)를 짝하니, 이 도의가 없으면 굶주리게 된다고 한 말과132)상통한다. 송익필은 직의 공정이 작게는《소학》에 갖추어 있고 크게는《대학》에서 다 했으니, 이 두 책으로써 날마다 자식을 훈육할 것을 김장생에게 당부하였다.

이렇게 볼 때, 송익필 사상의 요체는 직의 체현에 있다. 송익필이 자신의 신명(身命)뿐만 아니라 가족의 생사를 염두에 두지 않으면서 고수한 것이 바로 직의 실천이다.133)

송익필의 직에 대한 이해는 다음과 같은 시에서도 잘 나타나고 있다.

도(道)가 곧으니 은혜로 먼저 빌려 주고, 정은 깊어도 굽은 것은 쉬이 가르게 되네. 천심(天心)으로써 사물을 진압하고, 일은 조용함으로써 시끄러움을 통제하네.134)

곧은 도(道)는 용납이 어려우니 유하혜(柳下惠)에 부끄럽고, 팔베개가 즐

小二學 日敎其子 則名以櫟而字以直伯 不亦宜乎"

132)《맹자》,〈공손추장구〉: "其爲氣也 至大至剛 以直養而無害 則塞于天地之間 其爲氣也 配義與道 無是餒也"

133) 배상현,〈구봉 송익필과 그 사상에 대한 연구〉,《논문집》제1집, 동국대 경주대학, 1982, 20~21쪽.

134)《구봉집》, 권2,〈詩〉,〈우제(偶題)〉: "道直恩先貸 情深枉易分 功將天鎭物 事以靜持喧"

거우니 늦게나마 안연(顔淵)을 희구하네.135)

송익필은 곧은 도, 즉 직도(直道)로써 사사로운 정과 굽은 것을 가르고, 한 주먹의 밥과 한 표주박의 물만을 먹는 궁핍한 삶이라도 편안히 여길 줄 아는 안빈낙도(安貧樂道)의 삶을 즐거워하는 안회136)의 도를 찾고 있다.137) 안회가 공자에게 물은 것이 인(仁)이며 인은 사사로운 욕심을 깨끗이 하여 극기복례하는 것이라고 하였다.138) 이로 미루어볼 때 안빈낙도할 수 있음도 사욕이 없을 때 즐거워하고 만족할 수 있는 것이요, 극기복례 또한 인을 실천하는 것으로서 제일 관건은 사욕을 깨끗이 다할 때에 천리의 본성을 회복하는139) 직도라 할 수 있다. 또 공자와 안회가 즐거워한 것은 유가의 궁극적 이상인 동시에 인간 삶의 실천적 목표이다. 안회가 배우고 추구한 것은 성인의 경지로서 내성과 외왕의 도를 말한다.140) 이에서 송익필은 유가 본연의 도학정신을 잘 계승하고 있음을 알 수 있다.

또 송익필은 조헌이 임진왜란 때 의병(義兵)을 일으켜서 임금을 보필하는 일을 한다는 것을 듣고 칭송한 다음의 시에서도 직도를 말하고 있다.

---

135)《구봉집》, 권2, 〈詩〉, 〈춘주수기(春晝睡起)〉: "直道難容曾愧柳 曲肱爲樂晩希顔"

136) 안회(顔回, BC521~?): 춘추시대 노나라 사람. 자 연(淵) 이름은 회(回). 공자가 가장 신임하였던 제자

137)《논어》, 〈옹야〉: "子曰 賢哉 回也 一簞食一瓢飮 在陋巷 人不堪其憂 回也不改其樂 賢哉 回也"

138)《논어》, 〈안연〉: "顔淵 問仁 子曰 克己復禮爲仁"

139) 위의 글 주자의 주석 "日日克之 不以爲難 則私欲淨盡 天理流行 而仁不可勝用矣"

140) 진래 지음, 안재호 옮김,《송명성리학》, 예문서원, 1997, 80쪽.

직도(直道)로써 일찍이 심한 곤경을 겪더니, 나보다 먼저 이미 채찍을 잡았구려. 집안의 백발 노친 하직을 하고, 허리 밑의 용천검(龍泉劍)을 어루만졌네. 일곱 번 놓아 줌으로 황백을 낮추어 보고, 세 번이나 말을 몰아 성현(聖賢)을 사모하였네. 성(城)을 버렸으니 누가 죽음을 두려워하랴, 벼슬이 없는데도 맨주먹으로 분발하였네.[141]

송익필은 조헌이 나라의 외환을 당하여 의병을 일으켜 충의를 행하는 것을 높이 칭송하면서 나라에 대한 선비의 우환의식을 드러내면서 직도를 말하고 있다. 그리고 송익필이 조헌에게 보낸 편지글 속에서도 직을 언표하고 있음을 찾을 수 있다.

차라리 내 몸은 잊을지언정 내가 배운 학문에 대해서는 배반하지 않을 것입니다. 제가 볼품은 없으나 이것 모두 국가를 위한 결의에 찬 충심입니다. 공명정대(公明正大)하여 하찮은 일에도 한 올의 실오라기 같은 사사(私邪)로운 생각도 없습니다. 형에게로 보낸 저의 글을 깊이 생각해 보십시오. 청명직절(淸明直截)함을 손상한 기상은 있지만, 숙향(叔向)의 사심(私心) 없는 뜻은 가졌다고 자부합니다.[142]

여기서 송익필은 숙향[146]처럼 공명정대하여 한 올만큼의 사사로움이

---

141) 《구봉집》, 권2, 〈시(詩)〉, 〈문조헌창의병근왕(聞趙憲倡義兵勤王)〉: "直道曾囚楚 先吾已着鞭 堂中辭鶴髮 腰下撫龍泉 七縱卑 黃白 三驅慕聖賢 棄城誰畏首 無位奮空拳"

142) 《구봉집》, 권5, 〈현승편下〉, 〈답조여식서(答趙汝式書)〉: "寧忘吾身而不負吾學 犯諱孤言 猥及無狀 此皆爲國忠憤 大 公至正 無一毫有所私念於微物者也 深慮鄙文字一到兄邊 有浼淸明直截之氣像 而亦欲自處得叔向無私謝之意也"

없는 마음을 자부하며 충심과 의리를 배반하지 않을 것이라고 말하고 있다. 청명직절한 자기의 기상을 더럽힐지언정 사사로움이 없는 의리정신(義理精神)만큼은 지킬 것이라는 모습에서 공명정대하여 정직한 직도의 정신을, 현실사회에 투철하게 실천하고자 하는 송익필의 도학정신에서 잘 드러나고 있다.

본래 직은《논어》에서 공자의 말을 통해 인간의 천부적인 본심 내지 자연한 본질로 규정되는 바,[144] 앞 절에서 직의 자의(字意)에 대해 살펴보았듯이 선(善)이라 해도 좋고, 인(仁)이라 해도 되며, 성(誠)이라 해도 무방한 것이다.[145] 이는 다시 증자의 "스스로 반성해서 곧으면 비록 천만인이라도 나는 나간다."라는 말[146]과, 맹자의 "직으로 길러 해침이 없으면 기는 천지 사이에 꽉 찬다."[147]라는 호연지기의 말로 계승되었다. 이는 다시 주자가 임종할 때에 문인들에게 유언한 말로 이어진다.

> 학문하는 요령은 오직 일마다 그 옳은 것을 살려 구하고 그릇된 것을 결단하여 버리는 것이니, 이것에 대한 공부의 쌓임이 오래되면 마음과 이치가 하나가 되어 자연히 발하는 바가 사곡(私曲)이 없게 될 것이다. 성인(聖人)이 만사에 응하는 것이나 천지가 만물을 낳는 것이 직(直)일 따름이다.[148]

---

143) 숙향(叔向): 춘추시대 양설혜(羊舌肹)의 자(字)

144)《논어》,〈옹야〉: "子曰 人之生也直 罔之生也 幸而免"

145) 황의동,〈우암의 성리학과 의리사상〉,《송자학논총(2)》, 송자연구소, 1995, 448면.

146)《맹자》,〈공손추장구〉: "曾子謂子襄曰 子好勇乎 …… 自反而縮 雖千萬人 吾往矣"

147) 위의 글: "浩然之氣 …… 其爲氣也. 至大至剛 以直養而無害 則塞于天地之間"

148)《주자대전》, 부록, 권4,〈연보(年譜)〉,〈영종경원6년(寧宗慶元六年) 경신조(庚申條)〉:

이와 같이 직은 주자에 있어서 모든 일에 응하는 원리이자 천지가 만물을 낳는 이치로 중시되어 그의 문인에게 전수되었다. 주자 또한 사사로움과 굽어짐이 없이 자연하게 드러나는 것이 직이라고 말하고 있음을 알 수 있다. 이러한 주자의 유언은 앞서 보았듯이 송익필이 계승하여 조헌에게 직도로써 언표하고 있으며, 김장생의 맏아들인 김은에게 지어 준 〈김은자직백설〉을 통해 드러나서 제자인 김장생에게로 전승(傳承)되고 있다. 그리고 김장생을 통해 다음과 같이 송시열에게 전승된다.

> 내 평생에 행한 일들에 비록 불선(不善)이 있었으나 남에게 고하지 않음이 없었고, 비록 발(發)하여 밖에 드러나지 않았더라도 불선이 있었다면 남에게 말하지 않음이 없었으니, 너(우암)는 모름지기 이 마음을 체득하여라. 이 직(直)한 글자는 주자가 실로 받은 바가 있느니라. …… 주자가 공자(孔子)와 맹자(孟子)의 서통(緒統)을 이은 것은 오직 직(直) 한 글자 뿐이다.[149)]

이처럼 송익필에게서 직의 정신을 전해 받은 김장생은 공자, 맹자, 주자로 이어져 내려온 도통심법(道統心法)이 직이라고 보아 늘 송시열에게 훈계했던 것이다. 따라서 이를 계승한 송시열은 직이 아니면 생도(生道)

"爲學之要 惟事事審求其是 決去其非 積集 久之 心與理一 自然所發 皆無私曲 聖人應萬事 天地生萬物 直而已矣"

149) 《송자대전》, 권136, 〈증이경화설(贈李景和說)〉: "吾平生所爲雖有不善 未嘗不以告人 雖發於心而未見於外者 苟有不善 未嘗不以語人 汝須體此心 此一直字 朱子實有所受 …… 朱子之實承孔孟之統者 唯直一字而已"

의 근원을 잃게 되어 죽음을 면치 못한다고 보았고,150) 1689년 83세의 나이로 정읍에서 운명할 때에도 제자인 권상하(權尙夏, 1641~1721)에게 다음과 같이 유언하였다.

> 공자·맹자 이래로 상전(相傳)은 오직 이 한 직(直)자뿐이며, 주자도 세상
> 을 떠날 때 문인들에게 말한 것도 이를 벗어나지 아니하였다.151)

이렇게 전승된 직의 이념은 송익필에게서 연원하여 김장생, 송시열을 거쳐 이후 기호학파의 심법(心法)으로 자리잡게 되었다.152)

송익필의 사상적 핵심은 직의 체현인데, 내적으로는 직심을, 외적으로는 직행으로 발현하는 것을 좌표로 삼는다. 이렇듯 직심(直心), 직언(直言), 직행(直行)으로 일관된 송익필의 직사상은 생활철학으로 이어져서 예학(禮學)으로 집약되었다고 할 수 있다.153) 그리고 송익필의 예학적 바탕이 되는 직의 사상은 김장생과 송시열에게 전승되어 기호예학으로 전개되었던 것이다.154)

---

150) 《송자대전》, 권135, 〈잡저(雜著)〉, 〈이정자설(李頲字説)〉
151) 《송자대전》, 부록 권11, 〈연보(年譜)10, 숭정 62년, 己巳〉, 〈선생83세조(先生八三歳條)〉
　《송자대전》, 권89, 〈서(書)〉, 〈봉계치도(奉訣致道), 己巳 5월 14일〉: "朱先生嘗以切要一言 教門人曰 只取孟子道性善求放心二章 爲用力之地 又於易簀時 授門人以直之一字曰 …… 而亦以直之一字 爲養之之要 朱子又以大英雄 必從戰兢臨履做出 聖人傳授心法 斷然可知矣"
152) 도민재, 〈기호학파의 《주자가례》 수용양상〉, 《국학연구》 제16집, 2010, 510쪽.
153) 배상현, 〈조선조 기호학파의 예학사상에 관한 연구〉, 고려대 대학원 박사학위논문, 1991, 76쪽.
154) 김문준, 〈기호유학에서의 우암송시열의 위상〉, 《유학연구》 제16집, 충남대 유학연구

3. 참된 수양의 길

성리학은 궁극적으로 '인간됨'을 목표로 한다. 이기심성론(理氣心性論)이나 격물치지론(格物致知論)도 모두가 수기(修己)를 위한 한 방편이요, 군자가 되기 위한 학문 과정이라고 할 수 있다. 송익필의 경우도 수기는 매우 중요한 과제였지만, 이에 관한 체계적인 저술은 보이지 않는다. 그의 문집 전반에 보이는 수기론에 대한 언급들을 모아 체계를 세워 보고자 한다.

1) '기선악(幾善惡)'

먼저 주렴계가 《통서(通書)》에서 보이는 '성무위(誠無爲)·기선악(幾善惡)'에 관련한 송익필의 견해를 중심으로 수기론을 검토해 보기로 하겠다. 이에 대한 송익필의 이해를 살펴보자.

아직 기(幾) 전에는 오직 이(理)뿐이라고 말하니, 이것이 이른바 '성무위(誠無爲)'인 것이다. 기미(幾微)가 있으면 기(氣)가 없다고 할 수 없으니 이것이 이른바 '기선악(幾善惡)'이다. 만약 기(幾)자를 정(靜)에 속하고자 한다면, 이는 기(幾)를 태극 가운데에 들이는 것이다. 태극 가운데에는

소, 2007, 203쪽에서 김문준은 공·맹(孔·孟)과 주자를 이어 직(直)의 철학을 수립한 송익필의 사상은 김장생에게 전수되었고, 직(直)을 이어받은 김장생은 마음을 세우는 요체로 삼았으며, 이러한 직(直)의 정신은 송시열에게 전수되었다고 말하고 있다.

한 사물도 둘 수 없는 것이니, 기(幾)를 두면 어찌 가히 태극이라고 말하랴. 성인의 기(幾)는 선하지 아니함이 없어 기(氣)의 맑음을 얻은 것이다. 중인(衆人)의 기(幾)는 선도 있고 불선도 있어서 혹은 기(氣)의 맑음을, 혹은 흐림을 얻었다. 주자가 기(幾)를 논함에 선악을 겸하여 든 것이 많고 단지 선한 곳을 든 것은 적다. 겸하여 든 것은 온전히 이기(理氣)를 말한 것이고 홀로 든 것은 이(理) 일변을 집어 내 온 것이다. 이(理)가 비록 선하나 기(氣)는 선악이 없을 수 없으므로, 처음 움직이는 곳에서는 살피고 살펴서 불선으로 하여금 선으로 돌아가게 해야 한다. 기타 선유(先儒)의 기(幾)를 논한 곳이 많은데, 마땅히 단지 주렴계의 '기선악(幾善惡)' 세 글자를 위주로 해서 참고하는 것이 좋다. 이미 '기선악(幾善惡)'이라고 말한다면 기(幾)를 홀로 선이라고 말할 수 있으랴. 만약 선악의 앞에 기(幾)를 두고 정(靜)에 속하고자 하면, '기선악(幾善惡)' 세 글자는 글이 이루어지지 않으니 무엇이라고 해석하랴. 기(幾)가 정(靜)하면 기(幾)는 성무위(誠無爲)다.[155]

주렴계는 《통서》에서 '성무위·기선악'을 말하였다. 즉 성(誠)은 인위적으로 함이 없고, 기(幾)에는 선악이 있다고 하였다. 성(誠)은 고요하여 움

---

155) 《구봉집》, 권4, 〈현승편上〉, 〈상민경초씨서(上閔景初氏書)〉: "未幾之前 可謂之惟理而已 是所謂誠無爲也 幾之則不可謂無氣 是所謂幾善惡也 若欲將幾字屬靜 則是納幾於太極中也 太極之中 不可着一物事也 着幾則何可謂之太極也 聖人之幾無不善 得氣之淸也 衆人之幾有善有不善 得氣之或淸或濁也 朱子之論幾也 兼擧善惡處多 單擧善處小 兼擧者全言理氣也 單擧者 拈出理一邊也 理雖善而氣不能無善惡 故於初纔動處 審之察之 使不善者歸善焉 其他先儒之許多論幾處 宜只以濂溪之幾善惡三字 爲主而叅看可也 旣曰幾善惡 則幾可謂獨善耶 如欲着幾於善惡之前而屬乎靜 則幾善惡三字 不成文理 將何以爲解耶 幾是靜則幾是誠無爲也"

직임이 없는 것이고, 느껴서 마침내 통하는 것이 신(神)이다. 움직이지만 아직 형체가 없어서 있는지 없는지를 알 수 없는 것이 기(幾)이다.156) 이렇게 기(幾)는 이미 움직인 상태지만 형체가 없어서 있는지 없는지를 모르는 상태를 말한다. 기(幾)는 본래《주역》의 〈계사전〉에 나오는 말인데, 기(機)자와도 상통한다.157) 여기서 주렴계가 사용한 기(幾)자의 의미는 자각하는 마음 혹은 의지 상태를 가리켜 말한 것이므로, 기(幾)로써 선악 문제의 발생을 설명하였다. 기(幾)와 성(誠)을 비교해 말하면 성(誠)으로서 무위(無爲)를 삼고, 기(幾)로서 선악을 해석하였는데, 만약 이것이 마음 또는 의지 위에 내려오지 않는다면 그것은 무의미한 것이 되고 만다.

주자는 이에 대해 기(幾)란 움직임이 미묘한 것으로 선악이 이로 말미암아 나뉘는 곳이라 하였다. 대개 사람 마음의 미묘한 데서 움직이면 천리는 본래 당연히 나타나야 하지만, 사람의 욕심도 또한 그 사이에서 싹튼다고 하였다.158)

이렇게 볼 때, 성무위란 말은 마음이 본연의 이(理)에 의거한 상태에 속하며, 기선악이란 말은 마음이 움직일 때 그 본연의 이(理)에 의거할 때도 있고 그렇지 않을 수도 있다는 말이다. 또 성(誠)은 억지로 하여 인위적이지 않다고 하여서 무작위한 직도가 곧 성(誠)임을 알 수 있다.

이러한 주렴계와 주자의 설명에 근거하여 송익필은 기(幾) 이전에는 오직 이(理) 뿐이니, 이것이 이른바 성무위라고 말한다. 또 기(幾)라고 하면

---

156) 《성리대전》, 권2, 〈통서(通書)1〉, 〈성(誠)〉, 第4章: "寂然不動者 誠也 感而遂通者 神也 動而未形有無之間者 幾也"

157) 노사광 저, 정인재 역, 《중국철학사(송명편)》, 탐구당, 1989, 127쪽.

158) 《주염계집(周濂溪集)》, 권5, 〈성기미장주(誠幾微章註)〉: "幾者 動之微 善惡之所由分也 蓋動於心之微 〈第4章〉 則天理固當發現 〈第4章〉 而人欲亦已萌乎其間矣"

이미 기(氣)가 없을 수 없으니 이것을 성무위라고 하였다. 송익필은 성무위·기선악을 이기(理氣)로서 설명하고 있는데, 성무위는 오직 이(理)의 상태를 말하고, 기선악은 이미 기(氣)가 게재되어 선악을 전제하게 된다고 보았다. 그리고 만약 기(幾)를 정(靜)에 속한다고 보면 기(幾)를 태극 속에 용납하는 것으로 이는 옳지 않다고 하였다. 이를 뒷받침하는 근거로서 주자는 성무위에 대해서 "진실한 이치가 저절로 그러한 것으로 이것이 바로 태극"이라고 하였고, "기(幾)는 선악으로 나뉜다."고 보았다.[159]

송익필은 성인의 기(幾)는 선하여 기(氣)의 맑음을 얻었지만, 중인(衆人)의 기(幾)는 선하기도 하고 불선하기도 하여 기(氣)의 맑고 흐림을 다 얻었다고 하였다. 따라서 이(理)가 비록 선하나 기(氣)는 선악이 없을 수 없으므로, 처음 움직이는 곳에서는 살피고 살펴 불선으로 하여금 선으로 돌아가게 해야 한다고 하였다. 그리고 선유들이 기(幾)를 논한 곳이 많이 있지만, 주렴계의 '기선악' 세 글자를 참고로 하는 것이 가장 좋다고 하였다.

송익필은 또 말하기를, 무릇 천지간에 체용합벽동정(體用闔闢動靜)의 밖에 다시 다른 도가 없다고 하였다. 동(動)이 아니면 즉 정(靜)이요 정이 아니면 즉 동이니, 어찌 동하지도 않고 정하지도 않음이 있으면서 동정 사이에 기탁해 있는 사물이 있겠느냐 하였다. 기(幾)라는 한 글자는 저 또한 동의 은미함을 알면 이미 동지미(動之微)라고 말하는데, 도리어 정이라 할 수 있겠느냐 하고, 이미 정이 아니라고 말하면 태극이라 할 수 없고 성무위라고 할 수도 없다고 하였다. 또 오직 이(理)라고 할 수도 없

---

159)《근사록》, 권1, 〈도체(道體)〉: "朱子曰 眞實自然 何爲之有 卽太極也. 幾者動之微 善惡之所由分也."

고 기(氣)가 없다고 할 수도 없다고 하였다. 또 정(情)이 아니라고 할 수도 없고 홀로 선이라고 할 수도 없고, 선악이 없다고 할 수도 없다고 하였다. 오직 성인은 기(氣)의 맑음을 얻어 기(氣)가 불선함이 없는데, 성인 이하로부터 선악후박(善惡厚薄)이 천만가지로 같지 않다고 하였다. 이와 같은 곳은 마음이 비록 어둡고 미혹하여 체험하고 깊이 살펴 스스로 정견(定見)이 있을지라도 자기를 버리고 남을 좇고자 하더라도 얻을 수 없다고 하였다.[160)

그리고 이와 같은 마음공부에 대하여 주자는 주렴계의 '기자동지미(幾者動之微)'라는 말에 대해서 "참으로 사람을 경계하여 깨우치는 말로서 가까이는 공사(公私)와 정사(正邪), 멀리는 흥폐와 존망이 달려 있는 것이며, 다만 이것을 간파한다면 곧 전환할 수가 있으니 이는 일상생활하는 사이에서 가장 친절한 공부이고, 정밀하고 거침과, 드러나고 가리워짐을 일시에 통하여 뛰어넘을 수 있으니 요순이 말씀하신 '유정유일'과 공자가 말씀하신 '극기복례'가 바로 이 일이다."라고 하였다.[161) 여기서 유정유일은 요·순 임금이 서로 전하고, 다시 순임금이 우임금에게 전해 주었던 말[162)로서 유가에서는 이를 유가정통의 심법이라고 한다.[166) 또

---

160) 《구봉집》, 권4, 〈현승편上〉, 〈답희원서(答希元書)〉: "夫天地間 體用闔闢動靜之外 更無他道 非動則靜 非靜卽動 安有不動不靜 而寄在動靜間物事耶 幾之一字 彼亦知動之微 則旣曰動之微也. 而反謂之靜耶 旣曰非靜 則不可謂太極也 不可謂誠無爲也. 不可謂惟理也 不可謂無氣也 不可謂非情也. 不可謂獨善也. 不可謂無善惡也 惟聖人得氣之淸 幾無不善 自聖人以下 善惡厚薄 千萬不同 如此處 心雖昏惑 體驗深察 自有定見 雖欲舍己從人 不可得也"

161) 《근사록》, 권1, 〈도체(道體)〉: "朱子曰 極力說箇幾字 儘有警發人處 近則公私邪正 遠則廢興存亡 只於此處看破 便幹轉了 此日用第一親切功夫 精粗隱現 一時穿透 堯舜所謂惟精惟一 孔子所謂克己復禮 便是此事"

162) 《서경》, 〈우서(虞書)〉, 〈대우모(大禹謨)〉: "人心惟危 道心惟微 惟精惟一 允執厥中"

258 | 구봉 송익필의 도학사상

극기복례는 인(仁)이 무엇이냐는 안회의 물음에 공자가 답한 말로서 유가 수양론의 제일 과제라고 할 수 있다. 또한 주렴계가 말하였고, 주자가 가장 친절한 공부의 요처라고 강조하고 있다. 이러한 유가의 수기 방법에 있어서 가장 중요한 제일 요처가 바로 기(幾)에 달려 있음을 위의 글을 통해 알 수 있는 것이다.

이렇게 볼 때, 송익필은 주렴계의 '기선악'이 마음공부에 있어 매우 중요한 계기임을 강조하였고, 이미 마음이 움직였지만 형체가 없어 아직 있는지 없는지 모르는 상태에서 선악의 지향과 선택이 중요함을 말하였다. 기(幾)가 선으로 가느냐, 악으로 가느냐가 오직 내 마음에 달린 것이고, 그것은 마음에서 선악이 싹트기 시작하는 처음부터가 중요하기 때문이다. 이러한 송익필의 기선악을 통한 수기론은, 위의 글에서 보이듯이 요순의 '유정유일'의 유가 전래의 심법으로부터 근원하여, 공자의 '극기복례'와 주렴계 주자가 언급한 기선악의 수양방법을 명철하게 인식하여 계승하고 있는 것이라고 하겠다.

2) 과욕론(寡欲論)

다음은 송익필의 욕망관을 중심으로 그의 수기론을 검토해 보기로 하자. 수기에 있어 욕망에 대한 이해는 매우 중요하다. 동서양의 많은 사상과 종교가 저마다 수기론을 말하고 마음공부를 말하는데, 그 핵심적 과제는 욕망에 대한 입장이다. 이제 송익필의 욕망관을 통해 그의 수기론

---

163) 진래 지음, 안재호 옮김,《송명성리학》, 예문서원, 1997, 141쪽.

을 이해하기로 하자.

인욕(人欲)을 영원히 끊는 것도 또한 이술(異術)입니다. 우리 유자(儒者)
들의 합리적인 일이 아닙니다. 천리대로 움직일 수 없다면 형기(形氣)에
서 나오는 욕망은 따르고, 흉억(胸臆)에서 나오는 욕망은 제거한다면 합
리적인 듯합니다. 식(食)은 또한 색(色)과 같습니다. 식(食) 또한 억지로
노력하는 것이 아니라 알맞게 되는 대로 맡겨 둘 따름입니다. 걱정은 부
족한 곳에 있지 않고 많은 곳에 있습니다.[164]

이 글은 송익필의 욕망관을 알 수 있는 매우 중요한 글이다. 여기서 송
익필은 인욕을 영원히 끊는 것은 이술(異術), 즉 이단의 방법론으로 우리
유가학문의 합리적인 방법은 아니라고 하였다. 즉 '금욕(禁欲)'과 '절욕(絶
欲)'은 유가의 방법론은 아니고 저 도가(道家)나 불교의 방법론으로서 옳
지 않다는 것이다.

유가에서는 본래 순수욕구 그 자체는 선하다고 보았다. 즉 맹자는 가
히 하고 싶은 것은 선이라 하였다.[165] 사람이 배고파 먹고 마시는 것은
천리요, 보다 맛있는 것을 요구하는 것은 인욕이다.[166] 율곡은 맹자의
말을 인용하여 형색(形色)은 천성(天性)이라 하고, 인심 또한 어찌 불선함

---

164)《구봉집》, 권4, 〈현승편上〉, 〈여호원서(與浩原書)〉: "天理人慾分界 亦甚分明 而未能一
任天理 可畏也已. 且永斷 亦異術也 非吾儒合理事也 旣不能動以天理 則慾之出於形
氣者從之 慾之生於胸臆者克去 庶乎合理 食亦同色 食亦不須勉加 任其適宜而已 患
不在足而在於多"
165)《맹자》, 〈진심장구〉: "孟子曰 可欲之謂善 ……"
166)《주자어류》, 권13: "曰飮食者 天理 要求美味 人欲也"

이 있겠느냐 하였다.[167] 또 성인의 혈기(血氣)는 보통 사람들과 같을 뿐이라 하고, 성인도 주리면 먹고 목마르면 마시므로 성인도 인심이 없을 수 없다고 하였다.[168]

그런데 맹자는 마음을 기르는 방법으로 '과욕(寡欲)'보다 더 좋은 것은 없다고 하였다.[169] 과욕이란 욕심, 욕망을 적게 하라는 말로 욕구의 알맞은 절제를 의미한다. 도가나 불교에서 욕망을 끊으라고 한다든지 욕망을 금지하여 절욕, 금욕을 말하는 것과는 다르다. 유학은 욕망 그 자체를 악으로 보지 않는다. 오히려 생의 활력으로 보기도 한다.[170] 다만 지나친 욕구와 욕망은 악으로 갈 수밖에 없으므로 절제가 반드시 필요하다고 보는 것이다. 송익필은 시에서도 다음과 같이 말하고 있다.

병난 뒤에 어떻게 섭생을 잘 할 수 있으리오 정신 안정이 안 될 때에는
과욕(寡欲)을 구할지니, 의리(義理)에 돌아가 통하는 곳에는 문득 정(情)
이 없게 된다네.[171]

따라서 송익필은 천리대로 움직일 수 없다면 "형기에서 나오는 욕망은 따르고, 다만 흥억에서 나오는 욕망을 제거한다면 그것이 현실적으로 합

---

167) 《율곡전서》, 권10, 서(書)2, 〈답성호원(答成浩原)〉: "夫形色天性也 人心亦豈不善乎"
168) 위의 글: "聖人之血氣 與人同耳 飢欲食 渴欲飲 …… 故聖人不能無人心"
169) 《맹자》, 〈진심장구〉: "養心 莫善於寡欲"
170) 《여유당전서(與猶堂全書)》, 권2, 제39장, 〈心性總義〉: "按吾人靈體之內 本有願欲一端 若無此欲心 卽天下萬事 都無可做"
171) 《구봉집》, 권2, 〈시(詩)〉, 〈신질(愼疾)〉: "病後那能善攝生 神未定時求寡欲 義歸通處却無情"

리적인 수기가 될 것"이라 하였다. 이는 송익필이 매우 현실적 입장에서 욕망의 문제를 접근한 것으로 어떤 어려움이 있더라도 천리를 지켜야 한다고 주장하는 주리적(主理的) 수기론과는 구별된다. 송익필은 현실적으로 온전하게 천리대로 살 수 없을 바에는 차라리 형기에서 나오는 욕망은 좇고, 사사로운 마음에서 생기는 욕망만은 절제하는 것이 합리적인 수기의 방법이라고 보았다. 이런 맥락에서 먹는 것, 이성에 대한 욕망의 경우에도 억지로 노력하는 것보다 알맞게 되는 대로 맡겨 두는 것이 좋다고 하였다. 문제는 부족한 데 있는 것이 아니라 지나친 데 있다고 보았다. 여기서 송익필이 욕망의 문제를 억지로 노력하는 작위의 방법이 아니라 "알맞게 되는 대로 맡겨 둔다."라고 한 것은 시사하는 바가 매우 크다.[172] 이는 인위적인 욕망의 절제보다는 인간의 자연스런 감정과 욕구의 조절을 이상적인 수기론으로 본 것이라고 할 수 있다. 이는 또한 송익필의 직의 정신이라 하겠다. 억지로 하는 것을 작위라고 할 수 있다. 천리의 본성은 곧 무작위하고 무사사하여 자연하게 드러나는 것이다. 인간의 기본적인 욕망, 곧 형기에서 나오는 욕망은 바로 천리에서 나온다고 말하고 있는 것이다. 천리에서 나오는 인간의 본질인 성정은 곧장 발휘하게 되는 것이어서 이는 또한 '직발(直發)'이라고 할 수 있으며, 의리에 합당한 마음이 직접 발현되는 것이라고 할 수 있다.[173] 그러므로 송익필은 알맞

---

172) 《구봉집》의 현승편 후미에서 계곡 장유는 송익필의 이러한 의론(議論)들에 대해서 '명언(名言)'이라 하여 높게 평가하고 있다.《구봉집》, 권10, 〈부록〉, 〈서송구봉현승편후계곡장유(書宋龜峯玄繩編後谿谷張維)〉: "又曰 欲之生於形氣者從之 生於胸臆者去之 亦好 又曰 食亦同色 患不在不足 而在於多 此亦名言 大抵觀此等議論 此老胸襟殊不草草")

173) 채무송, 〈우암 철학사상의 한국유학사적 지위〉,《유학연구》제16집, 충남대 유학연구소, 2007, 186쪽에서 채무송은 직(直)이란 인심의 본질을 곧장 발휘하게 하는 것으

게 되는 대로 두라 하여 천리의 성품을 자연하게 드러내어 펼치라는 것
이다. 이것이 유학자들의 직도를 실천하는 수기방법이다.

이로 볼 때 천리의 본성을 확충하는 수기의 방법에서 송익필은 유가
정통의 직의 정신을 잘 계승하고 있음을 볼 수 있다. 이러한 송익필의 수
기론은 매우 현실적인 것으로 천리의 높은 경지만을 쳐다보나 가깝고 쉬
운 작은 욕망의 절제 하나도 못 하는 이상론의 허구를 반성하는 데 의미
가 있다.

유가는 사실 지나친 도덕주의 내지 이상론으로 치달아 실천의 측면에
서 보면, 오히려 관념과 명분에 흐른 감이 없지 않다. 이러한 관점에서 송
익필의 욕망관과 수기론은 매우 현실적 접근방법이며, 보다 솔직한 인간
의 지평에서 욕망의 해법을 찾은 것으로서, 유가에서 추구하는 본래의
사사로움이 없으며 작위함이 없고 자연한 본성을 따르는 인간중심주의
사상에 잘 부합되는 것이라 하겠다.

송익필은 만년에 성혼에게 보낸 편지에서 수기의 어려움을 다음과 같
이 체험적으로 고백한다.

저는 몸의 질병과 마음의 병이 짝이 되어 괴롭혀 하루 내내 답답하게 지
내고 정신이 맑지 못합니다. 욕망이 그치고 마음이 안정된 상태에서 손
을 잡고 묵묵히 앉아 있으니 때대로 얻는 것이 있습니다. 일물(一物)이
와 부딪쳐도 곧 흩어짐을 느낍니다. 동(動)에서 정(靜)으로 가는 경지를

로 '직발(直發)'이며, 직은 의리의 마음을 직접 발현(發顯)한 것의 표현이라고 말하
고 있다. 또 주자의 "이직양(以直養)은 자반이축(自反而縮)이며, 집의(集義)는 직양
(直養)이다."라는 말을 들어서 이러한 주자의 말은 성정(性情)의 발현이 곧 직(直)이
며 도심의 발현이 곧 직이며 성의(誠意)의 발현 역시 직이라고 말하고 있다.

끝내는 터득하지 못했습니다. 이른바 수렴(收斂)이란 도리어 선학(禪學)과 같습니다. 이(理)는 기(氣)를 이기지 못합니다. 쇠약함이 노년에 또한 절박하게 다가옵니다.[174]

송익필은 몸과 마음이 지칠 대로 지친 모습이다. 노년의 쇠약함을 토로하면서 육신과 정신, 몸과 마음의 상호관계를 솔직하게 말하고 있다. 욕망을 멈추고 마음이 안정된 상태에서 손을 잡고 묵묵히 앉아 있으니 때때로 얻는 것이 있다고 한다. 송익필의 체험적 수양의 경지를 말해 준다. 일물(一物)이 부딪쳐 와도 곧 흩어짐을 느낀다는 말에서 외물의 유혹을 뛰어넘는 높은 수기의 경지를 짐작케 한다. 외물의 유혹에도 흔들림 없는 송익필의 마음을 읽을 수 있다.

그러나 송익필이 고백하듯이 동(動)에서 정(靜)으로 가는 경지는 끝내 터득하지 못했다고 하면서, 이른바 유교에서 말하는 수렴이란 도리어 불교의 선학(禪學)과 같다고 말한다. 이를 통해 실제로 동에서 정으로 가는 경지를 터득하는 것이 얼마나 어려운 과제인가를 말해 준다. 송익필은 마침내 이(理)가 기를 이기지 못한다고 토로한다. 이는 심신이 지치고 노쇠한 상황에서 인간의 한계를 솔직하게 말하고 있는 것이기도 하다. 인간의 실제 생활 속에서, 특히 심신의 극한 상황에서 도덕적 이성의 한계를 지적한 말이다.

인간은 항상 마음속에서 이(理)가 기(氣)를 이기고 주재해야 하지만,

---

174) 《구봉집》, 권4, 〈현승편上〉, 〈여호원서(與浩原書)〉: "弱形體之疾與心性之病 爲朋相煽 昏昏終日 未見淸明 止定之界 控手默坐 有時收聚 一物來觸 便覺散渙 動上之靜 竟 不可得 其所謂收斂 反同禪學 理不勝氣 衰老又迫 多愧尊兄山中住久 定性愈光 弱質 還健也"

현실적으로는 기가 도리어 강해 생물적 본능에 지배되는 삶이 불가피하다는 고백이다. 이를 통해 우리는 사변적인 수기론이 아닌 송익필의 체험적 수기론을 접할 수 있다. 이론으로 이(理)가 기(氣)를 주재해야 한다든가, 천리가 인욕을 이겨야 한다고 말하기는 쉽지만, 현실적으로 이를 실천하기는 쉬운 것이 아님을 말해 준다. 특히 몸과 마음이 피로하고 노쇠한 극한 상황에서의 수기의 문제는 더욱더 절실하게 다가온다. 몸과 마음, 영혼과 육신, 이(理)와 기(氣)가 내 한 몸에서 서로 견제하고 서로 돕는 가운데 어떻게 인간다운 삶을 사느냐가 중요한 문제다.

그리고 송강 정철은 송익필과 매우 친밀한 도우였다고 할 수 있다. 우계와 율곡과 더불어 이들 네 사람은 우정이 돈독했고, 학문을 같이하며 평생 정치적으로도 서인(西人)의 길을 함께 걸었다. 그런데 정철은 문학에 재능이 탁월했지만 율곡도 지적했듯이 지나친 음주벽이 있었고, 또 대인관계에서도 그리 원만하지 못했던 것으로 전해진다. 이러한 정철에게 송익필은 다음과 같이 간곡한 충고를 하였다.

작위와 봉록을 사양하는 용기를 술과 여색(女色)에 옮겨 적용하고, 주고 갖는 것을 엄격히 하는 절조를 가지고 절대로 희롱이나 모욕을 받으려 하지 말아야 합니다. 끝까지 미워하는 성격을 억누르고 도량을 넓혀 타인을 대하도록 해야 합니다. 그리고 청백(淸白)을 위주로 하여 행동을 편벽되게 하지 말고, 동료를 업신여겨 말을 함부로 하지 말아야 할 것입니다.[175]

---

175) 《구봉집》, 권4, 〈현승편上〉, 〈답정계함서(答鄭季涵書)〉: "更仰尊兄日日猛着 無少間斷 言非義不發于口 事非正不留于心 以辭爵祿之勇 移於酒色 明取與之節 絶其戲侮 無

여기서 송익필은 정철에게 봉록을 사양하는 그 용기를 술과 여색에 옮기고, 주고 갖는 것을 엄격히 하는 그 절조를 가지고 남에게 희롱당하고 모욕받는 데 옮기라고 권한다. 또 남을 끝까지 미워하는 그 성격을 자제하고 도량을 넓혀 남을 대하면 좋겠다고 충고한다. 또 청백(淸白)을 위주로 하여 행동을 편벽되게 하지 말고, 동료 친우들을 업신여겨 말을 함부로 해서는 안 된다고 충고하였다. 이는 정철의 남다른 장점에도 불구하고 많은 문제를 가지고 있던 친우에 대한 진실한 우정의 표현이었다. 정철의 입장에서 보면 너무 지나친 충고로서 친우에 대한 섭섭함과 오해를 가질 만한 내용이었지만, 송익필은 존경하고 아끼는 친우의 바른 길을 위해 매섭고 냉정한 비판과 충고를 해 주었다. 또한 송익필은 술과 여자 두 가지 일은 모든 행동의 적이라 하고, 술은 선왕(先王)이 종일토록 마셔도 취하지 않는 것으로 법도로 하였으며, 여자는 선대(先代)의 올바른 신하들이 짐승과 같게 되지 않도록 훈계를 하였다고 말한다.[176] 이처럼 송익필은 일상의 처신에서 술과 여자 문제는 남성에게 있어서 모든 행동의 적이라고 보아 경계하고 있다. 따라서 술은 종일 마셔도 취하지 않아야 하고, 여자는 자칫 금수(禽獸)와 같이 타락하지 않도록 조심해야 함을 경계하였다. 남자에게 있어 타락과 실수의 단서가 될 수 있는 술과 여자 문제에 대한 송익필의 경계를 알 수 있다.

信乎已能而恐懼其不及 抑疾惡之剛 弘取善之度 勿尙淸白而僻其行 勿輕儕輩而易其言 各須十分致力於凝聚收斂之地 幸甚幸甚"

176) 《구봉집》, 권5, 〈현승편下〉, 〈답이중거별지(答李仲擧別紙) 산포시안영남(山甫時按嶺南)〉: "一 風化政刑之源 在吾方寸至密之地 邑宰震慴 惟恐不善 其不在我乎 治人本於自治 正物務在正己 一 酒色二事 百行之賊 酒以先王之終日不醉爲度 色以先正之禽獸不若爲戒"

송익필은 앞서 보았듯이 우계에게 천리대로 움직일 수 없다면 형기에서 나오는 욕망은 따르고, 흉억에서 나오는 욕망은 제거하라고 강마하였다. 이처럼 정철에게도 지나친 음식과 여색(食色)에 대해서 억지로 작위함을 없애고 사사로움을 없이하여, 천리의 본성을 좇아 욕심을 적게 하는 과욕을 권면하고 있다. 이 또한 송익필의 직의 정신에서 연유하는 것이다.

이상과 같은 송익필의 수기론은 조선 중기의 다른 유학자에게서 찾아보기 드문 실천적 직의 수기론으로서, 이런 점에서 송익필 철학의 특성이 잘 드러난다. 또한 맹자의 '과욕'을 따르고 있다는 점에서 유가 전통의 수기방법을 추구하고 있음을 알 수 있다. 이와 같은 실천지향적인 수기론은 21세기 현대사회 윤리도덕의 측면에서 살펴보아도 의리(義理)에 합당하여 큰 의의를 지닌다. 아울러 이러한 송익필의 수기론은 도학적 수기론(道學的修己論)으로서 그 위상이 새롭게 평가되어야 한다.

3) 성의론(誠意論)

송익필의 수기론은 무엇보다도 조광조가 강조한 수기의 기본 정신과 일맥상통한 점이 있다. 조광조는 선비의 수양방법에 있어서 '신독'의 중요성을 인지하여서 '부도(不睹)'와 '불문(不聞)'의 뜻을 다음과 같이 해석하고 있다.

사람의 정(情)이란 항상 나타나는 곳에서 조심하지만, 은미한 곳에서는 소홀합니다. 어둡고 가려진 곳에서는 신하들은 보지 못하나 자신만이 홀로 알 수 있고, 미세한 일을 신하들은 듣지 못하나 자신만은 알 수 있습니다. 이것은 인정이 소홀하여 하늘도 속이고 사람도 속일 수 있다고 생각하기 때문에 (홀로 있을 때를) 삼가지 않게 되는 것입니다. …… 그러므로 옛 제왕들은 이 도(道)를 삼가고 두려워하여 항상 밝혀 어둡지 않게 하고, 어둡고 가려진 곳에서는 더욱 삼가기를 지극히 함으로써 반드시 기미(幾微)의 때에 한 털만큼이라도 사사(私邪)로움과 거짓의 싹이 없게 하여 순선한 의리(義理)를 발(發)하였던 것입니다.[177]

조광조는 마음 다스리는 수기에서 부도와 불문의 문제는 모두 신독으로 수렴되고 있다고 보았다.[178] 조선도학의 시조라 일컬어지는 조광조 또한 유가의 수양방법으로서 신독을 그 근본으로 하고 있는데, 이는 곧 송익필 철학의 근간인 직의 기본 정신과 일치한다. 신독은 앞의 글 제Ⅲ장 2절에서 직의 개념에서 아울러 밝혔듯이 《대학》의 '성의'에 해당하는 것으로 유가 수양론의 첫머리에 해당한다. 송익필의 직은 하늘이 부여한 것으로 천지에 정정당당하며 상하로 통하는 바른 이치이며, 직이 아니면 도가 드러나지 않는다. 직은 마음을 곧게 하는 경(敬)에서의 그 내면을 바르게 하는 것이요, 밖을 단정하게 하는 의(義)에서의 그 밖을 바르게 하는 것이기에,[179] 직으로 살고 직으로 죽는다. 직으로써 천지를 세우고,

---

177) 《정암문집(靜菴文集)》, 권2, 〈대책(對策)〉 〈알성시책(謁聖試策)〉: "人之情 未嘗不愼於 顯 而忽於微也 幽隱之間 乃群臣之所不見 己所獨見 微細之事 群臣之所不聞 而己所 獨知 是皆人情之所忽 而以爲可以斯天罔人 不必謹者也. …… 故古者帝王 旣戒懼乎 此道 而常明不昧 而於此幽隱之中 尤致其謹焉 必使幾微之際 無一毫邪僞之萌 而純 乎義理之發"

178) 최정묵, 《〈중용〉에 나타난 천인일관의 사유구조〉, 《동서철학연구》 제50호, 한국동서 철학회, 2008, 188쪽.

179) 《주역》, 〈곤괘(坤卦)〉, 〈문언(文言)〉: "君子敬以直內 義以方外 敬義立而德不孤."

직으로써 고금을 관통하는 것이라고 하였다.180) 또 위의 글에서 보이듯
이 어려서부터 속임이 없이 효제충신의 인(仁)을 실천하고, 마음을 다하
고 성을 아는 것까지 늙도록 직 아닌 것이 없다고 송익필은 말하고 있는
것이다. 인도(人道)를 닦아나가는 수양에 있어서 항상 홀로 있을 때를 삼
가고 어둡고 가려진 곳에서는 더욱 삼가서, 한 오라기의 털만큼도 사사로
움과 작위함이 없이 신독으로써 수기를 해야 순선한 의리가 발현하는 것
이다.

이로 볼 때 송익필 직의 수기론은 조선도학사상의 수기론과 그 맥을
같이하는 것이라고 할 수 있다.

더불어서 이와 같은 직의 정신이 다음과 같이 송시열의 도학 정신으
로 나타나고 있는 점은 시사해 주는 바가 크다.

인욕(人欲)은 인심(人心)에서 나오고 인심은 성(性)에서 나오는 것이므로
궁극적으로는 인욕도 천리(天理)에 근본하고 있다.181)

무릇 인욕(人欲)이 비록 천리의 유행(流行)이지만, 조금이라도 차이가 나
면 인욕으로 떨어지는 것이므로 인욕이 곧 천리가 아님을 주의해야 한
다. 음식 그 자체는 천리이나 음식으로 입과 배의 요구에 지나치게 빠져
버리면 인욕이 되며, 남녀 자체는 천리이나 남녀 관계로 인하여 성적 욕

---

180) 《구봉집》, 권3, 〈잡저〉, 〈김은자직백설(金檃字直伯說)〉: " …… 事親以直 事君以直 接
朋友以直 待妻子以直 以直而生 以直而死 立天地以直 貫古今以直"
181) 《송자대전》, 권90, 〈여이여구별지(與李汝九別紙), 임자(壬子)〉: "由末而言之 則人欲生
於人心 而人心又生於性 …… 然學者若不知天理之流而爲人欲 而指人欲以爲天理 則
是眞認賊爲子者也"

구에 방종하면 인욕이 되는 것과 같다.[182]

오석원은 송시열이 위와 같이 말한 것에 대하여 인욕 그 자체를 악으로 보지 않고, 천리에 근본하고 있음을 말한다고 보았다.[183] 또 김문준은 이를 천리인욕론(天理人慾論)이라고 말하고 있다.[184] 여기서 인심과 인욕을 천리로 보는 것은 곧 직도와 같은 의미로서 작위함이나 사사로움이 없는 자연한 천리가 인간에게 품수되었다고 보는 것이다. 그러므로 송시열은 지나친 욕심을 절제함을 말하는 과욕(寡慾)을 말하는 것이라 할 수 있다. 이는 유가의 천인합일이요, 공자의 직도이며, 욕망을 금지하거나 끊어 버리는 것이 아니라 맹자의 과욕을 주장하는 양심(養心)의 수기론으로서, 송익필이 말한 형기의 욕망과 흉억의 욕망을 말한 것에 다름이 아니다.

이로 볼 때 송시열의 수기론은 송익필의 수기론과 도학적인 맥을 같이 하고 있으며, 서로 상통하는 점이 있어서 기호유학사상사의 보다 새로운 연구가 요청된다.

---

182) 《송자대전》, 권5, 〈기축봉사(己丑封事)〉: "蓋人欲本於天理 故由天理而少差 則流於人欲矣 故飲食者天理 而因飲食而極口腹者 人欲也 男女者天理 而因男女而縱於色者 人欲也"

183) 오석원, 〈우암 송시열의 춘추의리사상〉, 《유학연구》 제17집, 충남대 유학연구소, 2008, 48쪽.

184) 김문준, 〈기호유학에서의 우암 송시열의 위상〉, 《유학연구》 제16집, 충남대 유학연구소, 2007, 203쪽에서 김문준은 이와 같은 천리인욕론에서 송시열이 인간의 자연스러운 욕구를 긍정적으로 인정하여 위민정치의 바탕으로 삼았다고 말하고 있다. 또 송시열은 수양과 행도(行道)를 직(直)으로 요약하여 요결을 삼았는데 직철학은 송익필에게서 연원한다고 말하고 있다. 이로 볼 때 직의 정신과 의리사상, 그리고 예학은 송시열 사상의 요체라고 할 수 있는데, 성리학의 핵심과 예학이 모두 송익필에서 연원하는 것이라고 할 수 있다.

4) 자족(自足)과 안분(安分)

다음은 송익필의 군자론을 통해 천도를 좇아 자족하는 그의 실천적 수기의 경지를 살펴보기로 하자. 송익필은 어려서부터 시에 뛰어났는데,[185] 〈낙천(樂天)〉이라는 시에서 다음과 같이 천도에의 자족한 경지를 읊고 있다.

오직 천(天)은 지극히 인(仁)하여 본래 사(私)가 없네. 천(天)에 따르는 자는 편안하고 천(天)에 거역하는 자는 위태롭네. 고질병과 복록은 천리(天理) 아님이 없으니, 이것을 근심하면 소인(小人)이고 이것을 즐기면 군자(君子)라네. 군자는 즐거움이 있으니, 깊숙한 곳에서도 부끄러울 것 없이 몸을 닦고 기다릴 뿐이니, 의심도 하지 않고 꺾이지도 않는다네. 내게 더

---

185) 강구율, 〈구봉 송익필의 시 세계와 시풍 연구〉, 경북대 대학원 박사학위논문, 2000, 174~176쪽에서 강구율은 송익필 한시의 시풍적 특징은 성당(盛唐)의 정조(情調)와 송시(宋詩)의 이취(理趣)를 겸하고 있는데, 특히 성당(盛唐)에서 이백(李白)의 시풍과 송(宋) 시풍에서 성리학적 도학적기풍이 강한 염락(濂洛)풍의 시(詩)를 겸하고 있다고 보았다. 염락(濂洛)이란, 송학(宋學)의 시조(始祖)인 주돈이(周敦頤)의 출신지가 염계(濂溪)이고, 낙양(洛陽) 사람인 정호(程顥), 정이(程頤) 형제가 성리학(性理學)의 이기(理氣)의 철학을 내세웠으며, 이정자(二程子)라고 불리는데, 그들의 출신 지명(地名) 염계(濂溪)와 낙양(洛陽)에서 딴 이름이고, 시문(詩文)과 노래를 음악적인 분류에 따라 구분하여 붙인 이름이다.
그리고 후유(後儒)들의 송익필의 시(詩)에 대한 평가는 다음과 같다.
《상촌고(象村稿)》, 권36, 발제(題跋) 49수(四十九首), 〈서구봉시후(書龜峯詩後)〉: "所謂一唱三嘆而有遺音者也 才高而意曠 趣逸而調絶 出於性情而不侈以文也 根於天得而不絢以色也 紆乎其餘也 泰乎其放也 和平寬博之旨 不失於羈窮流竄之際 優游涵泳之樂 自適於風花雪月之間 其庶乎安時處順 哀樂不能入者矣 竹西云 才取盛唐故其響淸 義取擊壤故其辭理"
《매천집(梅泉集)》, 권4, 시(詩), 정미고(丁未稿), 〈독국조제가시(讀國朝諸家詩)〉: "白首鈙奇黨籍中 十年關塞感萍蓬 宋儒理窟唐詩調 屈指東方有此翁〈龜峯〉"

할 것도 덜 것도 없으니, 천이 어찌 후하고 박하리오? 성(誠)을 간직하고 천(天)을 즐겨 구부리고 우러름에 부끄러움이 없게 하리.186)

이처럼 송익필은 천은 지극히 인(仁)하여 사사로움이 없다고 한다. 그래서 천도에 순응하는 자는 편안하고 이를 어기는 자는 위태롭다고 한다. 군자는 천리로서의 길흉화복을 즐기지만, 소인은 길흉화복을 욕심내고 이를 얻지 못할까 걱정한다. 군자는 천도를 즐기니 자신의 노력에 최선을 다하고 운명을 기다릴 뿐이다. 그러므로 군자는 항상 성(誠)을 간직하고 천도를 즐겨 하늘을 우러러도 부끄러움이 없고 땅에 굽어도 부끄러움이 없이 당당하게 살아야 하는 것이다. 그리고 이 글에서도 송익필은 성을 간직한다고 하여서 무사사한 성지(誠之)의 직(直)과 통해 있는 수기론임을 알 수 있다.

다음은 송익필의 〈천(天)〉이라는 시인데, 여기에서 군자가 천도를 즐기는 수기의 경지를 감상해 보기로 하자.

군자(君子)와 소인(小人)은 오직 같은 하늘을 이고 살건만, 군자는 또 군자가 되어 만고에 똑같은 하늘로 여기네. 소인은 하늘을 천만 개로 여겨서 하늘을 하나하나 사사로이 여기기에, 사사(私邪)롭게 하려 하다 끝내 얻지 못하면, 도리어 그 하늘을 속이려 하네. 하늘을 속이려도 하늘 아니 속으니, 하늘을 우러르다 도리어 원망하나, 사심(私心)이 없는 것이 군

---

186) 《구봉집》, 권1, 〈부 시(賦 詩)上〉, 〈낙천(樂天)〉: "惟天至仁 天本無私 順天者安 逆天者危 痾癢福祿 莫非天理 憂是小人 樂是君子 君子有樂 不愧屋漏 修身以俟 不貳不尢 我無加損 天豈厚薄 存誠樂天 俯仰無作"

자의 하늘이고, 지극히 공평(公平)함도 군자의 하늘이네. 곤궁해도 그 하늘 잃지 않고 영달해도 그 하늘 어기지 않아, 잠시도 하늘을 떠나지 아니하니, 그러므로 하늘을 섬길 수가 있노라. 듣고 또 공경하여 생사(生死)간에 오직 그 하늘뿐이니, 이미 나의 하늘을 즐길 수가 있다면, 남들과도 함께 하늘을 즐기리라.[187]

송익필은 군자의 천과 소인의 천을 구분해 말한다. 군자는 사심 없이 하늘을 대하고 천의 공평무사함을 믿는다. 그러므로 곤궁해도 그 하늘을 잃지 않고 영달해도 그 하늘을 어기지 않아 잠시도 그 하늘을 떠나지 않아 섬긴다. 그러나 소인은 하늘을 사사롭게 여겨 내 것으로 여긴다. 하늘을 얻지 못하면 하늘을 속이려 하고 하늘을 원망하기까지 한다. 여기서 송익필은 천도를 믿고 천도에 순응하여 스스로 만족하는 수양의 경지를 보여 주고 있다. 이는 공자가 제자인 자하에게 가르쳤던[188] 군자유(君子儒)를 목표로 하는 학문방법으로서, 송익필 또한 유가 본연의 수양방법을 따르고 있음을 알 수 있다.

이로 볼 때 송익필의 군자론은 사사로움을 없이하여 천리의 본성을 보존하고자 좇고 있는 직도의 수기론이라고 할 수 있다.

다음은 송익필의 〈족부족(足不足)〉이라는 시를 통해 자족과 안분의 마음공부를 살펴보기로 하자.

---

187) 《구봉집》, 권1, 〈부 시(賦 詩)上〉, 〈천(天)〉: "君子與小人 所戴惟此天 君子又君子 萬古同一天 小人千萬天 一一私其天 欲私竟不得 反欲欺其天 欺天天不欺 仰天還怨天 無心君子天 至公君子天 窮不失其天 達不違其天 斯須不離天 所以能事天 聽之又敬之 生死惟其天 旣能樂我天 與人同樂天"

188) 《논어》, 〈옹야〉: "子謂子夏曰 女爲君子儒 無爲小人儒"

군자는 어찌 길이 스스로 만족하고, 소인은 어찌하여 길이 부족해 하나? 부족해도 족(足)해 하면 항상 여유가 있으나, 족한데도 부족해 하면 늘 부족하다네. 즐거움이 남음이 있으면 부족함이 없게 되나, 부족함을 걱정하면 언제나 족하리오? 안시처순(安時處順)하면 다시 무슨 걱정이랴만, 하늘을 원망하고 남을 탓하면 부족함을 슬퍼하리. 내게 있는 것을 구하면 부족함이 없을 것이나, 밖에 있는 것을 구하니 어떻게 족하리오?189)

송익필은 군자와 소인의 다름을 족·부족에서 찾았다. 부족해도 족할 줄 알면 항상 여유가 있으니 이가 곧 군자요, 족해도 부족하다고 여기면 항상 부족해 불만이니 이가 곧 소인이다. 안시처순190)하면 문제가 없지만, 부족함을 하늘을 원망하고 남을 탓한다면 참으로 슬픈 일이다. 내 자신 속에 있는 것을 구하면 부족함이 없지만, 밖에 있는 것을 구하니 만족할 수 없는 것이다.

이상의 시(詩)를 통해 송익필이 그리는 천도에 순응하여 안분자족하는 군자의 수기를 살펴보았다. 인간 본래의 욕구욕망이나 물질적 욕심에서 벗어나 천도를 즐기며 때에 따라 편안히 여기고 순리에 거스르지 않는 안시처순하는 군자의 경지에서 송익필의 수기론을 읽을 수 있다. 이는

---

189) 《구봉집》, 권1, 〈부 시(賦 詩)上〉, 〈족부족(足不足)〉: "君子如何長自足 小人如何長不足 不足之足每有餘 足而不足常不足 樂在有餘無不足 憂在不足何時足 安時處順更何憂 怨天尤人悲不足 求在我者無不足 求在外者何能足"

190) 안시처순(安時而處順): 편안한 마음으로 때를 받아들이고 자연의 순리에 따른다면 슬픔이나 기쁨이 끼어들 틈이 없다는 뜻이다.(《장자(莊子)》, 〈양생주(養生主)〉: "適來 夫子時也 適去 夫子順也 安時而處順 哀樂不能入也")

또한 송익필이 천리에 순응실천하며 만족할 줄 아는 군자유의 모습을 통해서 소인유에 대한 반성을 가르치고 있는 것이라 하겠다.

도(道)를 행함과 교(教)를 드리움은 실로 도학사상의 요체라 할 수 있는데, 도를 행하여 정치적으로 패도(覇道)에서 왕도(王道)를 꾀하고, 사회적으로 소인유의 사회로부터 군자유의 사회로 전환하고자 하는 것을 뜻한다.[191] 나아가 도를 행하고 물러나 교를 드리우는 도학의 선비가 바로 진유(眞儒)라고[192] 율곡은 말하였다.[193] 율곡이 말한 진유의 의미는 공자가 말한 군자유와도 상통하는 것이다.[194] 군자와 소인의 차이는 공(公)과 사(私)의 사이이며, 의(義)와 이(利)의 사이일 뿐이다. 이(利)는 사욕으로서 천리를 해칠 수 있는 것이 모두 이(利)라고[195] 할 때, 곧 천도에 순응하여 안분자족을 실천하고 있는 송익필의 무사사한 군자유의 모습에서 도학자로서의 진유를 찾을 수 있다.

또 공자가 말하길 "군자는 두루[周] 사랑하고 편당하지 않으며, 소인은 편당하고[比] 두루 사랑하지 않는다."[196]라고 하였다. 이에 대해 주자는 "주(周)란 널리 사랑한다는 보편적인 사랑을 말하며, 비(比)는 편당하다는 뜻으로서 다만 두루[周]는 공(公)이고 편당[比]은 사(私)"[197]라고 하였

---

191) 유승국, 《한국의 유교》, 세종대왕기념사업회, 1999, 212쪽.
192) 《율곡전서》, 권15, 잡저(雜著), 〈동호문답(東湖問答)〉: "道學之士 謂之眞儒"
193) 위의 글: "夫所謂眞儒者 進則行道於一時 使斯民有熙皞之樂 退則垂教於萬世 使學者 得大寐之醒 進而無道可行 退而無教可垂 則雖謂之眞儒 吾不信也"
194) 《논어》, 〈옹야〉: "子謂子夏曰 女爲君子儒 無爲小人儒"
195) 위의 글 주석 : "謝氏曰 君子小人之分 義與利之間而已 然所謂利者 …… 以私滅公適 己自便 凡可以害天理者 皆利也"
196) 《논어》, 〈위정〉: "子曰 君子 周而不比 小人 比而不周"
197) 위의 글 주석에서 "周 普遍也 比 偏黨也 皆與人親厚之意 但周公而比私爾"

다. 즉 편당되지 않고 보편적인 사랑을 행하는 것이 곧 군자이며, 소인은 편당되어서 여러 사람에게 골고루 사랑을 행하지 못한다고 말하고 있는 것이다. 여기서 그 차이는 공과 사에 달려있음을 알 수 있다. 곧 군자는 지극히 공평하여 사사로움이 없고 편벽되지 않는 천도의 본성을 자연하게 드러내 보편적인 직도를 행하는 것이요, 소인은 사사로움이 있어서 치우치고 굽어져서 보편적인 사랑을 실천하지 못한다는 유가철학의 가르침이다.

아울러 지공무사한 천도의 이치는 보편적인 원리로서 직도가 된다. 천도는 사사로움이 없어서 편당하지 않고 공평하여 중도를 이룬다는 뜻이다. 군자의 실천이 편벽되고 기울어져서 굽어지지 않을 수 있는 것은 사사로운 욕심이 없기 때문이다. 그러므로 군자는 항상 만족할 줄 알고 하늘을 원망하지 않아서 천리를 보존하여 순응해서 중도의 실천을 행한다. 또 이처럼 중도를 실천해서 순이 성인인 순임금이 된 까닭이고, 그 지공무사한 중도의 성품을 온전히 한 이가 곧 요·순으로서 '요순성지'[198]를 말하며, 곧 내성(內聖)을 의미한다.

이로 볼 때 성인과 군자가 실천하는 사사로움이 없는 공평한 중도는 유가철학의 보편적 원리[199]로서 천도이자 직도이다. 그리고 소인은 사사로움이 있어서 기울어지거나 굽어지고 한쪽으로 치우치거나 뭉쳐져서 바르고 자연하게 공평한 실천을 널리 펴지 못하게 된다. 이에 사사로움 욕심인 인욕을 없이 하여 공평무사한 천리를 보존하도록 진덕(進德)의

---

198) 《맹자》, 〈진심장구〉: "孟子曰 堯舜性之也 湯武身之也 五霸假之也"
199) 황의동, 《한국의 유학사상》, 서광사, 1995, 45쪽.
　　진래 지음, 안재호 옮김, 《송명성리학》, 예문서원, 1997, 128~129쪽.

수양을 하여야 하는 것이 인간의 도리인 인도이다. 이는 곧 유가의 당위의 법칙으로서 인간이 닦아야 할 윤리가 된다.[200] 인간다운 삶을 살기 위하여 마땅히 닦아야 할 윤리가 되는 인도는 편당한 사사로움의 인욕을 없애고 지공무사하여 바르고 곧은 직도이어야 한다. 곧 천리의 본성인 직도를 보존하는 인도로서의 직도인 것이다. 인도로서의 직도는 사사로운 욕심이 없을 때 기울거나 지나치지 않아서 공평해지고, 편당되지 않아서 널리 자연하게 본성을 펴서 중도에 맞는 실천을 할 수 있게 된다. 이것이 곧 천도로서의 직도이며, 인도로서의 직도가 일관하는 천인일관에 합당한 이치에 다름이 아니다.

이는 송익필의 성리철학이 천도의 이치인 이(理)가 동정하여 인간현실 세계에 천명으로 유행하다가 마침내 하나의 이(理)로 귀일한다고 보는 천인합일사상과 일관하는 관점인 것이다. 또 이러한 송익필의 천도로서의 직도와 인도로서의 직도로 일관된 철학적 논리는 송익필의 예학사상에서도 예의 실천이 인(仁)을 실천하는 혈구지도(絜矩之道)의 중도로서 더욱 심화되어 드러난다.

이상을 종합해 볼 때, 작은 분량이지만 깊은 의미가 함축된 〈김은자직백설〉의 글에서 그가 밝힌 직에 대한 이론은 매우 중요한 의미를 갖는다. 배상현과 최영성을 비롯한 대부분의 선행 연구자들이 직을 예(禮)와 연관하여 송익필의 중핵적 사상으로 특성화하고, 이 직사상이 김장생과 송시열에게 전승되어 기호예학을 창출 전개했다고 높이 평가하고 있

---

200) 《맹자》, 〈이루장구〉: "誠者 天之道也 思誠者 人之道也"주석에서 "誠者 理之在我者皆 實而無僞 天道之本然也 思誠者 欲此理之在我者皆實而無僞 人道之當然也"

다.201) 그리고 송익필의 수기론은 체계적인 수기론이 보이지 않는 점에서 아쉬움이 있다고 할 수 있는데, 대부분의 수기론이 정이천·주자의 수기론과 율곡의 수기론과도 상통하여서 유가 본래의 수기론을 잘 담지하고 있다고 하겠다.

그러나 직기용 직기사를 주장한 구용구사(九容九思)의 수기론과, 맹자의 과욕(寡慾)을 좇고 있는 욕망관, 천리대로 움직일 수 없다면 형기에서 나오는 식색(食色)과 같은 욕망들은 따르고, 흉억에서 나오는 욕망은 제거하여 억지로 노력하는 것이 아니라 알맞게 되는 대로 맡겨 두어 작위함이 없이 하라고 주장하는 인욕관과, 천도에 순응하여 무사사하고 편당되지 않는 자연한 본성을 말하고 있는 군자유의 수기론과, 안분자족의 수기론 등 수양공부 방법들은 기존의 사변적인 수기론에서 탈피하여 현실적이면서 실천적인 송익필 수기론의 특성이라고 하겠다. 또한 조광조의 성의(誠意)를 뜻하는 부도·불문을 통한 신독의 도학적 수양방법과 송익필의 성의를 뜻하는 직의 수양론이 일맥상통하고 있다.

위와 같이 유가정통의 과욕론을 좇고, 인욕 또한 천리의 유행이라 하여 사사로운 인욕은 제거하고 천리의 자연한 본성대로 알맞게 맡겨 두어서 작위함이 없도록 하라는 욕망관의 수기론은 21세기 현실사회의 윤리도덕 실천에 있어서도 충분히 현실적이면서 그 의리(義理)의 합당함이 있다. 이러한 점에서 송익필 수기론은 조선도학의 전통을 잇는 수기론으로서 큰 의의를 지닌다.

---

201) 배상현, 〈구봉 송익필과 그 사상에 대한 연구〉, 《논문집》 제1집, 동국대 경주대학, 1982, 21쪽.
　　 최영성, 《한국유학통사》(중), 심산, 2006, 126쪽.
　　 도민재, 〈기호학파의 《주자가례》 수용양상〉, 《국학연구》 제16집, 2010, 516쪽.

구봉 시(詩)

추부202)에 갇혀[累在秋府]

나이 사십 넘어 마음이 안정됐으니

지금 이 자리 죽는다 해도 편안하리.

뜻이 깊은 희경203)은 논하기 쉽지 않고

인(仁) 깊은 탕망204) 어찌 이해 어려우랴.

일생 동안 고례(古禮)를 행하였거늘

사흘이나 머리에는 군자관이 없게 됐네.

봄꽃이 다 떨어진 산 밑의 집에

새벽 물안개 사이로 돌아가는 꿈을 꾸었네. 205)

---

202) 추부(秋府): 의금부(義禁府)를 뜻함

203) 희경(羲經): 복희씨(복희씨)의 경서인 《주역(周易)》을 말함

204) 탕망(湯網): 탕 임금의 그물이란 뜻. 은나라 탕 임금은 사냥에서 짐승을 몰 때 세 군데에
는 그물을 치지 않고 한 군데만 그물을 쳐서 짐승들이 도망갈 수 있도록 하였다고 한다.

205) 《구봉집(龜峯集)》, 권2, 〈시(詩)〉, 〈누재추부(累在秋府)〉: "年逾四十心初定 素位猶存死亦安
義奧羲經論未易 仁深湯網解何難 一生身服古人禮 三日頭無君子冠 落盡春花山下宅 曉天
歸夢水雲間"

제 IV 장

송익필의
예학사상(禮學思想)

1. 〈가례주설(家禮註說)〉에 나타난 예학정신

　　조선 건국의 초기에는 새로운 사회질서의 재편성과 함께 종래의 불교 의례에서 벗어나 유교적 의례를 정립해야 할 필요성이 제기되었다.[206] 그러한 조선사회의 예교적(禮敎的) 구조는 국가의 전장제도와 일반 사대부의 가정의례로 나뉘어 구성되었으며, 국가의 전장제도는 《경국대전》과 《국조오례의》로, 사대부의 가정의례는 국가에서 보급을 장려한 《주자가례》로 체계화하였다.[207] 그 당시 보급되어 실행되었던 《주자가례》는 조선조 사회의 예의 생활화라는 측면에서 매우 중요한 기능을 했다. 그것은 유교 이념을 바탕으로 한 삶의 원칙과 규범이라는 면에서 4례(四禮)인 관혼상제(冠·婚·喪·祭)의 근간이 되었고, 《주자가례》에 대한 이해와 준행은 이 시대의 교양이기도 했다. 이에 《주자가례》의 난해한 자구(字句)에 대한 올바른 이해가 필요했고, 예가 서민들의 생활에 정착되어 보편화가 가능해지기 위해서는 《주자가례》에 대한 보다 쉬운 해석이 절실히 필요했던 것이다. 이런 시대적 요청에서 송익필의 〈가례주설〉과 〈예문답〉이 씌어졌다고 볼 수 있다. 기호학파의 종장으로 불리는 김장생은 예서(禮書)인 《가례집람》을 저술하였는데 송익필의 〈예문답〉이 그 근간이 되었다고 할 수 있다.

　　이에 필자는 송익필의 예학사상에 대해서 〈예문답〉을 중심으로 분석

---

206) 한국철학사연구회 엮음, 《한국철학사상사》, 심산출판사, 2010, 258쪽.
207) 김태완, 〈사계김장생의 예학과 사회정치사상〉, 《율곡사상연구》 제21집, 율곡학회, 2010, 226쪽.

하고 살펴보고자 한다. 다만 〈가례주설〉은 선행연구들을 위주로 분석 검토하여 정리하기로 하겠다. 그러기 위해서 우선 《구봉집》의 목차상의 차례와는 달리 순서를 바꿔서, 먼저 〈가례주설〉을 살피고 〈예문답〉을 검토하기로 하겠다.

1) 〈가례주설(家禮註說)〉의 구성과 유래

〈가례주설〉은 조선시대의 예학서 가운데, 관례·혼례·상례·제례의 4례(四禮)를 모두 갖춘 본격적이면서 최초의 주석서이다. 〈가례주설〉을 분석해 보면 다음과 같다. 〈가례주설〉 3권은 김상성이 구봉 송익필의 문집인 《구봉집》을 간행할 때 처음 나온 책으로, 그 출처에 대하여 김상성은 그의 조부 김진옥이 최방언에게 따로 얻었다고 말하였을 뿐 그 이상은 밝히지 않고 있다.[208]

〈가례주설〉은 전문(全文) 12장(章) 453항(項)으로 되어 있는데, 그 배열은 《주자가례》를 따랐다.[209] 구체적으로는 1권에는 서문(序文) 15항, 사당장(祠堂章) 51항, 심의장(深衣章) 11항, 거가잡의(居家雜儀) 18항, 관례장(冠禮章) 44항, 관변례(冠變禮) 1항, 혼례장(昏禮章) 52항, 혼변례(昏變禮) 1항으로 되어 있다. 또한 2권에는 상사장(喪祀章) 161항, 거상잡의(居喪雜儀) 11항으로 되어 있으며, 3권은 제례장(祭禮章) 86항과 제변례(祭變禮) 1항으로 되어 있다. 이를 다시 분석하면 관례가 72항, 혼례가 53항, 상례

---

208) 《구봉집》, 〈구봉집지(龜峯集識)〉: "家禮註說則先君子追得於崔同知邦彦氏小難於別行而編入者今校其傳寫之誤分爲三卷"

209) 배상현, 〈조선조 기호학파의 예학사상에 관한 연구〉, 고려대 대학원 박사학위논문, 1991, 78쪽.

가 172항, 제례가 87항으로 상례가 가장 많은 비중을 차지하고 있음을 알 수 있다.

그런데 이 〈가례주설〉이 송익필의 저작이 맞느냐 하는 진위 문제에 대한 논란이 없지 않은데, 이에 대한 배상현의 견해는 참고할 만하다.[1] 배상현은 〈가례주설〉이 송익필의 작(作)이라고 보면서도 의심되는 점으로, 첫째로 서문이 없다는 점, 둘째로 송익필보다 32년을 더 산 김장생의 글에 〈가례주설〉에 대한 언급이 없다는 점, 셋째로 송익필의 왕복서신이나 예절 문답의 내용이 〈가례주설〉에 보이지 않는 점을 지적하고 있다. 1679년 지어진 박세채(朴世采, 1631~1695)의 글에도 김장생이 송익필의 실마리를 풀어 넓혔다고 하여, 송익필이 김장생에게 영향을 준 것으로 서술하면서도 송익필의 예서로는 〈예문답〉만 언급하였다.[2] 17세기 말까지 당시 학자들은 송익필이 〈가례주설〉을 저술한 사실을 모르고 있었던 것이다. 1762년(영조 38년) 《구봉집》이 간행될 때 비로소 〈가례주설〉이 수록되었다. 그러므로 예학사에서의 송익필의 위치는 다시 제대로 평가할 필요가 있다.[3]

그러나 반대로 이를 송익필의 친작으로 보게 되는 이유를 다음과 같이 설명한다.

첫째, 송익필이 〈가례주설〉을 지은 것은 김장생에게 초고를 보낸 이후에 그 간 도피와 유배생활을 하다 국가로부터 사면을 받고(1593년), 그 후

---

1) 위의 논문, 80쪽.

2) 《남계집(南溪集)》, 권69, 〈서상례통재후(書喪禮通載後)〉: "其兼好古者 龜峰宋公有禮答問處士申公 …… 沙溪金文元公 又抽龜峰之緖而廣之 遂著疑禮問解"

3) 고영진, 〈16세기 말 사례서의 성립과 예학의 발달〉, 《한국문화》 12, 서울대, 1991, 479쪽.

당진 면천 마양촌에서 기거할 때(1596~1599) 일시 생활의 안정을 얻어 저작하였던 것인데, 그의 사후에 아들인 취대가 소장하였던 것을 가까이 사는 최방언이 입수한 것으로 보인다고 한다.

둘째, 김장생 이후 여러 대(代)를 두고 《구봉집》 간행을 숙원사업으로 삼아 온 김진옥(金鎭玉), 김문택(金文澤), 김상성(金相聖) 3대가 무비판적으로 수용하여 스승의 설로서 간행했다는 것은 논리가 성립되지 않는다는 것이다. 더욱이 송시열, 권상하, 이희조(李喜朝) 등이 문집 내용에 대해 깎아 내는 산삭 과정을 거치는 등 엄밀을 기하였던 《구봉집》에 근거 없이 첨부하지는 않았을 것이라는 점이다.

셋째, 〈가례주설〉의 초고를 유출한 최방언(1634~?)이 어떻게 입수하였는지는 말이 없으나, 윤순거, 송시열 두 문하에 수학한 학자인 그가 초고를 김문택에게 제시한데는 근거가 있었을 것이라는 점이다.

넷째, 선인들의 저서에는 서문이 없는 것도 많으며, 더욱이 저자가 미완이라 여길 때에는 서문을 쓰지 않기도 하는 때문이다. 참고로 《문헌비고》[4]에서도 이를 《구봉집》에 포함시키고 있다는 점을 지적하고 있다.

이상 배상현의 〈가례주설〉에 대한 진위(眞僞) 문제에 대한 검토를 참고해 볼 때, 몇 가지 의문점이 있으나 송익필의 저작으로 보는 것이 마땅하

---

4) 《문헌비고(文獻備考)》: 조선조 21대 영조 46년(1770)에 홍봉한(洪鳳漢) 등이 왕명에 의하여 우리나라 고금의 문물제도(文物制度)를 수록한 책. 중국 마씨(馬氏)의 《문헌통고(文獻通考)》를 본떠서 엮은 것으로, 내용은 상위(象緯)·여지(輿地)·예(禮)·악(樂)·병(兵)·형(刑)·전부(田賦)·재용(財用)·호구(戶口)·시려(市閭)·선거(選擧)·학교(學校)·직관(職官) 등으로 분류 서술하였다. 26대 고종 때에 박용대(朴容大) 등에 명하여 증보(增補)하였으니 이를 《증보문헌비고》라 한다. 100권 40책 활자본으로 되어 있다.

다고 하겠다.[5]

2) 〈가례주설(家禮註說)〉의 예학적 의의

이제 송익필의 〈가례주설〉의 예학사적 위상과 그 의의에 대해 검토해
보기로 하자.

임진왜란 이전까지는 《주자가례》에 대한 연구가 거의 없다시피 하였
다. 이에 송익필은 《주자가례》 연구의 필요성을 절감한 나머지, 우계, 율
곡, 송강 정철 등과 주고받은 〈예문답〉을 토대로 하여 〈가례주설〉을 이룩
함으로써 비로소 《주자가례》에 대한 인식을 새롭게 하였다. 그는 이 작업
에 대해 "고례(古禮)를 참고하고 집성하여 《주자가례》 가운데 해석하기
어려운 대목을 풀이함으로써, 문하의 후학들이 고찰하고 열람할 자료를
삼는다."라고 겸손해 하였지만, 사실 그의 이와 같은 노력은 당시 학풍에
서 새로운 영역을 개척하는 작업이었다. 이러한 선구자적인 학문은 조선
예학의 대종(大宗)이라 할 수 있는 김장생으로 이어지는데, 예학서 가운
데 백미(白眉)로 꼽히는 《가례집람》은 사실상 스승의 〈가례주설〉에서 준
도(濬導)되었던 것이다.[6]

그런데 15~16세기(중종 후반~명종) 가례서(家禮書)들의 특징의 하나는
거의 모두가 상제례(喪祭禮)에 관한 내용을 담고 있다. 특히 제례에 관한

---

5) 이에 대해서는 고영진도 《조선 중기예학사》(한길사, 1995)에서 송익필의 친작(親作)으로
   높이 평가하고 있고, 최영성도 《한국유학통사》(심산, 2006)에서 송익필의 저술로 보고
   있다. 그 밖의 많은 선행연구들도 〈가례주설〉을 송익필의 작(作)으로 보고 있다.
6) 최영성, 〈구봉 송익필의 학문과 기호학파에서의 위상〉, 《우계학보》 제23호, 우계문화
   재단, 2004, 153쪽.

것이 많다. 둘째는 대부분의 가례서가 형식이나 내용에서 《주자가례》를 거의 그대로 따랐다.[7]

〈가례주설〉 이전의 4례서로는 박지화(朴枝華, 1513~1592)의 《사례집설 (四禮集說)》, 강렴(姜濂)의 《사례요해(四禮要解)》가 있으나, 한강(寒岡) 정구 (鄭逑, 1543~1620)의 《가례집람보주(家禮輯覽補註)》(1573년 저술)와 같이 현재 남아 있지 않다.[8] 4례를 처음 연구한 것은 하서(河西) 김인후(金麟厚, 1510~1560)의 《가례고오(家禮考誤)》가 있지만, 이는 13항목에 250자 미만의 전문으로 그 내용이 너무 빈약하다.[9] 그런 가운데 완벽한 체제와 내용을 가진 본격적인 4례서는 송익필의 〈가례주설〉에서 비롯되었고,[10] 《주자가례》에 대한 최초의 연구서도 〈가례주설〉 3권이라고 할 수 있다.[11]

관혼상제의 4례로 구성된 가례 가운데 송익필이 중점을 둔 것은 상례 (喪禮)와 제례(祭禮)이다.[12] 3권 중에 1권이 제례인 것은 4례 중에 제례를 가장 중시하였음을 의미한다. 이것은 제례를 교(敎)의 근본으로 본 데

---

7) 고영진, 〈15, 16세기 주자가례의 시행과 그 의의〉, 《한국사론》, 제21집, 서울대, 1989, 159쪽.

8) 고영진, 〈16세기 말 사례서의 성립과 예학의 발달〉, 《한국문화》 12, 서울대, 1991, 476쪽. 주138) 참조.

9) 배상현, 〈조선조 기호학파의 예학사상에 관한 연구〉, 고려대 대학원 박사학위논문, 1991, 77쪽.

10) 고영진, 〈16세기 말 사례서의 성립과 예학의 발달〉, 《한국문화》 12, 서울대, 1991, 476쪽.

11) 배상현, 〈조선조 기호학파의 예학사상에 관한 연구〉, 고려대대학원박사학위논문, 1991, 78쪽.

12) 위의 글, 101쪽.
    최영성, 《한국유학통사》 중, 심산, 2006, 125쪽.

서 온 것이다.[13] 이에 대해 배상현은 상례를 통해 가부장적 사회체제를 뒷받침하는 통(統)을 수립함으로써 질서를 확립하고자 한 것으로, 통의 수립에 있어 당시 사회의 중심과제인 적서(嫡庶)차별에 대하여 부계(父系)를 중심으로 하는 통에서 서얼을 노예시하는 폐풍을 반대하고, 서열 중심의 통을 시도함으로써 직의 사상과 화(和)의 사상을 조화시키고자 한 것이라 분석하고 있다.[14]

〈가례주설〉은 각 항목에 대한 주석뿐만 아니라 중요 항목에 대해 경전과 선유들의 예설을 인용하여 이해를 돕고 있으며, 미비한 곳 25처를 보충하여 완벽을 기하고자 하였다. 또한 송익필은 고정되어 내려오는 상례(常禮)를 가지고 적용할 수 없는 문제를 극복하기 위해 변례장(變禮章)을 두어 실용에 차질 없게 하였으니, 학문과 실용 양편에 도움이 된 것이다. 구준(丘濬, 1420~1495, 명나라 유학자)의 《가례의절(家禮儀節)》도 예를 실상에 맞도록 더하고 고치고 덜어내는 손익수증(損益修增) 과정에 있어서 주자의 본의에 맞지 않는 것이 있었는데, 송익필은 〈가례주설〉에서 구준의 설을 정정하기도 하였다.[15] 또 김장생의 《상례비요(喪禮備要)》나 유성룡(柳成龍, 1542~1607)의 《상례고증(喪禮考證)》 등의 예학서가 《주자가례》의 항목과 소항목을 주석하는 수준에 그친 데 반해, 〈가례주설〉은 《주자가례》의 설명 부분까지 세밀한 주석을 붙이고 있어 학문적 수준에

---

13) 《구봉집》, 권9, 〈가례주설〉: "治人之道 莫急於禮 禮有五經 莫重於祭(記曰 祭者 敎之本也)"

14) 배상현, 〈조선조 기호학파의 예학사상에 관한 연구〉, 고려대 대학원 박사학위논문, 1991, 101쪽.

15) 위의 글, 78쪽.

서도 한 단계 높다고 할 수 있다.[16]

3) 〈가례주설〉의 예학적 특성

이 책의 특징적인 점은 관례, 혼례, 제례는 전체적으로 설명하는 항목과 변례(變禮)의 항목이 있는 데 반하여, 상례는 전혀 그런 것이 없다는 것이다. 이것은 상례가 완전한 체제로 되어 있지 않았으며, 상대적으로 비중이 덜 주어졌다는 것을 의미한다. 물론 전체 456개 항목에서 172개 항목으로 제일 많기는 하나, 김장생의《상례비요》나 유성룡의《상례고증》처럼 이전의 상제례서가 상례를 제일 중요시하고 당시의 현안들이 상례에 관한 문제들이 주(主)였던 것에 비하여, 관례와 혼례가 체제 속에 편입되면서 중요성이 부각됨에 따라, 상례의 비중이 상대적으로 적어지면서 생기는 당연한 현상이었다. 이미 여러 예서에서 상례에 대해 충분히 설명을 해 놓았기 때문에 굳이 다시 설명할 필요가 없었을지도 모른다.[17]

송익필의 〈가례주설〉은 다른 어떤 예서보다도 주자가 정리한《주자가례》에 충실하였다. 이전의 예서 가운데《주자가례》에 가장 충실했다고 하는《상례비요》가 새로 첨가된 항목이 20여 개인 데 비하여, 〈가례주설〉은 7개에 불과하였다. 더구나 제위(諸位), 수어(醳語), 불솔비유지례(不率卑幼之禮), 척도(尺圖) 4항목은《주자가례》의 판본이 다른 데서 기인한

---

16) 고영진, 〈16세기 말 사례서의 성립과 예학의 발달〉,《한국문화》, 제12집, 서울대, 1991, 491쪽.
17) 위의 글, 492쪽.

것으로, 실제는 새로운 항목이라고 할 수 없으며, 순수하게 첨가된 항목은 관변례, 혼변례, 제변례 3항목이었다. 여기에서의 변례는 속례(俗禮)라든지 조선의 현실을 반영한 것이 아니라, 중국의 예서와 경전에 입각하여 두 가지 예가 겹쳐 일어나는 경우 등을 적은 것이었다. 이 점은 조선의 현실을 반영하여 새로운 항목을 집어넣었던《상례비요》나《상례고증》과는 달랐다.[18] 또한 송익필 예학의 특징 중의 하나는 사례(士禮)의 강조였다. 그는 관례의 총론에 해당하는 항목에서,《의례경전》[19]의 행례법은 신분이 낮은 자를 제일 우선적으로 하기 때문에, 사관(士冠)을 먼저하며 제후관(諸侯冠)을 그 다음에, 천자관(天子冠)을 그 다음에 한다는 문장을 인용하고, 그 바로 뒤에 예의 제정은 모두 사(士)로부터 시작하며, 그렇기 때문에《의례경전》에서의 혼례도 모두 그렇다는 자신의 견해를 밝히고 있다.[20]

송익필의 〈가례주설〉은 조선에서 간행된 최초의《주자가례》주석서로서《주자가례》에 대한 올바른 이해를 도울 뿐 아니라, 후에 김장생의《가례집람》,《의례문해》등의 기초 작업이 되었으며, 조선에서 간행된 많은

---

18) 고영진, 〈16세기 말 사례서의 성립과 예학의 발달〉,《한국문화》, 제12집, 서울대, 1991, 491~492쪽.

19) 《의례경전(儀禮經傳)》:《의례경전통해(儀禮經傳通解)》의 약칭.《의례경전통해》는 송대 성리학자 주자가《의례(儀禮)》를 경문(經文)으로 하고《예기》및 기타 예서(禮書)를 전(傳)으로 하여 편집한 책. 37권. 가례(家禮)·향례(鄉禮)·학례(學禮)·방국례(邦國禮)·왕조례(王朝禮)·장례(葬禮)·제례(祭禮)의 7개 부문으로 구성되었음. 실제 주자가 완성한 것은 가례·향례·학례·방국례이며, 왕조례는 미완성으로 남아 있고, 장례와 제례는 주자 사후에 제자 황간(黃榦)이 보충하여 29책의《의례통해속(儀禮通解續)》으로 완성하였음

20) 《구봉집》, 권7, 〈가례주설〉, 〈관례(冠禮)〉: "冠禮 鄭玄曰 於五禮 冠昏屬嘉 …… 又儀禮 行事之法 賤者爲先 故士冠爲先 諸侯冠次之 天子冠又次之 (按)制禮皆自士而始 儀禮 昏禮皆然"

가례서의 선하(先河)가 되었음을 알 수 있다.[21] 이와 같은 사실은 송익필이 그 당시 조선사회 전반에 요구되던 현실적으로 실행할 수 있는 예법에 대한 정립의 필요성을 절실히 느끼고, 먼저 천리(天理)의 절문(節文)이 되고 인사(人事)의 의칙(儀則)이 되는 예(禮)에 대한 준거를 유교 성리학이 국학이었던 조선에서 유가의 정통성을 잇고 있는 주자의 예서를 그 근거로 한 것이라고 할 수 있다. 다시 말해 우선 근거가 되는 예의 기준을 《주자가례》를 통해 알기 쉽게 주석을 한 것이라고 하겠다. 이는 송익필의 글에서 볼 수 있듯이 성인이 예법을 정한 것은 천리[22]로서, 위로는 삼대의 법에서부터 그 정통성을 근거로 하는 것[23]이라서 개인이나 선비 등이 아무나 정할 수 없는 것이 예법인 것이다.[24] 예는 사사로이 정할 수 없는 것이기는 하지만, 의리에 합당하고 시속에 맞게 실천하는 시의성이 있어야 하는 것이기도 하다. 그러기 위해서는 예법의 정통성 내지는 근거의 의리명분이 먼저 확립되어야 하는 것인데, 이를 송익필은 삼대(三代)의 예법으로부터 근원을 삼고, 이어서 맥을 이은 《주자가례》에서 찾아서 주자의 본의에 보다 충실하고 밝게 주석하였다고 하겠다. 그런 다음 조선의 당시 현실에 맞게 실천할 수 있는 예법이 필요한데, 이를 위해 송익

---

21) 배상현, 〈조선조 기호학파의 예학사상에 관한 연구〉, 고려대 대학원 박사학위논문, 1991, 79쪽.

22) 《구봉집》, 권5, 〈현승편下〉, 〈여정상인시회서(與鄭喪人時晦書)〉: "聖人制禮 節以天理 以不克喪爲非孝 非義而生 固不可也 非義而死 亦不可也"

23) 《구봉집》, 권6, 〈예문답〉, 〈여호원논숙헌대서모례(與浩原論叔獻待庶母禮)〉: "自三代至 于今日 千百載之間 行禮與說禮家 不可量數 而未嘗有令庶母雜坐於嫡婦女之間而行禮 者 區區之意 特以庶母未有位次之明文"에서 송익필의 禮에 대한 정통성을 삼대(三代)의 예법에 두고 있음을 알 수 있다.

24) 《구봉집》, 권6, 〈예문답〉, 〈예문답답숙헌문(禮問答答叔獻問)〉: "…… 制禮作樂 亦非人 人之所敢爲也"

필은 고례(古禮)와 예경(禮經)들, 주자의 《주자가례》와 《의례경전》 그리고 장횡거 등의 예설(禮說)들을 참고로 하여 〈예문답〉이 나왔던 것이라고 하겠다.

　이러한 맥락의 관점에서 송익필의 〈가례주설〉은 단순히 4례가 모두 갖춰진 본격적이면서 조선 최초의 《주자가례》의 주석서로만 평가되는 것은 미진함이 있다. 곧 〈가례주설〉은 《주자가례》에 대한 4례를 갖춘 본격적이면서 조선 최초의 주석서로서의 의의도 갖지만, 조선예학이 유가예법의 정통성의 맥을 잇도록 한 점에서 보다 큰 의의가 평가되어져야 한다. 아울러 의리(義理)에 합당한 인륜과 사회의 종법질서를 체계화한 조선예학의 발전을 처음으로 열게 한 예학서(禮學書)라는 가치를 지닌 것이기도 하다. 이러한 사실에서 송익필 철학의 높은 경지를 가늠해 볼 수 있으며, 조선유학사에서의 그의 위상이 새롭게 정립되어야 한다.

2. 〈예문답(禮問答)〉에 나타난 예학정신

1) 예(禮)의 본질과 〈예문답〉의 유래

유가에서 추구하는 인간의 근본정신과 실천사회의 이상향은 삼대지 도(三代之道)에 있다. 그리고 그 대표적인 성인은 요순(堯舜)에서 찾을 수 있다.[25] 공자는 유가의 조종으로 요순을 삼는다고 하였으며,[26] 공평무 사하여 자연한 요순성지를 말하였다.[27] 요순의 성지(性之)는 곧 직(直)이 라고 할 수 있다. 이는 삼대의 사람들은 직의 도를 실천하는 사람들이라 고 한 공자의 말에서도 찾을 수 있다.[28] 그리고 인간이 인간답게 살 수 있는 도리인 인도(人道)의 가장 큰 덕목으로 유가에서는 인의(仁義)를 말 한다. 이러한 인에 대해 공자에게 안연이 묻자, 자기의 사욕을 이겨 예로 돌아감이 인을 하는 것이라고 하였다.[29] 이에 주자는 인이란 인간이 가 진 마음의 덕이며, 마음의 덕은 천리 아님이 없어서, 위인(爲仁)은 그 덕 을 온전히 하는 것이라고 하였다. 그러기에 인간마음의 사욕을 이겨내어 예로 돌아가면 일마다 천리 아님이 없다고 보았다.[30]

---

25) 《중용》, 〈서문〉에서 주자의 주석: "夫堯舜禹 天下之大聖也"

26) 《중용》: "仲尼 祖述堯舜 憲章文武 上律天時 下襲水土"

27) 《맹자》, 〈진심장구〉: "孟子曰 堯舜性之也 湯武身之也 霸假之也"

28) 《논어》, 〈위령공〉: "斯民也 三代之所以直道而行也"

29) 《논어》, 〈안연〉: "顔淵問仁 子曰 克己復禮爲仁 一日克己復禮 天下歸仁焉 爲仁由己 而 由人乎哉"

30) 위의 글 주석에서 "心之全德 …… 禮者天理之節文也 爲仁者所以全其心之 德也 蓋心 之全德 莫非天理 而亦不能不壞於人欲 故爲仁者 必有以勝私欲而復於禮 則事皆天理

여기서 예(禮)의 본질은 천리의 절문이요, 인사의 의칙[31]이라고 주자는 말하는 것이다. 이는 천지에 내재하는 절대불변의 법칙이 우리 인간이 예를 통해 실현될 수 있고, 예는 인간사의 의칙이 되어 천리와 인간이 하나가 될 수 있다는 의의를 가진다. 그리고 인(仁)을 행하는 데 있어서 공자는 말하기를 "의를 바탕으로 삼고, 예로써 그것을 행하며, 겸손함으로써 그것을 내며, 신으로써 이룬다."고 하였다.[32] 이에 대해 정명도는 "이 네 가지의 덕목은 다만 한 가지 일이니 의(義)로써 근본을 삼는다."[33] 라고 하였다. 이처럼 예는 인간이 인간답게 살아가는 데 있어서 마땅히 행해야 할 당위의 원리이며 선의 덕목을 의미하고, 그 원리와 덕목은 의리와 명분을 근간으로 한다.

여기서 정명도가 말한 의, 곧 의리란 도덕적 순수성으로서 사욕을 절제하고 천리에 입각한 예를 따른다는 정신이고, 명분이란 합리성으로서 인륜과 종법에 따르는 사회질서를 건설한다는 정신이다.[34] 또 정명도는 "경하여 마음을 곧게 하면 의를 써서 밖을 방정하게 할 것이요, 의를 바탕으로 삼으면 예로써 이것을 행하고, 겸손함으로써 이것을 내고, 신(信)으로써 이루는 것"이라고 말하였다.[35] 또한 이러한 예는 그 체를 경(敬)

而本心 之德 復全於我矣"

31) 《논어》, 〈학이〉: "有子曰 禮之用和爲貴 先王之道斯爲美 小大由之"에서 주자의 주석 "禮者 天理之節文 人事之儀則也"

32) 《논어》, 〈위령공〉: "子曰 君子義以爲質 禮以行之 孫以出之 信以成之 君子哉"

33) 위의 글에 대한 정명도의 주석에서 "程子曰 此四句是一事 以義爲本"

34) 한국철학사연구회 엮음, 《한국철학사상사》, 심산출판사, 2010, 261쪽.

35) 《논어》, 〈위령공〉: "子曰 君子義以爲質 禮以行之 孫以出之 信以成之 君子哉"에 대한 정명도의 주석 "程子 又曰 敬以直內 則義以方外 義以爲質 則禮以行之 孫以出之 信以成之"

으로 주를 삼으며, 화(和)를 용으로 하는 것이다.[36] 예의 체가 되는 경은 앞장에서 밝혔듯이 성(誠)이며, 인(仁)이요, 곧 직(直)이라 할 수 있다. 인과 성은 천도이자 천리이며 무사사하고 자연한 요순의 성(性)으로서 보편적 원리가 된다. 이러한 천리를 품수 받은 인간이 무작위하고 무사사하며 자연한 성(性)을 회복하기 위해서, 인욕을 없이하고 인륜의 지극한 도리를 직으로써 닦는 것이 당위의 원리가 되어서 유가 전래의 내성(內聖)을 이루는 수기론 이기도 하다. 이와 같은 천리를 깨닫고 인욕을 멀리하여 자연한 성품을 얻은 군자는 현실사회에 백성을 편안하게[37]하는 왕도를 실천하는 것이 유가 궁극의 최종 목표점이다. 이에 공자는 의로써 바탕을 삼고 예로써 행한다고 하여 왕도실천의 방법으로써 예(禮)를 말하고 있는 것이다.

이처럼 왕도실천의 방법이 되는 예로서의 송익필 〈예문답〉에 대해 살펴보자.

송익필의 문집인 《구봉집》의 권6에 실려 있는 〈예문답〉 1권은, 처음부터 책으로 된 것이 아니고, 정철·우계·율곡·김장생 등 그의 벗과 제자 사이에 문답하였던 것을 모아 책으로 만든 것이다. 또 1674년(甲寅年) 이선[李選, 1632~1692, 김반(金槃)의 외손]이 엮은 행장에 그 이름이 나오는 것으로 보아 시집(詩集) 간행 후에 편찬되었던 것으로 보인다.[38]

그리고 송익필의 〈예문답〉이 나오게 된 당시 조선의 예학사적 배경이

---

36) 《논어》, 〈학이〉: "有子曰 禮之用 和爲貴"의 주석에서 "范氏曰 凡禮之體 主於敬 而其用則以和爲貴 敬者禮之所以立也"

37) 《논어》, 〈헌문〉: "修己以安百姓 堯舜其猶病諸"

38) 배상현, 〈조선조 기호학파의 예학사상에 관한 연구〉, 고려대 대학원 박사학위논문, 1991, 79쪽.

되는 16세기 후반에서 17세기로 이어지는 예학사상사의 특성은, 송익필이 지은 〈가례주설〉처럼 《주자가례》에 대한 주석서를 중심으로 가례에 대한 연구가 활발해 진 것에서 찾을 수 있다. 이러한 흐름은 가례준행을 위해 이해하던 수준에서 벗어나 예의 본원적 의미와 실천의 당위성을 규명하고자 하는 연구에 이르게 되어서, 마침내는 고례(古禮)의 연구에까지 이르게 되었다.

고례 연구는 당시 《주자가례》의 예제에 대해서 비판적인 안목을 갖게 하였는데, 이는 《주자가례》의 체제와 합리성을 명확히 이해하여 당시 시대에 알맞게 하려는 과정에서 오히려 《주자가례》에 대한 비판적 시각을 갖게 되기도 한 것이라 할 수 있다.[39] 이는 유가 학문이 갖는 시의성(時宜性)에 따르는 마땅한 것이라 할 수 있으며, 또한 송대 성리학이 조선 중기에 와서 심성론 등에 있어서 중국의 성리학보다 더욱 정밀하고 세분화된 것처럼 한국의 예학(禮學)과 도학(道學)이 갖는 특수성이라 할 수 있다. 이러한 맥락으로 앞에서 살펴본 송익필의 〈가례주설〉은 주자의 《주자가례》를 주석하는 데 있어서 비교적 다른 학자들보다 《주자가례》와 주자의 본의에 충실했다고 볼 수 있다.[40]

그렇지만 고도(古道)를 자처했고 고례(古禮)를 중시했던 송익필의 〈예문답〉은 당시 사회현실에 맞도록 예의 실행을 하고자 했던 시의성이 잘 나타나고 있다. 이는 송익필 철학에서 격물치지로 선을 밝히고 성의정심으로 천덕을 밝힌 것이 성리학사상이라면, 그 성리학적 이론이 현실과 맞닿아 실천적으로 펼쳐진 수교와 치인 그리고 안민의 예학사상이라고

---

39) 한국철학사연구회 엮음, 《한국철학사상사》, 심산출판사, 2010, 260쪽.
40) 도민재, 〈기호학파의 《주자가례》 수용 양상〉, 《국학연구》 제16집, 2010, 515쪽.

할 수 있다. 이러한 도학적 요소를 고려하여 〈예문답〉의 내용을 분석하고 검토해 보기로 하자.

2) 송강 정철과의 예문답

〈예문답〉을 전체적으로 살펴보면, 송익필은 도우와 문인들과 주고받은 그 당시 조선의 현실사회에서 통용되던 예법들에 대하여 편지글로 의견을 주고받아서, 권면하고 수교하여 절차탁마한 내용들을 정리한 것임을 알 수 있다. 우선 큰 제목을 순서대로 살펴보면, 당시 행해지던 예법에 대하여 정철에게 답한 〈답계함문〉, 우계 성혼에게 예법을 답한 〈답호원문〉, 김장생에게 보낸 〈답희원논소상연복〉, 율곡의 서모 위차(位次)에 대한 문제를 성혼에게 답한 〈여호원논숙헌대서모예〉, 서모에 대한 문제로 율곡에게 답한 〈답숙헌문〉, 율곡이 지은 《격몽요결》에 대한 시비를 논한 〈답숙헌서〉, 율곡에게 《격몽요결》에 대해 거듭 논한 〈중답숙헌서역론격몽요결시비처〉, 그리고 율곡이 죽은 후에 석담서원 봉안문제를 성혼과 논한 〈답호원서〉가 8개의 큰 제목으로 차례를 하고 있다. 큰 제목 아래 들어 있는 항목들을 살펴보면, 정철과 상제(喪祭) 전반에 관한 50항목, 우계와는 개인 집안의 상과 국상(國喪)이 중첩될 경우 절충 문제를 비롯하여 제례 때의 설찬(設饌)과 방제(旁題) 등 12항목, 김장생과는 소상후연복, 아침저녁 곡을 그친 후의 궤연신석례 등 2항목, 율곡과는 예에 대한 문답뿐 아니라 《격몽요결》의 시비처 16항목 등이 실려 있는데,[41] 이 〈예문

---

41) 고영진, 《조선 중기예학사상사》, 한길사, 1995, 220~222쪽.

답)은 뒤에 오는 김장생의 《의례문해》[42]의 선하(先河)가 되었던 것이
다.[43]

우선 송익필과 정철 사이에 강마(講磨)한 〈예문답〉의 내용을 분석해
보기로 하자. 송익필은 정철이 상복 입는 예에 관해 질문한 데 대해 다음
과 같이 답변하였다.

《가례》의 참제는 고찰하기 어려워서 《황도》를 모방해서 하고자 하였는
데, 그렇지 못한 것 같다. 《가례》는 《의례경전》과 더불어 그 뜻이 진실로
같지 않다. 《경전》은 옛 고례(古禮)를 낱낱이 모아서 한 단락도 자기의
뜻을 붙여서 덜고 더함이 있지 않아서 나라를 다스리는 자가 제례로 사
용한 것이다. 《가례》는 옛 것을 취하고 지금 것을 섞어서 생활에서 이미
스스로 사용한 것을 미루어 한때에 마땅히 행하여지는 예로 삼은 것이
다. 주자는 《가례》에서 고례(古禮)를 직접 사용하는 것이 좋은 것을 알
지 못한 것은 아니지만, 반드시 사마씨, 정씨, 고씨 등의 설을 취한 것은
시제(時制)를 좇는 뜻을 따르지 않을 수 없었던 것이다. 예는 초상으로
부터 삼우제(三虞祭)와 줄곡(卒哭)에 이르기까지 복장을 입는 것이 하나
가 아니지만, 《가례》에서 모두 깎아 버린 것은 옛 것에 빠져들지 않고,
편리한 것을 좇은 것이다. 또한 상복을 옛날 제도로 따른 것은 주자의
설도 있다. 길한 복장에는 비록 이미 지금의 복장을 따르며, 상복에는 옛
날 제도를 보존하고 있는 것이지만, 반드시 또 변해서 지금을 따르는 뜻

---

42) 김장생이 저술한 예학서(禮學書)에는 《상례비요(喪禮備要)》, 《가례집람(家禮輯覽)》,
《전례문답(典禮問答)》, 《의례문해(疑禮問解)》가 있다.

43) 배상현, 〈조선조 기호학파의 예학사상에 관한 연구〉, 고려대 대학원 박사학위논문,
1991, 81쪽.

이 아니다. 지금《주자가례》에서 상복(祥服)이 이미 시제를 따르고 있지만, 어찌 감히 옛 법을 따르겠는가? 참(黲)은 하늘의 색이다. 얕은 청색의 검은 빛깔인데, 지금의 옥색이다. 지금 마땅히 참(黲)색을 써야 하는데, 지금에는 관(冠)과 검은 옷깃으로 된 옷을 입고 제사를 받들어서,《주자가례》의 참복두와 적삼의 뜻을 따라서 제사를 지내는 것이다. 이미 제사가 마친 뒤 복장이 변한 것은《주자가례》에는 없는 바이지만, 흰옷과 흰 관으로 색깔을 바꿔서 당시의 왕제를 따르면서 흰 것을 써서반곡(反哭)하는 것은 어떠한가. 백(白)은 왕(王)의 제도이니 비록 조금 흉한 것은 아니지만 의논하기 어려운 것이다. 나라의 풍속에 따라서 복색을 하는 것은 정해서는 아니 된다. 뒤에 다시 이른 것이 보인다.[44]

이를 통해서 볼 때, 송익필은 기본적으로 고도와 고례를 추구하였다고 볼 수 있다. 그의 고도에 관한 관심은 곧 고례에 대한 관심을 의미한다. 그는 고례를 기본으로 한《주자가례(朱子家禮)》와《의례경전통해(儀禮經典通解)》를 중요시 하였다. 그러나 고례와《주자가례》,《의례경전통해》를 같은 것으로 보지 않고 그 차이점을 잘 인식하고 있었다. 즉《의례경전통해》는 고례를 빠짐없이 모아 한 부분도 자신의 의견을 붙이거나 가감한 것이 없이 국가를 다스리기 위한 예를 제정하는 데 사용하기 위한 것으로 보았고,《주자가례》는 고금을 참작하여 집에 거주할 때 스스로 사용하는 바를 미루어 일시의 마땅히 행해야 하는 예로 인식하였다.[45] 그는 주자가《주자가례》를 지을 때 고례를 그대로 사용하는 것이 좋다는

---

44)《구봉집》, 권6,〈예문답〉,〈답계함문(答季涵問)〉
45) 고영진,《조선 중기예학사상사》, 한길사, 1995, 222쪽.

것을 모르지 않았으나 반드시 사마씨(司馬氏), 정씨(程氏), 고씨(高氏) 등의 설을 취한 이유는 시속(時俗)을 따르는 뜻이 부득이 하였기 때문이라고 보았다. 기본적으로 송익필은 고례를 추구하면서도 시속에 따른 가변적인 요소를 인정하였다고 볼 수 있다.[46] 이는 곧 변례(變禮)를 말하는 것으로서 예를 행하는 의리를 살펴 시중지도를 실천한 것이다. 송익필은 나라의 풍속에 따라 복색을 하는 것으로 정해서는 안 된다고 하였으며, 우계가 검은 삿갓(참립, 黲笠)으로 일찍 죽은 이의 복(服)을 입는 것에 대해 의문이 있다 하고, 이를 담흑색(淡黑色)으로 쓰고 싶어 한데 대해서도 온당치 못하다고 평가하였다. 그리고 《주자가례》에 다하지 못한 것은 진실로 이곳에 있지 아니하니 의심해서는 안 된다고 하였다. 여기에서도 예의 원칙에 충실하려는 송익필의 의도가 잘 드러나 있다.

또한 정철은 지금 삿갓을 복두(幞頭, 머리에 두르는 건의 일종)로 대신하면 미안(未安)하니, 정자건을 대신 사용함은 어떠한가 물었다. 이에 대해 송익필은 답하기를, 관(冠)과 건(巾)은 제도가 다르고 쓰임 또한 같지 않다 하고, 《주자가례》에서 기일(忌日, 돌아가신 날)과 제사를 행할 때에 참사복도 옷으로 바꾸어 입고, 제사 후에는 흰 옷과 참건(黲巾, 검은 건)을 쓰는 것이 옳다고 하니, 건은 아마 제사를 받들 때 쓰는 것이 아니라고 하였다. 《주자가례》에 관직이 있을 때와 없을 때를 낱낱이 말하였으나, 건을 사용하는 것은 없다 하고, 또 복두는 진실로 옛 제도가 아니며, 남북조(南北朝)시대 오랑캐의 제도인 즉, 지금 삿갓을 복두 대신에 쓰는 것 역시 《주자가례》의 복두 대신에 관을 사용하는 뜻이라 하였다. 따라서 지

---

46) 위의 책 223쪽.

금 삿갓의 제도는 옳고 그름을 논할 수 없는 것 같다고 하였다.47)

또 정철이 《주자가례》에 참사복두(黲紗幞頭)와 포과각대(布裹角帶, 무릎을 감싸는 복식)의 제도는 벼슬이 없는 자들이 모두 사용했는데, 관례에서의 삼가례48)에서도 마찬가지로 쓸 수 있느냐고 물은 데 대해 송익필이 답변하기를, "우리나라 법에서는 벼슬이 있는 자는 때때로 검은 사모(紗帽)를 통용했고, 벼슬 없는 자는 사모를 통용하지 않았다. 《주자가례》의 〈사당장(祠堂章)〉에서는 벼슬이 있으면 복두를 사용하고 벼슬이 없으면 모자를 사용했으며, 《주자어류》에는 과거에 응시하지 않은 자는 제복(制服) 또는 복두모자도 가능하다면서 복두는 그 당시에 상하 모두 통용되었다."49)라고 말하였다.

위의 두 문장에서는 복두와 건과 검은 사모에 대해 논하면서 송익필은 《주자가례》와 《주자어류》 그리고 우리나라 예법을 근거로 하여 논하

---

47) 《구봉집》, 권6, 〈예문답〉, 〈답계함문(答季涵問)〉: "問. 今笠代幞頭 未安 欲用程子巾 如何 答. 冠巾異制 用亦不同 家禮 忌日行祭時 變服黲紗幞頭 祭後是日素服黲巾 巾恐非承祭所用 家禮 歷言有官無官之用 而無用巾處 且幞頭 實非古制 乃南北朝胡制 則今笠之代幞頭 亦家禮幞頭代冠之意也 今笠之制 似不可論其可否"

48) 삼가례(三加禮): 관례(冠禮) 때 세 번 관(冠)을 갈아 씌우는 의식. 초가(初加)에는 입자(笠子)·단령(團領)·조아(絛兒), 재가(再加)에는 사모(紗帽)·단령(團領)·각대(角帶), 삼가(三加)에는 복두(幞頭)·공복(公服)을 씀. 관례는 중국에서 전래한 사례(四禮)의 하나로 성인의식이라 하여 매우 중요한 행사로 인식됨. 삼가례를 행하려면 먼저 관자(冠者)의 조부(祖父)나 아버지의 친구 중에서 덕망이 있고 예법을 잘 아는 분을 빈(賓)으로 모셔서 삼가(三加)의 절차를 행함. 삼가례가 끝나면 아명(兒名)을 버리고 자(字)를 지어 부르며, 사당(祠堂)에 고하고 어른들에게 차례로 인사를 한 다음 잔치를 벌임.

49) 《구봉집》, 권6, 〈예문답〉, 〈답계함문(答季涵問)〉: "問. 家禮黲幞頭 布裹角帶之制 無官者通用 如冠禮三加之用否 答. 我國法 有官者 時散通用紗帽 則無官者 不得用紗帽 家禮祠堂章下 有官用幞頭 無官用帽子 而朱子語類 不應擧者祭服 亦用幞頭帽子亦可云 幞頭則乃是當時上下通用也"

였다. 여기서 송익필은 오랑캐의 예법을 배척하면서 유가 전통의 예법을 정통으로 하는 종법(宗法)질서를 세우고 있다고 할 수 있다.

그리고 정철이 우제 뒤에 아침저녁으로 전례(奠禮)를 올리는 것과 음식을 올리는 것은 어떠냐고 물은 데 대해[50] 송익필은 "《주자가례》에서 볼 때 비록 파하라는 말은 없지만, 아침저녁의 전례를 파한 날에는 상식 올리는 것을 파하는 것이 마땅하니 《주자가례》를 따른 것이며, 다만 장 횡거는 낮에 제사 지냈고, 사마온공은 아침저녁으로 올렸다. 그런데 주자는 후(厚)함에 해롭지 않으니, 마땅히 그 말을 따라도 된다고 하였으니 행해도 될 것이다. 의례는 이미 초상례(初喪禮)를 사용하였으니, 마땅히 초상의 예식대로 사용해야 한다. 지금 별도의 의식을 만드는 것은 옳지 않은 것 같다."[51]라고 말한다. 여기에서 송익필은 《의례경전》에 이미 초상례를 사용하였으니, 이에 의거하여 마땅히 초상의 의식대로 사용해야지 별도의 의식을 임의로 만들어서는 안 된다는 점을 분명히 하여 고례 존중의 예의식과 예법의 존엄성을 강조하고 있다.

다음으로 정철은 우제(虞祭)[52] 뒤에 삭망전(朔望奠)[53]의 의례는 애당

---

50) 《사계전서》 제29권, 〈가례집람(家禮輯覽)〉, 〈상례, 우제(喪禮, 虞祭)〉: 이암(頤菴) 송인(宋寅)이 이르기를, "《가례》를 보면, 아침저녁으로 올리는 전을 파하고 난 뒤에 상식(上食)을 올리는 것에 대해 언급하지 않았으니, 주자가 그대로 행하게 한 것임에 의심의 여지가 없다."라고 언급하고 있다.

51) 《구봉집》, 권6, 〈예문답〉, 〈답계함문(答季涵問)〉: "問 虞後朝夕上食及儀 答 以家禮看之 雖不言罷 而當罷於罷朝夕奠之日 以遵家禮 而但張先生日祭 溫公朝夕饋 朱子有不害 其爲厚 且當從之之語 則行亦可也 儀則旣用初喪禮 宜用初喪儀 今似不可創作別儀也"

52) 우제(虞祭): 장사를 지낸 뒤 망자의 혼백을 평안하게 하기 위하여 지내는 제사. 장사 당일 지내는 초우(初虞), 다음날 지내는 재우(再虞), 그 다음날 지내는 삼우(三虞)가 있다. 초우는 장사 지낸 날 꼭 지내도록 규정하고 있다.

53) 삭망전(朔望奠): 상중(喪中)에 있는 집에서 죽은 이에게 다달이 초하루와 보름에 간단히 차리어 지내는 제전. 또는 사당의 신위(神位)에 매달 초하루와 보름날 아침에

초《예경(禮經)》에서 찾아볼 수 없으니, 먼저 강신(降神)[54]하고 뒤에 참배하는 것은 어떠냐고 묻고, 우계와 율곡은 먼저 참배하고 강신하는 것이 옳다고 주장하였는데 어떠한가를 묻고 있다. 이에 대해 송익필은 두 설(說)이 모두 온당치 않은 것 같다 하며, 3년 내에는 궤연(几筵)에서 받드는 것으로, 우제(虞祭) 졸곡(卒哭)[55]으로부터 대상(大祥)[56]과 담제(禫祭)[57]까지 입곡(入哭)[58]은 있으나 참신(參神)의 절은 없다고 한다. 깊은 뜻이 있으니 어찌 감히 《주자가례》를 어기고 참배를 행하겠느냐 하였다.

간단히 지내는 제전.

54) 강신(降神): 제사 절차의 하나로, 초헌(初獻)하기 전에 먼저 신이 내리게 하는 의미로 향을 피우고 제주(祭酒)를 올리는 것.

55) 졸곡(卒哭): 상례(喪禮)에서 삼우(三虞)가 지난 뒤 3개월 안에 강일(剛日)에 지내는 제사.
 졸곡이란 무시곡(無時哭)을 마친다는 뜻으로 그동안 수시로 한 곡을 그치고 아침저녁으로 상식할 때만 곡을 한다. 제사 절차는 축문만 다를 뿐 우제와 같다. 고례(古禮)에서는 대부(大夫)는 3개월, 사(士)는 1개월 후에 장례를 치렀으나 오늘날에는 3일·5일 등 장례를 당겨 지내므로 우제는 초상에 맞추어 지내지만, 졸곡만은 3개월 안에 지내야 한다. 의례 간소화에 따라 100일 탈상을 하는 경우는 고례의 졸곡에 해당한다고 할 수 있다.

56) 대상(大祥): 초상을 지내고 2년째인 두 번째 기일(忌日), 즉 삼년상을 마치고 탈상하는 제사. 초상부터 윤달을 계산하지 않고 25개월 만인 재기일(再忌日)에 지낸다. 아내를 위한 대상, 아들이 지내는 부재모상(父在母喪)의 경우에는 초상부터 13개월 만인 초기일(初忌日)에 지내되, 소상(小祥)은 앞당겨 11개월이 되는 달에 날을 가려서 지낸다. 대상은 먼저 '고묘(告廟)'라 하여 제사를 하루 앞두고 술과 과일을 차려 놓고 신주를 사당(家廟)에 옮겨 봉안한다는 것을 고하고 영좌(靈座, 신주를 모시는 자리)에 입묘(入廟)할 것을 미리 아뢴다.

57) 담제(禫祭): 3년의 상기(喪期)가 끝난 뒤 상주가 평상으로 되돌아감을 고하는 제례의 식. 일반적으로 부모상일 경우 대상(大祥) 후 3개월째, 즉 상 후 27개월이 되는 달의 정일(丁日) 또는 해일(亥日)에 지낸다. 그러나 남편이 아내를 위하여 지내는 담제는 상 후 15개월 만에 지내는데, 즉 소상(小祥) 후 2개월째가 된다.

58) 입곡(入哭): 우제(虞祭)·졸곡(卒哭)·소상(小祥)·대상(大祥) 등의 제사(祭祀)를 지내기 전(前)에 먼저 신주(神主) 앞에서 슬프게 옮.

주자가 말한 "관 앞에서 절하지 않는다."라는 것이 또한 이 뜻이라 하였다. 자식이 부모를 섬김에 부모가 일어서기를 기다린 뒤에 절을 하는 것이니, 궤연에서 절을 하지 않는 것은 살아 계실 때처럼 예를 갖추는 것이라 답하였다.[59]

이처럼 송익필은 우제 뒤 삭망전의 의례에 대해 '선강신(先降神) 후참배(後參拜)'를 주장한 정철의 견해도 옳지 않고, '선참배(先參拜) 후강신(後降神)'을 말한 우계나 율곡의 말도 《주자가례》를 근거로 온당치 못하다고 평가하면서, 인륜의 지극한 도리인 효 또한 예를 통해 실천해야 한다는[60] 유가의 근본사상을 잘 풀이하고 있는 것이라 하겠다.

또 정철은 삭망전의 의식을 초상(初喪)의 의식에 따르는 것은 어떠하냐고 물었는데, 이에 대해 송익필은 답하기를, 우제 뒤에 삭망전의 의식을 《주자가례》에는 비록 문장으로 밝힌 것은 없지만, 초상의 의례를 쓰는 것은 대략 온당치 못한 것 같다고 하였다. 그리고 《주자가례》 〈사당장(祠堂章)〉의 삭망의 의례를 쓰는 것에 대해서는 오직 참신례에 곡(哭)함은 있고 절은 없는 것이라 하고, 사신(辭神)에 곡하고 전(奠)을 올릴 때 한 번 곡하는 것을 삼년상 안에서의 예를 쓰는 것이 어떠하냐며 간곡히 권하고 있다.[61] 위와 관련해서 정철은 삭망전의 의식은 지금 가르치심대

---

59) 《구봉집》, 권6, 〈예문답〉, 〈답계함문(答季涵問)〉: "問 虞後朔望奠儀 初不考禮經如何 先降而後參拜 成李浩原叔獻二侍 以先參爲得云 答 二說皆似未穩 三年內奉几筵 自虞 卒哭 至祥禫 有入哭而無參神拜 深有其義 安敢違家禮而行參拜 朱子曰 柩前無拜 亦 此意也 子事父母 俟起乃拜 几筵無拜 尙生之禮也"

60) 《논어》, 〈위정〉: "生事之以禮 死葬之以禮 祭之以禮"

61) 《구봉집》, 권6, 〈예문답〉, 〈답계함문(答季涵問)〉: "問 朔望奠儀 欲從初喪 未知如何 答 虞後朔望奠儀 家禮雖無明文 用初喪儀 太略未穩 用祠堂章朔望儀 而惟參神之有哭無 拜 辭神之哭 奠之一哭 用三年內禮 如何"

로 따라서 행하나, 성혼이 세 번 곡(哭)하는 것이 우제 때와 똑같이 하는 것 같아서 미안하다고 하니 어떠해야 하는가 물었다. 이에 대해 송익필은 답하기를, 만일 삭망에 참신례62)와 사신례63) 때에 곡을 행하지 못한다고 말한다면 〈사당장〉에 그것이 있으며, 만일 궤연에서 참신례와 사신례 때에 곡이 없다고 말한다면 우제에 또한 그것이 있다고 할 수 있다고 하였다. 무릇 궤연에서는 참신례와 사신례 때에 모두 곡이 있고, 전 올릴 때 한 번 곡을 한다. 또 실제 본례(本禮)로 사용하면 곧 세 번 곡하지 않을 수 없으니 위에서 보여 준 말은 온당하지 못하다고 하였다.64)

위의 글에서 보면 송익필이 힘써 권한 대로 정철이 예법을 시행하고 있음을 알 수 있는데, 고례와《주자가례》등의 예문을 참고로 살피고, 예문에 없으면 관련되는 예문의 조목들을 비겨서 의리(義理)에 합당하도록 예를 행할 것을 권면하고 있음을 알 수 있다. 이는 송익필 예학의 특성이라고 할 수 있는데, 삭망에 참신례와 사신례 때에 곡을 행하는 문제에서 고례와《주자가례》등의 예문들을 전후좌우로 살펴서 의리에 합당한 예를 실천하고자 하는 점에서 시의(時宜)를 추구하고 있으며, 인(仁)의 실천방법으로서《대학》8조목 가운데 왕도실천법으로써 공자가 제시하고 있

---

62) 참신례(參神禮): 제사를 지낼 때 신주를 뵙는 예(禮). 일반적인 제향의 절차는 분향례-강신례-참신례-초헌례-독축례-아헌례-종헌례-사신례-음복례-분축례 순으로 진행된다.

63) 사신례(辭神禮): 제사를 지내고 신(神)을 보내는 일. 재배(再拜)하고 지방(紙榜)과 축(祝)을 불사름

64)《구봉집》, 권6, 〈예문답〉, 〈답계함문(答季涵問)〉: "問 朔望奠儀 今方服行下教 而成浩原 以三哭似同虞祭未安云 未知如何 答 如曰朔望不可行參辭 則祠堂章有之 如曰几筵無參辭 則虞亦有之 几筵參辭皆有哭 而奠之一哭 又實用本禮 則勢不得不三哭也 來示似未穩"

는 "혈구지도(絜矩之道)[65]의 예(禮)"라 할 수 있다.

다음으로 정철이 연상(練祥)[66]을 지낸 뒤에 상식(上食)을 올리고 곡을 하는 것에 대한 물음에서 송익필은 답하기를, 조석곡(朝夕哭)[67]이 그치지 않은 날에 상식곡(上食哭)[68]으로 하지 않고 조석곡으로 한다면 반드시 조석곡을 행해야 하며, 또 상식곡을 행한다면 지금 어찌 감히 조석곡을 그쳤다는 문장을 썼다고 할 수 있으며, 아울러 상식곡을 파했다고 할 수 있겠느냐고 반문하고, 상식은 진실로 초상의 예절인데 연이어 연상 이후에도 미쳤으니 이는 실로 미안한 것이라 하였다. 그러나 송나라 때부터 이미 행한 것이 보이는 예절이고, 주자가 이미 비록 행해도 해롭지 않은 것이라 말한 것이니, 다시 곡하고 곡하지 않는 것에 대해 말하지는 않겠다고 하였다. 또 《주자가례》에는 삼년상 안의 전(奠)과 제사에 모두 곡(哭)한다 하였으니, 지금 만약 전을 설하여 곡이 없다면 이것은 미안함이

---

65) 《대학》: "所惡於上 毋以使下 所惡於下 毋以事上 所惡於前 毋以先後 所惡於後 毋以從前 所惡於右 毋以交於左 所惡於左 毋以交於右 此之謂絜矩之道"

66) 연상(練祥): 연제와 대상(大祥). 연제는 소상(小祥)으로 삼년상일 경우는 13개월에, 기년상일 경우는 11개월에 지내는 제사이며, 대상은 삼년상일 경우 25개월에, 기년상일 경우 13개월에 지내는 제사.

67) 조석곡(朝夕哭): 소상(小祥, 1년상) 전(前)에 조석(朝夕)으로 궤연 앞에서 우는 울음. 조석으로 곡할 적에는 절을 하지 않는다.

68) 상식곡(上食哭): 상가(喪家)에서 조석으로 궤연(几筵) 앞에 음식을 차려놓고 곡을 하는 의례. 아침 상식은 조전(朝奠) 뒤에, 저녁 상식은 석전(夕奠) 전에 각각 거행하는데, 생시와 같이 음식을 진설한 뒤에 축(祝)이 반개(飯蓋)를 열어 반상(飯上)에 숟가락을 꽂은 뒤 젓가락을 올리고 술 따르고·분향(焚香)하면 주인 이하는 곡하고 두 번 절을 한다. 조금 있다가 축이 국(羹)을 물리고 물(熟水)을 올린 뒤 수저로 밥을 세 번 떠서 숙수에 풀고 삽시한다. 이어 조금 있다가 시접에 거두고(落匙箸) 밥그릇과 숙수그릇의 뚜껑을 덮으면 주인 이하 곡을 그치고 찬품을 물린다. 상식은 살았을 때와 같이 섬기는 것이므로, 국을 왼쪽에 놓고 밥을 오른쪽에 놓으며, 전(奠)은 사사(事死)이므로 좌설(左設)하여 밥을 왼쪽에 놓고 국을 오른쪽에 놓는다.

없겠느냐 하고, 조석의 곡과 상식을 올림은 살았을 때의 예로 섬기는 것이라 하였다. 전(奠)을 올려 무릎 꿇고 생각하며 그리워할 때에 스스로 곡이 없을 수 없으니, 사례(事例)를 들면 상식은 예가 아니지만 우제를 지낸 뒤에 파하는 것이 가능하다고 하였다. 지금 이미 행하지 않을 수 없어 앞에서 네 번을 곡하고 뒤에 한 번도 곡함이 없도록 한다면 점점 줄여가는 뜻이 없다는 것이다. 조석의 곡은 《예기》를 근거하여 마땅히 파해야 한다 하고, 상식의 곡은 주자가 말한 돈독하게 한다는 설에 따라 행하는 것이 어떠하겠느냐 하였다. 그리고 만약 상식을 올린다면 곡하지 않을 수 없을 것이라 하였다.[69]

여기서 조석의 곡과 상식을 올리는 상례의 본래 뜻이 살아 있을 때의 예로 섬김에 있다[70]는 송익필의 유가 전통의 예정신(禮精神)을 볼 수 있다. 또 전(奠)을 올리고 무릎 꿇고 생각하며 그리워하는 즈음에 곡은 자연스레 나올 수밖에 없는 예라는 점을 강조하였다. 후일 곡이 형식화된 폐단을 볼 수 있거니와 상례·제례에서의 곡하는 예가 죽은 이에 대한 간절한 슬픔과 진정(眞情)의 발로라는 점을 말하였다.

이렇듯 송익필의 예실천(禮實踐)의 기본정신이 예는 사치하기보다는 차라리 검소하여야 하며, 상례와 제례는 형식적이기보다는 슬퍼함이 진정한 예정신이라는 공자의 예의 근본정신을[71] 추구하고 있음을 알 수 있다. 이는 또한 인위적인 것을 부정하여 솔직하고 순선한 감정을 드러내

---

69) 《구봉집》, 권6, 〈예문답〉, 〈답계함문(答季涵問)〉

70) 《논어》, 〈위정〉: "生事之以禮 死葬之以禮 祭之以禮"

71) 《논어》, 〈팔일〉: "林放問禮之本 子曰大哉問 禮與其奢也 寧儉 喪與其易也 寧戚"

실천하고자 한 공자의 인을 실천하는 것으로서,[72) 인간 본래의 성품을
자연하게 드러내는 직(直)철학의 본의라 하겠다.

또 정철은 조문(弔問)에서 만약 서울 집에서 어머니를 뵙고 있을 때
객을 만나면 어떻게 처리해야 하는가 묻고, "장군인 문자(文子)[73]는 상
(喪)이 끝났을 때 월(越)나라 사람이 조문을 오자 사당에서 받았습니다.
내가 지금 서울에서 객을 만났는데, 높은 이는 꺼리고 대등한 이는 사양
하는 것은 어떠합니까?"라고 물었다. 이에 대해 송익필은 다음과 같이 대
답하였다.

예(禮)가 고금(古今)이 다르고 또한 그 형세가 다르다. 그러므로 더러는
과부가 된 어머니의 병세를 묻기도 하고, 더러는 부모 잃은 자식의 병든
모습을 살피기도 하는데, 궤연이 다른 곳에 있다 하여 거절하는 것은 마
음에 온당하지 못하다. 때에 따라서 마땅하게 처리해야지 글자에 구속되
지 말아야 함이 어떠하겠느냐.[74]

이처럼 송익필은 예란 고금이 다르고 그 형세가 다르다며, 때에 따라
마땅하게 처리해야지 문자(文字)에 구애받아서는 안 된다고 하였다. 이는

---

72) 최영찬은 공자(孔子)는 자연정감의 순수함과 선(善)에 기초하여 철저하게 도덕적인
자연정감을 따르는 행위인 공(公)적인 자연을 좋아하고, 개인적인 욕망을 위한 꾸밈
과 거짓인 사적인 인위(人爲)를 싫어하였는데, 이는 천명(天命)의 인덕(人德) 즉 인
(仁)을 실천하는 것이라고 말하고 있다. (최영찬, 〈공자의 자연관〉, 《범한철학》 제56집,
범한철학회, 2010, 27쪽.)

73) 《예기》, 〈단궁(檀弓)〉: "將軍文子之喪 旣除喪而后 越人來弔 主人深衣練冠 待于廟 垂
涕洟 子游觀之曰 將軍文氏之子 其庶幾乎 亡於禮者之禮也 其動也中"

74) 《구봉집》, 권6, 〈예문답〉, 〈답계함문(答季涵問)〉: "問 受弔若於覲母京家 遇客何以處
之 將軍文子除喪 越人來弔 受於廟 某今遇客於京 尊者諱之 敵者謝之 如何 答 禮異今
古 且異其勢 故舊親厚 或欲問孀母病候 或欲察孤子疚容 拒以几筵在他 於情未穩 隨
時量宜以處 勿拘文字 如何如何"

송익필이 예의 시의성을 말한 것으로 중요한 의미가 있으며, 예의 근본정신은 변함이 없으나 그 형식과 방법은 때와 장소와 상황에 따라 맞아야 함을 말한 것이다. 예법을 행할 때 고례와 예경들은 날줄인 경(經)이 되고, 당시 현실사회의 정황과 행례자(行禮者)의 신분과 처지와 집안형편인 가세(家勢) 등을 살피는 것은 씨줄인 위(緯)가 된다. 또 날줄인 경은 보편적 원리라 할 수 있고 씨줄인 위는 당위의 원리가 된다. 이에 경위를 살피고자 전후좌우상하와 경중(輕重)을 가늠하여 그 행례함에 마땅한 의리인 중(中)을 잡는 것은 곧 혈구지도이자, 시중지도이며, 인(仁)의 실천이라 하겠다.

또 정철은 묻기를, "상(祥)제사 하루 전날에 다음날 사당에 들인다는 말을 고(告)함이 마땅하다는 것은 어떠합니까? 궤연에는 고하지 않습니까? 이미 사당에 들어가면 별도로 전(奠)을 올려 고(告)함이 없고 단지 삭망을 기다려서 참신례를 행합니까?"라고 하였다. 이에 대해 송익필은 "입묘(入廟) 후 전례에서 문(文)이 없고 단지 삭망을 기다려서 사당에 들어가는 것 같다. 궤연에서 고하고 사당에서 고하는 것은 모두 일이 있으면 고해 올리는 예에 따르는 것이 어떠하겠는가?"[75]라고 대답하였다.

이상은 정철과 송익필이 권면하고 강마했던 예에 대한 문답을 살펴보았다. 여기서 송익필은 국가의 상례나 개인의 상례·제례에 있어서, 우선 고례와 예경 그리고 《주자가례》를 행례의 준거로서 기준을 삼았다. 이는 예의 천리절문(天理節文)이라는 의리명분과 종법질서의 체계를 세우려는

---

75) 《구봉집》, 권6, 〈예문답〉, 〈답계함문(答季涵問)〉: "問 祥前一日 告明日入廟辭 當如何 几筵則不告否 旣入廟 別無奠告 只待朔望行參禮否 答 入廟後奠無文 似只待朔望入廟 几筵之告 祠堂之告 皆倣有事則告之禮 如何 告辭 用古意自述 如何"

것이라 하겠다. 그러면서도 송익필은 당면한 현실사회의 정황을 살피고, 국가나 개인의 사정을 살피며, 또 행례하는 사람의 신분과 집안형편 등을 고려하여 예의 명분과 의리(義理)에 합당한 시의성을 추구하고자 하였다. 예를 실천하는 데 있어서 그 전후좌우를 살펴서 행하고자 하는 것이라 할 수 있는데, 이는 공자의 왕도실천의 혈구지도와 상통하는 것으로 인(仁)의 실천방법인 서(恕)에 다름이 아닌 유가의 예정신(禮精神)이라 하겠다. 또 송익필은 유가 본래 예의 근본정신인 검소함과 슬퍼함을 중시하여, 인위적인 형식과 사치함을 부정하고 자연적인 인간의 솔직한 감정을 드러내 실천하고자 하였다. 이는 곧 천리의 본성을 자연스럽게 드러내는 것으로써 인의 실천이라 할 수 있으며, 그 기본정신에는 직(直)이 자리하고 있다. 이렇듯 송익필의 성리학이 유가의 성(誠)이자 인의 실천정신을 근본으로 한 직사상이었듯이, 예학에서도 공자의 인의 실천인 혈구지도 방법을 통해서 왕도실천을 하고자 하였음을 알 수 있다.

3) 우계 성혼과의 예문답

다음은 우계와의 예문답(禮問答)에 대해 검토해 보기로 하자. 우계는 송익필에게 국상(國喪)과 개인 집안의 예가 겹칠 경우 어떻게 해야 하는가 질문한 데 대해 다음과 같이 답변하였다.

국상(國喪)에서 졸곡 전에 크고 작은 제사를 모두 멈추는 것은 《국조오례의》의 근본 뜻이다. 그렇다면 온 나라의 크고 작은 제사를 말하는 것이다. 사서(士庶)에게 행하느냐 폐하느냐의 정론이 없으니, 초야에 있는 서민은 마땅히 고례(古禮)로 준칙을 삼아야 한다. 예문에 임금에게는 재최(齋榱)[76] 3개월을 입고, 임금의 아내와 임금의 어머니에게는 복이 없다. 다만 예문에 제사지냄을 받는 본인에게 복이 있으면 그 제사를 행할 수 없다. 제사지냄을 받아야 하는 할아버지와 아들이 만약 벼슬이 있었는데, 돌아간 왕비나 왕대비의 상사(喪事)가 있어 기년상(朞年喪)을 당했은즉, 제사는 행하기 어려울 것 같다. 오직 삭망에 참례(參禮)는 할 수 있을 것이다.[77]

송익필은 고례를 준거해서 행례를 해야 한다고 하면서 국상 중에는 개인의 상례·제례는 행할 수 없다고 하며 다만 삭망 때 참례(參禮)만 가능하다고 하였다. 그러나 주자는 국상 중이라 하더라도 예를 융통성 있게 하고자 하였다고 살피고 있다. 이를 근거로 송익필은 기제(忌祭), 묘제(墓

---

76) 재최(齋榱): 상례(喪禮)의 오복제도(五服制度)에서의 상복. 흔히 '자최'라고도 한다. 재최의 재(齊)는 옷자락을 꿰매어 마름질한다는 뜻으로, 재최는 옷의 끝단을 꿰맨 상복, 즉 재최복을 말하기도 한다. 재최에는 올이 굵은 거친 베로 상복을 짓는다.
   오복 자체가 망인과의 친근관계에 따라 참최(斬衰)·재최·대공(大功)·소공(小功)·시마(緦麻)의 다섯 등급으로 나누지만, 재최 역시 죽은 사람과의 관계에 따라 정복(正服)·가복(加服)·의복(義服)·강복(降服)의 형태로 입게 된다. 정복은 직계혈족이 입는 경우이고, 가복은 특별한 지위를 가진 친족을 다른 친족과 구별하기 위하여 입는 경우이며, 의복은 혼인이나 출계를 통하여 맺어진 경우에 입는 것이며, 강복은 출가한 딸의 경우처럼 상복 입는 등급을 낮추는 것을 말한다. 또한, 이러한 복제방식에 따라 재최의 경우 상복을 입는 기간도 3년, 1년, 5개월, 3개월로 정하여진다. 그런데 1년간 상복을 입을 때에는 기년복(朞年服)을 입는다고 하는데, 기년복을 입을 때에는 지팡이를 짚느냐 짚지 않아도 되느냐에 따라 장기(杖期)와 부장기(不杖期)로 구분되기도 한다. 재최복을 얼마 동안 입으며, 정복으로 입느냐 가복으로 입느냐, 또는 의복으로 입느냐 강복으로 입느냐 하는 기간과 형태는 가족관계에 따라 다르게 규정되어 있다

77) 《구봉집》, 권6, 〈예문답〉, 〈답호원문(答浩原問)〉

祭), 삭망의 행례는 예문에 따라 더하거나 모자라지 않게 행할 수 있다고 한다. 그러면서도 송익필은 고례의 뜻을 좇아서 따르고 주자의 뜻으로 단정하는 데서 멈추지 않고, 군신과 부자 사이, 관리와 서민 사이에 행례하는 정의(情意)와 기력(氣力)과 시간을 살펴서 의리에 마땅함을 구하고 있다. 또한 상복을 입는 날짜 계산에도 정의(情意)와 의리(義理)에 합당한 것을 살피고 있다.

이로 볼 때 송익필은 행례의 정의(情意)와 의리(義理)에 합당한 시의성을 추구하고 있으며, 고금의 예문과 신분을 고려해 상하전후좌우를 헤아려 중도에 맞는 것을 구하는 예실천을 추구하고 있음을 알 수 있다. 이는 인(仁)의 실천하는 방법이며, 혈구지도로서 왕도를 실천하는 방법이요, 천도가 인간 현실사회에 구현되어지는 인도(人道)로서의 예실천법이다. 예가 천리의 절문이자 인사의 의칙이 된다고[78] 하는 의미는, 천리가 보편적 존재원리라 할 때에[79] 인사의 의칙이 된다 함은 당위의 법칙이라 할 수 있다. 곧 예란 보편적 원리이면서 당위의 법칙이 된다.[80] 보편적 원리는 천도이고 당위의 원리는 인도라 할 수 있으니 예란 천도이면서 인도가 된다. 즉 천인합일의 일관된 유가의 이상이 현실사회에 구현되는 방법으로서의 예이다.

이와 같은 인(仁)의 실천이며, 왕도실천의 혈구지도이고, 시중지도인 중도(中道)의 의리를 구하는 송익필의 예정신이 다음 문장에서 잘 드러나

---

78)《논어》,〈학이〉:"有子曰 禮之用和爲貴 先王之道斯爲美 小大由之"에서 주자의 주석 "禮者 天理之節文 人事之儀則也"

79) 진래 지음, 안재호 옮김,《송명성리학》, 예문서원, 1997, 128~129쪽.

80)《맹자》,〈이루장구〉:"誠者 天之道也. 思誠者 人之道也."주석에서 "誠者 理之在我者 皆實而無僞 天道之本然也 思誠者 欲此理之在我者皆實而無僞 人道之當然也"

고 있다.

우계는 시제(時祭)에서의 제사 음식 상차림인 제수설찬(祭需陳設)에 대
해 질문하였는데, 이에 대해 송익필은 다음과 같이 답변하였다. "제사 물
품에서 생선과 생고기를 쓰는지 안 쓰는지를 살펴보니 주자가 이르되,
"대저 귀신에게 생물(生物)을 가지고 제향하는 것은 모두 생기(生氣)를 빌
려서 영(靈)으로 삼는 것이니, 옛 사람들이 흔종흔구(釁鐘釁龜)[81]에서 짐
승의 피를 바르는 것도 모두 이러한 뜻이다." 하였고, 또한《주자가례》에
서 조상에게 제사함에 또한 생물을 쓰는 예문이 있다. 또한 사마온공의
《제의(祭儀)》에도 이르되 "생물을 쓴다." 하였다. 그렇다면《주자가례》에서
사시(四時) 정제(正祭)의 제사 음식을 갖춤에 어육을 말함은 비록 생물을
쓰라는 명문이 없더라도 의의로 미루어 보면 생물을 써야 함은 의문이
없다. 다만 지금의 개인 집안에서는 빈궁하여 희생을 갖추는 예절이 없
으니, 반드시 생물을 쓴다면 준비가 어려울 것이다. 주자는 또 이르되,
"다만 정성과 공경으로 주장을 삼는다면 그 밖의 의절은 가세(家勢)에 따
라야 한다. 만약 국 한 그릇에 밥 한 그릇도 모두 정성을 다할 수 있다."
하였다. 이러한 뜻으로 의논해 본다면 희생(犧牲)을 준비하는 집안에서는
생물을 쓸 수 있지만, 그 빈궁한 개인 집안에서는 아마도 불가능할 것이
다. 주자가 장남헌에게 이르되, "단오 날에 송편을 먹지 않을 수 있겠는
가? 중양절(重陽, 9월 9일)에 수유주(茱萸酒)를 마시지 않을 수 있겠는가?

---

81) 흔종(釁鐘) 흔구(釁龜): 새로 종을 만들 때 희생(犧牲)을 잡아 그 피로 종에 바르고
제사 지내고, 점을 칠 때 거북 등껍질에 피를 바르는 것. 귀신에 대한 제사에서 혈육
(血肉, 생고기)을 쓰는 이유는 그것의 생기(生氣)에 의지하여 신령성을 얻고자 함 때
문이다.《주자어류》, 권3, 〈귀신(鬼神)〉: "大抵鬼神用生物祭者 皆是假此生氣爲靈 古人
釁鐘釁龜 皆此意")

제사에 쓰지는 않고 스스로 누리면 너의 마음에 편안하겠는가?" 하였으니, 이로 본다면 시절에 따라 천신(薦神, 계절에 나오는 음식으로 신에게 올림)하고 제향을 올리는 것은 아마도 인정(人情)에서 하지 않을 수 없는 것이라고 하였다. 이와 같다면 정가도[82]가 청장(淸醬, 간장)을 쓰지 않음과 세속의 반찬이 아니라는 말은 모두 주자의 본뜻이 아닌 것이다."[83]

송익필은 예를 실천함에 고금의 예법과 예경을 살피고 가세를 가늠하며 세속의 정리(情理)를 참작하여 행례의 가볍고 무거움을 재서 중도를 구하고 있음을 알 수 있다. 예가 천리이고 의칙이지만 문자에 구속받아서 세속의 정리(情理)를 무시하고 엄격한 틀 속의 정형화된 형식은 아닌 것임을 보여 주고 있다. 송익필의 성리학에서 밝혔듯이 천리가 천명으로 인간현실사회에 활저물로서 일동일정으로 유행 변화하여 구현되는 것이 유가 본연의 천인합일 사상의 근본정신이다. 그 현실사회에 구현하는 실천법인 예가 정형화되고 엄숙한 형식으로만 행해져서 시간에 따라 공간에 따라 변화하지 못하고 그 중도를 잃는다면 보편적인 존재원리에서 편당되고 공평하지 못하게 되고 말 것이다. 그리고 인사의 의칙인 당위의 원리에서 어긋나 사사롭고 작위함이 생겨나서 통하지 못하여 굽어지고 두루 펴지지 못하게 되고 말 것이다. 곧 사욕의 불선으로 인해 인도(人道)를 벗어나고 천리를 보존하는 왕도실천의 예가 되지 못하며 올바른 인(仁)의 실천에도 어긋나는 것이다.

이어진 문장에서 송익필은 말하기를 "사마온공[84]의 제사 의례에 여러

---

82) 정가도(鄭可道): 한강(寒岡) 정구(鄭逑, 1543~1620), 조선 중기 예학자.

83) 《구봉집》, 권6, 〈예문답〉, 〈답호원문(答浩原問)〉

84) 사마광(司馬光, 1019~1086): 북송의 유학자, 《자치통감(資治通鑑)》의 저자.

가지 반찬과 밀가루 음식이 모두 15품종이나 된다고 하였으며, 지금 모름지기 간소하고 생략된 방법을 써야 한다."라고 주자가 이르고 있다. 이로 본다면 비록 살아계심에 봉양함보다도 풍성해야 하지만, 번거롭지 않아야 하는 뜻도 알 수 있는 것이다. 또한 정가도의 위차(位次)를 소목(昭穆)[85]에 따름이 미안하다는 것도 참으로 보내온 말과 같다. 또 정침(正寢, 제사 지내는 몸채의 방)을 사랑 앞에 짓는다는 말은《주자가례》에서 사당을 정침 동쪽에 한다는 뜻과 다르니 그대로 할 수 없을 것 같다. 주자가 이르되, "사당이 동쪽에 있다는 것은 사람의 자식으로서 그 어버이가 돌아가시지 않음으로 생각하는 의리이다." 하였으니, 아마도 함부로 고칠 수 없다고 생각된다. 보내온 말에 제수그릇의 물품 숫자에 대한 그림에 청장을 동쪽에 놓은 것은 마른 음식이 왼쪽에 있고, 절인 음식이 오른편에 있는 뜻을 잃은 것이니, 합치되지 않는다. 다른 것은 우리 집안 행사와 서로 부합된다. 또한 옛날 예문을 보니 청장이 음식의 주장이 되므로, 마땅히 중앙에 있어야 한다."라고 하였다.[86]

여기서 송익필은 주자와 사마온공의 예문을 근거로 하여 제수음식 상

---

85) 소목(昭穆): 사당(祠堂)에서 신주(神主)를 모시는 차례로 왼쪽 줄의 소(昭), 오른쪽 줄의 목을 통틀어 일컫는 말.《주례》에 의하면 제1세를 중앙에 모시는데 천자는 소에 2·4·6세, 목에 3·5·7세를 각각 봉안하여 삼소삼목(三昭三穆)의 칠묘(七廟)가 되고, 제후는 소에 2·4세, 목에 3·5세를 각각 봉안하여 이소이목(二昭二穆)의 오묘(五廟)가 되며, 대부(大夫)는 일소일목의 삼묘(三廟)가 된다.(한국민족문화대백과, 한국학중앙연구원)

86)《구봉집》, 권6, 〈예문답〉, 〈답호원문(答浩原問)〉: "答 朱子又曰 溫公祭儀 庶羞麵食共十五品 今須得簡省之法方可 以是看之 雖豐於奉生 而不煩之意 亦可知矣 又鄭道可位次欲從昭穆之未安 誠如來示 又作正寢於祠堂前 又非家禮立祠堂寢東之意 似難爲用 朱子曰 家廟在東 此人子不死其親之義也 恐不可擅改也 來示祭器品數圖 淸醬置東 失燥居左濕居右之意 似未合 他皆與某家所行相符 且看古禮 醬爲飮食之主 宜居中云云"

차림에서의 반찬 수는 온당치 못하며, 고례를 근거로 하여 정침을 사당 앞에 지어 태묘(太廟, 나라 종묘)에서 배향할 때 소목으로 배열하는 것과 같이 고조(高祖)는 아랫목에 모시되 동쪽을 바라보고, 그 나머지는 소(昭)는 북쪽에 위치하고 목(穆)은 남쪽에 위치해서 제사를 지낸다는 것과, 청장을 동쪽에 놓는다는 세 가지 정가도의 예설은 온당하지 못하다고 하였다. 제사에서 생물을 써야 하고, 제사는 그 정성과 공경이 중요하므로 가세에 따라 제수를 차리는 것이 예법에 맞는다고 보았다. 또 정가도의 위차를 소목에 따름은 《주자가례》에 의거하여 온당치 못하다고 비판하였고, 또 고례에 의거하여 청장을 중앙에 써야 한다고 해서 정구의 예설을 반박하고 있다. 그러면서도 송익필은 시제(時祭)에 천신하고 제향하는 정의(情意)를 살피고 있으며, 사당의 위치에서 부자(父子)의 정의(情意)에 대한 의리를 좇고 있음을 볼 수 있다.

우계는 또 상례 때 소렴(小殮)[87]하는 과정에서의 상복 입는 의례에 대해 질문하였는데, 송익필은 다음과 같이 답변하였다.

환질(環絰) 등 변복(變服)하는 한 예절은 비록 《구씨의절》에 기재되어 있지만, 《주자가례》에서는 깎아 낸 것이다. 초종(初終)으로부터 성복(成服)에 이르기까지 그 사이의 변복하는 절차가 《주자가례》에 매우 등급이 있으니, 주자가 정해 놓은 바를 버리고 다시 옛날 예문을 찾을 수는 없다. 면(免, 또는 문)[88]에 대한 제도도 《주자가례》에 따르고 《구씨의절》을

---

87) 소렴(小殮)은 시신을 옷과 이불로 싸는 절차를 말한다. 대개 사망한 다음날 행한다.
88) 면(免): 상복(喪服)의 하나. 단(祖)은 몸에 장식을 없애는 것이며, 문(免)은 사각건. 관(冠)은 지극히 존귀하여 육단(肉祖)의 차림에는 맞지 않으므로 문(免)으로 대신하였으며, 면(免)은 면(冕)과 음(音)이 같아 잘 구별이 되지 않아 문으로 음을 바꾸었

버려야 한다. 어떻게 여기겠는가? 요질(腰経)[89]의 흩어진 드리움은 자세히 참최(斬縗)[90]의 아래에 갖추어져 있으며, 재최(齋縗)와 기년복(朞年服)[91] 이하에도 모두 이르되, "복제(服制)는 위와 같다." 하였으니, 마땅히 기년복 이하에도 통용할 수 있다. 다만 옛날 예문이 성복에 이르러서야 묶는다(絞, 또는 꼰다) 하였는데,《주자가례》에는 성복하면 흩어져 드리운다 하였고, 옛날 예문에는 빈(殯)[92]을 열 때(啓殯) 흩어진다 하였고, 또 졸곡에는 묶는다(絞) 하였는데,《주자가례》에는 모두 삭제하였으니 바로 빠뜨린 문장 같다. 또 주자가 이르되, "요질을 흩어져 드리움은 큰 띠를 모상한 것이다". 하였으니, 이로 본다면 초상 끝날 때까지 흩어져 드리워야 할 것 같다. 이에 대한 해설이 간단해서 지금 만약《주자가례》의 흩어진 드리움을 따른다면, 졸곡 후에는 옛날 예문대로 묶는다(絞)는 것이 옳은 것인가 한다. 어찌해야 할지 모르겠다. 분상(奔喪)[93]한 사람이 성복하는 예문은 비록《주자가례》에 기재되었으나 자세하지 않다.《의례경전》의 〈분상조〉에 삼베옷을 입기 전에 분상함은 주인이 성복해서 질을 하기 전이다. 관계가 먼 사람은 주인과 함께 모두 성복하고, 가까운 자는 그 삼베로 띠와 질을 만드는 날짜를 닦는다." 하였다. 그 주

음. 단문은 왼쪽 어깨를 벗으며, 머리를 풀어헤치고 사각건을 쓰는 것으로 오세 이상 친(五世以上親)은 복(服)이 없이 단문만 함.

89) 요질(腰経): 상복을 입을 때 허리에 띠는 것으로서, 짚과 삼으로 동아줄처럼 굵게 만든 띠.

90) 참최(斬縗): 오복(五服)의 하나. 아버지나 할아버지의 상(喪)에 입음. 삼년상에 입는데, 거친 베로 짓되, 아랫단을 꿰매지 않음.

91) 기년복((朞年服) : 1년 동안 입는 상복.

92) 빈(殯): 관을 임시로 안치하는 곳, 또는 그 의식.

93) 분상(奔喪): 외지에 나가 있는 자식이 부모의 상(喪)을 당해 부음(訃音)을 전해 듣고 집으로 돌아가기까지 취하는 행동 절차.

(註)에 "친한 사람은 대공(大功, 4촌 이상)이상이고, 소원한 사람은 소공 (小功, 6촌 이하) 이하이다. 소원한 사람도 주인의 예절에 해당하는 이는 그대로 따르고, 미치지 못한 이는 또한 스스로 그 날짜의 수를 써야 한 다." 하였으니, 《의례경전》을 따름이 어떠하겠는가. 요질은 옛날 예문을 따라서 성복하는 날에는 묶고, 빈을 여는 때는 흩어 드리우며, 또 졸곡 때에는 묶는 것이 옛날 예문에 부합할 듯하다.[94)]

송익필의 답변을 요약하면 허리띠를 두르는 의례 등 상복으로 갈아입 는 변복(變服)의 예절은 《구씨의절》에 기재되어 있지만, 《주자가례》에서 는 깎아 낸 것이라 하였다. 초종(初終)으로부터 성복(成服)에 이르기까지 의 변복 절차가 《주자가례》에 등급이 있으니, 이를 좇는 것이 옳다고 하 였다. 또 면(免)에 대한 제도는 《주자가례》에 따르고 《구씨의절》을 버려 야 한다고 하였다. 분상한 사람이 성복하는 예문은 비록 《가례》에 기재 되어 있으나 자세하지 않다 하고, 《의례경전》에 근거하여 촌수가 먼 사람 은 주인과 함께 모두 상복을 입고, 촌수가 가까운 자는 그 삼베로 띠와 질(絰)을 만드는 날짜를 닦는 것이 좋다고 하였다. 또 요질은 고례에 따 라 성복하는 날에는 묶고, 빈을 여는 때에는 흩어 드리우며, 졸곡 때에는 묶는 것이 옛 예문에 부합한다고 하였다.

위의 예문에서 송익필은 변복과 두건과 두건의 색깔에 대한 문제에서 《구씨의절》을 버리고 《주자가례》를 좇아서 유가 정통의 예법을 추구하였 고, 요질 문제에서는 고례를 추구하고 있음을 알 수 있다.

---

94) 《구봉집》, 권6, 〈예문답〉, 〈답호원문(答浩原問)〉

성혼은 또 율곡의 누이 남편에 대한 서열의 예절에 문제가 있음을 지적하여 질문하였는데 송익필은 다음과 같이 대답하였다.

예문(禮文)에 좌우(左右)와 전후(前後)가 모두 이치에 합해야 중도(中道)를 얻음이 됩니다. 숙헌이 비록 윤공(尹公)의 아버지를 높이고자 하지만, 윤공의 아버지가 어떻게 아내의 나이만 믿고 나보다 나이가 많은 숙헌의 위 자리에 거하겠습니까? 보내온 말이 참으로 맞습니다. 지난번에 숙헌을 보았는데 그 일이 옳지 못함을 말하였더니 대답하되, "누님이 나에게 어른이니 누님이 하늘로 여기는 바가 그의 남편입니다. 형세가 그 위에 앉을 수 없습니다." 하기에 내가 그렇지 않다 하였습니다. 아마도 다른 줄을 해야 편할 것이고, 만약 다른 줄을 하기 어려운 곳에서는 숙헌이 윤씨(尹氏)의 위에 앉는 것이 옳으며, 윤씨가 숙헌의 위에 앉음은 옳지 않다. 또한 예문에 이르되, "여자가 남편의 나이에 따라 앉는다." 하였으니, 지금 어찌 감히 남편으로서 여자의 나이에 따라 앉겠는가? 또 예문에 이르되, "남자와 여자는 어른이 다르다" 하였습니다.[95]

율곡이 자형(姊兄)인 윤담(尹聃)보다 나이가 훨씬 많음에도 불구하고 누님의 남편이라는 명분으로 자형에게 형님의 예를 갖추는 데 대해, 성혼이 문제를 제기하고 이에 송익필이 답한 것이다. 이이는 자형인 윤담의 부친보다도 나이가 많지만 누나를 중심으로 예를 따져 형님의 예를 갖추어 윗자리에 앉게 했던 것이다.

---

95) 위의 글.

이에 대해 송익필은 예문(禮文)에 의거하여 좌우(左右)와 전후(前後)가 이치에 맞아야 중도(中道)를 얻는 예가 된다 하고, 여자는 남편의 나이에 따라 앉는 것이 예문의 정신에 맞는다고 하였다. 예는 천리이자 현실에서 인사(人事)의 의칙이 되어야 한다. 천리를 인사에 실천하는 준거가 되는 것이 예이다. 이러한 예는 감정을 지닌 인간이 실천할 때에 의리와 명분에 합당한가를 살펴야 한다. 그래서 예를 실천하고자 하려면 송익필이 예문에서 주장했듯이 위와 아래와 좌우전후에 맞아야 한다. 이는 유가의 인(仁)을 실천하는 방법인 서(恕)의 혈구지도[96]이다. 또 이치에 합하는 중도에 맞아야 한다고 했다. 이는 곧 시중지도를 말함이다. 이는 앞서 살펴본 정철과의 예문답 가운데서도 조문하는 문제에서 송익필은 예가 고금이 다르고 형세가 다르다면서, 때에 따라서 마땅하게 처리해야지 글이나 문자에 구속되지 말라고 하였다.[97]

4) 율곡 이이와의 예문답

다음은 율곡의 서모(庶母)에 대한 예우 문제에 대해서 우계와 율곡과 송익필 사이에 논변을 나누었던 예문답을 살펴보겠다.

송익필은 우계와 함께 율곡이 제사지낼 때 서모의 위치를 자부(子婦, 며느리)의 조금 앞자리에 서게 하고자 하는 것에 대하여 예법에 어긋나

---

96) 《대학》: "所惡於上 毋以使下 所惡於下 毋以事上 所惡於前 毋以先後 所惡於後 毋以從 前 所惡於右 毋以交於左 所惡於左 毋以交於右 此之謂絜矩之道"

97) 《구봉집》, 권6, 〈예문답〉, 〈답계함문(答季涵問)〉: "禮異今古 且異其勢 故舊親厚 或欲 問孀母病候 或欲察孤子疚容 拒以几筵在他 於情未穩 隨時量宜以處 勿拘文字 如何 如何"

는 것이라고 다음과 같이 비판하였는데 성혼에게 보낸 편지를 살펴보자.

모든 예절은 명분을 지키고 혐의(嫌疑, 문제가 되는 것)를 분별함으로 무거움을 삼는 것입니다. 그러므로 예로부터 예문가(禮文家)에서 서모(庶母)의 위치를 인정하지 못하는 것이 이 때문입니다. 예절은 제사보다 무거운 것이 없는데, 제례(祭禮)에서 차례대로 서는 자리에 서모의 자리는 있지 않으며, 그 나머지 집안 무리들에 크고 작은이가 있는 곳에도 서모의 순서는 보이지 않습니다. 비록 혼례에서만이 서모가 문안에서 내쳐 거듭 말한다는 글귀가 있지만, 이것도 위치를 말한 것은 아닙니다. 다만 상례(喪禮)에서 첩비(妾婢)는 부녀의 뒤에 선다고 말하였으니, 여기에서 첩(妾)이라 한 것은 바로 죽은 자의 첩입니다. 상주(喪主)에게는 서모가 되니, 이로 본다면 서모가 평소에 집안 무리들의 모임에 참여하지 못하는 것은 혐의를 분별하기 때문입니다. 부득이 해서 참여하면 반드시 부녀들의 뒤에 선다는 것은 명분을 지키기 때문입니다. 혹은 이르되, "서모가 자부(子婦)의 뒤에 있음이 마땅치 않다. 여기에서 첩이라 함은 바로 죽은 자의 아들의 첩이다." 하지만 이는 매우 그렇지 않습니다. 모든 상례(喪禮)에 아내니 첩이니 하는 것은 모두 죽은 사람을 근거로 해서 하는 말입니다. 어찌 여기에서만 죽은 자의 아들을 근거로 해서 말을 하겠습니까? 또한 죽은 자의 아내가 그 자부(子婦)를 거느리고 자리에 있으면 첩은 참으로 그 사이에 끼어들지 못하고 그 뒤에 있어야 정서로나 예법으로나 마땅하지 않겠습니까? 또한 지금 만약 하나의 가장(家長)이 어머니를 받들고 예를 행하느라 당중(堂中)에 모여 있으면 자부의 무리들이 또한 당중(堂中)으로 모일 것입니다. 서모가 만약 부득이해서 나오면 어찌 이 당중으로 나와 참여 하겠습니까? 진실로 마땅히 기둥 바깥에 있어야 할 것입니다. 지금 율곡이 어머니를 받들고 있지 못하므로 이 기둥 바깥에 있어야 할 사람을 추존해서 당중(堂中)의 높은 자리에 처하게 하면 이것이 어찌 혐의를 분별하는 예법이 되겠습니까? 예경(禮經)에서 다섯 등급의 복(服)을 차례하여 사람들의 정서를 조절하는데 서모가 아들이 있은 연후에 다만 시마복(緦麻服)[98]을 허락하였은즉, 율곡의 서모는 바로 복(服)도 입을 수 없는 사람입니다. 이 복(服)도 없는 사람을 높여서 집안 무리들이 위에서 누리게 한다면 이것이 어떻게 사람의 정서를 조절한다 하겠습니까? 또한 첩의 아들이 아버지의 후사(後嗣, 대를 이은 사람)가 된 자가 그 어머니를 위하는 복(服)에도 내려 깎아서 반드시 시마복에 이른 연후에 예문에 합당한 것은 혐의를 분별하기 때문입니다. 어찌해서 그러함을 아는가? 모든 남의 후사가 된 자는 그 어머니를 위해 다만 한 등급만 내리는데 아버지의 후사가 된 자는 그 어머니의 복(服)을 내리는 데에 바로 시마에까지 이르는 것은 이미 그 아버지의 후사가 되어 그 적모(嫡母)를 어머니로 삼았으니 두 어머니의 혐의가 있기 때문입니다. 반드시 내려서 아버지의 다른 첩과 복(服)을 같이한 연후에 바야흐로 혐의를 구별하는 법에 합치되는 것입니다. 이로 미루어 본다면 선왕이 예법을 만드는 은밀한 뜻을 받을 수 있는 것입니다. 나의 생각은 율곡이 어머니를 받들 때에는 서모가 더러 당중(堂中)에 들어오더라도 다만 분수에 침범이 되겠지만, 지금 어머니가 안계신데 중당

---

98) 시마복(緦麻服): 상례(喪禮)의 오복제도(五服制度)에 따른 상복. 시마에는 3개월간 상복을 입는데, 이때의 상복을 시마복이라 하고, 시마복을 입는 친족의 범위를 시마친이라 한다. 시마친의 범위는 위로 고조를 중심으로 한 후손, 아래로는 4대손, 즉 8촌까지를 망라하고 있다

에 들어옴을 허락한다면 예문의 큰 근본을 잃는 것이 아니겠습니까? 율곡이 서모를 높이고자 함은 선친을 받들어 모시었기 때문이라 하겠지만 선친을 모시었다 해서 자부의 위에 올리면 선비(先妣)에게 혐핍이 되는 것은 생각지 않습니까? 모든 혐의에 대한 예법은 비록 끊고 멀리해도 오히려 명분에 침범되는 폐란이 있는 것이므로 계모(繼母, 적실의 부인으로 자식이 없는)는 비록 아들이 없어도 삼년복을 입지만 서모인즉 비록 자식이 있더라도 시마복을 입으니 서로의 거리가 다섯 등급의 복(服)에서 어찌 멀지 않은가? 그래도 후세에 오히려 맞서는 외람됨이 있는 것입니다. 율곡은 자리의 조금 뒤로 하는 것 가지고 적, 첩의 구분을 삼고자 했으니 옳지 않음이 아니겠습니까? 삼대(三代)로부터 오늘에 이르기까지 천백 년의 사이에 예문을 행하고 예문을 설명하는 이가 헤아릴 수 없이 많았지만, 서모로 하여금 적실(嫡室) 부녀의 사이에 섞여 앉아 행례한다는 것은 듣지를 못하였습니다. 나의 생각은 서모의 위차에 대해서 명분이 있지 않으므로 적실부녀의 사이에 끼어들 수 없음을 더욱 믿게 되는 것입니다. 율곡은 도리어 명분이 없다고 해서 적실부녀의 위에 올리니 어떻게 되는지 모르겠습니다. 삭망에 독법(讀法)하는 예는 폐지된 지 오래인데, 율곡이 홀로 거행하니 한갓 지금의 예를 좋아하는 사람들이 사모해서 행할 뿐 아니라 글을 쓰는 자라면 반드시 하나의 의식과 하나의 동작이라도 써서 오는 세상의 모범이 되게 할 것이니 세상 교육에 유익함이 큰 것입니다. 그러나 혹시라도 적서(嫡庶)의 큰 근본에 실례하면 한 자리의 사이에서 이미 천리(千里)로 어긋나는 일이 되어, 처음에는 한 세상의 성대한 예절이 되다가 도리어 무궁한 폐해가 되리니 깊이 생각하지 않을 수 있겠습니까?[99]

　이 글에서 송익필은 예절이란 명분을 지키고 분별함을 무거움으로 삼는 것으로 그 가운데 제사가 가장 무거운 것이라고 전제하면서, 제례에서 서모의 위차는 없는 것이라고 하였다. 비록 위차를 말함은 아니지만 혼례에서 서모는 문안에서 거듭 말한다는 글귀가 있고, 상례에서는 부녀의 뒤에 설 수 있을 따름이라고 한다. 그리고 예경에 계모(繼母)는 남편이 죽으면 삼년복을 입지만, 서모는 아들이 있으면 시마복(3개월복)을 입을 수 있고, 아들이 없는 서모는 시마복도 입지 못하는 것이라 이르고 있다고 한다. 그런데 이이는 자식도 없는 서모를 적실부녀의 자리 조금 뒤에 서게 하여 행례를 하려고 하니 이는 예법에 어긋나서 온당치 못한 것이라고 비판하고 있다.

　이러한 송익필의 예에 대한 견해는 천리의 절문과 인사의 의칙으로서 삼대지례(三代之禮)로부터 이어지는 예법을 그 기준으로 보고 있다고 하겠다. 부친을 가까이서 모시던 서모에 대해 율곡이 정리(情理)에 따라 제사의 자리에 위차를 마련하여 예우하고자 함은 삼대의 예법에서부터 지금껏 전례(前例)가 없었던 경우이고, 예경에도 없는 것을 행하고자 하니 적모의 큰 근본에 대한 실례가 되어서 후세에 무궁한 폐해가 된다고 걱정하고 있는 것이다.

　여기서 적모의 근본에 대한 실례(失禮)를 범한다는 것을 분석해 보면, 《논어》에서 공자가 효(孝)에 대한 물음에 "효란 살아계실 때와 돌아가셨

---

99) 《구봉집》, 권6, 〈예문답〉, 〈여호원논숙헌대서모례(與浩原論叔獻待庶母禮)〉

을 때와 제사 지낼 때 모두를 처음과 끝이 하나로 예로써 섬겨야 한다."[100]라고 대답한 말에서 찾을 수 있다. 곧 율곡이 서모를 예법에 어긋나게 섬기고자 함은 적모를 섬기는 예법에 실례가 된다. 이는 돌아가셔서도 살아계신 것처럼 제사를 모시는 것이 효[101]라 하였는데, 제사 때 적모의 자리를 서모가 차지하는 결과가 생기고, 또한 이로 인해 효의 지극함도 잃게 되는 것이다. 예의 명분과 분별이 없어져서 당세의 이름난 재상인 율곡을 흠모하여 배우는 자들이 한때에 따르게 되더라도, 후세에는 결국 예법을 어지럽게 만드는 결과를 초래하게 되는 것을 송익필은 걱정한 것이라고 하겠다.

위에서 이어진 글에서는, 서모의 위차에 대한 문제를 율곡은 우계와도 문답의 글을 주고받았고, 다시 성혼과 송익필이 편지를 주고받으며 세 사람이 예법에 대해 강마하고 있는 내용이다. 우계는 율곡에게 서모의 집안의 연회 참석은 가(可)하다고 하였지만, 송익필은 제사든 연회든 서모는 위차가 없어서 불가(不可)하다고 하였다. 집안의 연회는 평상시의 예법인데 서모를 위로 받드는 것은 위차가 없는 이유로 어긋나는 것이며, 이는 삼대의 예법과 한(漢)나라 예법에서도 없었던 것이라고 한다. 그리고 서모를 대하는 예법에 대해서 첫째, 높이 별방(別房)에 거처하게 하고, 둘째, 적실부녀에게 간섭하지 못하게 하며, 셋째, 비첩(婢妾)들과 어울리지 못하게 하여야 한다고 하였다. 넷째, 집안일에 대해서 여쭈어 결정할 필요는 없으며, 다섯째, 삭망참례가 끝나면 집안사람들이 서모의 별방에

---

100) 《논어》, 〈위정〉: "樊遲曰 何謂也 子曰 生事之以禮 死葬之以禮 祭之以禮"

101) 《중용》: "踐其位 行其禮 奏其樂 敬其所尊 愛其所親 事死如事生 事亡如事存 孝之至也"

나아가 참배하여 예우하는 것이라고 하였다.[102] 그리고 여섯째, 남편이 첩을 대하는 도리에 대해서 말하였는데, 아내보다 차별하는 것이 아니라 아내에 버금가게 해서 구별하여, 반드시 모시는 노비와 같이 한 연후라야 혐의가 변론되는 것이라고 하였다. 또 일곱째, 자식이 서모를 모시는 도리에 대해서는 어머니보다 차별하는 것이 아니라 어머니에 버금가게 해서 구별하고 반드시 친족같이 하지는 못하지만 복(服)이 없게 한 연후에야 명분이 비로소 정해지는 것이라고 말하였다. 여덟째, 제사가 끝난 뒤 서모의 방에 가서 참배하고, 음복과 연회에서는 서모가 나와서 뒤 항렬의 높은 자리에 있어야 한다고 했다. 이는 서모가 비록 높음이 며느리의 위에 있지만, 뒤에 서게 해서 구별을 하는 것은 위치와 서열을 혼동하지 않게 하기 위한 때문이며, 자식이 아버지를 받든 살림을 주장한 첩을 받듦에 있어서 예의가 이와 같아야 한다고 생각하는 것인데, 고례에서는 보지 못하여서 감히 결정을 하는 것은 아니라고 하였다.[103]

　　여기서 송익필은 삼대의 예법을 근거로 위차가 없는 서모에 대해 제사에는 참석을 못하지만 제사 끝난 뒤에 가족들이 서모의 방에 가서 참배를 드리고, 음복과 연회에는 나와서 며느리의 뒤에 항렬 높은 곳에 자리한다고 하였다. 그리고 남편의 첩에 대한 도리와 자식의 서모에 대한 도

---

102)《구봉집》, 권6, 〈예문답〉, 〈여호원논숙헌대서모례(與浩原論叔獻待庶母禮)〉

103) 위의 글: "大凡有妻有妾者 或有愛憎之私 而不敢犯分者 只賴其分甚遠位甚絶也. 然而或有非常之變焉 待妾之道 不以差於妻亞於妻爲別 必直與侍婢同列 然後嫌疑自卞 爲子者 待庶母之道 亦不以差於母亞於母爲別 必直與非族同而無服 然後名分始定矣 今旣以妾婢爲名 而有加之子婦之上之理乎 所謂名不正則言不順者是已. 栗谷亦旣有妾 妾嫡之分 不可不明白矣 某適有故 此錄令舍弟 將某意爲錄者也 而唯不得餕不得宴之條下文之間 語意與某見稍異 某則謂參拜 乃於庶母房中 而餕與宴 宜出在後行之高 雖高在子婦上 而以後爲別 非混參位序故也 此謂子奉父之主中饋之妾 禮或如是 而未見古禮 未敢爲定也"

리에서 각각 아내와 적모에 비해 차별하지 않고 버금가는 예우를 혐의와 명분에 맞게 하여야 한다고 말하여서, 예의 종법질서(宗法秩序)에 따른 명분과 의리를 전제로 한 평등의 예법을 논하고 있는 점은 송익필 예학의 특성이라 하겠다.

이러한 송익필의 견해에 대해 우계도 의견을 함께하고 율곡의 서모에 대한 예의가 예법에 어긋난다고 비판하였고, 송익필이 다시 우계에게 보낸 편지에서 다음과 같이 말하였다.

> 내 생각에는 예문(禮文)에 서모의 위차가 없는 것은 바로 비첩의 대열에 있음을 이미 밝게 말한 바입니다. 그대의 가르침과 같이 지극히 분명하지만 숙헌이 보면 반드시 의문을 제기할 것이니 그 답장 편지에 어떻게 비졌는지 모르겠습니다. 또한 나의 소견은 연회에는 참여케 하고자 하는 것은 제사와 삭망참례는 바로 예문가(禮文家)의 근엄한 곳이라 아버지의 비첩이라도 그 사이에 존중될 수 없지만, 연회에는 바로 한 집안이 합동으로 즐거워하는 자리이니 방친(旁親)이나 손님들이 밖으로부터 왔으며, 또한 자리에 차례대로 앉기 때문에 서모로 나와서 참례(參禮)하여 친애하는 정의(情意)를 펴게 하자는 것입니다.[104]

송익필은 서모의 위차가 예문에 없는 것은 비첩의 대열에 있음이라고 생각한다고 하였다. 그리고 연회에 참여하게 하고자 하는 것은 집안 합

---

104) 위의 글: "鄙意禮無庶母位者 乃在婢妾之列 已明言之也 如明誨極分明 叔獻見之 必起疑端 未知答書以爲如何也 且鄙見欲參於餕與宴者 祭與朔望參 乃禮之嚴敬處 不可以父之婢妾尊於其間 餕與宴 乃一家合同和豫之禮 旁親賓客 自外而至 亦可序坐 故庶母可出參禮 以展親愛之情耳"

동의 즐거운 자리여서 서모도 참례하여 친애하는 정의(情意)를 펴게 하자는 뜻이라고 하였다.

그러면 이에 대한 율곡의 입장을 살펴보자. 우계에게 보내는 편지 속에 들어 있는 서모 위차 문제의 비판에 대한 율곡의 답장은 다음과 같다.

> 만약 서모로 하여금 부녀(婦女)의 뒤에 서게 한다면 다만 적실(嫡室) 며느리만 앞에 있는 것이 아니라 비록 자기가 낳은 자식의 며느리도 반드시 앞에 있게 될 것이니, 적실(嫡室)과 맞서는 것을 피하고자 하다가 시어미가 며느리 뒤에 있게 하면, 순임금이 아비인 고수(瞽瞍)의 조회를 받는 격이 되지 않겠습니까? 이것이 하나의 어려움입니다. 서모(庶母)도 여러 가지가 있으니 아버지가 만약 모시는 여비(女婢)를 좋아해서 자식을 둔 것이 서모라 함은 참으로 천첩(賤妾)으로서 며느리의 위에 처할 수 없지만, 만약 아버지가 아내를 잃은 뒤에 양가(良家)의 딸을 맞이해서 살림을 주장하게 했다면 그 아버지가 살았을 때에 이미 며느리의 위에 있었을 것인데, 지금 아버지가 돌아가신 까닭으로 도리어 억눌러서 며느리의 아래에 앉게 한다면 이것은 정리에 어떠하겠습니까? 이것이 두 번째 어려움입니다. 아버지의 비첩(婢妾)인 즉 자식이 있으면 복(服)이 있고, 자식이 없으면 복이 없습니다만 만약 주인의 첩이면 바로 귀첩(貴妾)입니다. 자식이 있고 없고를 따지지 않고, 그 가장이라도 오히려 복이 있는데 더구나 자식이 아버지의 귀첩을 대함에 어찌 자식이 없다고 복이 없을 수 있습니까? 더구나 함께 한 집에서 생활만 하였어도 시마복을 입는 것이 예문에 나타나 있는데, 아마도 복이 없다고 지목하지 못할 듯합니다. 그런데 지금 형은 정론(定論)을 내려 복이 없다 하니 이것이 세 번

째 어려움입니다. 옛 사람은 어버이를 사랑하기에 어버이가 사랑한 사람도 사랑한다 하여 개와 말에까지도 그러하다 하였는데, 서모는 이미 아버지를 모시고 잠자리도 함께한 사람인데 자식이 사랑하고 존경하지 않을 수 없습니다. 지금 위차(位次)에 대해서 혐의스러움이 있다고 하여 홀로 한 방에 처박혀 있고, 감히 머리도 내보이지 못한다면 집 사람들이 서로 연회함에 서모는 나와서 참예하지도 못하고 울음을 삼키고 날을 보낸다면 이는 바로 묶여 있는 죄수와 같은 것이니 인간 정서에 어떠하겠습니까? 이것이 네 번째 어려움입니다.[105]

율곡은 송익필과 우계가 자신이 서모를 존귀하게 예우하는 것이 예법에 어긋난다고 비판하는 데 대해 일단 동의하지 않는다.

그 이유는 첫째로, 만약 서모로 하여금 부녀의 뒤에 서게 한다면 다만 적실(嫡室) 며느리만 앞에 있는 것이 아니라 자기가 낳은 자식의 며느리까지도 반드시 앞에 서게 되므로, 적실과 맞서는 것을 피하고자 하다가 시어미가 며느리 뒤에 있게 하는 경우가 생겨, 마치 순임금이 아버지 고수의 조회를 받는 격이 되지 않겠느냐는 것이다.

둘째로, 아버지가 아내를 잃은 뒤 양가(良家)의 딸을 맞이해서 살림을

---

105) 위의 글: "儻使庶母立於婦女之後 則非但嫡婦居前 雖所生之子婦 亦必居前矣 欲避匹嫡之嫌 而使姑居婦後 無乃虞舜受瞽瞍朝之禮乎 此一難也 庶母亦多般 父若幸侍婢而有子者 謂之庶母 則此固賤妾不能處子婦之上矣. 若使父於喪室之後 得良女主饋 以攝內政 厥父生時 已居子婦之上矣 今以父歿之故 還抑之 使坐子婦之下 則於人情何如哉 此二難也 父之婢妾 則有子者有服 無子者無服矣 若主家之妾 則乃貴妾也 不論有子無子 而其家長尙有服 則況子爲父之貴妾 豈可以爲無子而無服乎 況同爨緦者 著之禮文 恐不可目之以無服 今兄定論以爲無服 此三難也 古人慕親者 所愛亦愛之 犬馬尙然 庶母旣經侍寢 則子不可不愛敬也 今以位次之嫌故 使之塊處一室 不敢出頭 家人相率宴樂 而庶母不得出參 飮泣終日 則是乃囚繫也. 於人情何如哉 此四難也"

주장하게 했다면 그 아버지가 살았을 때에 이미 며느리의 위에 있었을 것인데, 지금 아버지가 돌아가셨다 해서 도리어 서모를 며느리의 아래에 앉게 한다면 정리(情理)에 맞지 않는다는 것이다.

셋째로, 함께 한 집에서 생활만 했어도 시마복을 입는 것이 예문에 나타나 있는데, 아버지의 귀첩(貴妾)에게 자식이 없다고 복을 입히지 않는 것은 옳지 않다는 것이다.

넷째로, 어버이가 사랑한 사람도 사랑하여서 어버이가 사랑한 개와 말까지도 그러한데, 서모를 자식으로서 사랑하고 존경하지 않을 수 없다는 것이다. 지금 위차(位次)에 대해 혐의스러움이 있다고 해서 홀로 한 방에 처박혀 있고, 감히 머리도 내보이지 못한다면, 서모는 집안의 연회에도 참예치 못하고 울음을 삼키고 날을 보낸다면 이는 바로 묶여 있는 죄수와 같으니, 인정(人情)의 도리에 맞느냐는 것이다.

그리고 다섯째로, 위차가 문제가 되면 서모가 서쪽 벽에 앉아서 며느리와 마주하여 절하는 위치에 서면 선비(先妣, 죽은 어머니)에게 허물이 되지 않을 것이라고 하였다.

여섯째로, 송익필이 서모는 높이고 서형제(庶兄弟)들은 천비(賤婢) 자리로 내몰려고 하는 세속의 인심을 비판하였는데, 나(율곡)는 세상의 인심이 서모 보기를 비첩(婢妾)과 같이 하고 서자(庶子)들마저 그 어머니를 비첩으로 여기는 자들이 있으니 이를 더 비판해야 하지 않느냐고 하였다.

일곱째로, 율곡은 서모의 위차를 높임은 위차만 위에 있을 뿐이고, 집안일은 가장(家長, 주부, 맏며느리)이 책임져야 한다는 말이라고 하였다.

그리고 율곡은 우계에게 자신의 처지를 경험하지 않고 관념적으로 예(禮)를 단정해서는 안 된다고 하였다.

이에 대해서 율곡의 글 끝에 이어진 우계에게 쓴 나머지 글에서 송익필은, 율곡의 답장편지가 이와 같으니 예절은 비록 지나치지만 정리(情理)는 알만 하며, 다만 고수에게는 순임금이 비록 천자가 되었더라도 고수는 그의 아버지인데, 첩의 자식은 그렇지 않다고 하였다. 이미 선비(先妣)를 받들었으면 그 생모(生母)가 주부(主婦, 제사 모시는 주인의 아내, 또는 맏며느리)의 앞에 나서지 못하는 것은 적모(嫡母)를 어머니로 삼았기에 적모의 특별한 위차가 주부의 앞에 있기 때문이며, 율곡은 앞에 거함으로 결단을 하는 것이 하나의 실수라고 하였다. 아버지의 첩에 복(服)이 없는 것을 반드시 복을 있게 하려 하니 이것도 예문이 아니고, 함께하는 사람이 시마복을 입음과 아버지의 첩으로 자식이 있는 자에게 시마복을 입는 것은 두 가지 조목이라고 말하였다. 또 말하기를 우리의 배움이 전진함을 기다린다는 가르침은 의리에 합당하지만, 또한 오늘날에 알고 있으며 결정한 바로 강론해서 그 바름을 취하지 않을 수도 없다고 우계에게 말하고 있다.[106]

이 글을 통해 볼 때 율곡은, 부친이 사랑하였으며 집안에서 모시고 사는 서모에 대한 정리(情理)의 입장이고, 송익필은 예법의 협의와 명분의 입장에서 견해를 밝히고 있는 것이라 할 수 있다. 여기서 송익필은 율곡의 정리(情理)는 알 만하지만 예는 지나치다고 비판하였고, 우계와 강론한 바의 올바름을 취하지 않을 수 없다고 하여 예의 엄중함과 의리의 바

---

106) 위의 글: "叔獻所答如是 禮雖或過 情則可取 但舜之於瞽瞍也 舜雖爲天子 而瞽瞍則
其父也 妾子則不然 旣奉先妣 則其生母不得居主婦之前者 以嫡母爲其母 而嫡母特位
主婦前故也 叔獻斷之爲居前 一失也 父妾之無服者 必欲有服 是亦非禮也 同爨之緦
父妾之有子者緦 自是二條也 叔獻欲合而同之 二失也 欲待吾學有進 來敎合義 而然
亦不可不以今日所知所定爲講 而取其正也"

름을 좇고 있음을 알 수 있다.

앞서 보았듯이 예문에서 율곡은 서모에 대한 위차가 없고 복(服)도 없다고 한 송익필의 글에 대해서 네 가지의 이유로 인해서 인정상(人情上) 동의하지 못하며, 또 서모를 서쪽 벽에 위치하도록 하여 선비(先妣)의 자리와 구별하고자 하면서 위차만 높일 뿐 가장(家長)의 일을 책임지는 것은 아니라고 논변하였다. 그리고 성혼에게는 자신의 일이 아니라고 예(禮)를 관념적으로 정하여 논한다고 말한 율곡의 입장을 보았다.

이러한 율곡의 답장에 대해서 송익필은 다음과 같이 한 발 물러서서 예법(禮法)과 정리(情理)에 모두 마땅하게 하고자 하는 절충적인 답장을 보내고 있다.

(숙헌이 이르기를)제사를 받드는 첩의 아들의 어머니를 참으로 주부(主婦)의 앞에 서게 할 수 없거니와, 또한 주부의 뒤에도 서게 할 수 있겠습니까? 앞에 설 수 없게 하는 것은 적·첩의 구분이고, 뒤에도 설 수 없는 것은 모자(母子)의 윤리 때문입니다. 지난번에 승중(承重, 아버지를 대신해서 조부모 상을 받음)한 첩의 아들이 찾아와서 제사 때에 그 어머니의 위치를 질문하기에 내가 대답하기를 마땅히 주부의 서쪽 조금 앞에 서게 해야 한다 하였으니 형(송익필)은 반드시 옳지 않다 할 것입니다. 그러나 삼대(三代) 이후에 적·첩의 구분을 어지럽히는 사람이 많았습니다마는 만약 모자의 윤리를 어지럽히면 사람들은 더욱 해괴하게 여길 것입니다. 아마도 모자가 적·첩보다 무거워서입니까? 그대의 의론에는 항렬이 많음으로 행할 수 없다 하나 이는 그렇지 않습니다. 만약 예문이 그렇지 않다면 그만이고 예문에 방해만 없으면 비록 천항 백열인들 무슨

관계가 되겠습니까? 자손들이 수대에 걸쳐 나뉘어 낳았으니 항렬 또한 많아졌습니다. 어찌 항렬이 많다고 해서 소목(昭穆)을 하나의 항렬로 합칠 수 있겠습니까? 뭇 첩들도 그러하니 참으로 서열을 나눌 수만 있다면 아무리 항렬이 많다 해도 그만둘 수 없는 것입니다. 대저 귀첩(貴妾)이 비복(婢僕)보다 다름은 삼대(三代) 이래도 모두 그러했으니 아마도 일제히 비첩으로 제쳐 놓을 수는 없습니다. 함께 한 집에 산 이가 시마복을 입는 것은 아버지 첩으로 자식이 없는 자를 말한 것은 아닙니다. 비록 자식이 없더라도 어찌 복(服)이 없다고 할 수 있습니까? 가령 복(服)이 없더라도 또한 함께 생활하므로 복이 있어야 합니다. 이는 숙헌의 서모를 지적해서 말하는 것이고 범연하게 남의 서모를 말하는 것이 아닙니다.[107]

이와 같은 율곡의 강변에 대해서 송익필은 율곡 자신이 행례하는 경우와는 달리 후사(後嗣)를 잇는 첩의 아들에 관한 사례를 들고, 비첩의 항렬을 가지고 소목의 당당한 바른 위치를 비교하여 혼동을 하므로 예문(禮文)이 바로 서지 않는 것이라고 비판을 하였다. 또 시마복에 대해서도 같이 생활한 사람들이란 어울렸던 같은 무리들을 가리키는 것으로서 예문에도 나온 것인데, 여기에 자식도 없는 서모를 비교하여 복(服)을 입히고자 하여 예를 어지럽게 한다고 비판하였다. 그리고 귀첩(貴妾)이란 제후대부에게나 이르는 것으로 유가의 선비에게 귀첩이란 없는 것이라고 하였다. 그리고 인정상 살림을 주관한 아버지의 첩에게는 마땅히 별다른

---

107) 《구봉집》, 권6, 〈예문답〉, 〈예문답답숙헌문(禮問答答叔獻問)〉

예우가 있어야 하겠지만, 그 근거를 찾지 못하였다고 한다. 그러나 예문을 만들고 음악을 지음은 사람마다 감히 할 일이 아니라고 단정하였다. 그래서 송익필은 서모가 있는 방안에 지극히 높은 자리를 만들어 놓고 그곳에서 참배하고 정침 중에서 모이는 예석에는 뒤 항렬의 높은 곳에 참례하고, 제사·혼인·삭망·독법 등 행례에는 혐의를 피해서 나오지 않게 하여 정리(情理)와 예법(禮法)에 양쪽 모두 마땅하게 하는 것이 좋을 것이라고 말하고 있다.108)

이상에서 본 율곡의 서모 위차에 관한 행례의 문답 글들을 살펴보면, 송익필과 우계와 율곡은 30여년을 도의지교를 맺어 서로 학문을 강마한 도우이다. 또한 앞에서 살펴보았듯이 우계와 송익필은, 임금의 지우(知遇)를 받은 관리이며 안백성(安百姓)의 제일 앞에 서있는 율곡에게 거는 세도에 대한 기대와 존망이 제일 크다고 할 수 있다. 그러한 율곡의 서모 문제에 대하여 우계와 송익필은 도우의 예문에 어긋나는 행례에 대해서 걱정하고 비판하고 권면하면서 강마해 나가고 있음을 볼 수 있다.

예란 천리이면서 현실적인 인사(人事)이다. 또 천리를 인사에 실천하는

---

108) 위의 글: "答奉祀妾子 旣以嫡母爲母 則所生母 何得位居主婦之前 來示旣自誤 而又教人使誤 甚不可 此何等禮也 嫡母在則宜在母位 嫡母不在則宜虛其位 安有以父妾僭居母位之行乎 生母以居婦後之難 宜不出參而已 行列之多 亦非謂如昭穆堂堂正位也 妾旣無位 而兄自辦別位 混於諸位 種種多行 終不得成禮 是僕之未安者也 且同爨之緦 禮文所謂指等輩而言 兄欲引以父妾 亦似未穩 貴妾之稱 在諸侯大夫 而自其下則不可論也 禮有降殺 何得混稱貴妾 古禮未曾見士有貴妾也 凡人於父妾之主中饋者 應有別禮 而未得其據 制禮作樂 亦非人人之所敢爲也 莫如於庶母所在房中 尊爲極高之位 參拜於其中 正寢中之私會私禮 或出參於後行之高處 於祭於婚 朔望讀法等禮 避嫌不出 使情禮兩得之爲佳 更思之如何 大凡兄於禮上 自生己意 頗用活法 甚似不當"

준거가 예이다. 이러한 예는 정리(情理)를 가진 인간이 실천할 때에 의리와 명분에 합당한가를 살펴야 한다. 자칫 지나치거나 미치지 못하면 비례(非禮)가 된다. 예에 맞는 실천을 하고자 하려면 위와 아래와 좌우전후에 맞아야 한다.109) 여기서 위는 경(經)으로서 날줄이 되는 고금(古今)의 예법과 예경(禮經)이라 할 수 있고, 아래라 함은 씨줄이 되는 위(緯)로서 후세에도 의칙이 되는 예법이라 할 수 있다. 송익필의 글에서 찾아보면 직상직하(直上直下)로 정정당당(亭亭堂堂)한110) 예법이다. 또 전후좌우란 시속에 맞는 시의성 있는 예법을 말한다고 할 수 있다.

율곡의 서모 위차에 대한 세 사람의 의론을 통해 볼 때 예를 현실에 적용하는 어려움을 토로하고 있음을 볼 수 있다. 율곡은 다름 아닌 조선 최고의 성리학자로서 바로 자신의 가정 현실에 당면한 예의 실천 문제를 가지고 고뇌하는 모습이 역력하다. 이에 율곡은 인간의 정리를 중시하여 한 가족인 서모에 대해 소홀히 예우할 수 없는 입장이다. 우계와 송익필은 자신의 문제는 아니지만 도의지교를 맺어 온 도우이며, 한 시대의 재상이고 세도를 바로 잡아 안민의 왕도를 펼쳐 주기를 기대하던 율곡이다. 그러한 도우가 삼대의 예법과 예경에도 없는 행례를 함에 불만이고 걱정이다. 송익필이 예가 명분을 잃으면 말이 어지러워진다고 말한 것처럼, 율곡은 서모에 대한 정리를 이유로 예문에 없는 위차를 세우고 복(服)을 입게 하고자 강변을 하기도 한다. 그렇지만 우계와 송익필은 배움을 청하러 온 후학들이 율곡을 흠모하여 율곡의 예를 따르고자 함이 있

---

109) 《구봉집》, 권6, 〈예문답〉, 〈답호원문(答浩原問)〉: 禮左右前後皆得合理 是爲得中"
110) 《구봉집》, 권3, 〈김은자직백설(金穩字直伯說)〉: "民之生也直 直者 天所賦 物所受者也 此所謂天地之間 亭亭堂堂直上直下之正理也 有或不直者 氣稟物欲之使然也"

으니 무궁한 실례(失禮)가 될 것을 걱정하고 엄정하게 비판하였다. 예를 실천하는 데 있어서 천리에 해당하는 고금(古今)의 예법에도 맞아야 하지만, 현실의 정리에도 적합하면서 예의 의리에 합당하여야 한다. 그런데 예악(禮樂)의 제정은 성인(聖人)만이 올바르게 할 수 있는 것이라서 선비는 함부로 정하지 못하는 것이다. 그러므로 송익필은 율곡의 서모 위차 문제에 대해 삼대의 예법과 예경을 근거로 해서 율곡을 엄정히 비판하면서도, 부친이 사랑하였고 집안일을 주관했던 인간적인 정을 생각하여서 예의 의리(義理)와 정리(情理)의 둘 모두에 합당한 방법을 권면하여 시의성을 추구하고자 하였다. 서모에 대한 정리만을 좇아 추존한다면 후학들과 후세의 무궁한 실례가 되니 행례할 수 없는 문제이다. 행례를 하는 데 있어서 가족의 화합이 중요하지만, 화합만 생각하고 예로써 절제하지 않으면 행할 수 없는 것이다.[111] 더구나 당대 최고의 성리학자이며, 세도를 자임한 일국의 신하이고, 의표가 되는 유가의 선비이기에 더욱 예에 어긋난 실례를 남기면 안 된다고 보았다. 이러한 점에서 송익필과 우계는 정리를 예(禮)로써 끊고 시중의 방법을 찾아서 의론하였으며, 율곡에게 권면하여 바른 도리를 정해야 한다고 강마하였던 것이다.

그런데 예로써 사사로운 인정을 끊어야 한다고 본 송익필 대해 그간의 학계에서는 '이례단정(以禮斷情)'의 엄숙주의를 고수하였다[112]고 하여서 보수적이었음을 말해 주는 것이고 원칙주의를 고집하고 있다고 주장하기도 한다. 또 배상현은 율곡의 서모 위차 문제에서 송익필이 제례에서

---

111) 《논어》, 〈학이〉: "禮之用 和爲貴 先王之道 斯爲美 小大由之 有所不行 知和而和 不以 禮節之 亦不可行也"

112) 하지영, 〈구봉 송익필의 예 담론과 그 의미〉, 《동방한문학》 제32집, 동방한문학회, 2007.

적서의 윤리보다 모자(母子)의 윤리를 중요시하였으며, 명분을 지키고 혐의를 구별하는 것을 중하게 여겨 서모의 위차를 허용하지 않았고, 율곡이 부친을 모셨던 정의(情意)를 생각해 서모에 대한 극진한 예를 갖추는 데 대해서도 예문에 어긋난다 하여 비판을 한 점을 지적하였다. 이에 대해《주자가례》를 바탕으로 한 송익필의 예는 고정 질서를 강조한 나머지 가변성의 적의(適宜)를 잃음으로 인해서 그의 후계자들은 적통사상과 정윤(正閏)사상을 고정 질서로 삼게 되었으며, 이에 춘추대의(春秋大義)를 주장하고 고질적인 예론으로 발전할 소지를 마련해 주었다고 평가하기도 하였다.[113]

그렇지만 필자는 이러한 논리에 동의하지 않는다. 앞서 밝혔듯이 송익필 또한 삼대지법(三代之法)의 고례와《주자가례》등, 성현들이 제정한 예법들을 예경으로 하여서 더하거나 덜하지 않게 따르는 것을 절문으로 삼아 직(直)의 예(禮) 근본정신을 실천하고 있다. 그러면서도 위로는 고금의 예경과 국법 등을 살피고, 아래로는 후학들에게 무궁한 실례(失禮)가 되는 것을 경계하였고, 앞으로 군신과 스승과 부자의 정리(情理)와 의리(義理)의 경중을 재고, 뒤로 적첩(嫡妾)의 위차를 살폈으며, 좌우로 행례자의 신분과 가세를 재고 살펴서 왕도실천의 혈구지도로서 득중(得中)함의 의리를 구하는 직의 예학을 실천하고 있는 것이다. 이처럼 송익필 예학에 있어서 가변성의 적의는 여러 곳에서 바르게 드러나고 있다. 아울러 이와 같은 입장에서 송익필의 성리와 예학이 다르다고 할 수 없는 것

---

113) 배상현, 〈구봉 송익필과 그 사상에 대한 연구〉,《논문집》제1집, 동국대 경주대학, 1982, 22쪽.

이기도 하다. 송익필의 예학을 인도(人道)로서의 실천적인 직정신을 도외시한 채, 엄숙한 보수주의로서 시의성이 없고 가변성이 없는 그저 무작위하고 무사사하기만 한 천도로서의 고정되고 정형화된 직의 예(禮)라고 보는 것은 미진한 견해라고 하겠다.

이와 관련해서 김장생과 송시열의 학문이 성리(性理)는 율곡을 따르고, 예학(禮學)은 송익필을 따른 것이라고[114] 하는 것은 유가철학의 근본정신에 맞지 않는 것이라 할 수 있다. 성리와 예가 다르다면 궁리와 실천의 일이 두 가지가 된다. 수기와 안인이 두 가지고, 행도와 수교의 일이 두 가지며, 마침내는 내성과 외왕이 두 가지 일이 되어 천도(天道)와 인도(人道)의 일이 두 가지가 되고 말 것이다. 이는 천인일관을 근저로 하는 유가의 근본정신에 어긋나는 것이다.

이로 볼 때 송익필의 예학이 보수적인 엄숙주의를 추구해서 가변성 내지 시의성이 결여됐다고는 할 수 없는 것이다. 또한 기호유학사에 있어서 김장생과 송시열 등의 사상사적 계승에 대한 보다 명확한 연구가 필요하다. 이러한 점에서 송익필철학에 대한 학계의 새로운 정립연구가 필요하다.

---

114) 배상현, 〈조선조 기호학파의 예학사상에 관한 연구〉, 고려대 대학원 박사학위논문, 1991, 68쪽. 배상현은 김장생이 율곡의 적전(嫡傳)인데 예학(禮學)만큼은 송익필에서 연원한다고 보았다. 그러나 논자가 앞서 누누이 밝힌 논리상 유학의 성리(性理)와 예학(禮學)이 둘일 수가 없다고 보아서, 이와 같은 견해는 시정되어야 한다고 하겠다.

3. 송익필의 예학적 특성과 위상

1) 혈구지도(絜矩之道)의 예학적 적용

《대학》에서 공자는 왕도(王道)실천을 뜻하는 치국평천하(治國平天下)의 방법으로 '혈구지도'를 말하고 있다. 혈구지도는 다름이 아니라 '규구(規矩)'의 의미를 풀어놓은 뜻으로서 둥근 정도와 모난 것을 가늠하기 위해 윗사람·아랫사람·앞사람·뒷사람·오른쪽·왼쪽, 즉 상하좌우전후를 살펴서 도(道)를 행하라[115]는 말이다. 상하좌우전후를 살펴 중(中)을 잡아 실천하는 치국평천하의 혈구지도 방법은 인(仁)의 실천방법이 된다.

유가사상은 천인일관을 근본으로 삼는다. 여기서 천도의 본성은 공평무사하여 작위함이 없는 것이다. 이처럼 사사로움과 작위함이 없는 천도의 이치를 인간의 당면 현실사회에 일용(日用)하는 인사(人事)의 도리로서 어떻게 구현하느냐 하는 것이 유가철학의 본령이자 과제라고 할 수 있다. 천도는 작위함이 없으며 일정하고 변화가 없다.

그런데 인간은 형기를 지닌 존재로서 천리의 이치가 일동일정으로 유행(流行)하여 끊임없이 변화하는 삶이고, 이것은 천명에 의한 것이다. 이러한 인간의 삶은 공평무사한 천도와 달리 사사로워서 인욕이 있을 수 있고, 편당되어 기울어지거나 굽어져서 평평하고 넓은 중도에 맞지 않으

---

115) 《대학》: "所謂平天下在治國者 上老老而民興孝 上長長而民興弟 上恤孤而民不倍 是以君子有絜矩之道也 所惡於上 毋以使下 所惡於下 毋以事上 所惡於前 毋以先後 所惡於後 毋以從前 所惡於右 毋以交於左 所惡於左 毋以交於右 此之謂絜矩之道"

며, 작위함이 있어서 가려지게 되어 위태로워져 선한 마음은 은미해진다.
그러므로 온전한 성품을 지닌 성인이 가르침을 베풀어서 천도의 직(直)
한 본성을 보존하고 천리를 회복하라고 하는 것이 곧 유가철학의 천인합
일사상이다. 인간의 현실세계에서 수기와 안인으로 추구해야할 지선(至
善)의 실천 도리가 효제(孝悌)의 인륜이며 인의예지의 본성이라 할 때, 이
는 인간이 인간답게 살아가야 하는 도리인 인도(人道)로서 당위의 원리
이자[116] 윤리가 된다. 그리고 효제의 인륜을 실천할 때 인사의 의칙이
되어 드러내는 방법은 예(禮)이다. 예를 실천함에는 당면 현실사회에 정
정당당하게 맞는 의리의 시중지도에 부합되어야 한다.[117] 예가 너무 고
원(高遠)하면 행하기 힘들어서 현실에 맞지 않는다. 너무 낮고 저속하여
도 실례(失禮)가 된다. 지나치게 현실에 앞서거나 뒤떨어지면 실천하기 어
려워 비례(非禮)가 된다. 좌우(左右)의 한쪽으로 편중되어 중도(中道)에 맞
지 않으면 무례(無禮)가 될 수 있다. 인간의 삶이란 시간과 공간 속에서
이루어지는데, 때와 장소와 사람에 따라 가장 알맞은 지선의 선택을 해
야 한다.[118] 이처럼 예를 행함에는 전후좌우상하를 살펴서 그 중도에
맞는 의리를 실천해야 하는 것이다. 이는 곧 유가사상의 인(仁)을 행하는
방법이 되고,[119] 인을 실천하는 방법은 왕도실천 방법으로써 혈구지도이
다. 주자는 이러한 혈구지도에 관련해서 다음과 같이 말하고 있다.

---

116) 《맹자》, 〈이루장구〉: "誠者 天之道也 思誠者 人之道也"주석에서 "誠者 理之在我者皆
　　實而無僞 天道之本然也 思誠者 欲此理之在我者皆實而無僞 人道之當然也"
117) 오석원, 《한국 도학파의 의리사상》, 유교문화연구소, 2005, 175쪽.
118) 황의동, 《율곡사상의 체계적 이해》(1), 서광사, 1998, 337쪽.
119) 《중용》: "忠恕違道不遠 施諸己而不遠 亦勿施於人"의 주석에서 주자는 장횡거의 "자
　　기를 사랑하는 마음으로써 남을 사랑하면 인(仁)을 다한다."라는 것이 이를 말한다
　　(張子所謂以愛己之心愛人則盡仁 是也)고 설명하고 있다.

내가 만일 윗사람이 나에게 무례(無禮)함을 원치 않거든 반드시 이로써 아랫사람의 마음을 헤아려서 나 역시 감히 이 무례함으로써 아랫사람을 부리지 않는 것이라 하였고, 전후좌우에 이르러 이렇게 한다면 이는 천하를 평(平)하는 요도(要道)이다.[120]

주자는 전후좌우를 살펴서 무례하지 않는 것이 천하를 평(平)하는 요도라고 말하고 있다. 이는 곧 예로써 혈구지도를 실천함이며, 혈구지도는 치국평천하하는 요도인 왕도법이며 인(仁)의 실천방법이 된다.

혈구지도가 인을 실천하는 방법이 된다는 것은 "자기가 하고자 하지 않는 것으로 남에게 하지 말라."고 하는 서(恕)를 말함[121]이기도 하다. 주자는 혈구지도에 대한 주석에서 혈(絜)은 헤아림이고, 구(矩)는 네모진 것과 둥근 것을 만드는 것이라고 하였다. 여기서 규구(規矩)는 방원지지(方圓之至)가 되어,[122] 구(矩)는 척도이며 준칙이 된다. 준칙이라 함은 곧 천리 또는 천도를 말한다. 이로 볼 때 천리·천도를 인간사회에 실천할 때에는 보편적 존재원리가 되는 천리의 공평무사함에 어긋나지 않도록 전후좌우상하를 헤아려 실천해야지만, 사의(私意)에 빠져들지 않고 공정함을 실천할 수 있게 된다는 것을 말한다고 할 수 있다. 여기서 혈구지도는 인의 실천방법으로서 서(恕)가 되고, 이러한 서는 당위의 법칙인 인간의 도리를 구(矩)인 준칙에 맞게 전후좌우를 헤아려 실천하는 인도(人道)가

---

120)《대학》의 '혈구지도'장의 주석에서 주자는 "如不欲上之無禮於我 則必以此度下之心 而亦不敢以此無禮使之 …… 至於前後左右 無不皆然 …… 此 平天下之要道也"라고 하였다.

121)《논어》,〈위령공〉: "子曰 其恕乎 己所不欲勿施於人"

122)《孟子》,〈이루장구〉: "孟子曰 規矩 方圓之至 聖人 人倫之至也"

된다.

이를 더 살펴보면, 공자가 "나의 도(道)는 일이관지(一以貫之)하다."라고
한 말에 대해서 증자는 "부자(孔夫子)의 도는 충서(忠恕)일 뿐"이라고 설
명하였다.[123] 이에 대해 정명도는 "자신으로써 남에게 미침은 인(仁)이
요, 자기 마음을 미루어 남에게 미침은 서(恕)이다. 또 충서는 일이관지
니, 충은 천도(天道)로서 무망한 것이며, 서는 인도(人道)로서 충을 행하
는 것이라 하였다. 또 충은 체(體)이고 서는 용(用)이 된다."라고 하였
다.[124] 이로 미루어 보면 인은 충서가 되는데 충은 천도로서 작위함과
속임이 없어서 바르고 곧은 것이기에 직도(直道)라 할 수 있다.

정이천은 자기가 하고자 하는 바를 미루어 남에게 미친다면 이는 서
의 일로서 인(仁)을 하는 방법이며, 이에 힘쓴다면 인욕의 사사로움을 이
겨 내어 천리의 공정함을 온전히 할 수 있을 것이라고 하였다.[125] 이처럼
서는 천도를 실천하는 인도로서 천리에 준하는 인륜을 행할 때에 내 마
음을 상하전후좌우(上下前後左右)를 살펴 사사로움이 없도록 남에게 미
루어서 행해야 하는 혈구지도를 말함이라고 할 수 있다. 또 이러한 충과
서는 일이관지한 유가의 도가 되듯이, 천도와 인도가 일관하는 천인합일
사상이다.

이로 볼 때 충인 천도가 거짓 없는 무망한 직도이듯이, 인도가 되는
서도 또한 사사로움이 없으며 억지로 작위함이 없는 직(直)으로써 실천해

---

123)《논어》,〈리인〉: "吾道一以貫之 …… 曾子曰 夫子之道 忠恕而已矣"

124) 위의 글의 주석에서 "程子曰 以己及物 仁也 推己及物 恕也 …… 忠恕一以貫之 忠者
天道 恕者人道 忠者無妄 恕者所以行乎忠也 忠者體 恕者用 大本達道也"

125)《논어》,〈옹야〉: "以及於人 則恕之事而仁之術也 於此勉焉 則有以勝其人欲之私 而全
其天理之公矣"

야 한다. 이에 인도로서의 직은 서가 되고, 인의 실천방법으로써 혈구지도가 된다.

이상의 예 실천원리를 근저로 하여 〈예문답〉 전반에서 전후좌우상하를 살펴 시중의 행례를 하고자 한 송익필의 예(禮)에 대한 기본정신에 유가의 왕도실천법인 시중지도이자, 곧 인(仁)의 실천방법인 혈구지도를 잘 계승하고 있음을 찾을 수 있다.

2) 예학적 특성

조선 건국 후 새로운 사회질서에 따른 유교적 의례(儀禮)정립의 필요성이 요구되자 예에 대한 국가법제의 제정과 시행이 이루어졌으며, 학계에서는 16세기 성리학이 체계적으로 연구된 이후에서 17세기로 이어지는 시기에 예에 대한 인식도 전환되어 예제의 체계적 연구를 필요로 하게 되었다. 이것은 천리의 절문과 인사의 의칙을 준수하는 문화생활을 토대로 예치(禮治)와 문치(文治)를 이루고자 하는 유가의 목표이기도 하다. 인간이 천리를 내재한 존재이며 천리를 보존하고 인욕을 제거하는 삶을 살아가는 존재라는 성리학적 토대 위에서, 모든 인간이 정을 굽히고 예를 좇는 억정종례(抑情從禮)의 종법사회에 순응하여 살아가는 국가와 세계를 실현하고자 하는 것이었다.[126]

유가 학문의 본래 목적은 예를 통한 인의(仁義)의 실천을 근거로 하는 것이다. 또한 예란 본래 이(理)의 실현으로 인간의 당위성이며 자연 질서

---

126) 한국철학사연구회엮음,《한국철학사상사》, 심산출판사, 2010, 265쪽.

로 돌아가는 것이다. 따라서 예란 곧 이(理)를 뜻한다. 예가 지켜질 때 인간은 물론 자연도 조화를 잃지 않게 된다.[127] 하늘의 이치가 보편적이므로 불변인 데 반하여, 인사(人事)는 때에 따라 변한다. 이에 때에 따라 올바름에 맞아 순시적의(順時適宜)하는 시중(時中)의 권도(權道)가 필요하다. 그러나 능히 권도를 행할 수 있는 것은 성인만이 가능하다. 그러므로 평상인은 예를 고수해야 한다고 송익필은 말하기도 하였다.[128] 이러한 시중의 권도를 실천하기 위한 기본원칙으로는 인(仁)으로 주체를 확립하고, 예로써 떳떳한 도리인 상도(常道)를 삼아서, 의(義)로 올바른 가치판단을 하여, 끊임없이 실천하는 가운데 깊이 스스로 깨닫고 변통을 알아야 하는 것이라고 할 수 있다.[129]

성인인 공자는 사람이 도를 크게 하는 것이요 도가 사람을 크게 하는 것이 아니라고 했다.[130] 맹자는 가할 것도 없으며 불가할 것도 없는[131] 중도의 높은 경지를 행한 공자에 대하여 '성지시자(聖之時者)'[132]라고 높이면서 시중의 도를 말하였다. 이것은 인도의 가변성을 인정한 것이라고 할 수 있다. 예악의 제정은 성인만이 할 수 있는 것이지만, 공자가 가르치고 있는 의에 맞고 중을 얻어서 시중지도의 예를 행한다면 인간이 도를

---

127) 배상현, 〈조선조 기호학파의 예학사상에 관한 연구〉, 고려대 대학원 박사학위논문, 1991, 77쪽.

128) 《구봉집》, 권4, 〈현승편上〉, 〈답호원별지(答浩原別紙)〉: "不得爲變 處變爲權 權在聖人 有處變之權"

129) 오석원, 《한국 도학파의 의리사상》, 유교문화연구소, 2005, 175쪽.

130) 《논어》, 〈위령공〉: "子曰 人能弘道 非道弘人"

131) 《논어》, 〈미자〉: "我則異於是 無可 無不可"

132) 《맹자》, 〈만장장구〉: "伯夷聖之淸者也 伊尹聖之任者也 柳下惠聖之和者也 孔子聖之時者也"

크고 넓게 하는 인도가 될 수 있는 것이라 하겠다. 이것이 예악이 무사사하고 무작위하여 상도(常道)인 천도라 할 때, 변화의 권도인 시중지도는 인도가 되어 득중의 합일을 이루는 것이라고 할 수 있다. 또 주자는 권(權)이면서 중도를 얻는다면 이것이 바로 올바른 예라고 말하였다.[133] 이처럼 예는 정상적인 일에 적용하는 상도이지만, 권은 비정상적인 일에 적용하는 변도(變道)이며, 시중의 도는 상(常)과 변(變), 또는 경(經)과 권(權)을 합일하는 것이다. 다시 말해 권은 도(道)를 굽힌 것이 아니라, 도를 구현하는 과정에서 방법과 선택의 차이일 뿐이다.[134]

송익필 또한 삼대지법(三代之法)의 고례와 예경과 《주자가례》 등, 성현들이 제정한 예법들을 경(經)으로 하여서 더하거나 덜하지 않게 따르는 것을 절문으로 삼아서, 직이라는 예(禮)의 근본정신을 실천하고 있다. 그러면서도 위로는 고금의 예경과 국가예법 등을 살피고, 아래로는 후학들에게 무궁한 실례가 되는 것을 경계 하였고, 앞으로 군신과 스승과 부자의 정리와 경중을 재고, 뒤로 적첩의 위차를 살폈다. 또한, 좌우로 행례자의 신분과 가세를 가늠하여 왕도실천의 혈구지도로서 득중함의 의리를 구하는 직의 예학을 실천하고 있는 것이다.

송익필은 모든 수행과 행동의 범주를 이(理)에 귀속시켰다.[135] 이(理)에의 귀속은 곧 인욕을 막아 천리를 회복하는 것으로, 그 방법론이 바로 예를 이해하고 실천하는 데서 얻어지는 것이다.[136] 이러한 송익필의 예

---

133) 《맹자》, 〈이루장구〉: "舜 不告而娶 爲無後也 君子以爲猶告也"에서 주자의 주석 "告者 禮也 不告者權也 猶告 言與告同也 權而得中 則不離於正矣"

134) 오석원, 《한국 도학파의 의리사상》, 유교문화연구소, 2005, 186쪽.

135) 《구봉집》, 권3, 〈태극문〉: "變轉雖殊 終歸一理 亦非自家私論也 皆朱子語意也"

136) 배상현, 〈조선조 기호학파의 예학사상에 관한 연구〉, 고려대 대학원 박사학위논문,

학의 변천은 다음과 같이 세 시기로 구분해 볼 수 있다.[137] 첫째는 1560
년대에서 1570년대 초반으로, 자신이 예학에 침잠하여 어느 정도의 수
준에 도달하여 정철, 성혼 등에게 예에 대한 문제를 자문하기 시작했던
시기이다. 둘째는 1570년대 후반에서 1580년대 초반으로 예학적으로 완
숙해져 김장생 등 제자들에게 예를 가르치고 율곡의 예의 문제점을 지적
하였던 시기이다. 셋째는 1590년대로 만년에 자신의 예학의 집대성이라
할 수 있는 〈가례주설〉을 저술했던 시기라고 나누어 볼 수 있다.

그러면 이제 송익필 예학의 특징은 무엇인지 검토해 보기로 하자.
첫째, 고례(古禮)와 《주자가례》를 중시한 예학이다.
송익필은 정철과의 문답에서 국가의 상중(喪中)에 졸곡 전에 개인 대
상(大祥)의 제사복식 문제를 원칙적으로 고례를 준거로 해서 행례해야
한다고 하였으며, 성혼과 나눈 예문답에서 한강 정구의 제수설찬도의
간장(淸醬)을 오른쪽에 쓴다고 말한 점에 대해 고례에 어긋나서 온당치
못하다고 비판하고 있다. 그리고 변복(變服)과 두건과 두건의 색깔에 대
한 우계와의 문답에 요질의 행례를 고례에서 추구하고 있음을 알 수 있
다. 이런 점에서 송익필이 고례를 중시하였음을 알 수 있다. 또한 속례(俗
禮)를 기반으로 하면서 고례와 시속(時俗)을 참작한 《주자가례》를 따르
는 것이었다.[138] 그러나 국제(國制)와 겹치는 경우에는 국제를 따르는 것

1991, 84쪽.

137) 고영진, 〈16세기 말 사례서의 성립과 예학의 발달〉, 《한국문화》, 제12집, 서울대,
1991, 482쪽.

138) 《구봉집》, 권6, 〈예문답〉, 〈답계함문(答季涵問)〉: "問. 祥服未有定見 黑笠則無義 而國
俗已久 白笠則中朝與我國之制 驂則家禮 而宋儒以非素冠爲論 恐不必盡用 家禮未

을 인정하기도 하였다.[139] 반면 개인 상례의 경우는 거꾸로 국제를 따르는 것을 배제하고 고례를 행하기도 하였다.[140] 이처럼 송익필의 예에 대한 관심은 기본적으로 고도(古道)와 고례에 관한 그의 학문적인 추구와 심화에서 비롯되었다. 그는 고도로서 스스로 처신하였고,[141] 고도에 대한 관심은 곧 고례에 대한 관심을 의미한다. 실제로 그는 고례를 추구하였으며,[142] 고례를 기본으로 한 《주자가례》와 《의례경전통해》를 중요시하였다.

그러나 고례와 《주자가례》, 《의례경전통해》를 같은 것으로 보지 않았으며, 그 차이점을 잘 알고 있었다. 《의례경전통해》는 고례를 빠짐없이 모아 한 부분도 자신의 의견을 붙이거나 가감한 것 없이 국가를 다스리기 위한 예를 제정하는 데 사용하기 위한 것이다. 그리고 《주자가례》는 고금을 참작하여 집에 거주할 때 스스로 사용하는 바를 미루어 일시의 마땅히 행해야 하는 예로써 인식하였다.

定之書"

139) 위의 글: "問. 國恤卒哭後 祫祭與時祭 猶可行否 答. 古禮不可行 國法若曰行之 則姑依從法 未知如何"

140) 고영진, 〈16세기 말 사례서의 성립과 예학의 발달〉, 《한국문화》, 제12집, 서울대, 1991, 485쪽.
《구봉집》, 권6, 〈예문답〉, 〈답계함문(答季涵問)〉: "問. 國恤卒哭前 大祥祭 揆之古禮 固難行矣 然今不可一遵 古禮 未知當如何 答. 古禮爲君母不杖朞 而臣妻無服 …… 家禮之祥 忌日也 忌日略行奠禮 告不得行祥之由 用古禮卜日行祥於卒哭後 似無妨 未知如何"

141) 《구봉집》, 권10, 〈묘갈문(墓碣文)〉: "先生以古道自處 雖公卿貴人 旣與之友 則皆與抗禮 字而不官 人多竊罵"

142) 고영진, 〈16세기 말 사례서의 성립과 예학의 발달〉, 《한국문화》, 제12집, 서울대, 1991, 481쪽.
《구봉집》, 권6, 〈예문답〉, 〈답계함문(答季涵問)〉: "答. 國喪卒哭前 大小祀幷亭云者 五禮儀本意 則是擧國家之大小祀也 於士庶無行廢之定 草野民庶 當以古禮爲準"

그는 주자가 《주자가례》를 지을 때 고례를 그대로 사용하는 것이 좋다는 것을 모르지 않았으나, 반드시 사마씨, 정씨, 고씨 등의 설(說)을 취한 것은 시속(時俗)을 따르는 의(義)가 부득이 하였기 때문이었다고 보았다.[143] 이와 같이 송익필은 기본적으로 고례를 추구하면서도 시속에 따른 가변적인 요소를 인정하였다고 볼 수 있다.[144] 이는 정철과의 예문답 가운데 삭망 때 참신례와 사신례를 행함에 곡을 하는 문제에서 고례와 《주자가례》 등의 예문들을 전후좌우로 살펴서 의리에 합당한 예를 실천하고자 하였으며, 연상 후에 삭망 때 곡(哭)하는 문제에서 고례와 주자의 설을 경(經)으로 삼아서 행례의 경중(輕重)을 살펴 실천하고자 한 곳에서 살필 수 있다.

둘째, 예의 근본정신에 충실하고자 하였다.

송익필은 정철과 조석의 곡과 상식을 올리는 문제에서 상례의 본의가 살았을 때의 예로 섬김에 있다고 하여[145] 예실천의 기본정신이 예는 사치하기보다는 차라리 검소하여야 하며, 상례와 제례는 형식적이기보다는 슬퍼함이 진정한 예정신이라는 공자의 예 근본정신[146]을 추구하고 있음을 알 수 있다.

또 정철과의 문답에서 우제 뒤 삭망전의 의례에 대해 '선강신 후참배'

---

143) 《구봉집》, 권6, 〈예문답〉, 〈답계함문(答季涵問)〉: "朱子於家禮 非不知直用古禮之爲可 而必取司馬氏, 程氏, 高氏等說者 隨時之義 不得不爾也"
144) 고영진, 〈16세기 말 사례서의 성립과 예학의 발달〉, 《한국문화》, 제12집, 서울대, 1991, 482쪽.
145) 《논어》, 〈위정〉: "生事之以禮 死葬之以禮 祭之以禮"
146) 《논어》, 〈팔일〉: "林放問禮之本 子曰大哉問 禮與其奢也 寧儉 喪與其易 寧戚"

를 주장한 정철의 견해도 옳지 않고, '선참배 후강신'을 말한 우계나 율곡의 말도 《주자가례》를 근거로 온당치 못하다고 평가하면서, 살았을 때의 예로 모셔야 한다고 하였다.

김장생과의 문답에서도 저녁 곡을 그친 다음 궤연에 새벽과 저녁에 하는 궤연신석례의 행례에 대해서 〈사당장〉과 주자의 말을 근거로 궤연에서는 3년 내 참신하는 절이 없는데, 이는 부모가 살아 있을 때의 예법과 같다고 하였다. 이는 예실천의 근본정신으로서 효의 지극한 도리이며,[147] 곧 인(仁)을 올바르게 실천하는 본래의 참뜻인 것이다.

셋째, 예의 시의성(時宜性)을 추구하였다.

송익필은 정철과의 조문 문제에서 예란 고금이 다르고 그 형세가 다르다 하고, 때에 따라 마땅하게 처리해야지 문자(文字)에 구애받아서는 안된다고 하였다. 이는 예의 근본정신은 변함이 없으나 그 형식과 방법은 때와 장소, 상황에 따라 맞아야 함을 말한 것이다. 《주자가례》를 무조건 따르고자 한 것이 아니라 시의에 맞게, 곧 시대의 의리와 명분에 맞는가의 여부를 살피는 것으로 《주자가례》와 예경들을 원칙으로 삼으면서도 세속의 예법에 맞는가 하는 예의 의리에도 합당한 것을 추구하였다고 할 수 있다.[148] 여기서 예의 근본정신이라 함은 공자가 예시한 것[149]과 같이, 예의 바탕은 의(義)이며 의에 맞아야 진정한 예가 되고, 비로소 예적

---

147) 《중용》: "踐其位 行其禮 奏其樂 敬其所尊 愛其所親 事死如事生 事亡如事存 孝之至也"
148) 도민재, 〈기호학파의 《주자가례》 수용양상〉, 《국학연구》 제16집, 2010, 515쪽.
149) 《논어》, 〈위령공〉: "子曰 君子義以爲質 禮以行之 孫以出之 信以成之 君子哉"

(禮的) 중용이 구현되는 것 150)이라고 할 수 있다. 이는 곧 치국평천하의 왕도실천 방법으로서 시중지도이다.

넷째, 유가 정통의 종법질서(宗法秩序)를 추구하였다.

정철과의 복두와 건과 검은 사모에 대해 논하면서 송익필은《주자가례》와《주자어류》그리고 우리나라 예법을 근거로 하여 논하였다. 여기서 송익필은 오랑캐의 예법을 배척하면서 유가정통의 예법을 지키고 종법질서를 세우고 있다고 할 수 있다. 또 희생을 쓰는 예식 문제에서 국가의 예와 개인의 예가 다름을 말하여 종법질서의 위차를 세우고 있음을 알 수 있다.

정철과의 합사하는 제사 문제에서 송익필은 마땅히《주자가례》로써 바름을 삼아야 하며, 장횡거의 설과 주자의 의론을 근거로, 풍선(馮善)의《의절》을 온당치 못하다고 하였다.

그리고 우계와의 변복과 두건과 두건의 색깔에 대한 문제에서《구씨의절》을 버리고《주자가례》를 좇아서 유가 정통의 종법질서를 추구하고 있음을 알 수 있다.

다음으로 정철과 국상 중에 개인의 상례와 제사 문제에 대한 문답에서, 개인의 상례·제례보다 국가의 상례를 우선시하여 종법질서를 엄수하고 있다. 또 임금과 왕비(小君)의 상례에서도 경중을 살피며, 왕비와 개인 사이 행례의 경중을 가늠하고 있다. 이는 고례를 중시했던 송익필 예의 기본정신이 잘 드러난 점이며, 국가와 개인, 임금과 소군, 소군과 대부 사

---

150) 류일환,〈공자학에서의 禮에 관한 연구 –《논어》를 중심으로〉, 충남대 대학원 박사 학위논문, 2003, 55쪽.

이의 행례의 질서와 경중을 살펴서 예의 종법질서를 실천하고 있는 것이라 하겠다.

또한 주자와 사마온공의 예문을 근거로 하여 한강 정구의 제수설찬도에서의 반찬 수는 온당치 못하며, 고례를 근거로 하여 정침을 사당 앞에지어 태묘(太廟, 나라 종묘)에서 배향할 때 소목(昭穆)으로 배열하는 것과같이 고조(高祖)는 아랫목에 모시되 동쪽을 바라보고, 그 나머지는 소는북쪽에 위치하고 목은 남쪽에 위치해서 제사를 지낸다는 것과, 간장을동쪽에 놓는다는 세 가지 정구의 예설은 온당하지 못하다고 비판하였다.

이상과 같이 송익필은 유가 정통의 종법질서를 추구하여 행례를 바르게 실천하고자 하였다. 이는 곧 예학적 의리사상이라고 할 수 있다.

다섯째, 4례 가운데 상례와 제례가 중점적으로 많고, 상례에 대한 관심이 제일 많았으며 변례(變禮)가 포함되어 있다.

송익필이 정철, 성혼과 주고받은 서신에서는 선조 즉위년의 명종상(明宗喪)에서의 흑립백립(黑笠白笠)의 논의, 선조 10년 공의전(인성왕후)의 상(喪)에서의 문제 등을 언급하였으며, 상례에 대한 항목이 제례의 항목보다 압도적으로 많았다. 이것은 한강 정구의 경우 제례에 대한 항목이 상례의 항목보다 훨씬 많았던 것과 비교가 된다. 이 시기에 상례에 대한 관심이 증가하는 데에는 선조 초반에 일어나는 국상의 영향을 배제할 수없다. 이것은 정철, 성혼과 주고받은 서신의 내용 총 60항목에서 국상과관련된 내용이 13항목에 이르는 데서 짐작된다.[151] 특히 〈가례주설〉과

---

151) 고영진, 〈16세기 말 사례서의 성립과 예학의 발달〉, 《한국문화》, 제12집, 서울대, 1991, 485쪽.

〈예문답〉에는 4례 중에서 상례와 제례를 중점으로 둔 예서로서 다수의 변례를 포함하고 있다.[152] 아울러 상례는 변례(變禮)요 흉례(凶禮)라는 점에서 그 중요성이 더욱 강조되었다고 볼 수 있다.

여섯째, 송익필의 예학은 인(仁)의 실천방법이요 왕도실천법인 혈구지도(絜矩之道)를 예정신(禮精神)으로 한다.

송익필은 성혼과 자매남편의 서열 문제에서, 예문에 의거하여 좌우와 전후가 이치에 맞아야 중도를 얻는 예가 된다 하고, 여자는 남편의 나이에 따라 앉는 것이 예문의 정신에 맞는다고 하였다. 정철과의 예문답 가운데 조문하는 문제에서 송익필은 예가 고금이 다르고 형세가 다르다면서, 때에 따라서 마땅하게 처리해야지 문자에 구속되지 말라고 하였다.[153] 또 국상 중 졸곡전에 개인의 대상(大祥)의 제사복식 문제에서 고례와 예경과《주자가례》를 참조하고, 당시 현실사회의 정황과 행례하는 집안의 신분까지도 고려하고 있음을 알 수 있다. 이는 전후좌우를 살펴서 행례하고자 하였는데 이는 공자의 인(仁)의 실천방법으로서 혈구지도 방법을 통한 예실천이라 하겠다. 예는 천리이자 현실에서 인사의 의칙이 되어야 한다. 천리를 인사에 실천하는 준거가 되는 것이 예이다. 이러한 예는 감정을 지닌 인간이 실천할 때에 의리와 명분에 합당한가를 살펴야 한다. 이에 예를 실천하고자 하려면 송익필이 예문에서 보았듯이 위와

---

152) 한기범, 〈사계 김장생과 신독재 김집의 예학사상 연구〉, 충남대 대학원 박사학위논문, 1991, 83~84쪽.

153)《구봉집》, 권6, 〈예문답〉, 〈답계함문(答季涵問)〉: "禮異今古 且異其勢 故舊親厚 或欲問孀母病候 或欲察孤子疢容 拒以几筵在他 於情未穩 隨時量宜以處 勿拘文字 如何如何"

아래와 좌우전후에 맞아야 한다. 이는 유가의 인(仁)을 실천하는 방법인 서(恕)로서의 혈구지도이다.154) 상하전후좌우에 맞도록 행례를 살피게 되면 결국에 그 중(中)을 얻게 된다. 이는 또 예의 의리에 합하는 중도가 되는 것이다. 천리는 천명에 의해 유행하여서 형기를 지닌 인간의 현실 삶에 일동일정으로 구현된다. 이때 보편적 존재원리인 천도로서의 직도(直道)는 인간의 당면 현실 속에서 당위의 법칙인 행도(行道)의 도리가 되고 의칙이 되어 인도(人道)로서의 직인 예로 구현된다. 이러한 예실천은 시중(時中)의 의리에 합당하도록 전후좌우상하를 살피고 경중을 가늠하여서 정정당당하고 마땅해야 한다. 여기서 공평무사한 천도로서의 직이 인간현실에 천명으로 유행하여 구현되는 인(仁)의 실천방법인 혈구지도로서의 직이 되어 예실천의 근본정신이 되는 것이라 하겠다.

일곱째, 송익필 예학의 실천정신은 성리학과 일관하여 직(直)을 그 근본으로 한다고 할 수 있다.

직은 그의 예학사상의 이념적 기반이었다고 볼 수 있다. 송익필의 직은 하늘이 부여하고 사물이 받은 것으로, 천지간에 우뚝 솟은 것처럼 당당하고 위와 아래를 곧게 하는 바른 이치라 하였다. 그러므로 부모를 섬기는 것도 직으로 하고, 임금을 섬기는 것, 붕우와 사귀는 것, 처자를 대하는 것 모두가 직으로 하고, 직으로 살고 직으로 죽으며, 천지도 직으로 세우고 고금을 관통하는 것도 직으로 해야 한다 하였다.155)

---

154) 《대학》: "所惡於上 毋以使下 所惡於下 毋以事上 所惡於前 毋以先後 所惡於後 毋以從前 所惡於右 毋以交於左 所惡於左 毋以交於右 此之謂絜矩之道"

155) 《구봉집》, 권3, 〈김은자직백설(金檃字直伯說)〉: "直者 天所賦 物所受者也 此所謂天地之間 亭亭堂堂直上直下之正理也 …… 事親以直 事君以直 接朋友以直 待妻子以

정철과 문답한 조석의 곡과 상식을 올리는 문제에서 상례의 본의가 살았을 때의 예로 섬김에 있다고 말한 것과, 예는 사치하기보다는 차라리 검소하여야 하며, 상·제례는 형식적이기보다는 슬퍼함이 진정한 예정신이라는 공자의 예의 근본정신을 추구하고 있다. 이는 또한 인간 본래 순선한 성품을 자연하게 드러내는 것으로서, 천도를 좇는 인도(人道)로서의 직철학 본의(本義)라 하겠다.

송익필의 직(直)의 철학은 퇴계의 경(敬)의 철학이나 율곡의 성(誠)의 철학에 비하여 한층 실천과 행위에 중점을 둔 것으로, 퇴계와 율곡의 학문이 형이상학적인 이기심성론을 발전시킨 데 반하여, 송익필의 직(直)의 철학은 실천을 중시하는 예학으로 발전하였다.[156) 이렇게 송익필의 예학은 직에 바탕을 두고 있고, 이것이 김장생, 송시열 등에게 전승되어 이후 기호유학의 중요한 정신으로 발전하였다.[157)

여덟째, 송익필 예학의 근본정신은 요순지도(堯舜之道)에서 연원한다.

송익필은 율곡이 《격몽요결》에서 의론한 주석에서 일상생활에서의 예법 실천인 구용에 대하여, 규구의 법도와 순임금의 악(樂)에 맞추어 거동함을 말하는 '사하'와 '채제'를 들고 있는 점 등에서, 삼대(三代)의 예악을 근거로 하여 예를 추구하고 있다. 여기서 송익필의 구용구사(九容九思)는 요순의 예악을 추존하고 근본정신으로 삼는 것임을 알 수다.

　　　直 以直而生 以直而死 立天地以直 貫古今以直"

156) 배상현, 〈조선조 기호학파의 예학사상에 관한 연구〉, 고려대 대학원 박사학위논문, 1991, 84쪽.

157) 김태완, 〈사계 김장생의 예학과 사회정치사상〉, 율곡학회, 《율곡사상연구》 제21집, 2010, 232쪽.

또 율곡의 서모 위차 문제에서 우계는 율곡에게 서모의 집안연회 참석은 가(可)하다고 하였지만, 송익필은 삼대의 예법에서도 없었던 것이라고 하여 제사든 연회든 서모는 위차가 없어서 불가하다고 하였다. 이러한 점에서 송익필 예의 기본정신이 삼대의 요순지도에서 연원하는 것이라 할 수 있다.

3) 예학사적(禮學史的) 위상

이제 송익필의 예학사적 위상에 대해 검토해 보기로 하자.

우선 〈예문답〉이나 《삼현수간》을 통해서 볼 때 적어도 예학에 있어서는 송익필이 도우인 우계, 율곡, 정철보다 우위에 있었음을 짐작케 한다. 그것은 이들 간에 오고간 편지의 내용을 보면 상호 대등한 예에 관한 토론의 형식이 아니라, 우계, 정철의 물음에 대해 송익필이 일방적으로 답변하는 형식을 갖추고 있고, 율곡의 경우에도 송익필의 예론(禮論)에 대해서는 매우 진지하게 경청하고 있기 때문이다.

또한 송익필의 〈가례주설〉은 《주자가례》를 충실히 따르면서 그 범위 안에서 해석하지 못했던 부분들을 고례나 기타 예경에 입각하여 학문적으로 전문적인 주석 작업을 한 결과물이었으며, 그때까지의 예학서 가운데 최고의 수준이었다고 볼 수 있다.[158] 이렇게 볼 때, 이 책을 본격적인 가례주석서(家禮註釋書)로서의 4례서(四禮書)의 시초라 평가된다.[159]

고영진은 〈16세기 말 사례서의 성립과 예학의 발달〉에서 송익필의 〈가

---

158) 고영진, 《조선 중기예학사상사》, 한길사, 1995, 233쪽.
159) 도민재, 〈기호학파의 《주자가례》 수용양상〉, 《국학연구》 제16집, 2010, 510쪽.

례주설〉을 높이 평가하고, 송익필의 예학사적 위치를 재평가해야 한다고
하였다. 그는 한국예학사에서 최초로 본격적으로 실용적인 상제례서(喪
祭禮書)인《상례비요》를 저술한 신의경160)과, 최초의 본격 학문적 4례서
인 〈가례주설〉을 저술한 송익필의 공헌이 기호예학의 종장(宗匠)이라 일
컬어지는 김장생보다 더 크다고 높이 평가하였다.161)

조선조는 16세기 말 임진왜란을 겪고, 이어서 17세기 초 병자호란을
당해야 했다. 또 당쟁이 심화되고 광해군의 어지러운 정치가 자행되었으
며, 민생의 위기 속에서 윤리강상이 심각히 무너지는 상황이었다. 이러한
시대적 요청에서 100여 년간의 예학시대가 도래하였는데, 그 중심에 송
익필이 있었다. 17세기 조선예학은 기호가 그 중심이 되었는데,162) 이를
주도한 이가 바로 김장생이고 그의 문인인 김집, 송시열, 송준길, 이유태
등이었다. 대체로 김장생을 비롯한 이들의 사승(師承)관계는 율곡에 그
맥을 대고 있는 것이 사실이다. 당시 구봉 송익필, 우계 성혼, 율곡 이이
가 서로 막역한 사이였고, 학문과 정치적 입장을 함께해 그의 문인들도
세 문하를 자유롭게 출입하였다. 이러한 정황으로 미루어 김장생과 조헌

---

160) 신의경(申義慶, 1557~1648): 조선 중기 예학자. 김장생과 예학을 같이 공부함.《상례
    비요(喪禮備要)》를 최초로 찬술함. 후일 김장생이 고증하고 수정 증보하여《상례비
    요(喪禮備要)》를 완성하였다.
161) 고영진, 〈16세기 말 사례서의 성립과 예학의 발달〉,《한국문화》제12집, 서울대,
    1991.
162) 물론 영남에서도 한강(寒岡) 정구(鄭逑, 1543~1620)의《가례집람보주(家禮輯覽補
    註)》,《오복연혁도(五福沿革圖)》,《예기상례분류(禮記喪禮分類)》,《오선생예설분류
    (五先生禮說分類)》,《심의제조법(深衣製造法)》,《퇴계상제례문답(退溪喪祭禮問答)》
    등과 우복(愚伏) 정경세(鄭經世, 1563~1633)의《사문록(思問錄)》등 예학이 연구되
    었지만, 구봉 송익필의 예학서보다 한 세대 뒤의 일이며 본격적이면서 조선 최초의
    4례서를 지은 송익필의 예학은 조선예학의 선하(先河)가 된다.

등 율곡 문인들의 사승관계는 간단하게 말할 수 없어서 보다 정밀한 검토가 요구된다. 아울러 당시 송익필의 신분상 불우한 처지를 감안하면 김장생 이후 기호의 유학자들이 서슴없이 송익필에게 학맥을 대기는 어려웠을 것이라는 추측을 하게 된다. 또한 송익필의 문집인《구봉집》이 그의 사후 163년 만에 간행되어 학문과 사상이 널리 알려지지 않은 점도 고려된다.

그러나 송익필의 학문이 후세 유학자들에게 미친 영향과, 그의 유학사적(儒學史的) 위상이 과소평가되고 곡해(曲解)된 것은 하루속히 마땅히 시정되어야 할 것이다.

구봉 시(詩)

우연히 쓰다[偶題 二首]

백발에 푸른 산은 멀기만 한데
병란 속에 세월은 빠르게 흘러가네.
한 소리 강 위에 피리소리 들리는데
달 가운데 천리 길을 떠나는 배로다.
한 잔 술에 요순(堯舜) 임금의 뜻을 생각하니
남은 경전들은 세상의 근심이로다.
매화를 꺾어도 줄 사람이 없는데
은하수는 멀고도 멀기만 하네.

꾀꼬리 소리에 낮잠을 깨니
바위굴 문163)에는 대나무 숲이 어른거리네.
강촌의 다리 위로 시장이 열리고
산 외곽에는 빗속에 다듬이질 소리 들리네.
시대가 위태로우니 이별의 한은 가벼운데
몸에 병이 드니 고향 생각도 덜하구려.
옛 도(道)를 사모해 마침내 세상을 어겼으나
숨어 사는 거처를 깊은 곳에 잡진 않았다네.164)

---

163) 암비(巖扉): 숨어 사는 은자의 바위굴 문

164)《구봉집(龜峯集)》, 권2, 〈시(詩)〉, 〈우제이수(偶題二首)〉: "白髮靑山遠 兵戈歲易流 一
聲江上篴 千里月中舟 殘杯酒唐虞 志經四海憂 折梅無可贈 雲漢政悠悠　午枕驚黃
鳥 巖扉映竹林 水村橋上市 山郭雨中砧 時危輕別恨 身病減鄕心 慕古終違世 幽居不
卜深"

제 V 장

송익필의
경세사상(經世思想)

1. 현실인식과 개혁론

송익필은 그 자신 신분상의 제약으로 정치 일선에 나아가 뜻을 펼 수 없었다. 그러나 나라와 백성을 위한 우국충정과 우환의식은 다른 유학자들과 다름없었다. 송익필은 자신이 직접 벼슬에 나아가 현실을 바로잡을 수 없는 안타까움 속에서 경세에 유능한 도우인 율곡을 통해 그 이상을 실현하고자 하였다. 또 그의 여러 글 속에는 경세에 대한 경륜과 대안도 찾아볼 수 있다. 이제 송익필의 문집 속에서 경세에 관한 자료들을 모아 그의 경세사상을 검토해 보고자 한다. 도학은 수기와 치인을 그 내용으로 하고, 또 내성과 외왕을 그 내용으로 삼으며, 궁리와 수교의 실천을 그 하나의 일로 볼 때, 송익필의 도학체계에서 경세는 매우 중요한 의미를 갖는다.

먼저 송익필의 현실인식과 구체적인 개혁론에 대해 살펴보기로 하자. 송익필은 율곡에게 보낸 편지에서 다음과 같이 말한다.

> 다만 농촌을 보니 거듭 흉년을 당해 도망친 사람이 반이 넘습니다. 정월 보름에 달을 보고 점을 치니 "나이든 농부도 역시 매우 흉하다."라는 괘가 나왔습니다. 금년이 비록 풍년이라고는 하였지만, 햇곡식을 보기도 전에 백성들은 도랑에 쓰러져 거의 죽을 것입니다. 만약 또 가을이 되어도 곡식이 여물지 않으면 남아 있는 사람이 거의 없을 터이니, 나라는 무엇으로써 나라를 다스리겠습니까? 형도 역시 백성 중에 한 사람입니다. 예전에 어려운 생활을 겪었다고 하지만, 형보다 살림이 어려운 저의 궁핍

함 같지는 않을 것입니다. 저의 실정을 상세히 아시기에 다시 알리는 것입니다. 아! 어려운 생활 속에 굶주림을 견디고 운명대로 처신하며, 남을 원망하지도 않고 남을 탓하지도 않는 사람이 몇 명이나 되겠습니까? 죽기가 싫어 도적이 되었다면 모두 다 죽일 수는 없습니다. 그리고 외부의 도적도 기회를 엿볼 것이니 형세상 방법을 찾기도 어렵습니다. 백성의 부모가 되어서 마음을 쓰지 않을 수가 있겠습니까?[165]

이처럼 송익필은 당시 민생의 절박한 상황을 이이에게 말하며 벼슬길에 나아가 이를 시정하고 개혁해야 한다고 하였다. 가난한 백성들이 결국 도적이 되었다면 그들을 모두 처벌할 수는 없는 것이며, 이 기회를 틈타 외환의 우려가 있으니 이에 대비하지 않으면 안 된다고 하였다.

송익필은 율곡에게 보낸 편지에서 당시 상황에서 반드시 해야 할 네 가지 과제를 제시한다. 그것은 시사를 돕고, 나라의 명맥을 연장하며, 사림을 보호하고, 백성들의 고통을 해결하는 것이었다.[166] 여기서 시사를 돕고 나라의 명맥을 연장하고 백성들의 고통을 해결해 주어야 한다는 것은 결국 민생의 안정이요 부국강병을 의미하는 것이다. 여기에는 모순된 법제를 개혁해 백성들의 고통을 해결해 주어야 한다는 강한 개혁의지와 함께 백성의 아픔을 함께 하는 애민의식이 깔려 있다. 특히 송익필이 '사

---

165) 《구봉집》, 권5, 〈현승편下〉, 〈답숙헌서(答叔獻書)〉: "第目見農家 疊遭飢荒 流亡過半 上元占月 老農亦以極凶爲報 今歲雖登 未見新穀之前 民將塡壑殆盡 若又逢秋不稔 則餘存無幾 國何以爲國 吾兄亦此民之一也 曾身經困乏 而然未若弱之困乏 又甚於兄 而能詳知此間情狀 故聊復云云 噫 蚩蚩之中 能守飢處命 不怨不尤者幾人 厭死爲盜 則不可盡誅 而外寇乘釁 則勢將罔措 爲民父母 可不動心"

166) 《구봉집》, 권4, 〈현승편上〉, 〈답숙헌서(答叔獻書)〉: "苟能有補時事 延國脈 扶士林 解民倒懸"

림을 보호할 것'을 강조하는 것은 당시 사화의 여독이 아직 남아 있고 또 진정한 지치(至治)를 위해서는 사림이 정치의 주체가 되어야 하기 때문이었다. 이렇게 송익필은 삼대지치(三代至治) 내지는 도학지치(道學至治)를 위해서는 반드시 사림이 그 중심에 서서 유교적 가치를 온전히 실현하고 정의로운 사회를 실현해야 한다고 보았다.

2. 삼대지치(三代至治)의 이상(理想)

송익필에게 있어 정치의 목표, 정치의 이상은 무엇인가 살펴보자. 도우인 율곡이 대제학이 되었을 때 송익필은 다음과 같이 정치의 목표를 제시하였다.

형께서 이미 문형(文衡, 대제학)을 맡았고, 또 장차 정승이 될 것이라 들었습니다. 문형의 책임은 사문(斯文)을 부식(扶植)하는 데 있으니, 어찌 사화(詞華)만 숭상하여 세상의 풍조에 응할 뿐이겠습니까? 삼대(三代) 이래 유자(儒者)로서 정승이 된 사람이 없었으니, 이 때문에 삼대 이하로 다시 삼대의 치(治)가 없었던 것입니다. 유자가 만약 정승이 된다면 어찌 삼대의 다스림이 없겠습니까? 유자에게 귀한 것은 일행일지(一行一止)를 반드시 그 도(道)로써 해야 하고, 한 터럭이라도 이익을 꾀하고 공(功)을 계산하는 생각이 없어야 하는 것입니다. 삼대의 사업으로 자기의 책임을 삼지 않는다면, 감히 그 자리에 있어서는 안 됩니다.[1]

송익필에게 정치의 목표는 '삼대지치'에 있었다. 그는 문형의 책임은 유가학문을 돕고 기르는 데 있고, 유학자에게 귀한 것은 일거일동에 도로써 해야 하고, 이익을 꾀하고 공을 계산하는 생각이 없어야 한다 하였다.

---

1) 《구봉집》, 권5, 〈현승편下〉, 〈답숙헌서(答叔獻書)〉: "聞吾兄旣典文衡 又將卜相 文衡之任 重在扶植斯文 豈但尙詞華應世求而已. 且三代以下 未見以儒作相者 三代以下 更無三代之治 故也 儒若作相 則豈無三代之治 所貴乎儒者 一行一止 必以其道 無一毫謀利計功之念 不以三代事業爲己任 則不敢在其位"

따라서 유학자는 삼대의 사업을 자기의 책임으로 삼아야 한다고 하였다. 여기서 송익필이 말하는 삼대지치는 결국 요순의 지극한 정치를 의미하고 왕도를 의미하는 말이다. 이는 조광조가 왕도(王道)를 지치(至治)로 표방한 것과 같은 것이라 할 수 있다. 송익필이 율곡에게 간곡히 권장하는 정치의 목표와 이상은 삼대지치이고 그것은 조광조가 말한 지치로서 도학정치를 일컫는 것이다.

이러한 송익필이 율곡에게 권면한 삼대지치를 이상으로 삼고 나아가야 한다는 유학자의 도리에 대한 권면을 율곡은 다음과 같이 답하고 있다.

> 가르침을 주신 유자(儒者)의 사업은 참으로 이와 같으니 감히 마음에 깊이 새겨 두지 않을 수 있겠습니까? 다만 도리(道理)가 천차만별입니다. 옛사람도 천민(天民)으로 자처하면서 반드시 사도(斯道)가 크게 행해지는 것을 본 연후에 나오는 사람도 있고, 또한 세도(世道)를 점차 구제하면서 자신을 단속하는 사람도 있습니다. 갑자기 삼대(三代)의 정치를 나열하여 건의해서 시행하지 못하면 곧 거두어 버려야 하니 오늘날에 시행할 뜻은 아닌 듯합니다. …… 대체로 수많은 백성들은 물이 새는 배에 있는 것과 같습니다. 그러니 구제할 책임은 참으로 우리들에게 있습니다. 이것이 마음에 절실하여 차마 떠나지 못하는 것입니다.[2]

---

2) 《구봉집》, 권5, 〈현승편下〉, 〈여숙헌서(與叔獻書)〉: "示諭儒者事業 固是如此 敢不佩服 但 道理 千差萬別 古人有以天民自處 必見斯道之大行 然後乃出者 亦有漸救世道 納約自牖者 若遽以三代之政 羅列建請 而不得施則輒引去 恐非今日之時義也 …… 大抵億萬蒼生 在漏 船上 而匡救之責 實在吾輩 此所以惓惓不忍去者也 …… 十一月十五日 珥拜"

송익필과 율곡은 백성들의 실상이 물이 새는 배에 있는 것과 같다고 하며 그 책임이 유학자들의 사업으로서 바로 자신들에게 있음을 말하고 있다. 이는 바로 백성들을 평화롭고 안전하게 하는 세도의 책임을 스스로의 임무로 삼는 도학자들의 세도에 대한 자임이라고 하겠다. 현실정치의 이상이 삼대지치에 있지만 결국 정치의 궁극적 목적은 현실의 백성들을 위한 민본의 경세사상이라는 것을 알 수 있다.

그리고 송익필은 경세에 관련하여 군명(君命)은 천명(天命)과 일치해야 한다고 한다. 송익필에 의하면 "하늘과 임금은 같은 이(理)이다. 먼저 천명으로써 깨우치게 하고, 군명과 부명(父命)이 따라야 한다."라고 한다.[3] 천명은 곧 천리이므로 군명은 천리에 어긋나지 않아야 합리적이다. 군명이 천명에 맞지 아니 했을 때 그것은 천리에 반한 정치요 민심에 반한 정치가 되어 민심을 잃고 그 권위를 상실하게 된다. 이는 유가의 전통적인 '천명정치사상'을 그대로 보여 주고 있는 것이다.《서경》에서는 천(天)이 보고 듣는 것이 민(民)이 보고 듣는 데 달려 있다고[4] 한다. 또 백성들이 하고자 하는 바를 하늘은 반드시 좇는다고[5] 하였다. 이렇게 볼 때, 천은 궁극적으로 민의, 민심에 따라 이동한다. 천을 말하지만 실은 민이 근본이다. 정치는 천의에 맞아야 하고 천리에 합당해야 한다. 즉 군명은 천명에 맞을 때 민심을 얻을 수 있고 정치적 정당성을 확보할 수 있다. 양계

---

3) 《구봉집》, 권3, 〈답인설(答人說)〉: "夫天也 君也 同一理也 先以天命爲喩 而繼以君命父命焉"

4) 《서경》, 권6, 〈주서(周書)〉, 〈태서(泰誓)上〉: "天視自我民視 天聽自我民聽 百姓有過在予 一人今朕必往"

5) 위의 글: "天矜于民 民之所欲 天必從之 爾尙弼予一人永清 四海時哉弗可失"

초(1873~1929, 중국 유학자)는 이를 간접적 천치주의(天治主義)라 하였다.[6]

이처럼 삼대지치의 이상을 목표로 하고 유가의 전통적인 천명정치사상을 언표하고 있는 송익필의 경세사상은 실천적 유가철학의 근저에 자리한 왕도실천법의 본래 진면목을 잘 드러내고 있는 것이라 하겠다.

---

6) 양계초(梁啓超),《선진정치사상사(先秦政治思想史)》, 臺灣東大圖書公司, 民國69年, 35쪽.

3. 경세(經世)의 구체적 대안

송익필의 경세에 대한 구체적 방법에 대해 검토해 보기로 하자. 송익필은 정치란 백성들의 마음을 꿰뚫어 보는 데 뜻을 두어야 한다 하고, 오직 공평해야만 살필 수 있다고 하였다.[7] 이는 민심이 정치의 근본이라는 입장에서 다스리는 치자(治者)는 민심의 소재를 정확히 파악해야 하는 것이다. 그리고 그 민심의 파악은 다스리는 자의 공명정대한 마음이 확립될 때 가능하다. 다스리는 자가 사사로운 마음을 갖거나 측근 주위에 가리어 공평성을 잃게 되면 객관적인 민심 파악이 어렵다는 것이다.

이는 왕도지치를 실천하는 다스리는 자의 마음이 공평하고 사사로움이 없어야 한다는 것이니, 곧 직의 정신이다. 송익필의 성리학과 예학에 이어서 경세사상에서도 일관하게 직을 그 근본정신으로 하고 있는 것이라 하겠다.

송익필은 또 지성(至誠)이면 감복하지 않음이 없다 하고, 소인(小人)을 막으려면 자신을 수양하는 데 주도면밀해야 한다고 하였다.[8] 다스리는 자의 백성에 대한 지성은 민심의 자발적인 감복을 가져올 수 있는데, 이는 철저한 자기수양을 필요로 한다. 정치에 있어서도 다스리는 자의 수기가 근본임을 분명히 한 것이다. 송익필은 당시 민생의 절박한 현실에서 임금의 마음이 중요하다고 보고, 천재지변의 폐해에 임하는 임금의 성찰

---

7) 《구봉집》, 권5, 〈현승편下〉, 〈답이중거별지(答李仲擧別紙),(山甫時按嶺南)〉: "爲政 通下情 爲急 然惟公可以察之"

8) 위의 글: "至誠宜無不服 故古語云 防小人 密於自修"

수양하는 태도에 대해 다음과 같이 말하였다.

농사를 망친 여러 고을은 진상(進上)할 물품을 줄인다 할지라도, 임금이 드시는 음식 가지 수는 많이 줄어들지 않았습니다. 세금은 감면한다 할지라도 나라의 경상적인 지출이 외에도 경비 절약을 해야 합니다. 옛날의 제왕이 흉년을 만났을 때 수양하고 반성하는 방법은 다음과 같습니다. 임금의 음식에는 맛있는 음식을 올리지 않고, 관청과 사당에는 도료를 칠하지 않고, 임금을 맞이할 때 벽제(辟除)를 하지 않고, 모든 관리는 직무에 충실할 분 토지를 따로 주지 않고, 귀신에게는 기도만 드리지 제사는 지내지 않고, 재물을 나누어 주고, 세금을 작게 매기고 형벌을 완화하며, 부역을 줄이며, 시장의 세금을 없애고, 번거로운 예를 줄이고, 슬픈 일은 줄이고 즐거운 일은 쌓아 두고, 혼례를 장려하고, 귀신을 찾으며, 도적을 제거하고, 지켜야 할 항목이 많더라도 대개는 줄여서 실행하며, 자신에게 책임을 돌리면서 하늘을 섬기고, 쓸데없는 낭비는 막고 백성을 구제할 계책을 많이 세울 뿐입니다. 또 부자에게는 쌀을 풀어서 가난한 사람을 도와주라고 권합니다. 주자도 역시 하지 않을 수 없던 일입니다. 지금은 하나도 실행하지 않고 있습니다. 이것은 어린 아이가 우물에 들어가는 것을 보고서도 측은한 마음이 없는 것과 같습니다. 한심한 일입니다. 대인(大人)은 임금의 마음을 바로 잡아야 합니다.[9]

송익필은 율곡을 통해 임금이 처신해야 할 성찰하고 수양하는 태도에

---

9) 《구봉집》, 권5, 〈현승편下〉, 〈답숙헌서(答叔獻書)〉

이의 행례의 질서와 경중을 살펴서 예의 종법질서를 실천하고 있는 것이라 하겠다.

또한 주자와 사마온공의 예문을 근거로 하여 한강 정구의 제수설찬도에서의 반찬 수는 온당치 못하며, 고례를 근거로 하여 정침을 사당 앞에 지어 태묘(太廟, 나라 종묘)에서 배향할 때 소목(昭穆)으로 배열하는 것과 같이 고조(高祖)는 아랫목에 모시되 동쪽을 바라보고, 그 나머지는 소는 북쪽에 위치하고 목은 남쪽에 위치해서 제사를 지낸다는 것과, 간장을 동쪽에 놓는다는 세 가지 정구의 예설은 온당하지 못하다고 비판하였다.

이상과 같이 송익필은 유가 정통의 종법질서를 추구하여 행례를 바르게 실천하고자 하였다. 이는 곧 예학적 의리사상이라고 할 수 있다.

다섯째, 4례 가운데 상례와 제례가 중점적으로 많고, 상례에 대한 관심이 제일 많았으며 변례(變禮)가 포함되어 있다.

송익필이 정철, 성혼과 주고받은 서신에서는 선조 즉위년의 명종상(明宗喪)에서의 흑립백립(黑笠白笠)의 논의, 선조 10년 공의전(인성왕후)의 상(喪)에서의 문제 등을 언급하였으며, 상례에 대한 항목이 제례의 항목보다 압도적으로 많았다. 이것은 한강 정구의 경우 제례에 대한 항목이 상례의 항목보다 훨씬 많았던 것과 비교가 된다. 이 시기에 상례에 대한 관심이 증가하는 데에는 선조 초반에 일어나는 국상의 영향을 배제할 수 없다. 이것은 정철, 성혼과 주고받은 서신의 내용 총 60항목에서 국상과 관련된 내용이 13항목에 이르는 데서 짐작된다.[151] 특히 〈가례주설〉과

---

151) 고영진, 〈16세기 말 사례서의 성립과 예학의 발달〉,《한국문화》, 제12집, 서울대, 1991, 485쪽.

〈예문답〉에는 4례 중에서 상례와 제례를 중점으로 둔 예서로서 다수의 변례를 포함하고 있다.[152] 아울러 상례는 변례(變禮)요 흉례(凶禮)라는 점에서 그 중요성이 더욱 강조되었다고 볼 수 있다.

여섯째, 송익필의 예학은 인(仁)의 실천방법이요 왕도실천법인 혈구지도(絜矩之道)를 예정신(禮精神)으로 한다.

송익필은 성혼과 자매남편의 서열 문제에서, 예문에 의거하여 좌우와 전후가 이치에 맞아야 중도를 얻는 예가 된다 하고, 여자는 남편의 나이에 따라 앉는 것이 예문의 정신에 맞는다고 하였다. 정철과의 예문답 가운데 조문하는 문제에서 송익필은 예가 고금이 다르고 형세가 다르다면서, 때에 따라서 마땅하게 처리해야지 문자에 구속되지 말라고 하였다.[153] 또 국상 중 졸곡전에 개인의 대상(大祥)의 제사복식 문제에서 고례와 예경과 《주자가례》를 참조하고, 당시 현실사회의 정황과 행례하는 집안의 신분까지도 고려하고 있음을 알 수 있다. 이는 전후좌우를 살펴서 행례하고자 하였는데 이는 공자의 인(仁)의 실천방법으로서 혈구지도 방법을 통한 예실천이라 하겠다. 예는 천리이자 현실에서 인사의 의칙이 되어야 한다. 천리를 인사에 실천하는 준거가 되는 것이 예이다. 이러한 예는 감정을 지닌 인간이 실천할 때에 의리와 명분에 합당한가를 살펴야 한다. 이에 예를 실천하고자 하려면 송익필이 예문에서 보았듯이 위와

---

152) 한기범, 〈사계 김장생과 신독재 김집의 예학사상 연구〉, 충남대 대학원 박사학위논문, 1991, 83~84쪽.

153) 《구봉집》, 권6, 〈예문답〉, 〈답계함문(答季涵問)〉: "禮異今古 且異其勢 故舊親厚 或欲問嫡母病候 或欲察孤子疚容 拒以几筵在他 於情未穩 隨時量宜以處 勿拘文字 如何如何"

대해 자세히 말하고, 측은지심의 마음을 가지고 정치를 해야 하는데 그렇지 못한 현실을 개탄하였다. 그리고 대인(大人)은 임금의 마음을 바로 잡아 왕도지치의 길을 열어야 한다 하였다.

또한 송익필은 백성을 교화시키는 것이 정치의 근본이라 하고, 고을 수령은 조심하고 두려워하며 착하지 못할까 걱정해야 한다 하였다. 그리고 남을 다스림은 자신을 다스림에 기초를 두고 있으니, 남을 바르게 하고자 함은 자신을 바르게 하고자 함에 힘쓸 뿐이라 하였다.[10] 이는 《중용》에서의 "자기 몸에 돌이켜서 찾는다."[11]라는 것으로서 "윗자리에 있어서는 아랫사람을 능멸하지 않으며, 아랫자리에 있어서는 윗사람을 잡아당기지 않고, 자기 몸을 바루어 남에게 요구하지 않는"[12] 다스리는 자의 수신(修身)을 말한 것이라 하겠다. 이것은 바로 인(仁)을 실천하는 방법으로서 혈구지도의 직정신이다. 이와 같이 다스리는 자는 곧 공자가 말한 군자로서, 위로는 하늘을 원망하지 않고, 아래로는 사람들을 원망하지 않는다고 하였다. 송익필 또한 그의 시(詩)에서 하늘과 사람을 원망하지 않는 군자유(君子儒)의 천명을 노래하여[13] 사사로움 없는 직을 드러내고 있다.

이로 볼 때 송익필의 경세사상 또한 다스리는 치자가 자신을 뒤돌아보아 반성 하는 수신을 요구하면서 혈구지도의 직을 통한 왕도지치를 추구

---

10) 《구봉집》, 권5, 〈현승편下〉, 〈답이중거별지(答李仲擧別紙), (山甫時按嶺南)〉: "一 風化 政刑之源 在吾方寸至密之地 邑宰震慴 惟恐不善 其不在我乎 治人本於自治 正物務在 正己"

11) 《중용》: "子曰 射 有似乎君子 失諸正鵠 反求諸其身"

12) 위의 책: "在上位 不陵下 在下位 不援上 正己而不求於人 則無怨 上不怨天 下不尤人"

13) 《구봉집》, 권1, 〈부 시(賦 詩)上〉, 〈천(天)〉

하고 있는 것이라 하겠다. 이는 인(仁)을 실천하는 왕도실천의 혈구지도
방법을 말하여서 성리(性理)와 예학(禮學)과 경세(經世)가 하나로 일관(一
貫)하는 송익필의 도학정신이라고 할 수 있다.

　치자의 수신과 민생의 교화를 강조했던 송익필의 유가정통의 교육철
학은 그의 제자인 사계 김장생을 가르치고 이끌었던 교회(敎誨) 방법에서
도 볼 수 있다. 이것은 화살을 당기는 방법은 가르치나 쏘는 법은 가르
쳐 주지 않는 '인이불발'14)의 유가 전통적 교육법으로서 인간의 주체적
의지의 발현을 스스로 이끌어 내는 직도(直道)의 교육법이라 할 수 있다.
중봉 조헌도 송익필이 배우는 이의 자질에 따라 잘 계발시켜서 홀로 설
수 있도록 교육을 하였다고15) 말하고 있는 점에서 이를 뒷받침한다. 이
처럼 독특한 송익필의 교육법은 김장생, 김집 부자뿐만 아니라, 정철의
아들들과 승평부원군을 지낸 김류 등에게도 큰 영향을 주었다. 김류는
자부심이 강하여 남에게 굽히기를 싫어했는데, 송익필의 가르침을 받아
결국 나라에 큰 공을 세워 장상을 겸하게 되었을 때 말하기를, "나에게
오늘이 있을 수 있었던 것은 그때 송익필에게서 직접 받은 영향력 때문
이다."라고 말하였다.16) 이러한 송익필의 교육법은 그의 후학들이 뒷날
기호유학을 정립하는 왕도실천의 큰 업적으로 자리하게 된다. 이와 같이

---

14) 《서경》, 권5, 〈상서(商書)〉, 〈열명(說命)中〉: "所以責其躬行之實 將進其爲學之說也. 皆
　　引而不發之義" 활의 시위를 당길 뿐 놓지 않는다는 뜻. 사람을 가르치되 그 방법만
　　가르치고 스스로 터득하게 함을 이름.
15) 《송자대전》, 권172, 〈묘갈(墓碣)〉, 〈구봉선생송공묘갈(龜峯先生宋公墓碣)〉: "則重峯以
　　爲到老勉 書 學邃經明 行方言直 足蓋父愆 故成李兩賢 皆作畏友 且其敎誨 善於開發
　　使人感奮有立云"
16) 위의 글: "昇平金相 公塏少自負 不肯下人 一日邂逅先生於山寺 爲撤其業 日聽其言議
　　久不能去 及其成大勳業 身都將相 謂曰吾之得至今日 繁當日親炙於龜峯之力也"

송익필이 백성들의 교화를 중시한 것은 물질적 풍요만으로는 진정한 의미에서 왕도라 할 수 없기 때문이다. 맹자가 말했듯이 민생의 안정이 왕도의 출발점이기는 하나 궁극적으로는 윤리적 교화를 통해 왕도정치는 완성되기 때문이다. 그런데 백성을 윤리적으로 교화시키기 위해서는 먼저 다스리는 자 자신의 도덕적 모범이 전제되어야 하고, 이를 위해 다스리는 자의 자기수양이 반드시 필요하다는 것이다.

또 송익필은 이산보(李山甫, 1539~1594)를 통해 기강의 확립과 공직윤리의 중요성을 말하였다. 송익필은 "감사와 수령, 수령과 아전에서 하급관리에 이르기 까지 등급이 분명하며, 각자 해야 할 일이 엄정해야 공적을 이룰 수 있다."[17]라고 하였다. 이는 행정 관리들의 직책에 대한 책임과 권한이 분명해야 행정의 실효를 기대할 수 있음을 말한 것이다. 같은 맥락에서 송익필은 "관직을 맡은 자가 그 직책을 수행할 수 없으면 물러나고, 언론에 책임을 맡은 자가 그 말이 통하지 않을 때는 물러나야 한다."라고 한다.[18] 이는 공직자의 책임과 윤리를 말한 것인데, 공직자는 각기 그 맡은 바 책임을 다하지 못한 때에는 마땅히 물러나야 한다는 말이다. 이는 바꾸어 말하면 자기에게 주어진 직책에 대한 도리를 다하는 것이 곧 공직윤리의 기본이라는 말과 같다.

또한 "관청 아전들로 재능이 있는 자들은 통상적으로 방자한 사람이 많으니, 그들을 엄하고 분명하게 대우해야 당연하다." 하고, 설문청[19]의

---

17) 《구봉집》, 권5, 〈현승편下〉, 〈답이중거별지(答李仲擧別紙), 산포시안영남(山甫時按嶺南)〉: "一 監司而邑宰 邑宰而吏胥 以至里正 等數分明 條約嚴正 可以成績"

18) 《구봉집》, 권4, 〈현승편上〉, 〈답숙헌서(答叔獻書)〉: "有官守者 不得其直職則去 有言責者 不得其言則去"

19) 문청(文淸) 설선(薛瑄, 1389~1464): 명(明)의 성리학자, 정주학(程朱學)을 위주로 하

"졸병 한 사람이 민첩하면 그를 부지런히 일하도록 해야 한다. 하인으로 권세를 따르는 자들은 내가 곧 내쫓아 버린다. 관직에 있는 자는 광명정대해야지 터럭 한 올 만큼이나 편향된 마음이 있어도 안 된다는 말을 법도로 삼아야 한다."[20]라고 하였다. 즉 방자한 관리들에 대한 엄정한 기강의 확립과 함께 광명정대한 공직윤리의 확립을 강조하였다. 송익필은 같은 맥락에서 부지런하면서 청렴하고 지혜로우면 일을 수행할 수 있다 하고, 청렴하고 지혜로운 요점은 사사로운 마음이 없는 데 있다고 하였다.[21]

이처럼 그는 공직윤리로서 근면·청렴·지혜를 말하고, 청렴하고 지혜로운 요점은 사사로운 마음이 없는 데 있다고 하여, 사심(私心)의 제거가 공직윤리의 핵심임을 알 수 있다. 이는 곧 공평무사한 직의 정신을 근본으로 하는 송익필의 공직윤리관이라 하겠다. 그리고 정치나 행정의 주체는 결국 인간이므로 인사(人事)는 곧 만사(萬事)라고 할 수 있는데, 송익필도 이에 관해 많은 관심을 갖고 인사관리에 대해 다음과 같은 견해를 밝혔다.

여러 고을에 있는 지학자(志學者), 은일자(隱逸者), 유행자(有行者), 유재자(有才者)는 수령이나 각 면 단위로 하여금 소소한 일이라도 반드시 기

는 설문청의 학문을 하동파(河東派)라 일컬음. 저서에는 《독서록(讀書錄)》, 《설문청집》이 있다.

20) 《구봉집》, 권5, 〈현승편下〉, 〈답이중거별지(答李仲擧別紙), 산포시안영남(山甫時按嶺南)〉: "一 營吏之有才能者 例多恣橫 待宜嚴明 薛文淸公曰 一卒頗敏捷 使之稍勤 下人卽有趨重之意 余遂逐去之 當官當正大光明 不可有一毫偏向 此可爲法"

21) 위의 글: "一 勤而廉明 可以濟事 廉明之要 在無私心"

록하여 감사에게 보고하고 감사의 조치를 기다린다. 지학자는 도학(道學)에 뜻을 둔 사람이다. 은일은 재주와 덕을 갖고 있으면서도 밖으로 드러내지 않은 사람이다. 유행자는 효자, 순손(順孫), 열녀, 효부가 우애하고 충신함이다. 유재자는 기이한 계책과 원대한 책략을 품고, 문장에 뛰어나고 활 쏘고 말 타는 데 뛰어난 사람이다. 데려올 만한 사람은 조정에 데려가고 그렇지 못한 사람은 감사가 직접 방문한다.**22)**

송익필은 인재를 지학자, 은일자, 유행자, 유재자로 구분해 설명한다. 지학자는 도학(道學)에 뜻을 둔 사람으로 가장 훌륭한 인재라고 할 수 있다. 은일자는 재주와 덕을 갖고 있지만 아직 밖으로 드러내지 않은 잠재적인 인재다. 유행자는 효자, 순손(順孫), 열녀, 효부처럼 가정적 윤리에 충실한 사람을 말한다. 유재자는 기이한 계책과 원대한 책략을 품고, 문장에 뛰어나고 활 쏘고 말 타는 데 특별한 재능을 가진 이를 말한다. 송익필은 이러한 다양한 인재를 지방 목민관들이 세심하게 파악하여 관리하고 적재적소에 추천하고 활용해야 한다 하였다. 이는 인재의 관리와 활용의 중요성을 말한 것으로 매우 실용적인 경세방안의 하나라고 할 수 있다.

송익필은 또 당시 신분상의 제약으로 고통 받고 소외된 불우계층에 대한 관심과 함께 진유(眞儒, 참된 선비), 은사(隱士, 숨어 있는 선비), 명환(名宦, 이름 있는 벼슬아치), 충신, 의사, 효자, 열부들에 대한 관심과 장려를 강

---

22) 위의 글: "一 列邑之志學者隱逸及有行者有才者 各其守令各面 雖小必錄 卽報監司 以待監司之處置 志學 志于道學也 隱逸 抱才德不出也 有行 孝子順孫烈女孝婦友愛忠信也. 有才 畜奇謀遠略能文章善射御也 可致者 當致于公 不可致者 監司親往訪問焉"

조하였다.

> 각 고을로 하여금 남녀 70세 넘은 노인, 홀아비, 과부, 고아, 독신자 그리고 병이 들었거나 추위에 굶주려 돌아갈 곳 없거나 의탁할 곳 없는 자, 그리고 혼기가 지난 20세 넘은 처녀를 찾아서 방문하게 하고, 그리고 이미 죽은 진유(眞儒), 은사(隱士), 명환(名宦), 충신(忠臣), 의사(義士), 효자(孝子), 열부(烈婦)의 자손과 처첩들의 무덤이 있는 곳을 연대의 멀고 가까움을 따지지 말고 일일이 상세히 기록해서 보고한다. 그리고 혹은 제사상을 차려 제사지내 주고, 혹은 때때로 구호품을 주어 구제해 주고, 혹은 예물을 도와주어 혼인을 하도록 장려하고, 혹은 술과 음식을 보내 주고, 혹은 부역을 면제하여 표창해 주고, 혹은 제사에 올릴 술과 음식을 준비하여 끊어진 제사를 잇게 해 주는데, 이 모든 것을 등급에 따라 알맞게 한다. 계속해서 빠뜨린 것이 있고 진실하지 못할 경우에는 죄를 준다.[23]

송익필은 그 자신이 신분상 불우한 처지였지만, 당시 사회적으로 소외되고 고통 받던 불우계층과 가난한 사람들에 대한 생계지원과 배려, 그리고 이미 죽은 진유, 은사, 명환, 충신, 의사, 효자, 열부 등에 대해 널리 알려서 표창하고, 또 그들 후손들에 대한 세심한 배려와 지원을 통해 의리(義理)와 도학(道學)을 높이 불러일으키고자 했다. 이처럼 송익필이 충

23) 위의 글: "一 令列邑 採訪老人男女七十以上及鰥寡孤獨癈疾飢寒無所歸無所養及處子年二十以上過時未婚及已死眞儒隱士名宦忠臣義士孝子烈婦子孫及妻妾及墳塋所在 不拘年代遠近 一一詳實錄呈 而或設燕尊享之 或以時賑救之 或助禮物勸婚嫁 或送酒食除徭役 表章之 或具酒饌奠祀 而修其廢 等差隨宜 連上有遺不實 有罪"

효의열(忠孝義烈)을 실천한 모범적 인물들에 대해 관심을 갖고 배려하고자 한 것은 그의 도학에 대한 열정을 잘 말해주는 것이다. 또한 왕도의 현실적인 실천으로 적용되는 경세론에서 상하로는 임금의 수양과 민심의 교화를 살피고, 좌우로 공직자의 윤리와 치자의 수신을 무사사한 직으로써 말하고, 전후로 유용한 인재와 소외된 계층을 살피고, 충효의열들의 후손까지 살펴서, 바르고 곧게 세워야 한다고 주장하고 있다. 이는 곧 전후좌우상하를 기울거나 편당되거나 가려지지 않도록, 사사로움 없이 자연하게 드러내서 펴고자 하는 인(仁)의 실천법이자 왕도실천법인 혈구지도의 경세사상이라 할 수 있다.

이렇게 볼 때, 송익필의 경세사상은 유가의 전통적인 경세론의 정신을 잘 드러내고 있다고 할 수 있다. 경세의 목표를 삼대지치로 보았고, 군명과 천명의 일치를 통한 민본정치를 표방하고 있고, 치자(治者)의 일심(一心)과 민심의 파악 그리고 치자의 자기수양이 정치의 근본임을 직을 통해 강조하고 있다. 또 백성을 윤리적으로 교화시켜야 한다 하였고, 공직윤리로서 근면, 청렴, 지혜를 말하였다. 또한 인재의 중요성을 말하고 지방목민관의 인재관리와 적정한 추천을 통한 인재의 효율적인 활용에 대해서도 언급하였다. 특히 그가 불우계층에 대해 관심을 갖고 충효의열을 실천한 모범적 인물들에 대한 현창(顯彰)과 그 후손들에 대한 적극적인 배려와 지원을 강조한 것은 그 의미가 크다. 송익필은 당시 시국에 대한 우환(憂患)의식 또한 갖고 있었고, 개혁의 의지도 가지고 있었음을 알 수 있다.

이상 송익필 성리학의 수기론이 사변적(思辨的)인 공리공론(空理空論)

이 아니고 천리의 본성이 자연하게 드러나도록 인간의 형기(形氣)에서 나오는 욕망을 긍정적으로 보아서 인간 심성의 변화 가능성을 제시하여 실천적인 학문으로 자리매김하고 있음을 앞장에서 논구하였다. 그리고 예학 또한 천리가 인간사회에 구현되는 왕도실천법이자 시중지도이며, 인(仁)의 실천방법인 혈구지도로서 예정신을 삼고 있음을 앞장에서 살펴보았다. 이어서 송익필이 한평생을 유가적 의리의 삶을 투철하게 살아온 모습과, 행도와 수교 그리고 수기와 경세를 아우르는 경세론 또한 임금과 민생, 공직자와 사회 여러 계층의 사람들을 전후좌우로 살펴서 왕도를 펼치고자 하는 실천적이고 실용적인 도학적 경세사상임을 살펴보았다. 그 속에는 송익필이 왕도지치를 실천하고자 나라와 백성을 위하는 우환의식과 구체적인 개혁방안들이 보인다. 또 지극히 어려운 역경 속에서도 변치 않고 투철히 지켜 냈던 요순지도(堯舜之道)의 의리정신들이 드러나고 있다. 여기서 우리는 송익필의 도학지치(道學至治)의 이상(理想)을 알 수 있다.

참고문헌

1. 원전류

《대학(大學)》,《중용(中庸)》,《논어(論語)》,《맹자(孟子)》,《주역(周易)》,《서경(書經)》,《예기(禮記)》,《장자(莊子)》,《장재집(張載集)》,《주자어류(朱子語類)》,《주자대전(朱子大全)》,《주자가례(朱子家禮)》,《성리대전(性理大全)》,《육서심원(六書尋源)》,《이정전서(二程全書)》,《이정집(二程集)》,《주돈이집(周敦頤集)》

2. 문집류

《고려사절요(高麗史節要)》,《고봉집(高峰集)》,《고죽유고(孤竹遺稿)》,《구봉집(龜峰集)》,《기묘록속집(己卯錄續集)》,《다산시문집(茶山詩文集)》,《매천집(梅泉集)》,《남계집(南溪集)》,《사계전서(沙溪全書)》,《사례편람(四禮便覽)》,《상촌고(象村稿)》,《순종실록(純宗實錄)》,《송자대전(宋子大全)》,《신독재유고(愼獨齋遺稿)》,《속대전(續大典)》,《선조수정실록(宣朝修正實錄)》,《연려실기술(燃藜室記述)》,《여유당전서(與猶堂全書)》,《우계집(牛溪集)》,《율곡전서(栗谷全書)》,《정암집(靜庵集)》,《청장관전서(靑莊館全書)》,《택당별집(澤堂別集)》,《퇴계전서(退溪全書)》,《홍재전서(弘齋全書)》,《한수재집(寒水齋集)》,《호곡시화(壺谷詩話)》,《회재집(晦齋集)》,《국역승정원일기》,《비선구봉 선생시집(批選龜峰先生詩集)》, 율곡전집 C/D(사단법인 율곡학회)

3. 단행본류

고영진,《조선 중기 예학사상사》, 한길사, 1995.

고봉학술원,《고봉 기대승 연구》, 이화출판사, 2009.

권덕주 편저, 《육서심원(六書尋源) 연구자료》, 해돋이출판사, 2005.

김세정, 《왕양명의 생명철학》, 청계출판사, 2006.

김충렬, 《중국철학산고》(1), 온누리출판사, 1990.

남백최근덕선생화갑기념논총간행위원회, 《한국인물유학사》(2), 한길사, 1996.

노사광 지음, 정인재 옮김, 《중국철학사》(송명편), 탐구당, 1987.

몽배원(蒙培元) 지음, 이상선 옮김, 《중국심성론》, 법인문화사, 1996.

배종호, 《한국유학사》, 연세대출판부, 1997.

양계초(梁啓超), 《선진정치사상사(先秦政治思想史)》, 대만 동대도서공사, 민국(民國)69년.

오하마아키라(大濱晧) 지음, 이형성 역, 《범주로 보는 주자학》, 예문서원, 1999.

오석원, 《한국 도학파의 의리사상》, 유교문화연구소, 2005.

위정통(韋政通), 《중국철학사전》, 대만 대림출판사, 민국(民國)67년.

유명종, 《한국사상사》, 이문사, 1981.

유승국, 《한국유학사》, 유교문화연구소, 2008.

유승국, 《동양철학연구》, 근역서재, 1983.

유승국, 《한국의 유교》, 세종대왕기념사업회, 1999.

이병도, 《한국유학사》, 아세아문화사, 1987.

이상미, 《학이 되어 다시 오리》, 도서출판 박이정, 2006.

이이·성혼·송익필 지음, 임재완 옮김, 《세 분 선생님의 편지글》, 호암미술관, 2001.

이종호, 《구봉 송익필》, 일지사, 1999.

이한우, 《조선의 숨은 왕》, 해냄출판사, 2010.

장주식, 《삼현수간 -율곡·우계·구봉의 산촌편지-》, 한국고전번역원, 2013.

조남권·이상미 공역,《구봉송익필 시전집》, 도서출판 박이정, 2003.

주희 지음, 임민혁 옮김,《주자가례》, 예문서원, 1999.

주희 지음, 곽신환·윤원현·추기연 옮김,《태극해의》, 소명출판사, 2009.

진래 지음, 안재호 옮김,《송명성리학》, 예문서원, 1997.

충남대유학연구소,《우암 송시열의 학문과 사상》, 호서명현학술총서, 2008.

최완기,《한국 성리학의 맥》, 느티나무, 1993.

최영성,《한국유학통사》(中), 심산, 2006.

풍우란 지음, 정인재 역,《중국철학사》, 형설출판사, 1989.

한국철학사연구회 엮음,《한국철학사상사》, 심산출판사, 2010.

현상윤,《조선유학사》, 민중서관, 1948.

황의동,《한국의 유학사상》, 서광사, 1995.

황의동,《율곡사상의 체계적 이해1》, 서광사, 1998.

황의동,《율곡학의 선구와 후예》, 예문서원, 1999.

황의동,《율곡 이이》, 살림, 2007.

4. 학위논문류

강구율, 〈구봉 송익필의 시 세계와 시풍 연구〉, 경북대 대학원 박사학위논문,
   2000.

김민정, 〈구봉 송익필의 염락풍 시 연구〉, 경남대 교육대학원 석사학위논문,
   2007.

김용식, 〈구봉 송익필의 심성관에 대한 연구〉, 고려대 대학원 석사학위논문,
   1981.

김재홍, 〈역학의 中正之道에 관한 연구〉, 충남대 대학원 박사학위논문, 2008.

류일환, 〈공자학에서의 예(禮)에 관한 연구 -《논어》를 중심으로〉, 충남대 대학원 박사학위논문, 2003.

류일환, 〈공자학에서의 예에 관한 연구〉, 충남대 대학원 박사학위논문, 2003.

배상현, 〈조선조 기호학파의 예학사상에 관한 연구〉, 고려대 대학원 박사학위논문, 1991.

송혁수, 〈구봉 송익필의 시 문학 연구〉, 조선대 교육대학원 석사학위논문, 1999.

우경섭, 〈송시열의 세도정치사상 연구〉, 서울대 대학원 박사학위논문, 2005.

유기영, 〈구봉 송익필의 시 연구〉, 고려대 교육대학원 석사학위논문, 1985.

이소정, 〈구봉 송익필의 예학사상 연구 - 제례를 중심으로〉, 성균관대 대학원 석사학위논문, 2002.

이영자, 〈기호학파에 있어서 율곡성리학의 수용과 전개〉, 충남대 대학원 박사학위논문, 2007.

이진경, 〈연암 박지원의 철학사상에 관한 연구 - 도가 철학적 관점을 중심으로 -〉, 충남대 대학원 박사학위논문, 2009.

전호근, 〈선진유가의 천사상(天思想) 변천에 관한 연구〉, 성균관대 대학원 석사학위논문, 1986.

최영성, 〈구봉 송익필의 사상 연구〉, 성균관대 유학대학원 석사학위논문, 1992.

최영희, 〈송익필 시의 심상(心象)과 정(靜)의 문제〉, 고려대학교, 석사학위논문, 2003.

한기범, 〈사계 김장생과 신독재 김집의 예학사상 연구〉, 충남대 대학원 박사학위논문, 1991.

홍웅표, 〈구봉 송익필 연구〉, 충남대 교육대학원 석사학위논문, 1992.

5. 학술논문류

강구율, 〈송익필 한시에 나타난 성당의 정조연구〉,《한국사상과문화》제10집, 한국사상문화학회, 2000.

고영진, 〈15, 16세기 주자가례의 시행과 그 의의〉,《한국사론》, 제21집, 서울대, 1989.

고영진, 〈16세기 말 사례서의 성립과 예학의 발달〉,《한국문화》, 제12집, 서울대, 1991.

곽신환, 〈우암의 율곡 이해와 전승 -그 지수와 변통〉,《율곡사상연구》제19집, 율곡학회, 2009.

곽신환, 〈조선유학의 태극해석 논변〉,《동양철학연구》제47집, 동양철학연구회, 2006.

금장태, 〈구봉 송익필의 인간과 사상〉,《한국철학종교사상사》, 원광대 종교문제연구소, 1990.

김문준, 〈기호유학에서의 우암송시열의 위상〉,《유학연구》제16집, 충남대 유학연구소, 2007.

김방룡, 〈동아시아 선문화의 형성과 한국불교의 변천과정〉,《인문학연구》35집, 충남대 인문과학연구소, 2008.

김보경, 〈구봉 송익필의 시세계와 '독(獨)'의 경계〉,《한국한시연구》, 제19권, 한국한시학회, 2011.

김봉희, 〈구봉 송익필 시의 연구 - 풍격적 특질을 중심으로〉,《한문학논집》, 제18집, 근역한문학회, 2000.

김성언, 〈귀봉 송익필의 한시에 나타난 격양 이학의 의미〉,《한국한시작가연구》, 제6집, 한국한시학회, 2001.

김세정, 〈명재 윤증과 서계 박세당의 격물논변〉,《동양철학연구》56집, 동양철학연구회, 2008.

김세정, 〈한국양명학의 생명사상〉, 《동서철학연구》 39집, 한국동서철학회, 2006.

김익수, 〈우암 송시열의 직철학과 교육문화〉, 《한국사상과문화》 42집, 한국사상문화학회, 2008.

김창경, 《삼현수간》을 통해 본 구봉·우계·율곡의 도의지교와 학문교유 – 구봉을 중심으로 –〉, 《유학연구》 제27권, 충남대학교 유학연구소, 2012.

김창경, 〈구봉 송익필의 도학적 수기론〉, 《유학연구》 제24권, 충남대학교 유학연구소, 2011.

김창경, 〈구봉 송익필의 성리학에 대한 철학적 연구〉, 《한국사상과 문화》 제54집, 한국사상문화학회, 2010.

김창경, 〈통회지심의 존재원리와 정보통신기기 존재구조 원리의 융합적 접근〉, 《유학연구》 제29권, 충남대학교 유학연구소, 2013.

김충렬, 〈직유 송시열의 시대조우와 학문사상, 그리고 정치사업〉, 《한국사상과 문화》 42집, 한국사상문화학회, 2008.

김태완, 〈사계 김장생의 예학과 사회정치사상〉, 《율곡사상연구》 21집, 율곡학회, 2010.

도민재, 〈기호학파의 《주자가례》 수용양상〉, 《국학연구》 제16집, 2010.

문정자, 〈구봉 송익필의 시세계〉, 《한문학논집》, 제9집, 근역한문학회, 1991.

문정자, 〈구봉 시의 일국면〉, 《한문학논집》, 제11집, 근역한문학회, 1993.

배상현, 〈구봉 송익필과 그 사상에 대한 연구〉, 《논문집》 제1집, 동국대 경주대학, 1982.

배상현, 〈송익필의 문학과 그 사상〉, 《한국한문학연구》 제6집, 한국한문학회, 1982.

배상현, 〈송익필의 생애와 시문학〉, 《애산학보》 제5집, 애산학회, 1987.

배상현, 〈조선조 예학의 성립과 발전〉, 《소헌 남도영 고희기념 역사학논총》, 1993.

안병주, 〈이황의 일본관과 그 전개〉, 《이황학보》 제36집, 이황학연구원, 1982.

안병학, 〈송익필의 시 세계와 정(靜)의 의미〉, 《민족문화연구》, 제28집, 고려대 민족문화연구원, 1995.

양동식, 〈우계 성혼 교유시(詩) 연구: 구봉, 율곡, 송강을 중심으로〉, 《어문연구》, 제42권 1호, 한국어문교육연구회, 2014

오석원, 〈남명의 의리사상〉, 《남명학 연구》 제4집, 경상대 남명학연구소, 1994.

오석원, 〈우암송시열의 춘추의리사상〉, 《유학연구》 제17집, 충남대 유학연구소, 2008.

오석원, 〈중봉 조헌의 의리사상〉, 《유교사상연구》 제21집, 한국유교학회, 2004.

오석원, 〈퇴계 이황의 성학과 의리사상〉, 《유교사상연구》 제21집, 한국유교학회, 2004.

윤사순, 〈조선 초기 성리학의 전개〉, 한국철학회 엮음, 《한국철학사》(中), 동명사, 1987.

윤용남, 〈신독재 김집의 심정설 – 율곡학파의 심정설 전개를 중심으로〉, 《유교사상연구》 제15집, 한국유교학회, 2001.

이문주, 《주자가례》의 조선 시행과정과 가례주석서에 대한 연구〉, 《유교문화연구》 16호, 성균관대 유교문화연구소, 2010.

이상미, 〈송익필의 문학관〉, 《한문고전연구》, 제13집, 한국한문고전학회(구 성신한문학회), 2006.

이상미, 〈구봉 송익필의 도가적 성격고찰〉, 《한문고전연구》 제14집, 한국한문고전학회, 2007.

이종성, 〈고봉과 율곡의 사상적 연계성〉, 《동서철학연구》 제52호, 한국동서철학연구회, 2009.

이향배, 〈비선(批選) 구봉 선생 시집의 비주 체례와 저자〉, 《한문학논집》 29집, 근역한문학회, 2009.

장도규, 〈이언적의 태극론과 도덕론 일고〉, 《한국사상과문화》 제53집, 한국사상문화학회, 2010.

지두환, 〈우암 송시열의 경세사상〉, 《한국사상과문화》 42집, 한국사상문화학회, 2008.

채무송, 〈우암 철학사상의 한국유학사적 지위〉, 《유학연구》 제16집, 충남대 유학연구소, 2007.

최영성, 〈구봉 송익필의 학문과 기호학파에서의 위상〉, 《우계학보》 제23호, 우계문화재단, 2004.

최영찬, 〈고봉의 심성론〉, 고봉학술원 편저, 《고봉 기대승 연구》, 이화출판사, 2009.

최영찬, 〈공자의 자연관〉, 《범한철학》 제56집, 범한철학회, 2010.

최일범, 〈사계 김장생의 인심도심설에 관한 연구〉, 《유교사상연구》 제19집, 한국유교학회, 2003.

최정묵, 《중용》에 나타난 천인일관의 사유구조〉, 《동서철학연구》 제50호, 한국동서철학회, 2008.

최정묵, 〈장횡거 철학에 있어 도덕구현의 기초〉, 《동서철학연구》 제19집, 한국동서철학회, 2000.

하지영, 〈구봉 송익필의 예 담론과 그 의미〉, 《동방한문학》 제32집, 동방한문학회, 2007.

한의숭, 〈성혼과 송익필의 〈은아전〉 서술 양상과 그 의미〉, 《민족문학사연구》,

제25집, 민족문학사학회, 2004.

황의동, 〈고봉의 도학사상 연구〉, 《한국사상과문화》 제48집, 한국사상문화학회, 2009.

황의동, 〈우계와 율곡〉, 《우계학보》 제24호, 우계문화재단, 2005.

황의동, 〈우암 세도의 이상과 실현〉, 《범한철학》 제54집, 범한철학회, 2009.

황의동, 〈우암의 성리학과 의리사상〉, 《송자학논총(2)》, 송자연구소, 1995.

황의동, 〈우암의 성리학과 학문적 위상〉, 《한국사상과문화》 제42집, 한국사상문화학회, 2008.

황의동, 〈율곡의 수기론〉, 《유교사상연구》 제9집, 한국유교학회, 1997.

황의동, 〈율곡의 우환의식과 경세론의 의의〉, 《한국사상과문화》 제54집, 한국사상문화학회, 2010.

황의동, 〈화서 이항로의 의리론과 주리론〉, 《동서철학연구》 제54집, 한국동서철학회, 2009.

구봉 (詩)

고요한 가운데[靜中 二首]

마음 편안하니 몸이 절로 태평하고
분수 정해졌으니 또 무엇을 바라리오.
소나무 아래 오래도록 한가히 잠을 자고
시냇가를 혼자서 여유 있게 거니네.
돌아보아 일없음을 즐거워하여
읊조려 소리 내어 시를 짓노라.
우리의 도(道)는 예나 지금이나 같은데
누가 번거로이 복희씨(伏義氏)를 말하랴.

한 마리 학은 구름하늘 위에 멀고
천 가지 세상의 일은 어렵기만 하네.
거문고 넣어 둠은 객의 방문 사절함이요
문을 닫음은 봄추위를 두려워함이네.
늙을수록 숨어 사는 즐거움이 더하고
가난은 고요한 자의 평안에 더해지네.
어지러운 세상에 세월은 빠르니
얼음이 없는 것이 기쁨이 되는구려.24)

---

24) 《구봉집(龜峯集)》, 권2, 〈시(詩)〉, 〈정중 이수(靜中 二首)〉: "心安身自泰 分定又何希 松
下閑眠久 溪邊獨步遲 還將無事樂 吟作有聲詩 吾道同今古 誰煩說伏義 一鶴雲天
遠 千岐世路難 琴藏揮客問 門掩怕春寒 老益幽居樂 貧添靜者安 泥途頻甲子 無得
是爲歡"

부록

1. 연보(年譜)
2. 연구 동향과 목록

부록 Ⅰ. 연보(年譜)

선생의 자(字)는 운장(雲長), 호(號)는 구봉(龜峰), 시호(諡號)는 문경(文敬), 본관은 여산(礪山)이다. 조부인 송린은 황해도 배천에서 살았는데, 선생의 부친인 송사련 때에 와서 고양 구봉산으로 이주하여 세거지(世居地)로 자리하게 된다. 당시엔 고양군에 속했으나 현재 파주시 교하읍 산남리 175번지 유역이 구봉 선생이 살던 집터라고 산남리 주민들에 의해 전해져 내려오고 있다.

선생의 주요 연보는 다음과 같다.

주요 연보(年譜)

나이	연대	구봉 선생 사적(事蹟)	역사적 참고 사항
1세	1534, 갑오(甲午), 중종 29년	2월 10일(음) 부친 송사련(宋祀連)과 모친 연일 정씨(延日 鄭氏) 사이에서 4남 1녀 가운데 3남으로 한성에서 출생	
6세	1539, 기해(己亥), 중종 34년	아우 한필(翰弼) 출생	
7세	1540, 경자(庚子), 중종 35년	'산가모옥월참차(山家茅屋月參差)'라는 시(詩)를 지음	뒷날 이이, 최립, 백광훈, 윤탁연, 이산해, 이순인 등과 함께 8문장가(八文章家)로, 또한 김시습, 남효온과 함께 시(詩)의 산림(山林) 3걸(三傑)로 일컬어짐
?	연대미상(未詳)	향시(鄕試)에 급제함	
?	연대미상(未詳)	창녕 성씨(昌寧 成氏)와 혼인	

21세	1554, 갑인(甲寅), 명종 9년	우계·율곡과 도의지교(道義之交)를 맺음. 〈율곡연보〉	이 시기에 사암(思庵) 박순(朴淳)·송강(松江) 정철(鄭澈) 등과도 함께 도의지교(道義之交)를 맺어 도학(道學)을 강마(講磨)함.
25세	1558, 무오(戊午), 명종 13년	율곡과 아우 한필과 별시(別試)에 응시 합격. 이때에 사관(史官)이었던 이해수(李海壽)에 의해 서얼은 과거를 응시할 수 없다는 이유로 과거금지(停擧)를 당하게 됨.	시험과제인 '천도책(天道策)'의 해답에 대하여 율곡이 구봉을 추천하여 선비들 사이에 문장과 학식이 알려지기 시작함.
27세	1560, 경신(庚申), 명종 15년	구봉으로 돌아와 후학을 가르치기 시작. 사계 김장생이 종학(從學)하기 시작함.〈사계연보〉 우계로부터 중절(中節) 부중절(不中節)에 관한 견해를 질문 받음.	이때부터 구봉 선생이라 불리었음. 장소는 지금의 파주시 교하읍 심학산(尋鶴山) 자락, 옛 지명은 심악산(深岳山) 구봉(龜峯) 자락임.
31세	1564, 갑자(甲子), 명종 19년	우계의 부친인 청송(聽松) 성수침(成守琛)의 만사(輓詞) 지음.	
33세	1566, 병인(丙寅), 명종 21년	안당(安瑭)이 신원(伸冤)되어 복권(復權)됨.	문정왕후(文定王后)가 죽자 훈구세력 쇠락. 사림세력의 정권진출 전환기가 찾아옴. 그로 인해 안당이 신원됨.
36세	1569, 기사(己巳), 선조 2년	부친 송사련의 무고로 일어난 신사무옥(辛巳誣獄)에 대한 추국이 시작됨.	
42세	1575, 을해(乙亥), 선조 8년	부친 송사련 죽음. 죽은 안당에게 정민(貞愍)라는 시호가 내려짐	동서붕당이 뚜렷해짐. 남명(南冥) 조식(曺植, 1501~1572) 죽음.
43세	1576, 병자(丙子), 선조 9년	율곡의 서모(庶母) 위차(位次)에 대한 예(禮)논변을 주고받음.	

44세	1577, 정축(丁丑), 선조 10년	율곡의 《격몽요결》에 대해 잘못된 점을 논변함.	
45세	1578, 무인(戊寅), 선조 11년	우계에게 출처에 관해서 '처변위권(處變爲權)'을 권함.	토정(土亭) 이지함(李之菡, 1517~1578) 죽음.
46세	1579, 기묘(己卯), 선조 12년	율곡이 쓴 《소학집주》에 대하여 잘못을 고치라고 권함. 우계의 부탁으로 《은아전》을 지음.	
47세	1580, 경진(庚辰), 선조 13년	김장생과 '인심도심설(人心道心說)'에 대해 논변함. 율곡의 《순언》에 대해 비판함.	
48세	1581, 신사(辛巳), 선조 14년	율곡에게 삼대지치(三代至治)의 정치를 실현해야 한다고 강조함.	
50세	1583, 계미(癸未), 선조 16년	율곡이 '계미삼찬' 사건으로 동인인 박근원등에게 탄핵을 당하자 우계에게 도와주도록 당부함.	
51세	1584, 갑신(甲申), 선조 17년	도우(道友)인 율곡 죽음. 〈제율곡문〉을 지어 율곡의 죽음을 애도.	
53세	1586, 병술(丙戌), 선조 19년	안당의 아들 안처겸이 신원(伸冤)되고, 부친 송사련의 관작이 삭탈됨. 이어서 70여 인의 식솔들은 노비로 환천되어 뿔뿔이 흩어지게 됨. 정철의 도움으로 전라도 광주에 피신함.	동인들은 대사간 이발과 대사헌 이식을 통해 심의겸을 논죄할 때, '율곡과 우계는 심의겸의 친구로서 조정을 어지럽힌 장본인'이라고 탄핵함. 이때 율곡 제자 이귀(李貴)가 스승의 죽음에 대한 억울함을 상소했는데, 문장과 논리가 정연해서 구봉 선생이 기초한 것이라 간주하여 동인들이 선생을 '서인(西人)의 모주(謀主)'라 공격하기 시작함.

54세	1587, 정해(丁亥), 선조20년	중봉 조헌이 선생에 대한 신원소를 올렸으나 무위로 그침.	
55세	1588, 무자(戊子), 선조 21년	중봉 조헌이 선생에 대한 신원소를 올렸으나 무위로 그침.	조헌이 구봉 선생과 고청 서기를 군사로 추천함.
56세	1589, 기축(己丑), 선조 22년	'정여립(鄭汝立)의 난(亂)'이 일어남. 광주에서 한성으로 올라와 왕명으로 구속됨.	정여립의 난 여파로 기축옥사 일어남. 처리과정에서 선생과 아우 송한필 에 의한 조작사건이라 모함 받음. 이에 연관해 조헌이 또다시 구봉 형제의 무죄와 이산해와 동인들에 대한 상소를 하자 동인들의 화를 더욱 사게 되었고, 배후자라고 하여 선조가 체포령 내림.
57세	1590, 경인(庚寅), 선조 23년	구속에서 풀려남.	
58세	1591, 신묘(辛卯), 선조 24년	정철의 세자책봉 문제에 관련하여 연루됨. 선생은 스스로 충청도 홍산현(鴻山縣, 현재의 충남 홍성군)에 자수, 형조(刑曹)로 압송됨. 10월 북인(北人) 일파인 정인홍 등이 사헌부간관을 사주하여 구봉형제의 논죄를 주청함. 12월에 선생은 평안북도 희천(熙川)으로, 아우 송한필은 전라도 이성(利城)으로 유배.	정철이 왕세자 책봉문제에 연루되어 실각하고 유배되었고, 구봉 선생도 연관하여 유배길에 오름
59세	1592, 임진(壬辰), 선조 25년	유배생활, 4월 임진왜란 발생함. 명에 따라 인근 명문산으로 피신.	조헌 의병장으로 전사.
60세	1593, 계사(계사), 선조 26년	유배에서 풀려남. 평북 희천에 있는 상현서원에서 한훤당 김굉필 정암 조광조 참배.	도우(道友)인 송강 정철 죽음.
61세	1594, 갑오(甲午), 선조 27년	중형(仲兄) 송부필(宋富弼)과 아우 송한필(宋翰弼)이 잇달아 죽음.	

63세	1596, 병신(丙申), 선조 29	충청도 면천(沔川) 마양촌(馬羊村)의 첨추(僉樞) 김진려(金進礪)의 집에서 우거(寓居)하게 됨.	
65세	1598, 무술(戊戌), 선조 31년	《가례주설》을 지음.	도우(道友)인 우계 성혼 죽음. 부인 창녕성씨와 사별함.
66세	1599, 기해(己亥), 선조 32년	아들 취대에게 〈현승편〉을 엮게 함. 8월 8일 마양촌의 우사에서 운명함. 문인들과 인근의 유림들이 당진현(唐津縣) 북면(北面) 원당동(元堂洞)에 장사지냄.	
	1622, 임술(壬戌), 광해 14년	문인 심종직이 《비선구봉 선생시집(批選龜峰先生詩集)》 5권 1책을 간행함.	
	1624, 갑자(甲子), 인조 2년	스승에 대한 억울함을 풀고자 제자 김장생, 김집이 갑자소(甲子疏)를 올림.	
	1625, 을축(乙丑), 인조 3년	정엽·서성·유순익·김장생 등이 망사(亡師)에 대한 신원회복에 대한 상소문 올림.	
	1717, 정유(丁酉), 숙종 43년	이종신 등 200여 인의 성균관 유생(儒生)들이 적서(嫡庶)의 차별과 서얼(庶孼)을 금고(禁錮) 시키는 것에 대하여 상소 올림.	
	1720, 경자(庚子), 숙종 46년	김장생의 후손 김진옥(金鎭玉)이 글을 짓고 써서 묘표(墓表)를 세움. 병계(屛溪) 윤봉구(尹鳳九)가 묘소 옆에 제각인 입한재(立限齋)를 건립함.	
	1724, 갑진(甲辰), 영조 즉위년	정진교 등의 유생들이 상소 올림.	
	1745, 을축(乙丑), 영조 21년	이주진 등의 유생들이 상소 올림.	
	1751, 신미(辛未), 영조 27년	충청도관찰사 홍계희가 조정에 〈청포증장(請褒贈狀)〉을 올림.	
	1752, 임신(壬申), 영조 28년	구봉 선생 사후(死後) 153년 만에 천민에서 면하여 신원(伸寃)되고, '통덕랑행사헌부지평'에 추증됨.	

1762, 임오(壬午), 영조 38년	구봉 선생 사후(死後) 163년 만에 김장생의 현손인 현감 김상성이 《구봉 선생집(龜峰先生集)》 11권 5책을 간행함.
1778, 무술(戊戌), 정조 2년	삼남(三南)의 유생(儒生) 황경헌 외 3,272인이 상소 올림.
1874, 갑술(甲戌), 고종 11년	유생들의 서얼허통(庶孼許通)을 주장하는 상소 올림.
1910, 경술(庚戌), 순종 4년	'문경(文敬)'의 시호를 받고 '홍문관(弘文館) 제학(提學)'에 추증됨. 〈순종실록〉
1991, 신미(辛未)	파주시 교하읍 산남리 183-3번지 심학산 자락에 봉우(鳳宇) 권태훈(權泰勳)이 구봉 선생의 유허비(遺墟碑) 세움. (산남리 주민들에게 전해지는 본래 송구봉 선생 이 살던 집터 자리에, 그 뒤로 궁녀(宮女)가 살았었다는 산남리 175번지 유역에서 30여 미터 떨어진 곳에 유허비 세워짐)

구봉 시(詩)

족함과 부족함〔足不足〕

군자는 어찌 길이 스스로 만족하고,

소인은 어찌하여 길이 부족해 하나?

부족해도 족(足)해 하면 항상 여유가 있으나,

족한데도 부족해 하면 늘 부족하다네.

즐거움이 남음이 있으면 부족함이 없게 되나,

부족함을 걱정하면 언제나 족하리오?

안시처순(安時處順)하면 다시 무슨 걱정이랴만,

하늘을 원망하고 남을 탓하면 부족함을 슬퍼하리.

내게 있는 것을 구하면 부족함이 없을 것이나,

밖에 있는 것을 구하니 어떻게 족하리오?¹⁾

---

1) 《구봉집(龜峯集)》, 권2, 〈시(詩)〉, 〈족부족(足不足)〉: "君子如何長自足 小人如何長不足
不足之足每有餘 足而不足常不足 樂在有餘無不足 憂在不足時足 安時處順更何憂 怨
天尤人悲不足 求在我者無不足 求在外者何能足"

부록 II. 연구 동향과 목록

송익필에 대한 연구동향을 분석해 보기로 하자.

먼저 사상사(思想史) 관련 서적을 살펴보면, 현상윤의 《조선유학사》[2] 에서는 그에 대해 매우 소략하게 언급하고 있는데, "학문의 자질이 뛰어나서 고명박흡하여 이름이 높고 또 도학과 시에 조예가 깊으니, 우계·율곡 두 선현이 외우로 삼았다."라고 평가하고 있으며, 송익필의 사칠리기론 (四七理氣論)은 율곡과 거의 일치한다고 보았다.

이병도도 《한국유학사》에서 송익필에 대해 간략하게 언급 소개하고, 송익필은 성리학과 예학에 정밀하고 박식하였는데, 사단칠정론에 대해서는 두 가지 정이 아닌 한 가지 정으로 보아, 퇴계의 '호발설'에 반대하며 사단칠정을 모두 '이기(理氣)의 발(發)'로 보았다고 하였다.[3]

배종호는 《한국유학사》[4]에서 아예 송익필에 대해서 언급조차 없고, 유명종 또한 《한국사상사》[5]에서 전혀 다루지 않고 있으며, 유승국도 《한국유학사》[6]에서 언급하지 않고 있다.

그러나 최영성은 《한국유학통사》[7]에서 송익필에 대해 상세히 다루고 있는데, 그의 성리학은 대체로 율곡과 견해를 같이하지만 사단칠정론과

2) 현상윤, 《조선유학사》, 민중서관, 1948.

3) 이병도, 《한국유학사》, 아세아문화사, 1987, 257~258쪽.

4) 배종호, 《한국유학사》, 연세대출판부, 1978.

5) 유명종, 《한국사상사》, 이문사, 1981.

6) 유승국, 《한국유학사》, 유교문화연구소, 2008.

7) 최영성, 《한국유학통사》(중), 심산, 2006, 116~129쪽.

인심도심론에서는 차이를 보인다고 하였다.

송익필에 관한 단행본 서적으로는 《구봉 송익필》,[8] 《송구봉시전집》,[9] 《학이 되어 다시 오리》,[10] 《세 분 선생님의 편지글》[11] 등이 있다. 이종호는 《구봉 송익필》에서 송익필의 생애를 알기 쉽게 소개하고, 그의 철학사상에 대해서도 간략하게 소개하고 있는데, 이는 송익필에 대한 대중적인 소개서로서 큰 의미가 있다. 《송구봉시전집》은 송익필의 시를 번역한 것으로 그의 문학을 연구하는 데 매우 중요한 자료가 된다. 또 이상미의 《학이 되어 다시 오리》는 송익필의 생애와 시 세계를 다루었는데, 주로 그의 시를 번역한 것으로 역시 문학적 측면에서 의미가 있다. 《세 분 선생님의 편지글》은 임재완이 《삼현수간》을 우리글로 번역한 것인데, 송익필과 이이와 성혼 세 사람의 왕복 편지글을 통해 이들의 우정과 철학사상을 알 수 있게 하는 자료가 된다. 최근의 단행본 연구로는 한국고전번역원에서 출간된 장주식의 《삼현수간 - 율곡·우계·구봉의 산촌편지- 》가 있다.[12]

송익필에 관한 철학적 연구 성과를 분석해 보면, 최초의 철학적 연구는 김용식의 〈구봉(송익필)의 심성관에 대한 연구〉[13]로 분석된다. 김용식은 이 석사논문에서 송익필의 이기설과 심성설 그리고 수양론에 대해 비교적 체계적인 논구를 하였다. 송익필에 대한 선행연구가 거의 없던 시

---

8) 이종호, 《구봉 송익필》, 일지사, 1999.

9) 조남권·이상미 공역, 《송구봉시전집》, 도서출판 박이정, 2003.

10) 이상미, 《학이 되어 다시 오리》, 도서출판 박이정, 2006.

11) 이이·성혼·송익필 지음, 임재완 옮김, 《세 분 선생님의 편지글》, 호암미술관, 2001.

12) 장주식, 《삼현수간 - 율곡·우계·구봉의 산촌편지 -》, 한국고전번역원, 2013.

13) 김용식, 〈구봉(송익필)의 심성관에 대한 연구〉, 고려대 대학원 석사학위논문, 1981.

기에 나온 이 논문은 개척적인 의미를 갖는다. 그는 여기서 송익필의 '기화(氣化)'·'형화(形化)'의 개념에 주목하였고, 그의 이기론적 입장을 '주기적(主氣的)' 경향이 짙다고 보았다. 아울러 송익필의 사단칠정설은 '칠정포사단(七情包四端)'을 견지하여 고봉 기대승의 설과 같다고 보았다. 이어서 송익필은 "사단은 이(理)에서 발하고 칠정은 기(氣)에서 발한다."라는 퇴계의 설은 타당치 못하다고 보았으며, 사단과 칠정이 모두 '이기(理氣)의 발'이라고 보았다고 이해하였다. 또한 인심도심설에서는 주리론적(主理論的) 성리학자들처럼 인심을 곧바로 인욕시(人欲視)하는 경향이 보이지 않는다 하고, 송익필에게 있어서는 주자나 퇴계처럼 이(理)를 존중하는 경향, 즉 도심을 절대시하는 경향을 발견하기 어렵다고 보았다. 그리하여 송익필의 인심도심설의 특징은 율곡처럼 인심에서 도심으로, 도심에서 인심으로 된다는 조절 가능성이 있는 것이 아닌, 소장(消長)의 상대성이 있는 표리의 함수관계라고 보았다. 또한 수양론에서는 경천(敬天)과 직 공부를 제시하여 이후 송익필 연구의 선하(先河)가 되었다.

배상현은 그의 박사논문 〈조선조 기호학파의 예학사상에 관한 연구 - 송익필, 김장생, 송시열을 중심으로 -〉[14]에서 송익필의 생애와 예학사상을 중심으로 다루었는데, 이는 송익필의 예학에 관한 선구적인 연구 성과라고 평가된다. 배상현은 여기에서 송익필의 대표적 예서인 〈가례주설〉과 〈예문답〉을 중심으로 송익필 예학의 특성을 '직을 통한 실천적 예학', '상례를 통한 통(統)의 수립'과 '제례를 통한 화(和)의 성취'로 정리하

---

14) 배상현, 〈조선조 기호학파의 예학사상에 관한 연구 - 송익필, 김장생, 송시열을 중심으로 -〉, 고려대 대학원 박사학위논문, 1991.

고 있다. 그 밖에도 배상현은 〈조선조 예학의 성립과 발전〉15)에서 "기호 예학은 구봉 송익필에게서 계도(啓導)되어 사계 김장생이 학문화시켰고, 그의 아들인 신독재 김집에서 정리되어 학문적으로 전개시켰다."라고 하였다. 그리고 송익필 예학이 직을 바탕으로 하고 있다고 보고, 직과 화의 조화를 구봉 예학의 특성으로 보았다. 또한 배상현은 〈구봉 송익필과 그 사상에 대한 연구〉16)에서 송익필의 생애를 다루었고, 철학사상에서는 송익필은 이기이원론에 반대하고 율곡의 주기적 이원론(主氣的二元論)을 지지하고 있으나 율곡의 학설을 그대로 따르는 것은 아니라고 하였다. 여기서 율곡의 주기론적 입장을 주기론적 이원론이라 규정하고 이를 송익필의 이기론 입장으로 본 것은 재론의 여지가 있다.17) 또 그는 송익필의 이기론 외에도 심성론, 수양론, 경세사상에 대해 상세하게 소개하고 있는데, 이는 송익필에 관한 철학적 연구로서 매우 선구적인 업적이다. 배상현은 여기에서도 송익필의 예학이 직심, 직언, 직행으로 일관된 것임을 분명히 하고 있다.

최영성은 〈구봉 송익필의 사상연구〉18)에서 송익필의 성리학과 예학사상을 깊이 있게 논구하였다. 특히 그는 송익필을 정암 조광조 도학과 연관하여 그의 학풍을 이해하고 있는데, 기호학파의 사상적 맥락을 율곡보다는 오히려 송익필 쪽에 더 가깝게 보기도 하였다. 최영성은 〈태극문〉을 중심으로 태극, 이기, 심성에 대한 정밀한 연구를 통해 송익필의 성리

---

15) 배상현, 〈조선조 예학의 성립과 발전〉,《소헌 남도영 고희기념 역사학논총》, 1993.
16) 배상현, 〈구봉 송익필과 그 사상에 대한 연구〉,《논문집》제1집, 동국대 경주대학, 1982.
17) 이 논문에서 배상현은 이에 대한 구체적인 논리적 구조를 제시하지 못하고 있다.
18) 최영성, 〈구봉 송익필의 사상 연구〉, 성균관대 유학대학원 석사학위논문, 1992.

학을 체계적으로 논구하였는데, 그의 태극음양론은 대체로 주자의 설을 충실히 계승하여 그것을 부연하는 데 그쳤다고 평가하였다. 아울러 송익필의 사단칠정론에 있어서는 '이기공발(理氣共發)'로 보고, 인심도심설에 있어서는 율곡의 '인심도심상위종시설(人心道心相爲終始說)'과는 달리 도심의 인심화(人心化)를 반대하였다고 보았다. 또한 생활철학으로서의 '직' 사상에 대해 언급하고 송익필이야말로 조선예학의 선구자라고 그 위상을 높여 보았다. 또 최영성은 〈구봉 송익필의 학문과 기호학파에서의 위상〉에서 송익필에 관한 기존 연구 성과를 상세히 분석 평가하고 있으며,[19] 여기에서 그의 생애, 후학의 평가, 학문연원, 기호학파에서의 위상에 대해 언급하였다. 특히 최영성은 김장생과 송시열의 학문이 율곡보다 송익필에 더 가깝다고 평가하고,[20] 학통을 율곡에게 대고 있는 것은 그의 떳떳치 못한 신분배경 때문이라고 보고 있다. 또한 송익필의 학문연원에 대해서도 정암 조광조의 도학을 계승하고 있다고 보았다.[21]

이소정은 〈구봉 송익필의 예학사상 연구 - 제례를 중심으로〉[22]에서 〈가례주설〉 3권 중에 1권의 분량이 제례인 점을 들어서 송익필은 4례 중에 제례를 매우 중시하고 있다고 분석하고 있다. 또 이소정은 이기에 대한 설은 율곡과 송익필이 유사하나, 심성론에서 인심도심론에 대한 부분과 직(直)의 수양론을 주장한 부분에서는 서로 다르다고 보았다. 또 이는

---

19) 최영성, 〈구봉 송익필의 학문과 기호학파에서의 위상〉, 《우계학보》 제23호, 우계문화재단, 2004.

20) 위의 논문, 132쪽.

21) 위의 논문, 155쪽.

22) 이소정, 〈구봉 송익필의 예학사상연구 - 제례를 중심으로〉, 성균관대 대학원 석사학위논문, 2002.

김장생과 송시열 등이 송익필의 설을 좇고 있는 것으로 볼 때, 기호학파의 성리학과 예학의 전개에서 송익필은 그 기반이 되고 방향성을 설정해 놓은 선하(先河)가 된다고 평가하고[23] 있다.

고영진은 〈16세기 말 4례서의 성립과 예학의 발달〉[24]에서 송익필의 〈가례주설〉을 높이 평가하고, 송익필의 예학사적 위치를 재평가해야 한다고 하였다. 그는 한국 예학사에서 최초로 본격적이며 실용적 상제례서 (喪祭禮書)인《상례비요》를 저술한 신의경과, 최초이면서 본격적으로 학문적 4례서인 〈가례주설〉을 저술한 송익필의 공헌이 김장생보다 더 크다고 높이 평가하였다. 그는 또 송익필의 예학적 기반으로 직을 말하고, 그의 예학사상의 특징은 고례를 추구하여 그것을 기반으로 하면서 시속 (時俗)을 참작한《주자가례》를 따르는 데 있다고 보았다.

하지영은 〈구봉 송익필의 예담론과 그 의미〉[25]에서 율곡의 서모 논쟁을 중심으로 그의 예론을 논구하였고, 이문주는 《주자가례》의 조선 시행 과정과 가례주석서에 대한 연구〉에서 조선시대《주자가례》의 시행 과정을 소개하는 부분에서 송익필의 〈가례주설〉이 관혼상제의 4례를 모두 구비하여 학문적으로 주석한 최초의 예학서[26]라고 고찰하고 있다.

이상미는 〈구봉 송익필의 도가적 성격 고찰〉[27]을 통해 문학적 관점에

---

23) 위의 논문, 12쪽.

24) 고영진, 〈16세기 말 사례서의 성립과 예학의 발달〉,《한국문화》제12집, 서울대, 1991.

25) 하지영, 〈구봉 송익필의 예 담론과 그 의미〉,《동방한문학》제32집, 동방한문학회, 2007.

26) 이문주, 〈주자가례의 조선 시행 과정과 가례주석서에 대한 연구〉,《유교문화연구》16호, 성균관대 유교문화연구소, 2010, 51쪽.

27) 이상미, 〈구봉 송익필의 도가적 성격 고찰〉,《한문고전연구》제13집, 한국한문고전학회, 2007.

서 그의 삶과 작품세계에 투영된 도가적 성격을 고찰하였다. 이상미는 여기에서 송익필은 유선(儒仙)으로 불합리한 현실적 상황으로부터 벗어나기 위해 산수자연에 은거하면서 도학과는 달리 이상적인 삶으로서의 탈속한 선계(仙界)를 지향하였다고 말하고 있다. 그리고 그의 시에는 노장서(老莊書)의 글을 용사(用事)로 활용한 시구나 시어를 많이 찾아볼 수 있다고 하였다. 또 송익필은 당대 뛰어난 도학자였지만 신분적 제약으로 인해 경륜과 치세에 대한 지향을 단념할 수밖에 없었으며, 이러한 현실의 질곡을 벗어나기 위해 신선을 동경하였다고 분석하였다.[28]

금장태는 〈구봉 송익필의 인간과 사상〉[29]에서 송익필의 생애와 학풍을 다루고, 태극론과 성리학, 예학에 대해 논하였다. 그는 여기서 송익필의 〈태극문〉은 이언적이 태극 문제에 관한 논쟁을 벌인 이후로부터 태극 문제에 관한 체계적인 해석을 했던 선구적인 업적이라 평가하였고, 송익필은 사단칠정론에서 '사칠리기공발설'을 취하여 퇴계의 '호발설'과도 다르고 율곡의 '일도설'과도 차이를 보여 준다고 하였다.

그리고 홍웅표는 〈구봉 송익필 연구〉[30]에서 송익필의 학문과 사상을 성리학, 예학, 경세로 나누어 고찰하였고, 송익필의 신원(伸寃)운동이 이루어진 것에 대해서도 논구하고 있다.

곽신환은 〈조선유학의 태극해석논변〉[31]에서 무극태극에 대한 논변은 조선조성리학에 있어서 최초의 본격적인 철학논변의 주제였다고 밝히고

---

28) 위의 논문, 93쪽.

29) 금장태, 〈구봉 송익필의 인간과 사상〉, 《여산 유병덕 화갑기념 한국철학종교사상사》, 원광대 종교문제연구소, 1990.

30) 홍웅표, 〈구봉 송익필 연구〉, 충남대 교육대학원 석사학위논문, 1992.

31) 곽신환, 〈조선유학의 태극해석논변〉, 《동양철학연구》 제47집, 동양철학연구회, 2006.

있다. 여기서 조한보와 이언적 사이의 무극태극논변(無極太極論辨)이 최초라고 설명하면서 송익필의 〈태극문〉을 논하였다. 송익필의 〈태극문〉은 주희의 태극론에 충실한 또 하나의 해석자이며, 81개 문항으로 주희 등 송나라 유학자들의 관련 항목에 대한 발언을 동원하여 기존의 논변을 정리하였다고 밝히고 있다. 또 곽신환은 〈우암의 율곡 이해와 전승 - 그 지수와 변통〉[32]에서 〈태극문〉이 율곡의 저술이 아니라는 20개 조항의 의문을 내세운 송시열에 의해 《율곡별집》에서 탈락하고 송익필의 저작으로 굳어졌다는 것을 밝히고 있다. 그리고 곽신환은 윤원현, 추기연과 함께 단행본 《태극해의》[33]를 펴냈는데, 부록에서 송익필 〈태극문〉의 내용에 나오는 주석과 번역을 함께하여 조선조 태극논변에 대한 연구와 함께 송익필 태극론 연구의 선하가 되고 있다.

도민재는 〈기호학파의 《주자가례》 수용 양상〉[34]에 관한 논문에서 송익필의 예학사상의 기본정신은 성리학의 명분론에 입각하여 통(統)을 바로 세우고자 하는 데 있다고 분석하였다. 그러면서 송익필이 〈가례주설〉을 통하여 《주자가례》의 원칙에 충실하고 있으면서도 세속의 예법에도 절충을 하고 있다. 이는 예의 의리와 명분에 합당한가의 여부를 살펴본 것으로, 비교적 당시의 다른 예학자들보다 비교적 《주자가례》와 주자의 본의에 충실하고자 하였다고 평가하였다.[35]

---

32) 곽신환, 〈우암의 율곡 이해와 전승 - 그 지수와 변통〉, 《율곡사상연구》 제19집, 율곡학회, 2009.

33) 주희 지음, 곽신환·윤원현·추기연 옮김, 《태극해의》, 소명출판사, 2009.

34) 도민재, 〈기호학파의 《주자가례》 수용 양상〉, 《국학연구》 제16집, 한국국학진흥원, 2010.

35) 도민재, 〈기호학파의 《주자가례》 수용 양상〉, 《국학연구》 제16집, 한국국학진흥원, 2010, 515쪽.

또한 이향배는《비선구봉 선생시집》[36)에 대한 선구적 연구라 할 수 있는 〈비선구봉 선생시집의 비주체례와 저자〉[37)에서 개인의 시집에 전문성과 독자성을 갖추어 품평한 사례가 드문 비평시집이라고 평가하였다. 또한 송익필이 당대에 뛰어난 학문과 문학적 명성에도 불구하고 송익필 사후에 바로 문집이 출간될 수 없었던 이유에 대하여 밝히고 있다. 여기서 이향배는 북인이 정치에 득세하던 시기라서 서인이었던 송익필의 문인과 후손들이 경제적·현실적으로 어려웠을 것이라 보았다. 또 심종직이 간행한 비선시집 이후 송익필의 문집이 아들인 송취대에게서 김집 – 송시열 – 송시걸(송시열의 동생) – 김진옥(송시열의 제자)을 거쳐서 1762년 김상성(김장생의 후손)에 와서야 비로소 송익필 사후 163년 만에 현재의《구봉집》이 출간된 경과를 밝히고 있다.

그 외의 문학적 연구로는 강구율의 〈구봉 송익필의 시세계와 시풍 연구〉[38) 등 다수가 있다.[39)

---

36)《비선구봉 선생시집(批選龜峰先生詩集)》은 송익필의 제자 심종직이 1622년 간행한 시집으로서 스승의 시를 선별하고 당시의 여러 학자들이 비평을 달은 비평시집이다.

37) 이향배, 〈비선구봉 선생시집(批選龜峰先生詩集)의 비주 체례와 저자〉,《한문학논집》 29집, 근역한문학회, 2009.

38) 강구율, 〈구봉 송익필의 시세계와 시풍 연구〉, 경북대 대학원 박사학위논문, 2000.

39) 강구율, 〈구봉 한시에 나타난 성당(盛唐)의 정조(正調) 연구〉,《한국사상과문화》 제10집, 한국사상문화학회, 2000.
김민정, 〈구봉 송익필의 염락풍 시 연구〉, 경남대 교육대학원 석사학위논문, 2007.
김보경, 〈구봉 송익필의 시세계와 '독(獨)'의 경계〉,《한국한시연구》, 제19권, 한국한시학회, 2011.
김봉희, 〈구봉 송익필 시의 연구 – 풍격적 특질을 중심으로〉,《한문학논집》, 제18집, 근역한문학회, 2000.
김성언, 〈귀봉 송익필의 한시에 나타난 격양 이학의 의미〉,《한국한시작가연구》, 제6집, 한국한시학회, 2001.
문정자, 〈구봉 송익필의 시세계〉,《한문학논집》, 제9집, 근역한문학회, 1991.

학위논문 가운데 송익필의 철학사상을 체계적이며 종합적으로 논구 (論究)한 학위논문은 아직 없다. 배상현의 박사학위논문 〈조선조 기호학 파의 예학사상에 관한 연구 - 송익필, 김장생, 송시열을 중심으로〉[40]는 기호학파 예학사상 연구의 한 부분으로 그의 예학을 연구한 것으로서, 성리학, 도학, 경세사상 등이 빠져 있으며, 예학 분야도 매우 소략하게 다 루고 있다. 김용식의 석사논문 〈구봉(송익필)의 심성관에 대한 연구〉[41]는 성리학만을 다루고 있고, 최영성의 석사논문 〈구봉 송익필의 사상 연 구〉[42]는 비교적 송익필의 철학사상을 성리학, 예학에 걸쳐 정밀하게 논 구하고 있지만, 경세사상 등이 빠져 종합적인 연구로는 미흡한 면이 있 다. 이소정의 석사논문 〈구봉 송익필의 예학사상 연구 - 제례를 중심으

문정자, 〈구봉 시(詩)의 일국면(一局面)〉,《한문학논집》, 제11집, 근역한문학회, 1993.
배상현, 〈송익필의 문학과 그 사상〉,《한국한문학연구》제6집, 한국한문학회, 1982.
배상현, 〈송익필의 생애와 시문학〉,《애산학보》제5집, 애산학회, 1987.
송혁수, 〈구봉 송익필의 시 문학 연구〉, 조선대 교육대학원 석사학위논문, 1999.
안병학, 〈송익필의 시 세계와 정(靜)의 의미〉,《민족문화연구》, 제28집, 고려대 민족문 화연구원, 1995.
양동식, 〈우계 성혼 교유시(交遊詩) 연구: 구봉, 율곡, 송강을 중심으로〉,《어문연구》, 제42권 1호, 한국어문교육연구회, 2014.
유기영, 〈구봉 송익필의 시 연구〉, 고려대 교육대학원 석사학위논문, 1985.
이상미, 〈송익필의 문학관〉,《한문고전연구》, 제13집, 한국한문고전학회(구 성신한문학 회), 2006.
최영희, 〈송익필 시(詩)의 심상(心象)과 정(靜)의 문제〉, 고려대학교 대학원 석사학위 논문, 2003.
한의숭, 〈성혼과 송익필의 〈은아전〉 서술 양상과 그 의미〉,《민족문학사연구》제25집, 민족문학사학회, 2004. 등이 있다.
40) 배상현, 〈조선조 기호학파의 예학사상에 관한 연구 - 송익필, 김장생, 송시열을 중심 으로〉, 고려대 대학원 박사학위논문, 1991.
41) 김용식, 〈구봉(송익필)의 심성관에 대한 연구〉, 고려대 대학원 석사학위논문, 1981.
42) 최영성, 〈구봉 송익필의 사상 연구〉, 성균관대 유학대학원 석사학위논문, 1992.

로〉은 예학 가운데에서도 제례만을 다루고 있다.[43]

이상의 기존 연구 성과에 대한 분석을 통해서 볼 때, 송익필에 대한 연구는 그의 학문적 위상에 비해 매우 늦었다고 볼 수 있고, 연구자도 한정되어 있으며, 연구의 양과 질도 타 분야에 비해 많이 떨어진다고 할 수 있다. 특히 기존의 많은 한국철학사에서도 송익필이 배제되어 있고, 혹 다루었더라도 매우 소략하게 언급되고 있는 실정이다.

이에 남겨진 과제를 살펴보면, 그동안 학계에서 소외되고 편벽되었던 송익필에 대한 조선성리학적 위상과, 기호학에서의 위상, 그리고 그의 문인관계의 재정립 등, 보다 바르고 깊이 있는 학문적 연구의 필요성이 제기된다고 하겠다. 특히 성리학에서 송익필이 말한 '이기지발'에 대한 전문적인 연구를 통한 정확한 구명(究明)이 필요하다고 생각된다. 또 조선 중기 예학사(禮學史)에서의 송익필의 예학적 위상을 재정립하기 위해 우선 기호예학에서 송익필과 김장생, 송익필과 송시열의 예학을 비교분석하는 연구를 통해 바른 정립이 필요하다고 보인다. 기존의 선행연구에서 이와 같은 깊은 연구는 거의 없었다고 보인다. 그리고 송익필과 율곡이 도의(道義)로써 서로 강마하고 권면했던 《격몽요결》의 시비에 관한 연구와 《소학집주》에 대한 연구도 새롭게 이루어져야 한다고 본다. 선현들이 신교(神交)로써 도의를 맺고 강마했던 학문을 올바르게 계승한다는 관점에서도 필요성이 요청된다.

---

43) 이소정, 〈구봉 송익필의 예학사상 연구 - 제례를 중심으로〉, 성균관대 대학원 석사학위논문, 2002.

책을 마치며

이상에서 송익필의 도학사상(道學思想)을 종합하여 살펴보았다. 송익
필은 우주자연의 존재원리와 인간사물의 존재원리에 대하여, 통회(統會)
의 원리를 근저로 태극인 이(理)에서 온갖 만물이 나오며 일동일정의 생
생불궁한 유행(流行)을 하다가 결국 하나의 이(理)로 귀일(歸一)한다는 명
쾌한 논리로 이를 꿰뚫고 있다. 인간의 성정(性情)에 대한 이해에서는 통
회의 심(心)을 근거로 하여, 인간의 자유의지에 의해 변화가 가능하다는
긍정적 입장에서 통찰하고 있다. 이는 보다 실천적인 유학의 본성을 담지
하고 있는 성리학적 이해를 명철하게 풀어내고 있는 입장이다. 아울러 혈
구지도(絜矩之道) 논리를 근저로 하는 예학사상과 경세사상은, 인(仁)의
실천방법이자 중도(中道)를 구하는 유가 정종(正宗)의 왕도실천법을 큰
안목으로 자연스럽게 조화시키고 있다. 그럼으로써 유가 진면목인 성리
와 예학이 하나이며, 수기와 안민이 하나가 되고, 궁리진성(窮理盡性)과
행도수교(行道垂敎)가 하나인, 내성외왕(內聖外王)의 이상(理想)을 일이관
지(一以貫之)한 논리로 풀어내고 있다.

이와 같은 송익필 도학의 근본에는 천리(天理)가 천명(天命)으로써 인
간 현실사회에 유행(流行)함에 있어서, 보편적 원리인 천도(天道)는 사사
로움과 작위함이 없는 직(直)의 도(道)가 자리한다. 더불어 자연한 천리의
본성으로 인간에게 품수된 곧고 바르고 청(淸)하고 선한 본성은, 형기(形
氣)에 의해 은미하고 굽어지고 편당된다. 이를 회복하기 위한 실천도리,
즉 인간이 인간답게 살아가야 하는 도리인 당위(當爲)의 법칙으로서 인

도(人道)가 된다. 이것은 또한 사사로움을 제거하고 천리에 순응하여 늘 만족할 줄 아는 군자유(君子儒)의 극기(克己) 수양과, 상하전후좌우의 경중을 살펴 혈구지도의 예(禮)를 통하여 그 시중(時中)을 실천하는 직도(直道)가 자리하고 있음을 알 수 있다. 이는 곧 천도(天道)와 인도(人道)가 직(直)을 통해서 일관(一貫)하고 있는 송익필 도학의 철학적 논리의 특징이다.

무엇보다도 송익필은 불우한 시대적 환경과 내우외환의 역경 속에서도 고도(古道)와 고례(古禮)를 추구하였다. 이에 후세에도 추앙받는 우계와 율곡과의 아름다운 도의지교(道義之交)를 실천하였고, 기호예학을 창출한 김장생과 같은 훌륭한 후학을 길러 내는 등 일세(一世)의 유종(儒宗)이 되는 수교(垂敎)를 펼쳤다. 이처럼 생사와 명예를 도외시하고 투철하게 의리(義理)를 실천할 수 있었던 송익필 도학정신(道學精神)의 가장 근본 바탕에는 요순지도(堯舜之道)가 자리한다.

나아가 송익필 도학사상은 논리와 이상의 사변에서 그치지 않고, 현대의 조직사회와 개인 모두에게 행복하고 조화로운 삶을 살아가기 위한 구체적 실천방법으로서 귀감이 되는 의리정신(義理精神)과, 현대 과학문명과 소통·융합하는 명료한 논리적 구조를 가지고 있기에, 오늘날의 유가철학에 대해서도 다시 한 번 뒤돌아보게 하는 큰 지혜이자 선하(先河)가 되기에 부족함이 없다 할 것이다.